T0405787

Natura in fabula

Faux Titre

ÉTUDES DE LANGUE ET LITTÉRATURE FRANÇAISES

Series Editors

Keith Busby
Sjef Houppermans
Paul Pelckmans
Alexander Roose

VOLUME 427

The titles published in this series are listed at *brill.com/faux*

Natura in fabula

Topiques romanesques de l'environnement

sous la direction d'

Isabelle Trivisani-Moreau

Philippe Postel

BRILL

RODOPI

LEIDEN | BOSTON

Illustration de couverture : Joos de Momper (1564–1635), *Allégorie de l'été* (série de paysages anthropomorphes), début xviie siècle. Collection privée.

Library of Congress Cataloging-in-Publication Data

Names: Trivisani-Moreau, Isabelle, editor. | Postel, Philippe, editor.
Title: Natura in fabula : topiques romanesques de l'environnement / sous la
    direction d'Isabelle Trivisani-Moreau, Philippe Postel.
Description: Leiden ; Boston : Brill-Rodopi, 2018. | Series: Faux titre ;
    volume 427 | Includes bibliographical references.
Identifiers: LCCN 2018043240 (print) | LCCN 2018047015 (ebook) |
    ISBN 9789004382152 (E-book) | ISBN 9789004382145 (hardback : alk. paper)
Subjects: LCSH: Fiction—History and criticism. | Nature in literature.
Classification: LCC PN3453 (ebook) | LCC PN3453 .N38 2018 (print) |
    DDC 809.3/936—dc23
LC record available at https://lccn.loc.gov/2018043240

Typeface for the Latin, Greek, and Cyrillic scripts: "Brill". See and download: brill.com/brill-typeface.

ISSN 0167-9392
ISBN 978-90-04-38214-5 (hardback)
ISBN 978-90-04-38215-2 (e-book)

Table des matières

Remerciements

Ce volume est issu du xxixe colloque de la Société d'Analyse de la Topique des Œuvres Romanesques, tenu à Nantes en 2015. Nous tenons à remercier les institutions qui ont apporté leur soutien financier à la tenue de cette manifestation : la SATOR, la Région Pays de la Loire, la Commission Recherche de l'Université de Nantes, la Direction des Relations Internationales de l'Université de Nantes, la Commission Recherche de l'Université d'Angers, l'Unité de Recherche L'AMo, l'Unité de Recherche CERIEC, l'axe Cultures du Végétal et de l'Environnement de la SFR Confluences.

Notre gratitude va également à Mme Sylvie Dilhan, gestionnaire du L'AMo, pour sa collaboration précieuse et expérimentée dans la préparation de ce colloque, à M. Olivier Beneteau pour son aide attentive au cours de cette manifestation dans le cadre de son stage de Master et à Mme Taïna Tuhkunen pour les nombreuses traductions qu'elle nous a aidés à élaborer pour la préparation de ce volume.

Avant-Propos

Philippe Postel et Isabelle Trivisani-Moreau

LE BERGER.

Tu te plais mieux sans doute aux bois, à la prairie ;
Tu le peux. Assieds-toi parmi l'herbe fleurie ;
Moi, sous un antre aride, en cet affreux séjour,
Je me plais sur le roc à voir passer le jour.

• • •

LE CHEVRIER.

Mais Cérès a maudit cette terre âpre et dure ;
Un noir torrent pierreux y roule une onde impure ;
Tous ces rocs, calcinés sous un soleil rongeur,
Brûlent et font hâter les pas du voyageur.
Point de fleurs, point de fruits, nul ombrage fertile
N'y donne au rossignol un balsamique asile.
Quelque olivier au loin, maigre fécondité,
Y rampe et fait mieux voir leur triste nudité.
Comment as-tu donc su d'herbes accoutumées
Nourrir dans ce désert tes brebis affamées ?

• • •

LE BERGER.

Que m'importe ? est-ce à moi qu'appartient ce troupeau ?
Je suis esclave.

ANDRÉ CHÉNIER, « La Liberté », v. 7–22

• •
•

Que fait la nature à la littérature ? Ou plutôt que nous fait la nature quand nous la rencontrons dans nos lectures ? Cet extrait d'un poème d'André Chénier, comme pourraient le faire bien d'autres exemples, place le lecteur dans une double position de familiarité et d'interrogation. Familiarité, d'abord, avec ces deux figures typiques de l'univers pastoral que sont le berger et le bouvier. Familiarité, encore, avec les milieux qu'ils décrivent, *locus amoenus* pour le chevrier selon le berger, et inversement *locus horribilis* pour le berger selon le chevrier, deux représentations stéréotypées de la nature que la littérature a l'habitude d'opposer pour mieux en faire percevoir les caractéristiques. Familiarité, enfin, dans cette forme dialoguée qui évoque les chants des bergers et leurs concours poétiques. Mais aussi interrogation et effet d'étrangeté car à l'agôn ludique auquel participe d'habitude le personnel bucolique dans un cadre encomiastique se substitue ici un antagonisme radical : à la sollicitude dont fait preuve le chevrier envers le moins heureux berger, s'oppose, plus encore que la rudesse du cadre de vie de ce dernier, celle de son discours. L'ordre de ce discours donne en effet la primeur non pas aux causes qui expliqueraient son état d'esprit, mais à ce qu'il ressent et est devenu : le berger se plaît dans « cet affreux séjour » dont l'interlocuteur souligne la désertion animale et végétale ; on sent d'ailleurs, à l'agacement que manifestent ses questions, qu'il aimerait que cette désertion soit aussi humaine, tant la présence du chevrier semble l'irriter. La pastorale tourne à l'aigre.

Bien que sollicitant des modèles familiers, Chénier nous déroute : derrière le cadre bucolique, pourquoi cette division entre ses acteurs ? À quelle source le poète emprunte-t-il ? Y aurait-il à distinguer entre églogue et idylle ? Entre berger et chevrier ? S'agit-il vraiment de faire préciser au lecteur cette culture antique dont l'auteur de la fin du XVIIIe siècle a baigné ses textes ? Pour quelles raisons en fait convoquer ces stéréotypes qui touchent à l'univers naturel ? L'ordre du poème nous donne les réponses : « Je suis esclave », lâche enfin le sombre berger, et il le répète en écho au titre du poème, « La liberté », rétablissant même une monstrueuse entente avec son interlocuteur dont les offres généreuses se heurtent à un cinglant : « Comme moi, je voudrais que tu fusses esclave. » Le berger de Chénier est un homme méchant, non pas parce qu'il est berger, mais parce qu'il n'est pas libre : en cette fin du XVIIIe siècle où s'agitent les idées révolutionnaires, le poème démontre comment la privation de la liberté attente à l'homme et, à travers lui, à la vertu. La poésie de Chénier nous paraît aujourd'hui terriblement révolue et c'est sans doute largement à son usage immodéré des stéréotypes pastoraux qu'elle le doit, mais cet usage n'est pas sans laisser une place à leur transformation : le plaidoyer pour la liberté n'est pas incompatible avec la représentation pastorale, mais il n'en est pas, dans l'imaginaire des lecteurs, le corollaire le plus immédiat, toutes tournées que sont les fictions pastorales, depuis l'Antiquité, vers un discours sur l'amour qui s'épanouit dans le contexte de la vie aux champs. Pour faire écho aux idées de son temps, le poète de « L'Invention » se glisse dans le moule pastoral qui lui fournit motifs et situations codés immédiatement repérables par les lecteurs dans leurs ressemblances mais surtout dans leurs différences et leurs transformations.

La récurrence et ses variations sont au cœur de l'analyse topique que promeut depuis une trentaine d'années la Société d'Analyse Topique des Œuvres Romanesques (SATOR): ses travaux se concentrent sur la reprise, à travers les romans, de topoï en tant que configurations narratives semblables, mais ils touchent plus largement le phénomène de la répétition, qu'il s'agisse de scènes, de motifs, de lieux … Comme a pu le dire Jean-Pierre Dubost, ce qui importe dans le topos, c'est son statut d'échangeur: dans ces moments de nos lectures, les textes et leurs mémoires se croisent mais pour repartir vers d'autres directions. L'opération de la lecture peut d'autant mieux accompagner ce déplacement qu'elle aura été sollicitée et mise en action par le phénomène de la reconnaissance.

L'expression *Natura in fabula* qui sert de titre à cet ouvrage le situe dans la continuité des travaux de la SATOR, par exemple du volume *Locus in fabula*[1], coordonné en 2004 par Nathalie Ferrand: l'enquête sur les topoï menée sous l'angle de l'espace avait d'ailleurs fait l'objet d'articles sur quelques domaines touchant à la question de la nature, comme le sauvage, la pastorale ou le libertinage de la part de contributeurs comme Catherine Gallouët, Marta Teixeira Anacleto, Jean-Pierre Dubost, qui poursuivent et approfondissent dans le présent volume leurs développements sur ces sujets. Mais il ne s'agit pas que d'espace ici car l'interrogation sur la nature a été vivifiée en ce début du XXIe siècle dans les études littéraires par le *nature writing* et le courant écocritique venu des États-Unis. Comment tirer parti de cet élan, ou pour mieux dire de cette interpellation car tout est urgence dans les discours qui se sont noués autour de la question environnementale? Première urgence / interpellation, celle de la situation: « Notre maison brûle et nous regardons ailleurs », disait un dirigeant politique à l'orée de ce millénaire. Deuxième urgence / interpellation, celle de la littérature: les auteurs se sont emparés de cette question planétaire pour la mettre en mots et en fictions, de là tout un matériau littéraire qui s'offre à la lecture. Troisième urgence / interpellation, celle de la critique: quels outils mettre en place pour l'analyse de cette littérature? Sans revenir sur les mises au point qui cherchent à distinguer les objectifs spécifiques de la géocritique, de la géopoétique, de la géographie littéraire, de l'écocritique et de l'écopoétique, on relèvera seulement que c'est bien encore sur le mode de l'interpellation que Pierre Schoentjes[2], constatant une certaine inadaptation des critères

---

1   *Locus in fabula. La topique de l'espace dans les fictions françaises de l'Ancien Régime*, Nathalie Ferrand (dir.), Louvain, Peeters, La République des Lettres, 2004.

2   P. Schoentjes, *Ce qui a lieu. Essai d'écopoétique*, Wildproject, 2015.

élaborés par Lawrence Buell pour l'écocritique dans un contexte américain, a récemment préféré substituer à ce terme celui d'écopoétique : l'orientation moins éthique et plus esthétique qu'il y associe lui paraît mieux convenir aux textes européens qu'il veut explorer. C'est ainsi un double déplacement qui se profile dans les études littéraires européennes, celui, d'une part, des outils dont pourrait se servir le critique, celui, d'autre part, des textes sur lesquels pourraient s'exercer son analyse : c'est parce qu'il y aurait une spécificité du rapport de l'homme au continent américain, liée à sa conquête, que la question éthique serait plus prégnante dans cette aire, alors que l'aire européenne privilégierait une autre expérience du monde, plus sensible et moins marquée sur le plan éthique. Les livres des deux aires ne parleraient en ce sens pas des mêmes choses. Pourtant, dans le geste de transposition des questionnements de l'écocritique américaine vers une écopoétique plus européenne, c'est bien la part d'une certaine éthique des textes de l'aire européenne qui s'en trouve questionnée. Dans le dédale de la terminologie critique, une autre expression, apparemment plus neutre, a cours, *l'écriture de la nature*. Mais par elle, ce à quoi sont en fait poussés les chercheurs, c'est à un extraordinaire élargissement de leurs investigations : l'écocritique américaine concernait un corpus de textes marqués par une double limite, celle de leur sujet central, la nature dans son rapport à l'homme, et celle de leur récente facture, car même avant le tournant que constituent les années 1970 pour le *nature writing*, l'histoire de la littérature américaine reste celle d'une nation jeune. En interrogeant les littératures du vieux monde sur leur écriture de la nature, c'est en revanche tout un passé littéraire qui semble devoir être convoqué, même si la nature n'y a pas toujours – et tant s'en faut quand on pense à tous les textes où elle ne joue qu'un rôle de toile de fond – une place centrale, mais parce que, si peu qu'elle s'y trouve, sa présence dans un récit contribue à la fabrication et au maintien de modèles sur ou contre lesquels se construisent ensuite des œuvres porteuses d'un discours plus tangible sur la nature. L'exemple de Chénier avec son dispositif poético-dialogique caricatural le montre, les stéréotypes les plus nets peuvent être détournés et resémantisés : dans l'aventure plus complexe du roman, l'expérience, parce qu'elle est traditionnellement celle de personnages dans leurs rapports à une extériorité, est souvent une expérience sociale, mais aussi une expérience du monde qui peut déboucher vers un discours plus ambitieux sur la nature.

Les œuvres du passé de la littérature européenne auxquelles l'engouement pour l'écriture de la nature nous invite à réfléchir constituent le terrain privilégié d'investigation de la SATOR. Elles sont ici convoquées dans une vision large et pour faire écho aux pratiques contemporaines : empruntées au Moyen Âge (avec même une incursion dans l'Antiquité par la prise en compte du roman *Daphnis et Chloé*) et à la période moderne, elles sont aussi mises en regard de romans pris dans l'époque contemporaine. Les analyses s'installent ainsi dans une durée relativement longue où l'homme modifie sa vision et sa conception de la nature. Les littératures abordées se concentrent sur le continent européen, jusque dans l'exotique Finlande, mais certains articles traitent des États-Unis et de la Chine. Le volume permet ainsi de tracer une évolution de l'usage de la nature dans l'histoire littéraire. Associée à des représentations convenues, qui elles-mêmes se distribuent entre les deux pôles du *locus terribilis* et du *locus amoenus*, la nature donne tout d'abord lieu à un jeu rhétorique qui se déploie à différentes échelles, selon l'écart pratiqué par rapport à la convention. En outre, elle invite progressivement les écrivains à mener une réflexion portant pour l'essentiel sur la place que l'homme occupe dans son environnement naturel : l'idéal de maîtrise de l'homme sur la nature cède la place à un idéal de résonance, voire d'immersion ou de fusion entre l'homme et la nature. Comme de nombreuses analyses le prouvent, cette évolution n'est pas nécessairement linéaire : on relève en effet des persistances, comme le jeu rhétorique qui parfois se perpétue dans le roman sentimental du XIXe siècle, ou au contraire des fulgurances, comme une préoccupation à l'égard de la préservation de la nature qui se fait jour dans certains textes anciens.

Pour rendre compte de ce jeu complexe des topoï, trois directions seront proposées : celle d'abord des stimulations que l'héritage topique de la nature permet de susciter dans l'écriture, celle ensuite des émergences de nouvelles récurrences, que l'on peut analyser en termes historiques, celle enfin des écologiques qui, au sein du roman, articulent de façon plus décisive à la nature la question de l'homme et des rapports qu'ils nouent ensemble.

La première partie du volume montre comment la nature a de longue date abrité des situations romanesques à la fois perçues comme redondantes et diverses voire contradictoires. Analysant des œuvres qui appartiennent à une longue période qui va jusqu'à ce qu'il est convenu d'appeler la première modernité, c'est-à-dire l'extrême fin du XVIIIe siècle, elle repère à quel point les topoï naturels revêtent une dimension de stimulation pour les romanciers. Le premier article, dû à Madeleine Jeay, constitue une introduction générale dans la mesure où il propose une étude diachronique (allant du Moyen Âge au XVIIIe siècle) de trois motifs naturels – la mer, la montagne et la forêt –, donnant lieu eux-mêmes à pas moins de quatre-vingts topoï, en lien avec un outil de recherche numérique qui permet d'interroger de nombreux textes à travers des bases de données. Cette contribution se veut une sorte de mise à l'épreuve des outils développés par la SATOR : les topoï ainsi que les textes et les articles qui constituent le fonds de l'étude sont en effet le fruit des quelque trente années d'existence de la SATOR. Ce qui ressort le plus nettement de l'analyse est sans doute le caractère réversible des topoï liés à la nature : ils expriment parfois l'idée d'un refuge introduisant éventuellement à une expérience spirituelle (notamment à travers le motif du désert), mais le plus souvent ils sont associés à la menace d'un danger que vont actualiser dans les récits diverses figures hostiles, dont celles du bandit ou du monstre, auxquelles le héros sera confronté. Dans certains récits, cette confrontation de l'homme à la nature sauvage aboutit à une entreprise de domestication ou de civilisation. Enfin, une autre modalité de la nature peut se faire jour, que l'on pourrait rattacher à la première catégorie de la nature refuge : il s'agit de la caverne ou grotte dans laquelle a lieu la performance de récits fictionnels. Paradoxalement, la nature est alors le cadre de créations artificielles.

Les conclusions de cette analyse se retrouvent dans le propos des sept articles suivants. De façon générale, on vérifie le caractère labile des topoï naturels, qu'il est trop facile de réduire à une simple opposition entre la nature hostile (*locus horridus* ou *terribilis*) et la nature bienveillante (*locus amoenus*). Mais ce qui caractérise une première série d'articles portant sur la littérature jusqu'à l'époque baroque, c'est sans doute le jeu topique, voire métatopique que les écrivains mènent à l'intérieur de ces repères rhétoriques, ce qui n'exclut pas néanmoins la possibilité de relier les topoï ainsi travaillés à une vision du monde.

Loren Gonzalez vérifie, en quelque sorte, l'association repérée par Madeleine Jeay entre un lieu naturel et l'exercice d'une activité « littéraire » : sur un corpus médiéval relativement resserré, constitué de deux ouvrages séparés d'une cinquantaine d'années mettant en scène la figure de Merlin – la *Vie de Merlin* de Geoffroy de Monmouth (c. 1150) et le *Roman de Merlin* attribué à Robert de Boron (début du XIIIᵉ siècle) –, elle analyse la forêt dans laquelle se retire Merlin comme le lieu paradoxal de l'expression d'une culture. Le lieu constitué par la forêt (*silvaticus*), réputé relever de la catégorie du sauvage (*salvaticus*), se révèle en effet être celui où, loin de la cour, s'exprime et même s'élabore une culture renouvelée. Ainsi l'on vérifie également le caractère réversible d'un motif naturel. Ce renversement axiologique présente deux modalités bien distinctes dans les deux ouvrages étudiés : la nature est en effet le creuset d'un savoir encyclopédique ou bien théologique, mais aussi une matrice pour la création fictionnelle.

Sur un corpus plus large, allant de la *Chanson du Cid* (XIIIᵉ siècle) au *Don Quichotte*, Sandra Contamina problématise le caractère apparemment « terrible » des lieux naturels comme la forêt mais aussi la montagne avec ses cavernes : elle relève ainsi un certain nombre de transgressions, plus ou moins marquées, opérées par les écrivains espagnols vis-à-vis de la tradition rhétorique. Le jeu métatopique auquel se livre Cervantes dans son antiroman est également l'objet de l'article de Yen-Mai Tran-Gervat et Véronique Duché, qui se concentre sur l'épisode de la Sierra Morena. L'analyse porte sur le processus d'imitation qui s'opère à la fois au plan interne (une fois parvenu dans la montagne, le personnage de Don Quichotte se met à imiter Roland et Amadis) et au plan externe : dans une modalité non pas satirique, mais « burlesque », c'est-à-dire non dépréciative, Cervantes parodie la folie amoureuse de Roland venant de découvrir les amours d'Angélique et de Médor (dans l'*Orlando Furioso* de l'Arioste) et surtout la pénitence d'amour d'Amadis dont Oriane pense qu'il l'a trahie (épisode de la Roche Pauvre dans l'*Amadis de Gaule* de Montalvo).

Un tournant semble bien se produire à partir de l'époque moderne : en lien avec une nouvelle approche scientifique, fondée sur l'expérience et la traduction mathématique, la nature, sans cesser d'être investie par la rhétorique, se prête toutefois moins souvent aux jeux topiques et métatopiques, pour devenir le cadre privilégié dans lequel évoluent certains types de personnages romanesques (dans le roman pastoral et dans le roman sentimental), voire un objet d'étude que l'on s'emploie à transposer dans l'espace poétique.

Cette dernière option est celle de l'écossais James Thomson, dont Pierre Carboni étudie le « long poème » intitulé *Les Saisons* (1746). Le poète ne renonce pas aux ressources rhétoriques, et pourtant renouvelle profondément la vision pré-moderne de la nature. En effet, l'apport de la science récente qui s'emploie à étudier la nature de façon expérimentale (Francis Bacon), pour définir les principes « éternels » qui la régissent (Isaac Newton), est bien intégré dans le poème à travers le registre d'un « sublime de grandeur » (ou d'admiration) par lequel est célébrée l'harmonie de la création.

Tel qu'il est analysé par Marta Teixeira Anacleto à partir de *L'Astrée* (1607–1619) d'Honoré d'Urfé (avec l'adaptation cinématographique qu'en a proposée Éric Rohmer en 2007) et la trilogie de l'écrivain portugais Rodrigues Lobo (*Le Printemps, Le Berger pèlerin* et *Le Berger désenchanté*, 1601–1614), le roman pastoral représente la nature comme le cadre d'une difficile, voire impossible conquête du sujet. Toutefois, cette quête identitaire demeure inaboutie et instable. Cette impossible constitution du sujet se voit alors relayée par des dispositifs ekphrastiques (statues, peintures, etc.), comme si l'artifice seul était à même de conférer au sujet une forme de stabilité.

Comme pour le roman pastoral, la nature, sous la modalité précise du jardin, peut être le cadre privilégié du parcours des amants dans le roman sentimental. Adoptant une perspective générale, Philippe Postel analyse en effet comment le topos du jardin comme cadre de l'éveil amoureux se vérifie non seulement dans la tradition littéraire européenne, depuis le roman grec *Daphnis et Chloé* (IIe siècle après Jésus-Christ) jusqu'au roman français de Mme de La Fayette,

La Princesse de Clèves (1678), mais aussi dans le « roman de la belle et du let-tré » chinois, à travers l'exemple des *Deux Cousines* (c. 1658). Au terme de cette étude, il apparaît que la probabilité pour que le jardin devienne un lieu pro-pice à l'éveil amoureux est aussi forte dans le cas européen qu'elle est faible, voire nulle dans le cas chinois. Pourtant le motif est bien présent dans les deux traditions littéraires. La fonction du topos se décline sous trois modalités selon les romans : le jardin est le cadre d'un apprentissage amoureux dans le roman grec, le lieu d'une rêverie érotique dans le roman français, enfin, dans le roman chinois, un espace interdit où néanmoins a lieu la rencontre amou-reuse, sur le mode de l'effraction. Le jardin apparaît donc toujours comme le cadre où s'opère une forme de maîtrise du désir érotique. Plus qu'un cadre, la nature constitue une partie intégrante de l'action dans les deux romans de Révéroni Saint-Cyr qu'étudie Jean-François Bianco dans le dernier article de cette première partie, *Pauliska, ou la perversité moderne* (1798) et le moins connu *Sabina d'Herfeld, ou les Dangers de l'imagination* (1796). Au-delà de pra-tiques ailleurs traitées, le discours consistant à condamner certaines formes d'atteintes à la nature – comme la guerre ou la science – ou certains usages consacrés comme le paysage-état d'âme, Révéroni fait de la nature, dans *Pauliska*, un vecteur de l'action, dans la mesure où elle porte les personnages (comme le torrent) ou transporte littéralement les objets échangés entre les personnages (comme le message transmis par les eaux du Danube), et, dans *Sabina*, un tenant-lieu de l'action, au sens où, dans la relation platonique qui unit les deux personnages, elle se substitue à la femme absente.

Les contributions réunies dans la deuxième partie abordent la topique de la nature dans un contexte historique qui en provoque la transforma-tion. S'intéressant à des œuvres qui courent de la fin du XVIIe siècle au XIXe siècle, elles enregistrent à certains moments diverses sortes d'émer-gences, ce qui suscite des tensions dans l'usage des topoï. Marquées par les évolutions de leur temps, ces œuvres superposent à la fixité, par définition inscrite dans la récurrence topique, une mobilité sur plusieurs plans. De nou-veaux lieux viennent en effet intéresser les romanciers engendrant un élargis-sement des topographies romanesques : poussant leurs récits vers des espaces plus lointains, difficilement accessibles ou ordinairement décriés, les auteurs se pourvoient de nouveaux moyens de créativité. Ainsi, dans un geste de creu-sement, les mondes souterrains (I. Trivisani-Moreau) s'invitent dans les uto-pies du tournant des XVIIe et XVIIIe siècles, tandis qu'à la surface de la terre les zones humides (N. Maughan), étangs et marais, entrent de façon décisive chez Jules Verne dans l'avancée de l'action. À cette fécondité romanesque de lieux insalubres réputés anti-romanesques s'ajoute la transformation des connota-tions associées à certains espaces naturels. C'est le cas de ceux que, jusqu'au

XVIIIe siècle, l'on considérait comme sauvages, forêts, déserts, mers ... qui, sous l'effet du développement des voyages, voient leur usage romanesque se complexifier (C. Gallouët) : leur nature autrefois perçue comme hostile, intégrée à ce qui devient un écosystème colonial, subit la mainmise de l'homme qui entreprend d'en tirer profit. De même, l'antique association du *locus horribilis* à la montagne s'effrite pour laisser la place, dans ces hauteurs désormais opposées à la corruption des villes, à des configurations plus complexes (Cl. Frasson).

La transformation de l'homologie qui associe à l'espace qu'est la montagne des événements ne se situant plus nécessairement du côté de l'effroi mais exaltant plutôt des sentiments sublimes est un phénomène bien connu, dont la paternité revient largement à Rousseau : l'analyse d'un vaste corpus de romans d'auteurs moins illustres, qui, à sa suite, choisissent la montagne pour cadre de leurs intrigues, montre en fait que la transformation n'est pas radicale. Plutôt que de substitution, il s'agit en effet plus souvent de coexistence : la tradition dysphorique de la représentation de la montagne ne saurait s'effacer complètement pour promouvoir les valeurs euphoriques que *La Nouvelle Héloïse* a su lui donner. Il existe ainsi une véritable hésitation entre les œuvres d'une même époque qui ne sauraient se limiter à un fonctionnement axiologique simpliste (J.-P. Dubost). Contrairement à une topographie topique qui s'était forgée depuis l'Antiquité, avec l'aube des Lumières se défont les équivalences nettes entre espace physique et espace symbolique, qui avaient longtemps prévalu : ainsi la modalité idyllique reprise à l'Antiquité doit composer avec un écosystème romanesque où la nature est prise entre innocence et désir. À certains égards cette complexification satisfait un goût pour les contrastes et permet de faire entendre des dissonances : chez Mme de Souza par exemple (P. Pelckmans), le simple recours à un instantané de la nature suffit à faire valoir le fléchissement momentané des sentiments et des valeurs des personnages.

Ce sont ainsi toutes les préoccupations du temps qui travaillent ce renouvellement de la topique naturelle : les espaces naturels se voient chargés d'enregistrer les aspirations et les contradictions d'une époque. Lieux des émois, les jardins comme la montagne, qui participent d'une recherche du bonheur, se souviennent autant de l'association de la vertu à la nature que d'un monisme du plaisir qui apparaît tout autant légitime (J.-P. Dubost). Mais sur ces aspirations individuelles se greffent désormais de façon tangible des enjeux plus globaux : il faut compter avec une approche économique des lieux, qui amène à tenir compte de leur valeur marchande ou au moins utilitaire (la colonisation comme le montre C. Gallouët, l'exploitation minière évoquée par I. Trivisani-Moreau). Au-delà d'une agriculture depuis longtemps valorisée en littérature par le mode bucolique, on cherche à faire fructifier la terre et les ressources naturelles par de nouvelles voies. Ce sont aussi les savoirs naturalistes qui peuvent nourrir le tissu romanesque et notamment ceux qui relèvent de la géomorphologie (N. Maughan) et de la géologie (I. Trivisani-Moreau) : ils s'incarnent d'ailleurs dans certains personnages de savants, bien représentés chez un Jules Verne, mais aussi présents dans des romans moins connus dès le XVIIIᵉ siècle, dans lesquels on trouve géologues, botanistes et surtout des figures d'amateurs et de curieux du monde naturel désireux d'en devenir les expérimentateurs.

Cette concurrence entre répétition et renouvellement de la topique doit aussi s'analyser en termes de formes narratives et surtout de genres. Le développement des voyages, dans la réalité comme dans les écrits, joue dans cette période un rôle moteur : occasion du récit utopique où ils justifient les passages vers des lieux jusqu'ici prétendument inconnus (I. Trivisani-Moreau), ils constituent une matrice fondamentale dans nombre de romans dont la trame est empruntée à la littérature viatique (C. Gallouët, N. Maughan) au point de se constituer en véritables « romans géographiques ». Entre les deux genres, la circulation d'une topographie romanesque est manifeste. Mais à côté de ces genres accueillants pour une prolifération et une complexification des topoï naturels, d'autres, et notamment le roman sentimental, leur opposent une certaine résistance : dans la retenue descriptive d'un rousseauisme devenu diffus (P. Pelckmans), qui peut paradoxalement se muer en une sollicitation trop mécanique (Cl. Frasson), le roman sentimental tend en effet à une utilisation convenue des topoï naturels qui se font clichés à l'ère préromantique là où, chez un Marivaux (C. Gallouët) se manifestait la distance de la parodie. Entre blocages et dynamique, les topoï naturels sont pris dans une histoire qui cherche à ménager avec la tradition littéraire déférence et dépassement.

Dans la dernière partie, les textes analysés posent la question des récurrences sur le terrain plus philosophique des rapports que l'homme entretient avec la nature : ils permettent de repérer dans les époques pré- et post-darwiniennes le désir de faire le point sur les modalités d'un certain être-au-monde dans une visée de cohérence. Sans occulter les propositions du passé, ces textes mettent chacun à leur manière en œuvre des quêtes d'éco-logiques. Dans une vision universaliste, M. Yourcenar articule humeurs des êtres et variabilités des temps selon un mode volontariste, en prêtant aux personnages centraux de plusieurs de ses romans le vœu d'immersion dans un Tout (C. Brochard). Dans le traitement littéraire des rapports de l'homme et de la nature, l'osmose n'est cependant pas une solution unique car, pour plusieurs des contributions de cette partie, se pose avant cela la question de la connaissance. Comment en effet appréhender la diversité des modèles de paysages, cosmographique, idyllique et géographique, que présente Jean Lemaire de Belges dans *Les Illustrations de Gaule et singularitez de Troye* ? Rassemblés dans une visée pédagogique, ils sont offerts à la réflexion du prince auquel le livre s'adresse ; mais à côté d'un appel à la connaissance des territoires que ce type de configuration suggère, c'est peut-être davantage de reconnaissance qu'il est question. En effet, moins que d'exercer un pouvoir, il s'agit davantage ici de s'émerveiller devant la nature afin d'être en accord avec elle. En rapprochant des textes fictifs et philosophiques de la première modernité, J. Sribnai fait d'ailleurs émerger le topos du chemin de la connaissance par lequel c'est grâce au contact avec la nature, permis par une mise en route, que se réalise la découverte progressive de la vérité. Autour d'une autre récurrence, celle du personnage de l'homme-singe repérée par N. Correard dans plusieurs fictions du XVIIIe et du début du XIXe siècle, se perçoit également la façon dont les découvertes et les progrès de la connaissance naturaliste peuvent nourrir la littérature : avant la célèbre formulation des thèses évolutionnistes de Darwin, ces fictions, en jouant du quiproquo, témoignent d'une remise en question de l'anthropocentrisme longtemps véhiculé par les traditions philosophiques et religieuses.

Décentré du monde, le personnage traditionnel peut s'en trouver retravaillé au sein de la narration, par exemple dans l'effacement des frontières entre le moi et le monde que recherche M. Yourcenar, mais aussi par le basculement vers le personnage animal. Dans le contexte anglais, les trois romans de London, Golding et Vonnegut analysés par M. Cazaban-Mazerolles dialoguent avec les théories darwiniennes non seulement en situant leurs personnages par rapport aux questions de l'évolution dans une perspective continuiste, mais aussi en prêtant l'initiative de l'action moins aux personnages qu'à la nature elle-même, qui devient la véritable force agissante. La remise en question de l'anthropocentrisme ne pouvait que déboucher sur un enrichissement du traitement de la notion de personnage : un autre animal que l'homme-singe, l'Oiseau de malheur du roman de l'auteure finlandaise J. Sinisalo analysé par T. Tuhkunen, en usurpant, ne serait-ce que temporairement, le poste du narrateur, en rajoute dans cette perméabilité des statuts qui tendent à détrôner l'homme.

Pris dans des rythmes que leur impose la nature, de tels personnages nouent un rapport à l'espace fait de mobilité : les héros de M. Yourcenar sont des voyageurs qui, dans l'expérience mouvante de l'espace et de ses mutations, font aussi celle de l'éternité dans une approche contemplative et universaliste. Tout aussi amples sont les espaces que doivent embrasser les lecteurs du roman de J. Sinisalo, de la Laponie à la Nouvelle Zélande, l'Australie et la Tasmanie : l'échelle de la Terre est ici à la mesure de la confrontation que les éco-randonneurs devront mener avec eux-mêmes dans un cadre dont la maîtrise leur échappe. Le caractère finalement réduit de la carte du sud de la Tasmanie qui ouvre l'ouvrage par rapport à de tels espaces contraste avec une telle ampleur et peut être confrontée à une autre carte, celle qui ouvrait *Before Adam* : J. London, en y indiquant à l'inverse une maîtrise bien plus affirmée à travers les indications de lieux de nourriture ou de danger, en faisait un outil de maîtrise bien moins ambigu. La mobilité est au cœur d'un processus de connaissance qui révèle une approche plus ou moins unifiante des rapports entre l'homme et la nature. Les trois romans anglophones du XX\e siècle étudiés par M. Cazaban-Mazerolles s'inscrivent dans une connaissance expérimentale des lieux à habiter et connaître qui peut assez facilement être figurée, comme l'illustre J. London, par une carte alors qu'une telle maîtrise par l'image se révèle illusoire chez J. Sinisalo : plus encore, dans l'ouvrage bien antérieur de Lemaire de Belges, la carte, qu'appellerait pourtant le sujet traité, est absente, largement compensée par une précision topographique du discours qui dépasse l'enjeu de la maîtrise. Le topos du retour à la nature développé dans les trois romans étudiés par M. Cazaban-Mazerolles revient de façon assez nette à une fusion de l'homme avec son environnement. La dimension inclusive du geste anthropologique est ici bien plus marquée et limpide que la combinaison de strates multiples telles qu'on les trouvait dans le texte du XVI\e siècle analysé par Ch. Liaroutzos. C'est aussi à une approche plus complexe des savoirs que se réfèrent les divers recours au topos du chemin de la connaissance au XVII\e (J. Sribnai) ou, un peu plus tard, à la figure de l'homme-singe (N. Correard) : la diversité de ces expériences rendait compte d'une compréhension différente, selon les cas, des rapports homme-nature, introduisant, à défaut d'une pensée stable, un certain trouble philosophique. S'il est commode de considérer le XIX\e siècle, avec la diffusion de la pensée darwinienne, comme un seuil dans l'expression romanesque vers moins d'anthropocentrisme et vers le rejet d'un trop grand déséquilibre dans le partage entre l'homme et son environnement, l'examen des fictions qui précèdent cette période montre que les remises en question d'un tel partage étaient loin d'être absentes dès la première modernité : moins audibles qu'elles ne le devinrent au cours du XIX\e siècle, ces voix qui pouvaient dire une certaine unité du monde apportaient dans la réflexion philosophique de leur temps un trouble dont on pourrait retrouver de façon inversée un certain écho chez J. Sinisalo à travers un soupçon écologique qui nous est plus contemporain.

PREMIÈRE PARTIE

Stimulations.
De la nature à l'écriture

∶

Mer, montagne, forêt : explorations à la recherche de topoï narratifs

Madeleine Jeay

Les réflexions qui suivent se situent au cœur du projet de la SATOR en ce sens qu'elles abordent la thématique de l'environnement, celle des rapports de l'homme et de la nature, sous l'angle de ce qui a toujours été la préoccupation de la Société pour l'Analyse de la Topique Romanesque, l'identification des topoï narratifs et ce que révèle de l'écriture narrative leur récurrence dans les textes. Elles s'intéressent plus spécifiquement à ce qui a toujours été un volet essentiel de sa démarche, l'interrogation sur la contribution des outils informatiques à la réalisation du projet. Ce dernier a en effet été lié, dès l'origine, à l'élaboration d'un thesaurus informatisé répertoriant les topoï et leurs occurrences dans les œuvres[1].

Il ne faut pas se dissimuler ce qu'a d'utopique l'ambition de la SATOR, rêve d'un groupe d'enthousiastes convaincus, au début des années 1980, que le travail collectif de collègues de plusieurs pays et continents, dont les spécialités allaient du Moyen Âge au XVIIIe siècle, pourrait permettre non seulement d'inventorier le répertoire des topoï narratifs exploités dans les textes de la période, mais aussi d'observer comment les auteurs en ont tiré parti. À cette utopie de la foi dans les bienfaits de l'entreprise collective, correspondait une confiance encore inentamée dans la vertu des bases de données. Après une période ascendante de succès remarquables, nous nous trouvons, en ce 29e colloque, face à des résultats partagés. Alors que le dynamisme et la qualité des colloques ne se démentent pas, il a fallu faire le deuil d'une base de données en constant développement. *Satorbase* a atteint un plateau d'un millier de topoï et de près de trois mille occurrences, arrêt qui a correspondu à un questionnement sur la raison d'être des bases de données. Après l'engouement des débuts, la question s'est posée en effet de leur utilité pour nos recherches. Dans quelle mesure, par exemple, peut-on exploiter *Satorbase* pour rédiger une communication pour un de nos colloques ?

Dans une première tentative de réponse à cette question, j'ai conçu avec Stéfan Sinclair un outil de recherche, *PBLiT ou Polybases Littéraires*, grâce auquel explorer simultanément plusieurs bases de données dont *Satorbase* et le

---

1 Je renvoie à www.satorbase.org pour l'historique et les objectifs de la SATOR sous l'onglet « outils théoriques ».

thesaurus de motif merveilleux dans le récit médiéval[2]. Après cette première étape, une seconde version de *PBLiT* permet maintenant d'interroger, outre ces bases, une archive constituée de textes numérisés et des articles publiés dans les actes de la SATOR, eux aussi numérisés. Notre hypothèse est que, grâce à cette nouvelle version de *PBLiT*, on peut identifier de nouveaux topoï et occurrences, mais aussi que, par la possibilité d'interroger en même temps textes, articles et bases de données, on a accès à des topoï exploitables pour l'analyse littéraire dans la mesure où on peut les repérer à la fois dans la diversité des textes de la période et dans les études critiques qui en font l'analyse. C'est ce que je voudrais illustrer par une série de recherches que j'ai réalisées à partir de cet outil, sur trois lieux de la nature propices à l'intrigue narrative et propres à cristalliser le rapport que l'homme entretient avec elle, tel qu'il est médiatisé par la fiction : la mer, la montagne et la forêt. Par sa richesse et sa distribution diachronique, l'archive de *PBLiT* dans son état actuel est suffisamment représentative pour offrir des résultats valables et des pistes de recherche fructueuses : elle comporte actuellement 56 textes, 115 articles, les 2978 occurrences de *Satorbase* et presque autant du Thesaurus des motifs merveilleux.

Parmi les situations qui confrontent l'être humain à la nature dans les récits, l'une des plus fréquemment représentée, au point d'être conventionnelle et à l'occasion source de parodie, est la tempête. C'est donc à partir de ce terme que j'ai commencé une recherche qui m'a conduite, à travers divers embranchements, à m'intéresser aussi à la montagne et à la forêt. Je vais donc suivre l'itinéraire qui s'est pour ainsi dire imposé de lui-même à la suite des interrogations de l'archive disponible sur *PBLiT*. Le fait qu'elle associe les sources textuelles elles-mêmes – les œuvres numérisées – à un métadiscours contemporain sur ces œuvres dans *Satorbase* ou dans les articles, permet de résoudre plusieurs obstacles, notamment la difficulté qui résulte de l'évolution linguistique. Le terme « tempête » qu'il est inutile en effet de chercher dans un texte d'ancien français, sinon sous sa forme ancienne de « tempeste », pourra être repéré dans ce métadiscours qui nous conduira par la suite au texte lui-même. Voici à titre d'exemple une occurrence trouvée dans la chantefable *Aucassin et Nicolette*, telle qu'on la rencontre dans *Satorbase*. Elle est introduite par un résumé de présentation qui permet d'accéder au terme moderne : « Aucassin et Nicolette qui ont été capturés par des Sarrasins voyagent sur des bateaux différents. Une tempête les sépare ». La citation du passage, « si leva une tormente par mer que les espartist[3] », nous donne un équivalent dont on trouve

---

2   http://digihum.mcgill.ca/pblit/.

3   *Aucassin et Nicolette*, éd. H. Suchier, trad. A. Counson, Paderborn, Ferdinand Schœning, 1903, p. 36. Les références bibliographiques renvoient à l'édition numérisée disponible dans *PBLiT*.

les variantes « tormenz » dans le *Roman de Troie* de Benoît de Sainte-Maure et « turmente » dans *Le Roman de Tristan* de Thomas d'Angleterre, termes à partir desquels on peut poursuivre l'interrogation. La remarque s'applique également aux textes postmédiévaux, car la situation narrative peut être traduite par divers synonymes comme « orage » ou par des périphrases comme la « soudaine agitation de la mer et des vents » que l'on rencontre dans *Épigone* de l'Abbé de Pure[4].

Quelles sont donc les configurations narratives mettant en scène une tempête ? Trois d'entre elles traduisent une situation simple : une tempête empêche les bateaux de partir, comme on le sait depuis l'*Iliade* ; les héros affrontent une tempête ; celle-ci peut éventuellement les conduire au naufrage. Ce dernier topos – affronter une tempête en mer et faire naufrage – peut se déployer en une série de séquences types qui se développent à partir de la péripétie de base. On peut les énumérer ainsi : tempête / naufrage / sauver les passagers ; tempête / naufrage / échouer sur une côte / une île ; tempête / naufrage / sauver passagers / accoster sur une île. Cette séquence se distingue par sa forte récurrence : de *Huon de Bordeaux* au xive siècle, jusqu'à *Alcidamie* de Mme de Villedieu, on la rencontre neuf fois dans notre archive. Comme on le constate, l'interrogation de *PBLiT*, ne permet pas seulement d'identifier des configurations narratives topiques, elle met à jour des liens et des combinaisons entre certaines d'entre elles. De ce fait, elle peut ouvrir, au-delà du simple repérage de topoï, sur la possibilité de dégager une syntaxe narrative par la mise en évidence de séquences privilégiées. La recherche permet également de repérer, en plus des séries récurrentes comme celles que nous venons de voir, des configurations qui détaillent diverses circonstances de la situation de base : la tempête est apaisée de façon surnaturelle ; elle sépare des amants ; elle cause la disparition d'un personnage et son épouse hérite de ses biens. Le mode d'articulation de la syntaxe narrative est dans ce cas plutôt de l'ordre de l'embranchement, de l'arborescence, que de la séquence.

Avec les exemples qui vont suivre, on a également affaire à un embranchement narratif, puisque, au péril du voyage en mer que représente la tempête, s'ajoute celui de l'attaque par des pirates ou des corsaires, péripétie tout aussi fréquemment utilisée dans les récits. La capture des voyageurs survient généralement d'abord. La tempête permet de sauver les captifs ou bien elle provoque leur séparation et donc contribue à relancer le récit. L'attaque des pirates peut constituer un nœud narratif, à l'origine de plusieurs topoï dont je ne retiens que celui, relié à notre thème, de la fuite de leurs victimes à la nage. Il se décline en plusieurs variantes : le fuyard est repêché sur un petit

---

4 Abbé M. de Pure, *Épigone*, Paris, Pierre Lamy, 1659, p. 630.

bateau, comme dans l'*Heptaméron* de Marguerite de Navarre (Nouvelle 13), ou
bien il parvient à une plage comme dans le *Roman comique* de Scarron. Mais
la rencontre de ces flibustiers peut elle-même être vue comme une variation
sur le motif de toute rencontre hostile en mer, ennemis turcs dans *Le Roman
comique* de Scarron, ou animaux sauvages, par exemple la baleine du *Quart
Livre* de Rabelais.

S'il y a un point commun entre la série de topoï que je viens de présenter,
c'est l'association entre la mer, vue avant tout comme une source de dangers,
et ce qui est de l'ordre du sauvage. Plus généralement, c'est la thématique de
la nature comme lieu du sauvage par opposition au civilisé, à la culture, qui
prévaut dans les récits. Elle se décline en une gamme de topoï qui vont de la
considérer comme hospitalière et lieu d'asile pour qui fuit la société, à la traiter
comme source de périls par les rencontres qu'on peut y faire. On y trouve les
avatars des pirates que sont les brigands et toute une variété d'animaux hostiles que les récits médiévaux aiment à multiplier : taureaux, lions, serpents
et dragons, formes sous lesquelles se manifestent souvent les démons qui
l'habitent aussi. L'animal, en soi source importante de topoï narratifs, est plus
directement identifié à la nature lorsqu'il est présenté comme manifestation
du sauvage. Aux topoï traduisant la crainte qu'il inspire sous les diverses formes
énumérées plus haut, répondent ceux qui affirment au contraire l'emprise
de l'homme sur lui. Il est alors gibier, mais aussi ce qu'on apprivoise. Le topos de
l'animal sauvage apprivoisé est central à de nombreux récits hagiographiques
ou à des romans inspirés des vies de saints où la domestication est le fait des
ermites, ces médiateurs entre nature et sacré sur lesquels je vais revenir. Elle
peut être aussi le résultat du dressage effectué par d'autres émanations du lien
entre nature et humain que sont les hommes sauvages à demi monstrueux,
par exemple celui que rencontre le chevalier au lion chez Chrétien de Troyes
et dans les récits qu'il a inspirés. Créatures à la frange inférieure de l'humain, ils
trouvent leurs équivalents dans les « sauvages hirsutes et primitifs qui voient
un Européen pour la première fois » que rencontre Émander abandonné sur
une île déserte dans *Les effets surprenants de la sympathie* de Marivaux[5].

L'animal, comme la plante, figurent aussi dans les textes en tant que merveilles de la nature que l'homme ne peut égaler. Rabelais en donne un exemple
dans le chapitre 58 du *Quart Livre* :

---

5   Voir C. Gallouët, « Le topos de la rencontre de l'autre au XVIIIe siècle », J.-P. Dubost (dir.),
    Topographie de la rencontre dans le roman européen, Clermont-Ferrand, Université Blaise
    Pascal, 2008, p. 207.

L'industrie de Nature appert merveilleuse en l'esbatement qu'elle semble avoir prins formant les Coquilles de mer : tant y veoyd on de varieté, tant de figures, tant de couleurs, tant de traictz & formes non imitables par art[6].

De cette vision émerveillée de la nature, on passe à des topoï qui en font un lieu de refuge suffisamment hospitalier pour qu'on puisse y vivre en sauvage sans doute, mais nourri de ses fruits, comme le couple royal du roman de *Guillaume d'Angleterre*. Ils

> vivent come sauvagine
> De la glan et de la faÿne,
> De tel fruit com porte boschaige,
> De poires, de pomes sauvaiges,
> Meures meinjuent et cenelles,
> Boutons, alies et grosselles
> Et des cormes, quant il les treuvent ;
> De l'eive que les nues pleuvent
> Por souffreite de melieur boivent[7].

> *[Ils] vivaient, comme des bêtes sauvages, de glands et de faînes, de fruits des bois, de poires et de pommes sauvages. Ils mangeaient des mûres, des cenelles, des baies, des cornouilles et des prunelles, ainsi que des alises quand ils en trouvaient. À défaut de meilleure, ils buvaient de l'eau de pluie[8].*

C'est bien cette image d'une nature nourricière dans laquelle on peut vivre en bon sauvage qu'offre Bernardin de Saint-Pierre dans *Paul et Virginie*, au sein de l'asile que représente l'île qui les a accueillis, l'île lieu topique d'asile pour les naufragés, on l'a vu, éventuellement menaçante cependant par la rencontre qu'on peut y faire de bêtes sauvages.

En dehors de la mer, les lieux récurrents que les textes identifient au sauvage, souvent ensemble, en binômes presque synonymes, sont la montagne et la forêt avec en leur sein, les cavernes et les grottes sur lesquelles nous devrons nous arrêter aussi. Ainsi, parmi plusieurs exemples, ce passage de *Gil Blas de Santillane* de Le Sage : « Fugitifs et dispersés par pelotons, ils vivaient dans les montagnes ou dans les bois. Les uns demeuraient dans les cavernes, et les

---

6   F. Rabelais, *Le Quart Livre*, Paris, Michel Fezandat, 1552, chap. LVIII.

7   Chrétien de Troyes, *Guillaume d'Angleterre*, éd. A. J. Holden, Genève, Droz, 1988, v. 427–435.

8   *Id., Guillaume d'Angleterre*, trad. C. Ferlampin-Acher, Paris, Champion, 2007, p. 99.

autres firent plusieurs souterrains[9]. » Je cite à nouveau *Gil Blas* dont le chapitre IX cumule les motifs déjà rencontrés, l'orage étant l'équivalent sur terre de la tempête en contexte maritime :

> Je suis d'avis, lui répliquai-je, que nous cherchions un endroit où vous soyez sûrement, et où nous puissions nous mettre à couvert d'un orage que je vois dans l'air, et qui va bientôt tomber. En même temps, nous découvrîmes et gagnâmes une allée d'arbres assez touffus, qui nous conduisit au pied d'une montagne, où nous trouvâmes un ermitage. C'était une grande et profonde grotte que le temps avait percée dans la montagne[10].

Ici concentrés en une seule séquence qui rassemble, autour de la protection recherchée contre l'orage, la montagne espace de nature sauvage, l'ermite qui s'isole en son sein et la grotte où il s'abrite, ces motifs se déploient par ailleurs en une série de topoï autonomes. Ils peuvent être centrés sur le binôme forêt et montagne traités comme domaines du sauvage, éventuellement périlleux, ou bien associés l'un à l'autre comme lieux de refuge, en particulier pour les ermites, on vient de le voir. Un terme subsume l'ensemble des références à la nature comme espace antinomique du civilisé, celui de désert. Il garde des épisodes bibliques de l'Exode ou des tentations du Christ, une dimension spirituelle entretenue par les récits d'expériences anachorétiques. En repérant les textes où figure le terme, *PBLiT* permet de voir comment se sont transformés son acception et les contextes narratifs depuis la chanson de geste d'*Aymeri de Narbonne* dans laquelle il représente le sauvage de façon absolue. Le héros y rencontre des ours féroces et menaçants débouchant d'une montagne, heureusement repoussés par un lion qui « Par un desert vint corant[11] ». Dans *L'Astrée*, Honoré d'Urfé l'utilise de façon similaire, généralement en couple avec les espaces montagneux, rochers et désert devenant presque une paire synonymique figée. On retrouve dans l'évocation de l'existence menée par le berger Palémon, les motifs rencontrés plus tôt dans *Gil Blas*. Montagne et désert y figurent comme expressions de la nature sauvage dont le caractère escarpé ou les cavernes qui y sont creusées offrent un refuge : personne, dit-il, n'a vécu « plus sauvagement que moi, non pas même ceux qui font profession de demeurer parmi les rochers et les déserts [...] demeurant quelquefois caché dans les antres les plus retirés, et quelquefois dans le plus haut des montagnes[12] ».

---

9   A.-R. Le Sage, *Gil Blas de Santillane*, Paris, Garnier, 1864, livre I, chap. IV, p. 22.

10   *Ibid.*, livre IV, chap. IX, p. 331.

11   *La mort Aymeri de Narbonne*, Paris, Firmin Didot, 1884, laisse XIII, v. 345.

12   H. d'Urfé, *L'Astrée*, Paris, Toussaint du Bray, 1621, p. 577.

C'est encore le désert, riche par ailleurs de connotations bibliques, qu'invoque Manon Lescaut débarquée à La Nouvelle Orléans, où elle se trouvait isolée comme au milieu de la mer, « dans un pays inconnu, désert, ou habité par des bêtes féroces, et par des sauvages aussi barbares qu'elles[13] », vision à laquelle s'oppose celle de Paul et Virginie. Les « anciens habitants de ce désert » qui sert d'asile à leurs mères incarnent le « bonheur que donnent la nature et la vertu[14] ».

On ne sera pas surpris que des topoï attachés à la montagne et à la forêt, lorsque ces espaces représentent ensemble l'état de nature, se retrouvent associés séparément à chacun d'eux. On peut se perdre tantôt dans l'un, tantôt dans l'autre ; chacun sert de refuge, particulièrement pour les ermites qui à leur tour vont servir d'asile. Ainsi Gil Blas, contraint de quitter Tolède et désirant se rendre en Aragon, s'engage dans une montagne et trouve refuge dans un ermitage. Mais c'est au sein de la forêt que Tristan et Iseut rencontrent Ogrin, l'ermite grâce à qui la réconciliation avec le roi Marc pourra se faire et que le Chevalier au lion de Chrétien de Troyes instaure un système de troc avec celui qui lui permettra de subsister. Inversement, montagne et forêt sont chacune propices à la rencontre de bandits, ceux « qui courent les Alpes et les montagnes de Savoie » et dépouillent un personnage des *Illustres françaises* de Challe, ou bien ceux qui « sortent d'entre les broussailles qui bordaient le chemin » et se jettent sur Jacques le fataliste, les attaques les plus fréquentes se produisant toutefois le plus souvent en forêt[15]. Ces deux espaces favorisent aussi la rencontre de bêtes sauvages, un loup furieux sorti de la forêt dans le *Paysan parvenu* de Marivaux ou le sanglier poursuivi par les chasseurs des *Mémoires de la Vie de Henriette Sylvie de Molière* de Madame de Villedieu. C'est plus particulièrement à la montagne toutefois que se rencontrent géants et nains dont c'est le repaire dans les sagas scandinaves, ou leurs versions romanesques, le géant Harpin de la Montagne du *Chevalier au lion* et le géant Mauduit du *Lancelot en prose*.

---

13   A. F. Prévost, *Manon Lescaut*, Paris, Larousse, 1731, p. 149. Le désert avec ses connotations bibliques a pour objet de servir les besoins du récit et de mettre en scène le rachat de la courtisane : A. Duquaire, « Itinéraire et composition : l'espace et le déplacement dans les romans de l'abbé Prévost », N. Ferrand (dir.), *Locus in fabula. La topique de l'espace dans les fictions françaises de l'Ancien Régime*, Paris / Louvain, Peeters, 2004, p. 328–343, qui note que la Nouvelle Orléans était environnée de forêts au XVIIIe siècle.

14   J.-H. Bernardin de Saint-Pierre, *Paul et Virginie*, Paris, 1873, p. 16.

15   R. Challe, *Les Illustres Françaises*, Paris, 1713 : Histoire de Monsieur des Frans et de Silvie dans http://obvil.paris-sorbonne.fr/corpus/challe/challe_illustres-francaises ; D. Diderot, *Jacques le fataliste*, Paris, Belin, 1819, p. 311.

La forêt quant à elle se situe au cœur d'un ensemble de topoï reliés à la rencontre amoureuse ou sexuelle. C'est au sein de la forêt que se réfugient les amants à la suite de l'exemple topique de Tristan et Iseut. C'est dans les bois que s'enfonce Céladon, ne se nourrissant que de larmes et de cresson et espérant mourir d'inanition pour l'amour d'Astrée. On ne compte plus les romans médiévaux où un chevalier rencontre une demoiselle dans la forêt, qui chez Perrault deviennent le prince et la princesse de *La Belle au bois dormant*. Plusieurs circonstances dérivent de cette aventure, dont les plus courantes sont des demandes d'aide de la demoiselle, éventuellement face à une menace de viol, péripétie qui donne lieu à toute une gamme de situations qui deviennent topiques. Le viol peut suivre un enlèvement et la séquence se développer avec les éventuels secours portés à la victime et son sauvetage. Dans les pastourelles du XIIIᵉ siècle, la proie de la convoitise du chevalier, rencontrée dans les bois ou à leur orée, peut être une bergère, émanation elle-même de la nature par la proximité avec les bêtes dont elle a la garde. Si, comme on le sait, l'image des bergers a évolué, s'est édulcorée, la bergère n'en reste pas moins un objet de désir dans la *Griselidis* de Charles Perrault, comme expression d'une nature maintenant synonyme de pureté :

> La simple et naïve Nature
> S'y faisait voir et si belle et si pure,
> Que mille fois il bénit son erreur.
> Rempli des douces rêveries
> Qu'inspirent les grands bois, les eaux et les prairies,
> Il sent soudain frapper et son cœur et ses yeux
> Par l'objet le plus agréable,
> Le plus doux et le plus aimable
> Qu'il eût jamais vu sous les Cieux.
> C'était une jeune Bergère[16].

Faire de la forêt un *locus amœnus*, un lieu où se rencontre l'amour, c'est bien entendu brouiller les distinctions entre sauvage et policé, comme l'indique l'article de Véronique Costa, « Bois et bosquets d'amour dans l'œuvre de Crébillon fils : un abrégé de la romancie libertine », publié en 2004 dans *Locus in fabula* et accessible pour interrogation via *PBLiT* :

---

16   C. Perrault, *Grisélidis, Les Contes des fées, en prose et en vers*, Paris, 1845, p. 169.

Tout ce qui tient du bocage, de la grotte ou du ruisseau sont les che-
villes habituelles de l'églogue. Dans cette première monodie hantée par
les songes, on trouve des rêves où l'on se prend pour Flore, des jardins
enchantés à la manière du Tasse avec leurs bois épais et sombres, leurs
nymphes et leurs Driades : fuite en un monde illusoire où l'Amour seul
règnerait en maître[17].

Cavernes et grottes cristallisent les différentes facettes de la relation à la nature que traduisent les topoï générés par les trois espaces emblématiques que
sont la mer, la montagne et la forêt. Tout aussi représentatives de la tradition
romanesque[18], elles constituent des lieux liminaires entre sauvage et civilisé,
leur fonction étant de servir de refuge pour des personnages en rupture avec
la société comme les ermites ou des fugitifs, par exemple, dans *Gil Blas de
Santillane*, les chrétiens pourchassés par les « infidèles » ou les brigands pour-
suivis par la sainte Hermandad. Elles peuvent simplement représenter un état
de nature hospitalier et accueillant, un *locus amoenus*, comme la caverne qui
accueille les chrétiens dans *Gil Blas*, oasis au cœur de l'aridité des montagnes,
protégée par des chèvrefeuilles et qui révèle d'agréables ruisseaux au fond
d'une pente bordée de fleurs. La quiétude est trompeuse pourtant, puisqu'elle
sert aussi d'asile à des corsaires qui viennent s'y réconforter et s'emparent des
fugitifs, variante du topos de la capture de voyageurs.

Habitées pour une durée plus ou moins longue, cavernes et grottes sont
aménagées par ceux qui y résident. Cela peut être de façon minimale : Céladon,
ayant découvert une caverne dont l'entrée est « à demi-couverte d'arbres et de
buissons », décide d'y passer ses jours et commence « à l'agencer du mieux
qu'il lui fut possible, ôtant quelques cailloux que la rivière étant grande y
avait porté[19] ». L'aménagement peut être poussé à l'extrême au point d'en faire
l'équivalent d'un palais, à l'exemple de la grotte de Darmon et surtout de celle
de Mandrague avec ses statues dans leurs niches, ses fontaines, le tombeau
entouré de peintures séparées de piliers de marbre noir. L'ermitage que

---

17   V. Costa, « Bois et bosquets d'amour dans l'œuvre de Crébillon fils : un abrégé de la roman-
      cie libertine », *Locus in fabula, op. cit.*, p. 144–156 (p. 138). Sur la récurrence de « bosquets,
      charmilles, valons et grottes » dans les scènes idylliques et galantes, voir J.-P. Dubost, « Le
      hors-temps libertin », D. Maher (dir.), *Tempus in fabula. Topoï de la temporalité narrative
      dans la fiction d'Ancien Régime*, Québec, Les Presses de l'Université Laval, 2006, p. 57–75.
18   F. Létoublon note qu'il s'agit d'une tradition romanesque contre laquelle Crébillon se
      rebelle : « La rencontre avec les personnages de roman : des *Éthiopiques* au *Roman co-
      mique* », *Topographie de la rencontre dans le roman européen, op. cit.*, p. 338.
19   H. d'Urfé, *L'Astrée*, éd. cit., f. 403v.

rencontrent Gil Blas et ses compagnons présente un état intermédiaire par rapport à ces deux exemples de *L'Astrée*. Il s'agit d'une grotte au pied d'une montagne, au fond d'une allée d'arbres où son occupant, opérant à partir d'éléments naturels, s'était contenté d'ajouter « un avant-corps de logis bâti de rocailles et de coquillages, et tout couvert de gazon[20] ».

À cette liminalité entre nature et culture que figurent cavernes et grottes, s'ajoute celle qui les situe entre réel et fiction. Les cavernes et grottes de *L'Astrée* nous font passer d'une Arcadie encore ancrée dans la réalité, aux espaces de l'artifice qu'incarnent les enchantements de la grotte de la magicienne Mandrague[21]. Les contes exploitent cette dimension de lieux propices à la féerie que représentent les grottes à cause du mystère qui en émane : c'est dans une grotte que Peau d'âne trouve la fée sa marraine. Quant à la grotte ténébreuse de *La Belle aux cheveux d'or* de Mme d'Aulnoy, elle possède une dimension presque métaphysique : pour accéder à la fontaine de santé et de beauté qui se trouve dans le fond, il faut affronter deux dragons à son entrée et rencontrer crapauds, couleuvres et serpents. Les textes littéraires offrent la version profane de l'opposition constitutive de l'imaginaire chrétien qui fait de la grotte la bouche de l'enfer, comme elle l'est dans la mythologie grecque, mais aussi le lieu d'accueil de l'enfant divin. C'est une cavité infernale qu'explorent les voyageurs des *Nouvelles des Régions de la Lune* avant de s'évader des profondeurs telluriques pour visiter la lune, tandis que Télémaque, dans le récit de Fénelon, traverse la caverne d'Achérontia pour descendre vers le Styx à la recherche de son père[22]. Mais c'est clairement la transposition de la naissance du Christ que met en scène le roman de *Guillaume d'Angleterre* lorsque l'épouse du roi, en exil avec lui, accouche de jumeaux dans une grotte[23].

L'exploration de *PBLiT* à la recherche des occurrences de grottes et de cavernes a fait émerger une dizaine de nouveaux topoï qui s'ajoutent aux deux qu'offre *Satorbase*. Sous EMPRISONNER-FEMME, on trouve dans la base des occurrences aux *Effets surprenants de la sympathie* où des femmes y sont retenues captives, et sous VOYAGE-AUX-ENFERS, celle des *Aventures de Télémaque* qui vient d'être évoquée. À partir de la configuration de base « se réfugier dans grotte / caverne », se greffent plusieurs variations : ce sont des ermites qui y

20   A.-R. Le Sage, *op. cit.*, livre IV, chap. IX, p. 331.

21   Voir M. Teixeira Anacleto, « Autour des cercles de l'écriture romanesque : la tyrannie de l'espace dans le roman pastoral français », *Locus in Fabula, op. cit.*, p. 89–101.

22   Voir l'article de M. Bareau, « Utopiques et transactions de l'Ordre dans la Satyre ménippée », M. Bareau et S. Viselli (dir.), *Utopie et fictions narratives*, Edmonton, Alta Press, 1995, p. 49–67. Pour l'épisode des *Aventures de Télémaque de Fénelon*, voir dans *Satorbase*, sous le topos VOYAGE-AUX-ENFERS.

23   Résumé de l'épisode dans le topos ENLEVER-FEMME-CONTRE-SON-GRÉ.

trouvent refuge ou bien des fugitifs, ces derniers pouvant être des victimes innocentes ou des malfaiteurs. Une autre configuration est reliée à l'aménagement de ces lieux d'asile d'une façon plus ou moins éloignée de leur état naturel. Une troisième série est reliée aux représentations projetées par ces espaces propres à traduire ce qui est de l'ordre du féerique et du merveilleux, du sacré, et inversement, du menaçant. On peut ajouter un dernier topos qui pourrait s'énoncer ainsi : « grotte / caverne fonctionner comme métaphore du récit ». La proposition découle d'une observation de Françoise Létoublon qui constate que lorsque plusieurs personnages se retrouvent dans une de ces cavités naturelles, comme dans les *Éthiopiques* d'Héliodore et *Cleveland* de l'abbé Prévost, ils passent leur temps libre à se raconter des histoires, si bien que « la caverne ou ses substituts sont une image du cadre du récit et en deviennent parfois la métaphore[24] ».

Le périple que je viens de parcourir à partir d'une exploration rapide entreprise autour de mon expérience de lectrice avertie de la fonction narrative des épisodes de tempête, a mis en évidence un nombre inattendu de topoï. Si je m'en tiens aux trois espaces qui m'intéressaient, la mer, la montagne et la forêt, je compte plus de 80 configurations narratives récurrentes, selon la définition du topos présentée dans la section des outils narratifs de *Satorbase* et que je reprends ici : « Le topos narratif est une configuration narrative récurrente d'éléments pertinents, thématiques ou formels ». J'ajouterai à cette récolte ceux qui représentent des bifurcations à partir des scénarios propres à ces trois espaces : quinze concernent le viol, vingt et un des scènes d'enlèvement, douze des situations d'aide et de sauvetage, enfin douze également, relatives à l'animal dans des situations qui n'impliquent pas directement un rapport à la nature. De cet ensemble de topoï, une vingtaine seulement sont répertoriés dans *Satorbase*, ce qui en donne presque une soixantaine de nouveaux, rapidement identifiés par *PBLiT*. Pour certains d'entre eux, il faudrait poursuivre la recherche lorsque l'archive dans son état présent n'a révélé qu'une occurrence, ce qui ne suffit évidemment pas à indiquer la récurrence. Je citerai l'exemple de la « tempête apaisée de façon surnaturelle » par la Vierge dans un répertoire de miracles qui lui sont attribués, *Le Gracial* d'Adgar, texte daté de 1165. Si je le retiens, c'est que ma connaissance des textes médiévaux me permet de rattacher l'épisode au topos fréquent dans les chansons de geste, celui de la « prière du plus grand péril » : affronté à un grand danger en combat ou en mer, le protagoniste demande l'aide divine. Ce cas illustre bien comment fonctionne l'identification d'un topos, c'est-à-dire, pour reprendre à nouveau la formulation de

---

24   F. Létoublon, « La rencontre avec les personnages de roman : des *Éthiopiques au Roman comique* », art. cit., p. 338.

Satorbase, comment « le lecteur est interpellé par une situation narrative qu'il reconnaît à cause de sa récurrence et qui lui fait soupçonner qu'à cet endroit précis du texte "il se passe quelque chose" ». La confirmation de son intuition lui viendra de l'information fournie par les données archivées par *PBLiT*. Si cette archive n'est pas assez riche, comme dans le cas que je viens de présenter, elle m'a cependant mise sur la piste de textes où je pourrai trouver des scénarios de la prière épique et de ses effets, comme celui de calmer une tempête. Face à cette abondance, il faudrait poursuivre la réflexion et, pour prévenir le risque d'éparpillement, regrouper les situations topiques qui constituent des sous-ensembles d'une configuration matrice.

En effet, loin de se limiter à l'addition de nouveaux scénarios narratifs, l'enquête a mis en évidence des principes d'articulation des topoï entre eux. La séquence narrative est celui qui s'impose en premier, c'est-à-dire l'ajout de circonstances à la péripétie de base. On l'a vu avec celles qui se greffent à la tempête lors d'un voyage en mer : le naufrage, puis l'échouage sur une côte ou une île et le sauvetage, enchaînements qui deviennent eux-mêmes topiques du fait de leur forte récurrence. Nous avons vu à plusieurs reprises se greffer un embranchement sur une situation adventice qui peut elle-même se développer en une séquence ayant sa propre topicité. Qu'il s'agisse de la rencontre de bêtes sauvages, d'ermites ou d'une situation de violence faite à une femme, chacune de ces péripéties peut constituer le noyau d'une combinatoire de motifs qui lui est propre, le principe de la combinatoire étant sans doute celui qui constitue la base de la mécanique narrative. Ainsi celui d'un danger à affronter peut se présenter sous la forme de la tempête ou de l'orage selon l'espace naturel où il survient, de pirates ou de brigands, ou bien encore de bêtes sauvages qui elles-mêmes se déclinent sous différentes formes et donnent lieu à une diversité de situations.

Une troisième possibilité offerte par l'exploration de l'archive de *PBLiT* est de fournir une encyclopédie de la production littéraire dans la diachronie de la période qui intéresse la SATOR et donc de pallier les limites de la compétence de chaque chercheur. On peut ainsi envisager de contribuer à une histoire des topoï, l'un des objectifs que s'était assignés la SATOR. Et par exemple être en mesure d'évaluer la dimension parodique de certaines occurrences, comme j'y faisais allusion plus tôt, dimension dont s'amuse Le Sage dans ce passage de *Gil Blas* :

> Mais à peine fûmes-nous hors du golfe d'Alicante, qu'il survint une bourrasque effroyable. J'aurais, dans cet endroit de mon récit, une occasion de vous faire une belle description de tempête, de peindre l'air tout en feu, de faire gronder la foudre, siffler les vents, soulever les flots, et cetera.

> Mais, laissant à part toutes ces fleurs de rhétorique, je vous dirai que l'orage fut violent, et nous obligea de relâcher à la pointe de l'île de la Cabrera. C'est une île déserte, où il y a un petit fort qui était alors gardé par cinq ou six soldats et un officier qui nous reçut fort honnêtement[25].

L'accumulation ironique, dans cet énoncé métatopique, de ce que Le Sage appelle des « fleurs de rhétorique » qu'il a toutefois lui-même exploitées sans retenue, conduit à se demander, non sans provocation, si toute utilisation d'un topos n'est pas métatopique. En effet, l'actualisation d'un topos dans une œuvre donnée porte en elle, par définition, la mémoire d'occurrences précédentes. Cela s'avère sans doute plus vrai encore lorsqu'il s'agit des rapports qu'entretiennent l'homme et la nature, car ils sollicitent un imaginaire narratif profondément ancré dans les cultures.

Bibliographie

Œuvres et sources

Aucassin et Nicolette, éd. H. Suchier, trad. A. Counson, Paderborn, Ferdinand Schœning, 1903.

Bernardin de Saint-Pierre, Jacques-Henri, *Paul et Virginie*, Paris, 1873.

Challe, Robert, *Les Illustres Françaises*, Paris, 1713.

Chrétien de Troyes, *Guillaume d'Angleterre*, éd. A. J. Holden, Genève, Droz, 1988.

Chrétien de Troyes, *Guillaume d'Angleterre*, trad. Chr. Ferlampin-Archer, Paris, Champion, 2007.

Le Sage, Alain-René, *Gil Blas de Santillane*, Paris, Garnier, 1864.

La mort Aymeri de Narbonne, Paris, Firmin Didot, 1884.

Prévost, Antoine François, *Manon Lescaut*, Paris, Larousse, 1731.

Pure, Michel de, abbé, *Épigone*, Paris, Pierre Lamy, 1659.

Rabelais, François, *Le Quart Livre*, Paris, Michel Fezandat, 1552.

Urfé, Honoré d', *L'Astrée*, Paris, Toussaint du Bray, 1621.

Études

Bareau, Michel, « Utopiques et transactions de l'Ordre dans la Satyre ménippée », *Utopie et fictions narratives*, M. Bareau et S. Viselli (dir.), Edmonton, Alta Press, 1995, p. 49–67.

Costa, Véronique, « Bois et bosquets d'amour dans l'œuvre de Crébillon fils : un abrégé de la romancie libertine », *Locus in fabula, La topique de l'espace dans les fictions*

---

25   A.-R. Lesage, *op. cit.*, livre v, chap. 1, p. 378.

françaises de l'Ancien Régime, N. Ferrand (dir.), Paris / Louvain, Peeters, 2004, p. 144–156.

Dubost, Jean-Pierre, « Le hors-temps libertin », *Tempus in fabula. Topoï de la temporalité narrative dans la fiction d'Ancien Régime*, D. Maher (dir.), Québec, Les Presses de l'Université Laval, 2006, p. 57–75.

Duquaire, Alexandre, « Itinéraire et composition : l'espace et le déplacement dans les romans de l'abbé Prévost », *Locus in fabula, op. cit.*, p. 328–343.

Gallouët, Catherine, « Le topos de la rencontre de l'autre au XVIIIᵉ siècle », *Topographie de la rencontre dans le roman européen*, J.-P. Dubost (dir.), Clermont-Ferrand, Université Blaise Pascal, 2008, p. 201–216.

Létoublon, Françoise, « La rencontre avec les personnages de roman : des *Éthiopiques* au *Roman comique* », *Topographie de la rencontre dans le roman européen*, J.-P. Dubost (dir.), Clermont-Ferrand, Université Blaise Pascal, 2008, p. 327–341.

Teixeira Anacleto, Marta, « Autour des cercles de l'écriture romanesque : la tyrannie de l'espace dans le roman pastoral français », *Locus in fabula*, N. Ferrand (dir.), Paris / Louvain, Peeters, 2004, p. 89–101.

Du *locus ferus* au *scriptorium* : la forêt comme lieu d'élection du geste poétique, de la *Vita Merlini* au roman de *Merlin* en prose

Loren Gonzalez

Au Moyen Âge, la forêt était un lieu de vie que se partageaient les *bellatores*, qui en avaient fait leur terrain de chasse, les *oratores* qui en avaient fait « le désert de leurs ermites[1] » et les *laboratores* qui, « par la cueillette, le bois, le charbon, le miel et la glandée en avaient fait un support essentiel de leur économie[2] ». À cette époque, le monde sylvestre constituait donc un espace de travail autant que le lieu des marges du monde et de la société, « refuge pour les cultes païens [...], pour les vaincus et les marginaux[3] ». La forêt de ces marginaux, de ces fugitifs et de ces aventuriers, c'est aussi un Autre Monde où l'on fait l'expérience, appelée *selva oscura* ou « nuit de l'esprit », d'une autre vie et d'autres sentiments. La forêt médiévale s'impose ainsi comme un véritable carrefour, un espace quotidien autant qu'un labyrinthe de la Connaissance de Soi et du Monde, le lieu sauvage de l'irréalité et de la surréalité.

En effet, de l'univers de la forêt (*silvaticus*) à celui du sauvage (*salvaticus*), il n'y a qu'un pas ... ou une lettre. De fait, l'univers sylvestre au Moyen Âge est avant tout le berceau du sauvage, ce que l'on désignera par l'appellation de *locus ferus*, comme pour en faire une sorte de troisième voie entre les topiques de *locus amoenus* et de *locus terribilis*. Troisième voie, justement parce que ce *locus ferus* s'impose dans la littérature en tant qu'espace d'innovation, de renouvellement ou de reconstruction, voire de construction littéraire à proprement parler.

Espace du sauvage, de l'inculture, de l'averbalité et de l'incommunication, la forêt médiévale est cependant aussi le lieu paradoxal de l'écriture : outre l'extraordinaire fécondité de cet espace topique en tant que « décor » des romans médiévaux, la forêt est aussi le lieu inattendu de remarquables proférations poétiques, comme dans la *Vita Merlini* ou *Vie de Merlin*, composée

---

1   J. Le Goff, « Le désert-forêt dans l'occident médiéval », *L'Imaginaire médiéval, Un autre Moyen Âge*, Paris, Gallimard, 1999, p. 501 (art. p. 495–510).

2   *Ibid.*, p. 502 (d'après C. Higounet, « Les forêts de l'Europe occidentale du Vᵉ au XIᵉ siècle » *Settimane di studio del Centro italiano di studi sull'alto medioevo*, XIII, Spoleto, 22–28 avril 1965, p. 343–398).

3   J. Le Goff, « Le désert-forêt dans l'occident médiéval », art. cit., p. 502.

© KONINKLIJKE BRILL NV, LEIDEN, 2019 | DOI:10.1163/9789004382152_003

par Geoffroy de Monmouth vers 1150[4]. Dans ce récit, Merlin chante des élégies dans sa retraite sylvestre, tandis que le barde Taliesin s'y abandonne à des exposés naturalistes. Mais de la *Vita Merlini* au roman de *Merlin* en prose attribué à Robert de Boron[5] un demi-siècle plus tard, la matrice sylvestre n'a plus la même fonction : si le prophète se réfugie toujours en forêt dans l'œuvre du pseudo Robert de Boron, c'est pour présider à la composition d'un livre en forme d'œuvre totale. Cinquante ans après la *Vita Merlini*, la forêt du roman de *Merlin* abrite alors un *scriptorium* au sein duquel le scribe Blaise[6] consigne les paroles du prophète.

Dans cette perspective, l'on ne saurait manquer d'essayer de cerner, le temps d'une étude trop courte pour fournir au lecteur des réponses pleinement stables, la façon dont la littérature de Merlin cristallise ces trois niveaux d'implication de la forêt dans la littérature médiévale, jusqu'à transcender les clivages entre l'espace urbain de l'écriture et l'espace sauvage de l'inculture[7] pour faire de ce dernier le lieu d'élection de l'écriture romanesque. Après avoir vu quelle place occupe le *locus ferus* dans la topique merlinesque, nous tenterons donc de comprendre comment il s'organise comme espace de profération poétique, pour participer enfin d'une mise en scène de la parole littéraire dans le roman de *Merlin*, esquissant ainsi une forme originale d'« écriture de la nature[8] » au sein de la topique romanesque.

Le *locus ferus*, utérus du sauvage dans la topique merlinesque

Utérus du sauvage dans l'imaginaire médiéval, la forêt en est un motif essentiel[9], voire un élément diégétique fondamental dans de nombreux récits inspirés par la matière de Bretagne tels que les contes de loups-garous, les

---

4 G. de Monmouth, *Vita Merlini silvestris* (ms. Titus A. XIX fol. 74–75), éd. dans *Le Devin maudit, Merlin, Lailoken, Suibhne*, Grenoble, ELLUG, coll. « Moyen Âge européen », 1999, p. 56–171.

5 Voir R. de Boron (attribution), *Merlin : roman du XIIIᵉ siècle*, éd. A. Micha, Genève, Droz, coll. « Textes littéraires français », 1979.

6 En effet, celui-ci dériverait du vieux breton « bleid » signifiant « loup ».

7 Le sauvage se définit notamment comme ce – ou celui – qui ignore l'écriture. Ainsi Claude Lévi-Strauss, ayant en charge la chaire de « Religions des peuples non-civilisés » a-t-il, dans l'intitulé de son cours, fait alterner l'expression « peuples non-civilisés » avec « peuples sans écriture » (Voir L.-J. Calvet, *Histoire de l'écriture*, Paris, Fayard-Pluriel, coll. « Pluriel », 2011, p. 10).

8 À rebours des théories modernes de l'écocritique.

9 L'on songe aux romans arthuriens, mais aussi à des romans comme *Guillaume d'Angleterre* ou *Partonopeu de Blois*, ainsi qu'au chantefable *Aucassin et Nicolette*, où la forêt joue un rôle essentiel dans l'accomplissement du destin des héros.

romans du Graal et le genre hagiographique. Mais la littérature de Merlin présente un intérêt particulier en raison de son influence dans le paysage littéraire au Moyen Âge, de la tradition galloise du *Myrddhin Willt*[10] (« sauvage ») aux grands cycles romanesques du XIIIe siècle. Au centre de cette dynamique, la *Vita Merlini* se présente comme la première véritable synthèse de la tradition ancienne du Merlin sauvage, bien que Geoffroy de Monmouth y mette en scène un personnage en perdition. La *Vita* présente ainsi le « récit d'une chute[11] », d'un abandon de soi dans le *locus ferus*, jusqu'au retour du devin, non pas à la Cour mais dans le giron de Dieu.

Plongée au cœur du locus ferus : pour une expérience de la selva oscura comme abandon et renaissance à soi

L'*incipit* de la *Vita* présente Merlin comme le souverain des Démètes et leur prophète. Affranchi du lien qui l'unit traditionnellement au roi Arthur, il est alors engagé dans la terrible bataille d'Arderydd[12] où il voit périr tous ses hommes. Merlin succombe alors à un accès de *dolor* (« *tantus dolor* » v. 71) qui le pousse à se retrancher en forêt, loin du monde. Après trois jours d'extrême affliction (« *tribus emensis defleuerat ille diebus* » v. 70), il bascule dans cette expérience intime de mort au monde qu'est la *selva oscura*. Là commence une expérience ascétique en forme de retraite, proche à la fois de la dynamique érémitique et de la quête d'un Âge d'Or perdu :

> Inde novas furias cum tot tantis que querelis
> aera complesset cepit furtim que recedit
> et fugit ad silvas nec vult fugiendo videri,
> ingreditur que nemus gaudet que latere sub ornis
> miratur que feras pascentes gramina saltus.
> Nunc has insequitur, nunc cursu preterit illas.
> Utitur herbarum radicibus utitur herbis
> Vtitur arboreo fructu morisque rubeti.
> Fit silvester homo quasi siluis deditus esset[13].

---

10   Ce personnage est assimilé à un chef militaire du Ve siècle qui, pris de folie, se réfugie dans la forêt de Calédon où il s'abandonne à la vie sauvage. C'est la trame de la *Vita Merlini* et la base de la légende.

11   Monmouth, *op. cit.*, p. 46.

12   Celle-ci se déroula en 575 à Arthuret, près de Calisle où Rhydderch Hael défit Gwenddoleu ab Ceido. (voir *ibid.*, note 6, p. 59).

13   Monmouth, Geoffroy de, *op. cit.*, p. 60–62, v. 73–81.

> *Soudain, alors qu'il faisait retentir ses plaintes nombreuses et répétées, un*
> *nouvel accès de fureur le saisit : il se retira en secret et s'enfuit vers la forêt,*
> *ne voulant pas être aperçu dans sa fuite. Il pénétra dans les bois, heureux*
> *de s'allonger et de se cacher sous les frênes. Il admira les bêtes sauvages*
> *paissant l'herbe du sous-bois. Tantôt il les poursuivait, tantôt il les dépassait*
> *dans leur course. Il se nourrissait de racines de plantes, d'herbes, des fruits*
> *des arbres et des mûres du roncier. Il devint un homme des bois comme s'il*
> *était consacré à la forêt*[14].

Dans son exil sylvestre, Merlin devient un *homo silvester*, un homme des bois
qui adopte le comportement des animaux sauvages (« *Delituit siluis obductus*
more ferino[15] », v. 82). Il s'abandonne alors à sa retraite sylvestre jusqu'à ce qu'au
v. 115, ses plaintes mêlées à celle du vieux loup gris qui l'accompagne, arrivent
aux oreilles d'un messager de sa sœur, laquelle désespère de le voir revenir à la
civilisation. À partir de là, se joue un autre drame sur la scène diégétique, car
Merlin ne se montre pas disposé à réintégrer la cour.

Le jeu de la dialectique entre l'univers urbain et le monde sylvestre

En effet, Merlin est tiraillé entre « l'appel de la forêt » et celui de la civilisation
qui le rappelle sans cesse à ses obligations. Tout au long de la *Vita*, il ne cesse
donc de faire des allers-retours entre la cour et la forêt, et ces allers-retours
rythment, sur le même modèle, à la fois la diégèse de la *Vita Merlini* et celle du
roman de *Merlin*, leur conférant ainsi toute leur dynamique. À chaque mouvement, on se demande si le personnage va finalement choisir de rester à la cour
ou de retourner définitivement en forêt.

Avant de s'abandonner aux ombres de la *selva oscura*, l'on se souvient que
Merlin était roi, un roi amené à se précipiter en forêt à cause du choc émotionnel suscité en lui par une défaite militaire. Rappelé à ses devoirs politiques
par le messager de sa sœur Ganieda, il réintègre la cour aux v. 209–215 mais ne
supporte pas de se retrouver au milieu de la foule :

> Cepit enim furias iterum que furore repletus
> Ad nemus ire cupit furtim que recedere querit[16].

---

14   *Ibid.*, p. 61–63.
15   *Ibid.*, p. 75. Traduction, *ibid.*, p. 76 : « Il adopta, caché dans les bois, les mœurs des bêtes
      sauvages ».
16   *Ibid.*, p. 70, v. 223–224.

De nouveau plein de fureur, il désira retourner dans la forêt, cherchant le moyen de s'éloigner furtivement[17].

Le roi Rodarch, son beau-frère, met alors tout en œuvre pour le retenir : il le cajole, lui promet des cadeaux et le rappelle à ses ambitions politiques. Mais Merlin, qui n'a que faire ni du pouvoir ni des biens matériels, préfère retourner vivre dans les bois : « *Silua ferax nucibus quam cunctis prefero rebus*[18] » (v. 244). Après ce départ précipité, Merlin revient pourtant une nouvelle fois à la cour, cette fois dans le seul but de saboter le remariage de Gwendolyne, son épouse.

L'on observe ainsi un double mouvement de la cour à la forêt : en effet, la cour fonctionne comme une force centrifuge voire un véritable point de fuite pour la diégèse, au contraire de la forêt qui attire le récit à elle, grâce à sa force centripète. D'ailleurs, Merlin finit lui-même par entraîner la Cour jusqu'en sa forêt de Calédon, à la fin de la *Vita* : lorsque sa sœur le rejoint pour y fonder un hameau sur les ordres du devin, le monde sylvestre se voit définitivement consacré comme le centre névralgique du récit. Merlin décide alors de demeurer à jamais au sein du *locus ferus*, dans un *contemptus mundi* qui sonne comme une consécration du prophète à son art, art de la parole par excellence.

Ainsi l'espace sauvage de la forêt s'impose-t-il paradoxalement comme un lieu d'épanouissement de la parole et de la parole littéraire en particulier, par opposition à la cour, sphère sociale de la communication.

La forêt comme lieu d'épanouissement de la parole littéraire

En effet, c'est au cœur du *locus ferus* que s'épanouit la parole sacrée du devin. Tout au long de la *Vita*, la présence de Merlin au cœur des solitudes sauvages donne lieu à de longs discours poétiques, prophétiques, élégiaques ou encyclopédiques, alors que le prophète se mure au contraire dans un silence sauvage lorsqu'il est à la cour : face à Rodarch, il reste silencieux deux fois, au v. 253 (« *non proferret uerbum risum que moueret* ») et au v. 268 (« *Ille tacet*[19] »), avant de retrouver la parole au moment de regagner la forêt.

---

17   *Ibid.*, p. 71.
18   *Ibid.*, p. 72. Traduction, *ibid.*, p. 73. « Ma chère forêt de Calédonie, où abondent les noix, je la préfère à tout le reste. ».
19   *Ibid.*, p. 74. Traduction, *ibid.*, p. 75 : Respectivement, « il ne proféra plus un mot et cessa de sourire », puis « Merlin garda le silence ».

Les élégies de Merlin

Certes, Merlin perd momentanément l'usage de la parole lorsqu'il se jette en forêt au début de la *Vita*, avant de renouer avec le discours direct pour, chose étonnante, s'adresser à un loup :

> Tu prior has silvas coluisti, te prior etas
> protulit in canos, nec habes nec scis quid in ore
> projicias, quod miror ego cum saltus habundet
> tot capreis aliisque feris quas prendere posses.
> Forsitan ipsa tibi tua detestanda senectus
> eripuit nervos cursumque negavit habendum.
> Quod solum superest, comples ululatibus auras
> at resupinus humi consumptos deicis artus[20].

> *Toi, loup, cher compagnon, qui parcours d'habitude les chemins détournés des bois et des breuils en ma compagnie, c'est avec peine que tu traverses les champs : la faim cruelle nous réduit tous deux à languir. Tu as, le premier, habité ces forêts ; ton pelage a blanchi le premier ; et tu ne sais de quoi te nourrir, ce qui me surprend puisque le breuil abonde en chevreuils et autres bêtes sauvages que tu peux attraper. Peut-être est-ce seulement le haïssable fardeau des ans qui t'a privé de tes forces et t'a ôté la possibilité de courir ? Il ne te reste qu'à emplir les airs de tes hurlements et, allongé à même le sol, y laisser reposer tes membres harassés[21].*

Ainsi Merlin retrouve-t-il le langage humain pour célébrer la créature la plus sauvage qui hante le *locus ferus*, c'est-à-dire le loup. Le tutoiement, les formules hypocoristiques (« care »), la présence de l'enclise « *mecum* » en fin de vers ainsi que le parallélisme opéré au v. 104 autour des première et deuxième personnes, se font par ailleurs l'écho d'un remarquable lien affectif unissant Merlin à ce loup qui n'a de consistance que celle d'une exclamation poétique. Pourtant, au cœur du *locus ferus*, la parole élégiaque de Merlin se confondrait presque avec le hurlement du loup, au sujet duquel le prophète gémit en vers latins (v. 111–112).

Mais de nombreuses autres élégies, supplications ou chants de louanges topiques trouvent leur voie d'expression au sein du *locus ferus*, comme aux v. 146–164 au fil desquels Merlin loue le cycle des saisons tout en déplorant

---

20   *Ibid.*, p. 62–64, v. 102–112.
21   *Ibid.*, p. 63–65.

la permanence de l'hiver (« *O utinam non esset hiems aut cana pruina*[22] », v. 156). Aux v. 1277–1278, Merlin exprime par ailleurs la crainte sacrée que lui inspire le *locus ferus* lui-même, au cours d'un grand chant de louanges adressé au monde sylvestre. Le devin précise à ce titre qu'il tient tout son savoir de la forêt (« *Sic didici multis silvis habitando diebus*[23] », v. 1300). Ainsi remarque-t-on que le *locus ferus* n'est pas simplement un espace de profération poétique ; plus encore, il suscite la parole littéraire, l'inspire et en constitue la matière, parfois jusqu'à donner au discours « sylvestre » une coloration naturaliste.

La parole encyclopédique : Merlin et Taliesin

En effet, transparaît aussi dans la *Vita Merlini* tout l'intérêt que les hommes du Moyen Âge nourrissaient au sujet des choses de la nature : en pleine période d'essor du genre encyclopédique et des sciences de la nature, dans le sillage de la redécouverte de la *Physique* d'Aristote, le récit se meut parfois en « Livre-Monde », au cœur du *locus ferus*, un livre-monde des choses de la nature sauvage. Ainsi, la voix de Taliesin, ce barde gallois qui vient rendre visite à Merlin dans les solitudes sauvages, confère au discours proféré en forêt une forme encyclopédique inattendue. Deux de ses discours ont l'allure d'un exposé, foisonnant au cœur du *locus ferus* pour dire la Création, des quatre éléments aux climats en passant par les minéraux, les animaux et leurs milieux naturels (v. 736–940) :

> Quatuor ex nichilo produxit conditor orbis
> ut fierent rebus precedens causa creandis
> materies que simul concordi pace iugata.
> Celum, quod stellis depinxit et altius extat
> Et quasi testa nucem circumdans omnia claudit.
> Aera deinde dedit formandis uocibus aptum
> Quo mediante dies et noctes sidera prestant,
> et mare, quod terras cingit ualido que recursu
> quatuor amfractus faciens sic aera pulsat
> ut generet uentos qui quatuor esse feruntur.
> Vique sua stantem nec se leuitate mouentem
> supposuit terram partes in quinque resectam[24] ?

---

22 *Ibid.*, p. 66. Traduction, *ibid.*, p. 67 : « Ah, si seulement l'hiver n'existait pas, ni les grands frimas ! ».

23 *Ibid.*, p. 150. Traduction, *ibid.*, p. 151 : « Je l'ai appris en vivant longtemps dans la forêt ».

24 *Ibid.*, p. 110, v. 736–747.

Le Créateur tira du néant quatre éléments pour que présidassent à la créa-
tion de toute chose la cause et la matière unies dans la même concorde :
il orna d'étoiles le ciel qui s'élève au-dessus de nous et enveloppe le monde
comme la coquille enferme la noix. Il créa ensuite l'air propre à donner
forme aux mots. Les astres se divisent en deux pour donner les jours et les
nuits. Puis, ce fut la mer qui entoure la terre de son ressac puissant, créant
ainsi quatre courants, de sorte qu'elle engendre les vents qui, dit-on, sont au
nombre de quatre. Et c'est sa force qui stabilise la terre et empêche que sa
légèreté la fasse osciller[25]*.*

Aux v. 1298–1386, Merlin complète d'ailleurs le bestiaire de Taliesin par un
exposé ornithologique, basé sur le modèle des notices que l'on trouvait dans
les grandes encyclopédies de l'époque :

Mox Merlinus eis, « uolucres ut cetera plura,
natura propria ditauit conditor orbis [...].
Est igitur natura gruum dum celsa pererrant,
si plures assint ut earum sepe uolatu
aut hanc aut aliam uideamus inesse figuram [...].
Ast aquile, que nomen habent ab acumine uisus,
obtuitus tanti pre cunctis esse feruntur
ut perferre queant non flexo lumine solem[26]. »

Aussitôt Merlin leur répondit : "Le Régisseur du firmament a doté les
oiseaux, comme de nombreuses autres espèces, d'une nature particulière
[...]. C'est donc la nature des grues pendant qu'elles traversent les cieux que
de former cette figure ou une autre durant leur vol, comme nous le voyons
souvent [...]. Quant aux aigles, qui tirent leur nom de leur vue perçante, on
raconte qu'ils ont une vue si puissante comparée à celle des autres espèces
qu'ils supportent de fixer sans ciller la lumière du soleil[27]*."*

La parole prophétique : le locus ferus *comme espace de résonance de* *la littérature merlinesque ?*

Cependant, Merlin est un prophète, plus qu'un savant naturaliste ; c'est donc
par un discours prophétique qu'il complète le premier des deux exposés de
Taliesin (v. 941–1135). Plus encore, la plupart des prophéties prononcées dans la
Vita le sont au sein du *locus ferus*, comme par exemple aux v. 431–450 où Merlin

---

25   *Ibid.*, p. 111.
26   *Ibid.*, p. 150–152, v. 1298–1313.
27   *Ibid.*, p. 151–153.

se livre à une prédiction en observant le ciel depuis la forêt. Toujours confiné dans son *locus ferus*, le devin prophétise ensuite sur l'avenir du royaume d'Arthur entre les v. 580 et 680, dans un passage largement emprunté à l'*Historia Britonum* de Nennius[28]. Enfin, aux v. 941–1135, Geoffroy de Monmouth place dans la bouche de Merlin une autre prophétie sur l'avenir du royaume d'Arthur, inspirée principalement de sa propre *Historia Regum Britanniae*, mais aussi par l'*Historia Britonum* et par l'*Histoire ecclésiastique* de Bède.

Au cœur du *locus ferus*, le récit de la *Vita* évolue donc librement entre élégies, discours prophétique et exposés scientifiques des choses de la nature. Dans l'espace sauvage, la parole littéraire foisonne et s'auto-génère dans un mouvement d'élaboration littéraire auquel chacun se trouve tenté de participer ; en effet, la voix de Taliesin prend ponctuellement le relais de celle de Merlin dans le *locus ferus*, tandis que Ganieda prophétise à la fin du texte, entre les v. 1474 et 1524. Mais ce mouvement de fécondation de la parole littéraire par le *locus ferus* convoque aussi – et c'est peut-être là le plus intéressant – la littérature de Merlin en son entier, autrement dit les livres qui ont présidé à l'élaboration de sa légende. Plus encore qu'un objet topique, la forêt s'impose ainsi comme un creuset pour la littérature merlinesque, voire un laboratoire pour cette écriture romanesque.

La forêt *scriptorium* : pour une « *nature writing* » médiévale ?

Si l'on voit déjà s'élaborer l'esquisse d'une bibliothèque au sein du *locus ferus* de la *Vita Merlini*, ce phénomène s'impose avec plus de netteté dans le roman de *Merlin*, cinquante ans plus tard. De fait, l'apport du pseudo Robert de Boron à la tradition réside surtout dans le fait que la parole poétique de Merlin trouve un relais dans l'écriture. En effet, au chapitre 16 du roman, Merlin nourrit l'ambition de dicter un livre à Blaise, ce clerc qui est aussi l'homme de confiance du prophète :

> Mais croi ce que je te dirai de la foi et de la creance et je te dirai tel chose que nus hom, fors Dieu et moi, ne te porroit dire. Si en fai un livre, et maintes genz qui ce livre orront en seront meillor[29].

---

28 Aux v. 681–682, Merlin fait d'ailleurs référence de façon indirecte au livre II, chapitre 42 de l'*Historia Britonum* : « *Hec uortigerno cecini prolixius olim / Exponendo duum sibi mistica bella draconum* » (« Tout ceci, je l'ai chanté plus longuement à Vortigern en lui expliquant le combat mystique des deux dragons. »).

29 R. de Boron, *Merlin : roman du XIIIᵉ siècle*, Droz, *op. cit.*, chap. 16, p. 72.

> *Reçois mon enseignement sur la foi et la croyance en Dieu et je te dirai ce que*
> *personne, sauf Dieu et moi, ne pourrait te révéler. Fais-en un livre : nombreux*
> *sont ceux qui, en en prenant connaissance, en deviendront meilleurs*[30].

Mais l'on constatera surtout que Merlin n'imagine pas que son projet littéraire
puisse voir le jour ailleurs que dans les bois :

> Et tu i venras por acomplir ceste oevre que tu as encomenciee, mais tu
> en venras pas avec moi, ainz iras par toi et demenderas une terre qui a
> non Norhombellande ; et cele terre si est plene de molt granz forez et si
> est molt estrange a genz dou païs meimes, que il i a tels parties ou nus n'a
> encor esté. Et la converseras et je irai a toi et te dirai les choses qui t'avront
> mestier au livre faire que tu faiz[31] ;

> *Tu y viendras à ton tour pour y achever l'œuvre que tu as commencée, mais*
> *tu ne resteras pas en ma compagnie, tu iras de ton côté et tu t'enquerras*
> *d'un pays appelé Northumberland ; c'est un pays plein d'immenses forêts,*
> *mal connues de ses habitants eux-mêmes, car il y a des régions encore inex-*
> *plorées. Tu vivras là, j'irai te trouver et je te raconterai tout ce qu'il est utile*
> *de connaître pour poursuivre ton œuvre*[32].

C'est donc au coeur de la matrice sylvestre que s'écrira le livre du devin,
comme une réminiscence des envolées poétiques que lui prêtait Geoffroy de
Monmouth dans la *Vita*. Aussitôt scellé le pacte d'écriture (« *Je ferai volentiers*
le livre[33] », assure Blaise au chapitre 16), Merlin envoie donc son scribe dans le
Northumberland, une forêt profonde présentée ici comme un lieu d'élection
inexploré. Autour de Merlin et de Blaise, incarnations réciproques de la parole
vive et de la parole écrite, la forêt devient alors le lieu où se réalise le geste de
l'écriture, le lieu privilégié de la fabrication du livre : « *Einsi dita Mellins ceste*
oevre et la fist faire a Blaises[34] ».

---

30 R. de Boron, *Merlin*, éd., trad. et notes A. Micha, Paris, Flammarion, GF, 1994, p. 52.
31 R. de Boron, *Merlin : roman du XIIIᵉ siècle*, Droz, *op. cit.*, chap. 23, p. 99.
32 Trad. dans l'éd. GF, p. 67.
33 *Id., Merlin : roman du XIIIᵉ siècle*, Droz, *op. cit.*, chap. 16, p. 72.
34 *Ibid.*, p. 74. Trad. dans l'éd. GF, p. 53 : « C'est ainsi que Merlin inspira cet ouvrage et le fit
    écrire par Blaise ».

Le livre et la forêt : des topiques complémentaires dans l'imaginaire celtique ?

L'on s'imagine sans peine que le livre de Merlin n'est pas n'importe quel livre, puisque son auteur n'hésite pas à le comparer aux Saintes Ecritures. À l'instar de la Bible, le devin prête en effet à son œuvre le pouvoir de purifier les âmes de ceux qui y accéderont (« *maintes genz qui ce livre orront en seront meillor et se garderont plus de pechier*[35] »). Toutefois, il tient à rappeler à son scribe de ne pas se considérer comme l'égal des apôtres qui consignèrent les paroles de Jésus dans les Evangiles ; ce qui, en vérité, ne fait que renforcer l'analogie entre ces deux projets d'écriture : « *Mais il* [le livre] *ne sera pas en auctorité, por ce que tu n'ies pas ne ne puez estre des apostoles*[36] ».

Le livre de Merlin, amené à voir le jour au cœur de la forêt, s'impose dès sa genèse comme un ouvrage à nul autre pareil, amené d'ailleurs à demeurer caché (« *ansis sera tes livres celez et poi avenra que nus en face bonté*[37] »). En vérité, il s'agit là d'un livre sacré, aux pouvoirs inquiétants contre lesquels Merlin met en garde son scribe, comme pour faire monter la pression autour du projet d'écriture : « *Il te convenra de ceste chose que tu faiz grant poine a soufrir et je en sofferai greingnor*[38] ».

Mais quel rapport, finalement, avec la topique sylvestre ? Pour mieux comprendre le lien unissant l'objet-livre et le *locus ferus* dans la littérature de Merlin, rappelons que dans l'imaginaire celtique[39], le livre manuscrit fonctionne comme un symbole de la foi chrétienne[40]. Ainsi remarque-t-on, dans l'hagiographie irlandaise, la récurrence à la fois de scènes de lecture en forêt, comme dans la *Vita Colombani*[41], et de l'image topique du scribe

---

35   *Ibid.*, p. 72. Trad. dans l'éd. GF, p. 52 : « nombreux sont ceux qui, en en prenant connaissance, en deviendront meilleurs et se garderont mieux du péché ».

36   *Ibid.*, chapitre 16, p. 75. Trad. dans l'éd. GF, p. 54 : « mais il n'aura pas pleine autorité, parce que tu n'es pas et tu ne peux pas être un apôtre ».

37   *Ibid.* Trad. dans l'éd. GF, p. 54 : « ton livre restera caché et rares seront ceux qui t'en sauront gré ».

38   *Ibid.*, p. 74. Trad. dans l'éd. GF, p. 53 : « L'œuvre que tu écris sera pour toi la source de grands tourments, et pour moi plus encore ».

39   L'Irlande médiévale était d'ailleurs très attachée à la valeur magico-sacerdotale de l'écriture. Pour les anciens irlandais, l'écriture oghamique aurait été fondée par le dieu Ogham, tandis que l'écriture romaine s'impose au Moyen Âge comme un relais de la parole de Dieu.

40   Quelques-unes des plus belles Bibles du Moyen Âge ont d'ailleurs été produites en Irlande, à l'image du *Livre de Kells* (Trinity College, MS 58, vers 800) qui laisse entre ses lignes une large place à la nature et aux animaux sauvages.

41   *Vie de saint Colomban*, chapitre 8, éd. et trad. A. de Vogüe dans *Aux sources du monachisme colombanien*, Tome I, Bégrolles en Mauges, Abbaye de Bellefontaine, 1988, p. 115–116.

accompagné dans son labeur par un animal sauvage[42]. Dans un contexte où l'on implantait des monastères dans les forêts reculées pour y asseoir la domination chrétienne, le livre s'impose ainsi comme le symbole de cette suprématie ; par métonymie, la présence du Livre signale donc surtout celle de la religion du Livre dans ces derniers foyers du paganisme.

Merlin, Blaise et la mise en scène de l'écriture au sein du locus ferus

Conçu comme un simulacre des saintes Écritures[43], le roman de *Merlin* prend donc pour objet second la rédaction d'un livre censé renfermer toutes les prophéties de Merlin, mais aussi l'« histoire de Joseph, la merveille des trois tables, la conception de Merlin, ses dons mystérieux, puis toutes les aventures des rois et de Perceval, en tant qu'elles se rapportent au Graal[44] ». Cette matière romanesque, qui se veut basée sur les prophéties dictées à Blaise par Merlin dans le *scriptorium* sylvestre du Northumberland, annonce ainsi celle qui nourrira les grands cycles romanesques, dont les *Cycle-Vulgate* et *Post-Vulgate*, qui ont effectivement vu le jour entre 1215 et 1240[45] :

> "si sera le Jospeh et le Bron ou le tuen, quant tu avras ta poine achevee, et tu seras tiels que tu doies estre en lor compoignie. Lors si assembleras ton livre au lor, si sera bone chose provee de ma poine et de la toue [...]. Et quant li dui livre seront assamblé, s'en i avra .I. biau, et li dui seront une meisme chose, fors tant que je ne puis pas dire ne retraire, ne droiz n'est, les privees paroles de Joseph et de Jhesu Crist." Einsi dist mes sires Roberz de Borron qui cest conte retrait que il se redouble, et einsi le dita Mellins, que il ne pot savoir le conte dou Graal[46].

---

42 À l'instar du moine copiste de saint Colomban qui « avait pour animal familier un cerf dont les bois lui servaient de bibliothèque » (Voir O. Loyer, *Les Chrétientés celtiques*, Paris, PUF, coll. « Mythes et religions », 1965, p. 39).

43 Selon Paul Zumthor, le livre écrit par Blaise « ne se distingue pas plus de son auteur – du Prophète – que l'Écriture sacrée ne se distingue de l'Esprit de Dieu » (P. Zumthor, *Merlin le prophète : un thème de la littérature polémique de l'historiographie et des romans*, Genève, Slatkine, 2000, p. 169). Voir aussi Chr. Ferlampin-Acher, « La parole dans le *Merlin* de Robert de Boron », *Merlin, roman du XIIIᵉ siècle*, éd. D. Quéruel et Chr. Ferlampin-Acher, Paris, Ellipses, 2000, p. 89–104.

44 P. Zumthor, *op. cit.*, p. 168.

45 Le v. 932 de l'*Estoire del saint Graal* fait d'ailleurs référence à un « grant livre » qui aurait permis la rédaction de ce roman (v. 932).

46 R. de Boron, *Merlin : roman du XIIIᵉ siècle*, Droz, *op. cit.*, chap. 16, p. 76.

Le livre de Joseph et celui de Bron se joindront au tien, quand tu auras ache-
vé ta besogne et que tu te montreras digne de vivre en leur compagnie. Tu
réuniras ton livre aux leurs, en témoignage de tes efforts et des miens. S'il
agrée aux lecteurs, ils nous en seront reconnaissants et ils prieront Notre-
Seigneur pour nous. Ces livres une fois réunis n'en feront plus qu'un, un beau
livre à cela près que je n'ai ni le pouvoir ni le droit de rapporter les secrètes
paroles échangées entre Joseph et Jésus-Christ. Robert de Boron, en trans-
mettant le conte, apporte donc une suite ; Merlin qui en fut l'inspirateur ne
connaissait pas le Conte du Graal[47].

Le roman de *Merlin* s'impose ainsi comme un véritable laboratoire où se
construit peu à peu, dans la forêt devenue *scriptorium*, une véritable bibliothèque, autour d'un projet littéraire qui trouvera sa réalisation dans les romans
du Graal au XIIIe siècle. Au cœur de la forêt du Northumberland se projette
ainsi un livre en train de s'écrire ; dans cette perspective, les allers-retours de
Merlin entre la cour et la forêt-*scriptorium* rythment aussi bien la progression
romanesque qu'ils accompagnent l'élaboration d'une littérature à venir. En
inscrivant le geste même de l'écriture dans le procédé fictionnel, tout en donnant à penser au lecteur la postérité littéraire du mythe de Merlin grâce à la
programmation d'un cycle en formation, le roman de *Merlin* exploite un ressort inattendu dans les topiques de la nature : en effet, la forêt fonctionne ici
comme un utérus où s'auto-génère l'écriture romanesque, faisant ainsi du *locus
ferus* une nouvelle *natura naturans*, capable d'engendrer une parole vivante
aux ambitions totalisantes.

Dans son essai « Sous le masque du sauvage », Philippe Walter suggère
que « Merlin n'appartient pas seulement à la forêt » mais qu'« il est lui-même
la forêt[48] ». En effet, cette figure sylvestre par excellence a consacré, dans la
topique romanesque des XIIe et XIIIe siècles, ces trois degrés d'implication
de la forêt que sont l'espace sauvage, le lieu de la profération poétique et
celui de l'émergence d'une littérature en construction. De la *Vita Merlini* au
roman de *Merlin* en prose, la forêt où s'épanouit la parole élégiaque, prophétique et encyclopédique, et où s'élabore un projet romanesque, se trouve pensée et mise en texte comme le lieu d'élection de la création littéraire. Cet espace
traditionnel de l'inculte et de l'incommunication devient ainsi l'espace privilégié de cette communication silencieuse qu'est l'écriture, comme par la grâce
d'une forme originale d'« écriture de la nature ». Mais si ce que l'on qualifie

---

47   *Id., Merlin,* GF, p. 54.
48   Voir G. de Monmouth, *op. cit.,* p. 31.

aujourd'hui de *nature writing* s'épanouit hors du cadre de la fiction pour mêler à des expressions élégiaques de vraies considérations éthiques ou politiques, l'écriture de la nature telle qu'elle apparaît dans la littérature de Merlin présente surtout la particularité de s'auto-générer : dans la forêt se développe ainsi un discours démultiplié sur la forêt et sur la nature en général, tout autant que s'y élabore un véritable projet littéraire, un roman en train de s'écrire – le roman de Merlin – autant qu'un cycle romanesque à venir.

Reste donc à se demander si, au cœur de cette forêt devenu *scriptorium*, le geste d'une écriture sylvestre, foisonnante de vie, de richesse et de variété, imprévisible autant que protéiforme, ne laisse pas infuser en elle un peu de cette matière sauvage qui lui donne son rythme et son énergie. Surgie de la forêt, cette parole littéraire ne conserve-t-elle pas une part d'insaisissable, à l'instar du hurlement du loup qui résonnait avec elle dans la *Vita Merlini* ?

Bibliographie

Œuvres et sources

Boron, Robert de (attribution), *Merlin : roman du XIIIe siècle*, éd. A. Micha d'après les ms. B.N 747, Add. 32125, Tours 951 (et aussi Cambridge Add. 7071, Vatican 1517, B.N 24394, Bonn 526), Genève, Droz, coll. « Textes littéraires français », 1979.

Boron, Robert de (attribution), *Merlin, roman du XIIIe siècle*, éd. D. Quéruel et Chr. Ferlampin-Acher, Paris, Ellipses, 2000.

Boron, Robert de (attribution), *Le roman de Merlin en prose*, éd. bilingue C. Füg-Pierreville d'après le ms. BNF fr. 24394, Paris, H. Champion, coll. « Champion Classiques », 2014.

Monmouth, Geoffroy de, *Vita Merlini silvestris* (ms. Titus A. XIX fol. 74–75), éd. dans *Le Devin maudit, Merlin, Lailoken, Suibhne*, Ph. Walter (dir.), Grenoble, ELLUG, coll. « Moyen Âge européen », 1999, p. 56–171.

Études

Berthelot, Anne, « Merlin : du substrat celtique à la réalité politique du XIIIe siècle », *Le Héros dans la réalité, dans la légende et dans la littérature médiévale*, éd. D. Buschinger et W. Spiewok, Greifswald, Reineke, 1996, p. 1–9.

Calvet, Louis-Jean, *Histoire de l'écriture*, Paris, Fayard-Pluriel, coll. « Pluriel », 2011.

Dickason, Olive Patricia, « L'homme sauvage », *Le Mythe du sauvage*, trad. J. Des Chênes, Paris, Philippe Lebaud, Éd. du Félin, 1995, p. 75–98.

Ferlampin-Acher, Christine, « La parole dans le *Merlin* de Robert de Boron », *Merlin, roman du XIIIe siècle*, D. Quéruel et Chr. Ferlampin-Acher (dir.) Paris, Ellipses, 2000, p. 89–104.

Higounet, Charles, « Les forêts de l'Europe occidentale du Vᵉ au XIᵉ siècle », *Settimane di studio del Centro italiano di studi sull'alto medioevo*, XIII, Spoletto, 22–28 avril 1965, p. 343–398.

Le Goff, Jacques, « Le désert-forêt dans l'occident médiéval », *L'Imaginaire médiéval, Un autre Moyen Âge*, Paris, Gallimard, 1999, p. 495–510.

Loyer, Olivier, *Les Chrétientés celtiques*, Paris, PUF, coll. « Mythes et religions », 1965.

Walter, Philippe, *Merlin ou le savoir du monde*, Paris, Imago, 2000.

Zumthor, Paul, *Merlin le prophète : un thème de la littérature polémique de l'historiographie et des romans*, Genève, Slatkine, 2000.

De l'usage décalé des lieux topiques pour un retour vers la Nature ? Errance dans le paysage littéraire espagnol du Moyen Âge au Siècle d'Or

Sandra Contamina

Le terme « décalé » est sans doute abusif : à travers quelques paysages litté-raires et quelques œuvres, ce travail va s'intéresser à un art de la variation. En revanche il y aura bien « errance » dans les pas du chevalier le plus fameux. Pour limiter cependant le champ de cette promenade littéraire, l'étude se limi-tera à quelques cas de mise en scène de *locus horribilis*, en mettant en avant la spécificité des lieux naturels évoqués.

Il s'agira d'abord de « traverser la forêt », puis de « gravir la montagne » et enfin d'« entrer dans la caverne », sans s'interdire certaines allées et venues. Enfin, seront convoquées des œuvres narratives emblématiques de la littéra-ture espagnole, dans un ordre voulu chronologique par commodité, mais qui ne se veut en rien représentatif d'une évolution historique d'un usage général du *locus horribilis* : il est plus aisé ici de faire courir dans le même sens le fil historique, le fil géographique et le fil du discours. À l'opposé de toute idée d'évolution, le propos de ce travail est d'illustrer une pratique toujours renou-velée du *locus horribilis*.

En conséquence de quoi, nous allons d'abord traverser la forêt avec le Cid, autour de l'an 1200.

Traverser la forêt

Dans un article sur le motif de la forêt-désert inclus dans un essai fameux sur l'imaginaire médiéval[1], Jacques Le Goff démontrait la polysémie symbolique de ce lieu, investi d'un imaginaire riche de nuances et de contradictions, mais où les éléments naturels, pris dans une logique duelle culture *versus* nature, étaient dotés d'une forte connotation dépréciative. Rien d'étonnant donc à ce que la forêt ait été avant tout conçue comme l'espace d'une rencontre avec la sauvagerie.

---

1 J. Le Goff, « Le désert-forêt dans l'occident médiéval », *L'Imaginaire médiéval*, Paris, Gallimard, 1985, p. 59–75.

Posant une distinction notionnelle claire entre *landscape* et *wilderness*, basée sur une opposition des notions de représentation et de concept, Paul Vernon Siegrist affirme quant à lui : « *Landscape* (*in this dissertation*) *is defined as the representation of the natural world, including, fauna, and atmosphere. I define wilderness as a mental concept that combines one's knowledge of landscape with societal and psychological perceptions of that landscape*[2]. »

Même si, comme l'explique Le Goff, la projection imaginaire de la forêt trouve ses racines dans une appréhension et une pratique humaines (il parle des trois fonctions essentielles de cet espace, dédié à la fois à la chasse, à la prière et au travail) l'emprise naturelle du paysage tend à se diluer dans la portée imaginaire.

Il y a de fait une équivalence, une mise en regard impossible entre le paysage en littérature et celui de la nature. Au terme d'un recodage purement symbolique, l'usage topique de ce lieu peut finir de le dé-naturer complètement, quand il ne reste pas même un possible ancrage référentiel, notamment dans les toponymes.

Dans un article sur la forêt et le loup dans la littérature espagnole du XVᵉ siècle[3], Santiago López Ríos rappelle que la forêt des bêtes sauvages trouve sa première grande formulation dans la *Chanson du Cid*, précisément dans l'épisode connu comme « *La afrenta de Corpes* » durant laquelle les infants de Carrión humilient les filles du Cid qui leur sont promises en mariage : après les avoir dénudées, battues au sang à coup de sangles, ils les abandonnent dans la forêt.

> Entrados son los ifantes al robredo de Corpes,
> los montes son altos, las ramas pujan con las núes,
> e las bestias fieras que andan aderredor.
> Fallaron un vergel con una linpia fuent,
> mandan fincar la tienda ifantes de Carrión[4].

> *Entrés sont les infants dans la rouvraie de Corpes.*
> *Hauts sont les bois, jusques aux nues les branches montent !*
> *Et les bêtes féroces qui errent aux environs !*

---

2   P. Vernon Siegrist, *Landscape Revisited: Wilderness Mythology in Spanish Medieval Literature*, University of Kentucky, 2002. Thèse doctorale citée par Santiago López Ríos dans son article : « Sobre el bosque y el lobo en la literatura castellana del siglo XV », Dominique de Courcelles (dir.), *Nature et paysages. L'Émergence d'une nouvelle subjectivité à la Renaissance*, Éditions de l'École des Chartes, 2006.

3   S. López Ríos, *ibid.*, p. 11–28.

4   *Cantar de mio Cid*, Barcelona, Crítica, 1993, p. 263.

Trouvèrent un verger où sourdait pure l'eau ;
Là font planter la tente les infants de Carrión⁵.

L'action s'arrête momentanément dans un espace préservé (le verger, où la source d'eau pure détermine l'aménité du lieu), à l'intérieur d'une forêt aux connotations funestes. Au-delà, l'environnement habité de bêtes sauvages est terrifiant, et la hauteur hyperbolique des arbres accentue la menace qui rôde.

La sauvagerie dépeinte dans ce passage n'est pas celle de la nature, ou du moins elle ne l'est plus de façon prépondérante ; la nature n'y joue plus que le rôle de petite musique posée sur une partition déjà écrite : le récepteur du texte s'avance dans la forêt avec méfiance, à l'affût des signes qui détromperont la confiance des filles du Cid et confirmeront la vilenie des infants de Carrión. P. V. Sigriest, qui a étudié précisément la présence de la forêt dans la *Chanson du Cid*, affirme ainsi qu'elle prépare les récepteurs à des événements déterminés.

Alberto Montaner Frutos, dans son édition du *Cid* chez Crítica, insiste sur le fait qu'il s'agit avec ce type de lieu, forêt ou désert, d'une « description qui se coule dans une tradition littéraire où les lieux ne sont pas individualisés mais assimilés à des stéréotypes conventionnels en relation avec le type d'action qui s'y déroule⁶ ».

L'exemple cité montre la malléabilité des éléments topiques, qui, en entrant dans un jeu combinatoire avec d'autres éléments contradictoires, rendent la lecture problématique et créent des sentiments ambivalents. Je cite encore A. Montaner Frutos, qui commente ce passage : « D'après la scénographie traditionnelle, la forêt était le lieu dramatique et terrible, tandis que le verger était celui des scènes d'amour. Ici, ces présupposés sont utilisés pour tenir en haleine l'auditoire, car l'arrivée dans la clairière, qui correspond aux attentes thématiques traditionnelles, invite à penser que le danger est passé, alors que c'est l'inverse qui survient⁷. »

Le lieu topique crée donc pour le récepteur un jeu d'attentes destinées à être satisfaites ou frustrées. Lorsque ce lieu vient à se confondre avec un type

---

5 *Chanson de mon Cid*, éd. et trad. Georges Martin, Paris, Aubier, 1996, p. 241.

6 C'est moi qui traduis. *Cantar de mio Cid*, édition d'Alberto Montaner, Barcelona, Crítica, 1993, p. 436 : « Se trata, pues, de una descripción que, como es habitual en la Edad Media, se amolda a una tradición literaria en que los lugares no aparecen individualizados, sino asimilados a estereotipos convencionales, muy relacionados con el tipo de acción que se desarrolla en ellos. »

7 *Ibid.*, note p. 263 : « Según la escenografía tradicional, el bosque era el ámbito de lo dramático y terrible, mientras que el vergel lo era de las escenas de amor. Aquí estos presupuestos se emplean para tener en suspenso al auditorio, pues la llegada al claro, que cumple con las expectativas temáticas tradicionales, invita a pensar que ya ha pasado el peligro, cuando sucede todo lo contrario. »

de discours, se produit en plus pour le personnage qui l'habite et le parcourt une fascinante traversée du miroir, entre paysage naturel et espace littéraire. C'est précisément ce qui arrive au narrateur du *Livre du Bon amour* lorsqu'il commence à gravir la montagne.

Gravir la montagne

Le Livre du Bon Amour, composé entre 1330 et 1343, par l'archiprêtre de Hita est une composition déroutante, autant par son assemblage hétéroclite de matériaux littéraires que par son intentionnalité ambiguë. Y prédomine la *cuaderna vía*, une strophe monorime de quatre vers de quatorze syllabes, strophe massive au rythme monotone. Le fil conducteur de cette longue suite de strophes (il y en a plus de 1700) est le récit autobiographique et néanmoins fictif des aventures amoureuses de l'archiprêtre, pris dans des tensions insolubles entre la concupiscence et l'obligation de chasteté. Au terme d'une de ces aventures, le *je* protagoniste de la narration décide de « tâter de la montagne[8] ». La traversée des paysages montagneux s'intègre donc parfaitement dans le propos diégétique ; en outre, en période de Carême les souffrances physiques sont vécues comme une pénitence, et l'opposition successive des quatre femmes sauvages, qui entravent le cheminement du personnage, relève de l'épreuve initiatique.

La *canción de serrana* met en scène la rencontre d'un voyageur et d'une montagnarde, une femme sauvage, à l'aspect parfois viril, douée d'une force surhumaine. On retrouve logiquement dans ce discours les conventions qui relèvent du *locus horribilis* : la nature se fait hostile et agressive, martyrisant le corps du voyageur, avant que n'apparaisse l'incarnation de la sauvagerie du lieu dans la personne de la montagnarde. À l'issue de cette rencontre, il ne s'ensuit pas de paroles amoureuses mais une lutte physique, assimilée à des relations charnelles forcées.

Dans *Le Livre du Bon Amour*, le voyageur se retrouve dès la première rencontre démuni, sans mule, sans vivres, « terrifié, gelé et mal en point[9] ». Ce n'est pourtant qu'au moment de rencontrer la quatrième montagnarde, de loin la plus monstrueuse, que le narrateur évoque l'environnement inhospitalier :

---

8 L'expression *provar la sierra* a ainsi été rendue dans la traduction collective dirigée par Michel Garcia : voir J. Ruiz, Archiprêtre de Hita, *Livre de Bon Amour*, Paris, Stock, coll. « Moyen Âge », 1995, strophe 950, p. 202.

9 *Ibid.*, p. 203 : « en coíta, arrezido, mal trecho » (*Libro de buen amor*, Arcipreste de Hita, Madrid, Castalia, 1988, p. 307).

Sienpre ha la mala manera la sierra e la altura :
si nieva o si yela, nunca da calentura.
Bien en çima del puerto fazía orrilla dura :
viento con grand elada, rrozío con grand friura.
[…] Nunca desque nasçí pasé tan grand peligro
de frío : al pie del puerto fallé me con vestiglo,
la más grande fantasma que ví en este siglo :
yeguarisa trifuda, talla de mal çeñiglo[10].

Montagnes et sommets sont toujours redoutables :
il y a neige ou il gèle, jamais il n'y fait chaud ;
tout en haut du port il faisait bien mauvais,
le vent était glacé et le givre prenait.
[…] Jamais de ma vie je n'ai tant souffert du froid.
Au pied du port, j'ai rencontré une chimère,
le plus horrible spectre que j'aie vu en ce monde :
chevaline et noueuse, d'aspect mal dégrossi[11].

Chacune des quatre rencontres donne lieu à une réécriture de l'événement par le protagoniste narrateur lui-même, qui y trouve l'occasion de devenir auteur de chansons : le discours abandonne alors la *cuaderna vía* pour la métrique, d'art mineur, de la *canción de serrana*.

Ce qui est fascinant dans *Le Livre du Bon Amour*, c'est cette coïncidence qui fait que le temps où le narrateur-protagoniste pénètre l'espace montagneux est le même que celui où il entre littéralement dans l'univers habité des *serranas*. Ce narrateur se retrouve placé au cœur d'un espace programmatique : cet environnement montagneux, en devenant hostile, transforme la nature lyrique du personnage, convoque la montagnarde et avec elle la tradition médiévale de la *serranilla*.

Le *locus horridus* subit une acclimatation d'un autre type dans *Les Sept Livres de Diane*, de Jorge de Montemayor. Dans ce roman pastoral imprimé pour la première fois en 1559 – considéré comme le premier en langue espagnole –, sont abondamment mis en scène le *locus amoenus* et ses éléments traditionnels. Une seule fois est évoqué le *locus horridus*, dans le contexte suivant[12] : nous sommes dans le Livre II, bergers, bergères et nymphes se sont réunis dans

---

10   *Libro de buen amor*, Arcipreste de Hita, Madrid, Castalia, 1988, p. 321–322.
11   J. Ruiz, *op. cit.*, p. 215.
12   Voir F. Géal, « Les espaces de la *Diana*, premier roman pastoral espagnol », *Seizième siècle* 7, 2011, p. 261–295.

un pré fleuri protégé d'une ombre épaisse pour jouer de la musique et chanter et, au moment de se séparer, quand les nymphes se sont « fort peu » éloignées des bergers, elles sont assaillies par « trois sauvages, extraordinairement grands et laids » qui « sortirent d'entre de hauts genêts, à droite du bois[13] ».

La narration semble dessiner distinctement une limite entre les espaces occupés par les uns (les bergers) et les autres (les satyres). L'irruption des sauvages, comme la bête sauvage, comme la montagnarde des *serranillas*, donne chair au danger qui rôde toujours dans la forêt, fût-elle idyllique. Tout en habitant le même espace, bergers et satyres n'habitent pas dans la même forêt. Voici comment les sauvages, s'adressant aux nymphes, décrivent leur forêt :

> En fin tenemos en la mano el galardón de los sospiros con que a causa vuestra importunábamos las aves y animales de la escura y encantada selva do habitamos, y de las ardientes lágrimas con que hacíamos crecer el impetuoso y turbio río que sus temerosos campos va regando[14].

> *Nous tenons enfin entre nos mains le guerredon des soupirs avec lesquels, par votre faute, nous importunions les oiseaux et les animaux de la forêt sombre et enchantée où nous habitons, ainsi que celui des larmes ardentes dont nous faisions croître le fleuve impétueux et bruyant qui arrose les champs effrayants[15].*

La mise en scène narrative laisse donc à penser par ce dialogue que ce sont les personnages, selon leur nature, bergers, nymphes ou satyres qui investissent leur environnement des valeurs amènes ou horrifiantes. Et de fait ces valeurs peuvent difficilement coexister dans l'univers idéalisé du roman pastoral : la mort des trois sauvages, tués par une bergère habile à manier l'arc, dans l'enceinte du pré verdoyant, vaut pour expulsion de ce lieu qu'ils s'étaient abusivement approprié en voulant posséder les trois nymphes.

La montagne, tout comme la forêt, est donc un espace fortement connoté. Mais sa présence, qui est capable de susciter les bouleversements narratifs qu'on vient de voir, n'est pas toujours suffisante pour faire apparaître sa teneur horrifiante. Voici à la suite deux exemples : l'un fonctionnant comme

---

13   J. de Montemayor, *Les Sept Livres de Diane*, trad. Anne Cayuela, Paris, Honoré Champion, 1999, p. 101. *Id., La Diana*, Barcelona, Crítica, 1996, p. 92 : « *tres salvajes de extraña grandeza y fealdad* ».

14   *Ibid.*, p. 93.

15   *Id., Les Sept Livres de Diane, op. cit.*, p. 102.

contrepoint humoristique voire burlesque, le second chargé d'une connotation symbolique autre.

L'isolement et la rudesse de l'environnement montagneux sont liés à deux figures, celle de l'ermite qui y établit sa retraite et celle du bandit qui en fait son repère. La grotte aussi, soit dit en passant. Dans la 1ère partie du *Quichotte*, les chapitres XXIII et XXIV sont consacrés à la pénitence du héros dans la Sierra Morena. Il s'y réfugie après avoir libéré des galériens, pour échapper à la Justice. Il y rencontre Cardenio, amant déçu qui mène une vie ensauvagée, retiré des hommes depuis que Luscinda l'a trahi. À la faveur de cette rencontre, Don Quichotte se met en tête d'imiter Amadis et Roland en s'imposant une pénitence qu'il souhaite gratuite, à tel point qu'elle s'avère absurde. Les figures évoquées liées à l'environnement montagneux sont là, traitées selon une modalité décalée : Don Quichotte qui se met hors-la-loi en libérant le malfaiteur Ginés de Pasamonte (ce dernier finira par dépouiller Sancho de sa mule) n'est pas plus crédible en bandit qu'en ermite lorsqu'il arrache ses vêtements et se met à faire des cabrioles à moitié nu dans la montagne. De plus, on peut voir dans les trois volets de cette aventure une gradation dans la distension du lien à la nature, de l'habitat-refuge au décor-témoin des actions fantasques du héros, en passant par la retraite érémitique.

Pour ce qui est de second exemple, au début du roman *La Diana*, la trajectoire du berger Sireno est saisie dans son déroulement, avec un effet d'immersion immédiate, au moment où il revient sur ses terres léonaises après avoir été trahi par Diana :

> Bajaba de las montañas de León el olvidado Sireno, a quien amor, la fortuna, el tiempo trataban de manera que del menor mal que en tan triste vida padecía no se esperaba menos que perdella[16].

> *Des montagnes de Léon descendait le disgracié Sirène, auquel l'Amour, la Fortune et le Temps faisaient tel traitement, que le moindre mal qu'il endurait en si triste vie était l'espérance de la perdre[17].*

Plus que le lieu, c'est le mouvement imprimé qui prend ici valeur métaphorique : Sireno se trouve dans un état d'esprit d'abattement, en proie à une vive mélancolie qui plonge dans ses souvenirs passés. Je cite François Géal : « [Cette descente] s'inscrit sinon dans un mouvement dépressif qui rend et que rend sensible l'accablement du berger, du moins dans une descente dans

---

16   *Id., La Diana, op. cit.*, p. 11.
17   *Id., Les Sept Livres de Diane, op. cit.*, p. 33.

les profondeurs de sa conscience, cet espace du dedans qui surgit, motivé par le paysage[18] ».

Entrer dans la caverne

La caverne a beau être un espace naturel vide et nu, ce n'est pas pour autant un espace déshabillé d'ornements littéraires et symboliques.

L'épisode de la caverne de Montesinos est une des aventures les plus connues de Don Quichotte et l'une des plus commentées par les critiques[19]. Elle se situe dans la deuxième partie, entre les chapitres XXII et XXIV et l'immersion de Don Quichotte dans cet espace le rend propice à toutes les projections fantasmées et merveilleuses de son esprit excessif.

A. Montaner Frutos, qui a travaillé sur les notions de géographie et de paysage dans cette œuvre[20], précise bien que le discours se centre sur le paysage onirique et non sur le paysage de la grotte, paysage onirique « qui répond pleinement aux topiques rhétoriques et aux conventions génériques des livres de chevalerie[21] ». Dans les épopées antiques et les romans de chevalerie particulièrement (que l'on pense à Enée, et à Esplandián, fils ainé d'Amadis de Gaule dont il prolonge les exploits[22]), prédominent la dimension infernale et le caractère initiatique de l'expérience souterraine[23]. Selon A. Montaner Frutos, Cervantes développe là une aventure chevaleresque de nature fantastique, de celles qu'il n'aimait pas, et qu'il interprète comme une parodie sous forme de dégradation réaliste.

---

18   F. Géal, art. cit., p. 269.

19   Voir notamment l'étude de référence de A. Redondo, « La cueva de Montesinos », *Otra manera de leer el Quijote*, Madrid, Castalia, 1998, p. 403–420. L'auteur y insiste sur la portée initiatique de l'épisode.

20   Voir A. Montaner Frutos, « Geografía y paisaje en la tercera salida de don Quijote », *Literatura, imágenes y milicia en la tercera salida de Don Quijote*, F. Castillo Cáceres (dir.), Madrid, Ministerio de Defensa, Secretaría General Técnica, 2005, p. 65–100. L'auteur reprend dans ce travail les différents épisodes marquant la troisième sortie du point de vue d'une analyse du paysage comme objet de perception.

21   C'est moi qui traduis. *Ibid.*, p. 82 : « el paisaje onírico contemplado por don Quijote [...] responde plenamente a los tópicos retóricos y a las convenciones genéricas de los libros de caballerías. »

22   *Las sergas de Esplandián* (1510) constitue une suite aux quatre livres consacré à Amadis de Gaule, et continue ainsi le cycle des Amadis créé par Rodríguez de Montalvo.

23   Voir l'étude de J. M. Cacho Blecua, « La cueva en los libros de caballerías: la experiencia de los límites », P. Piñero Ramírez (dir.), *Descensus ad inferos. La aventura de ultratumba de los héroes* (*de Homero a Goethe*), Universidad de Sevilla, 1995, p. 99–127. L'auteur y analyse les différentes fonctions de la grotte pour le héros chevaleresque.

À Sancho qui l'accueille à son retour en lui demandant de raconter ce qu'il a vu dans cet enfer, le chevalier errant répond :

> ¿ Infierno lo llamáis ? [...] Pues no le llaméis ansí, porque no lo merece, como luego veréis[24].

> *Vous l'appelez enfer ? [...] Eh bien ne l'appelez plus ainsi car il ne le mérite pas, comme vous l'allez bientôt voir[25].*

Par ailleurs, l'entrée de la grotte est ainsi évoquée :

> [L]legaron a la cueva, cuya boca es espaciosa y ancha ; pero llena de cambroneras y cabrahígos, de zarzas y malezas, tan espesas y intricadas, que de todo en todo la ciegan y encubren. [...] Y en diciendo esto, se acercó a la sima ; vio no ser posible descolgarse, ni hacer lugar a la entrada, si no era a fuerza de brazos, o a cuchilladas, y así, poniendo mano a la espada, comenzó a derribar y a cortar de aquellas malezas que a la boca de la cueva estaban, por cuyo ruido y estruendo salieron por ella una infinidad de grandísimos cuervos y grajos, tan espesos y con tanta priesa, que dieron con don Quijote en el suelo[26].

> *[L]'entrée est vaste et spacieuse, mais pleine d'ajoncs, de figuiers sauvages, de ronces et de broussailles, si épaisses et emmêlées qu'elles l'obstruent et la masquent toute. [...] Il s'approcha du gouffre, et vit qu'il ne lui était pas possible de se laisser glisser ni de se frayer un passage, si ce n'était à la force du bras ou à coups d'épée ; aussi, mettant la main à la sienne, il commença à couper et à abattre les broussailles qui se trouvaient à l'entrée, et ce fracas et ce vacarme firent s'envoler une multitude d'énormes corbeaux et de choucas, si drus et si pressés qu'ils flanquèrent don Quichotte par terre[27].*

Comme le précise A. Montaner Frutos, l'entrée de la grotte ainsi décrite, large mais encombrée de végétation épineuse, acquiert une fonctionnalité environnementale et littéraire : « la végétation inextricable et l'entrée difficile

---

24   M. de Cervantes Saavedra, *El ingenioso hidalgo don Quijote de la Mancha*, II, Madrid, Castalia, 1987, p. 210.
25   *Id., Don Quichotte II*, traduction de M. Moner, C. Allaigre et J. Canavaggio, Paris, Gallimard, 2001, p. 228.
26   *Id., El ingenioso hidalgo don Quijote de la Mancha*, II, *op. cit.*, p. 208.
27   *Id., Don Quichotte II, op. cit.*, p. 225, 226 et 227.

inscrivent cet environnement au type du *locus terribilis*, préfigurant ainsi le possible caractère de l'aventure qui va advenir dans la grotte[28]. »

En fait, la caverne de Montesinos va s'avérer être un espace propice au prolongement de la folie de don Quichotte et à la confirmation de ses illusions.

Dans un article sur le traitement du paysage naturel dans le *Quichotte*, Jaume Garau Amengual, à partir d'un repérage des allusions au paysage sur l'ensemble de l'œuvre reconnaît trois types de paysages dans le *Quichotte* :

> En primer lugar, como mero decorado ambiental en el que se encuadra la acción de los personajes [...]. En segundo lugar, como ilustración y refuerzo de las ideas que el autor manifiesta en la obra [...]. Y por último, la utilización de la descripción paisajística con una funcionalidad de contraste, subordinada a la consecución del humor y la ironía[29].

> *Premièrement, comme simple décor environnemental qui encadre l'action des personnages [...]. Deuxièmement, comme illustration et soutien des idées que l'auteur met dans son œuvre [...]. Enfin, l'utilisation de la description du paysage avec une fonction de contraste, subordonnée à l'humour et à l'ironie[30].*

Dans ce cas-ci, le paysage crée clairement une attente en vue de la frustrer ; nous sommes dans une esthétique de la rupture où les conventions littéraires sont convoquées pour être moquées.

Ce qu'il est intéressant de remarquer, à travers les exemples que donne l'auteur de cet article, c'est que, quelle que soit finalement la fonction littéraire du paysage dans le *Quichotte*, son usage est la plupart du temps décalé par rapport à la lecture topique que l'on peut en faire, comme par un effet de contagion de l'esprit fantasque et décentré du personnage principal. Dans le quatrième chapitre de la première partie, des cris plaintifs sortent de l'épaisseur d'un bois, sûrement un nécessiteux qui a besoin de protection[31] : c'est le point de départ

---

28   A. Montaner Frutos, « Geografía y paisaje en la tercera salida de don Quijote », art. cit., p. 80 : « lo inextricale de la vegetación y lo dificultoso de la entrada adscriben este ámbito al tipo del *locus terribilis*, prefigurando así el posible carácter de la aventura que va a transcurrir en la cueva. »

29   J. Garau Amengual, « El tratamiento del paisaje natural en el Quijote », *Actas del II Coloquio Internacional de la Asociación de Cervantistas*, Barcelona, Anthropos, 1991, p. 560–561 [p. 559–565].

30   C'est moi qui traduis.

31   Cet exemple est analysé par A. Montaner Frutos dans son article « Geografía y paisaje en la tercera salida de don Quijote », art. cit., p. 69.

de l'épisode du jeune Andrés corrigé par un paysan brutal qui n'attend que le départ de Don Quichotte pour recommencer à molester le jeune garçon. Don Quichotte continue sa route à travers bois, l'aventure chevaleresque n'a pas eu lieu. Alors que la forêt est le cadre typique de l'aventure chevaleresque[32], le *locus horribilis* est là en creux, comme *in absentia*. De même, dans la deuxième partie, dans le chapitre XII, voit-on un Don Quichotte somnoler dans la forêt, se battre en duel contre le Chevalier de la Forêt, et la forêt au matin devenir un lieu idyllique, frappé d'irréalité et d'exagération ; tout laisse à penser que l'affrontement qui se prépare, de plus en plus carnavalesque, n'a peut-être lieu qu'en rêve[33].

> La noche qui siguió al día del rencuentro de la Muerte la pasaron don Quijote y su escudero debajo de unos altos y sombrosos árboles [...] Finalmente, Sancho se quedó dormido al pie de un alcornoque, y don Quijote dormitando al de una robusta encina[34].

> *La nuit qui succéda au jour de la rencontre avec la Mort, don Quichotte et son écuyer firent halte sous le couvert de grands arbres ombreux. [...] Finalement, Sancho s'endormit au pied d'un chêne-liège, tandis que don Quichotte sommeillait sous un robuste chêne vert[35].*

Et plus loin :

> En esto, ya comenzaban a gorjear en los árboles mil suertes de pintados pajarillos, y en sus diversos y alegres cantos parecía que daban la norabuena y saludaban a la fresca aurora, que ya por las puertas y balcones del Oriente iba descubriendo la hermosura de su rostro, sacudiendo de sus cabellos un número infinito de líquidas perlas, en cuyo suave licor bañándose las yerbas, parecía asimesmo que ellas brotaban y llovía blanco y menudo aljófar[36].

> *Là-dessus dans les frondaisons, des milliers d'oiseaux de toutes sortes et de toutes les couleurs firent entendre leur gazouillis, et on aurait dit qu'à travers leurs chants variés et joyeux ils souhaitaient la bienvenue et le bonjour*

---

32   Voir *ibid.*, p. 65.
33   Voir *ibid.*, p. 74–75.
34   M. de Cervantes Saavedra, *El ingenioso hidalgo don Quijote de la Mancha*, II, *op. cit.*, p. 123–124.
35   *Id., Don Quichotte II, op. cit.*, p. 119 et p. 123.
36   *Id., El ingenioso hidalgo don Quijote de la Mancha*, II, *op. cit.*, p. 139.

à la fraîche aurore, qui montrait déjà aux fenêtres et balcons de l'orient la splendeur de son visage. Elle secouait sa chevelure d'où s'échappait une infinité de perles liquides, et on aurait dit que les herbes, baignées de cette liqueur exquise, faisaient jaillir et pleuvoir à leur tour une rosée de nacre blanche[37].

Il se passe sensiblement la même chose dans la grotte : en y pénétrant, Don Quichotte se sent soudain las, et décide de pénétrer dans une cavité pour s'y reposer un peu. Plus tard, assis sur le tas de corde enroulée, il s'endort profondément. La grotte, où il n'est plus possible de cheminer, est devenue un lieu paresseux pour le chevalier fatigué. Dans l'œuvre de Cervantes, les lieux tendent à se dérober à leur fonction topique. Non seulement la caverne n'est en rien infernale, Don Quichotte y trouvant la confirmation de ses délires, mais elle est loin en outre d'être initiatique, car le héros y trouve confirmation de son destin, traversant cette expérience sans en ressortir transformé. La catabase, ce motif classique de la descente dans l'infra-monde, est inopérante de bout en bout.

J. Garau Amengual affirme, à partir du manque de détails sur la description du paysage, qu'il n'y a pas de sentiment de la nature dans le Quichotte, sans doute à cause de la nature idéaliste du personnage principal. Et pour reprendre les termes d'A. Montaner Frutos, en les généralisant : « Ce n'est pas la dimension paysagère qui intéresse Cervantes[38] ».

Ce qui n'empêche pas de développer un sentiment très prégnant du paysage, dont la force n'est pas subordonnée à une réalité d'évocation. Les paysages de La Manche sont indissolublement liés au chevalier errant imaginé par Cervantes, bien que ce dernier n'ait jamais pris la peine de les décrire. De façon plus générale, nombre d'auteurs espagnols du Moyen Âge et du Siècle d'Or usent des *loqui* en les implantant dans une géographie hispanique, dans le but d'élever un lieu ou un fleuve au rang des modèles littéraires posés, qu'ils soient épiques ou mythologiques, ou avec l'intention de les transcender par la nature grandiose ou symbolique de l'histoire racontée. Ce paysage « ressenti », qui va à l'encontre de la réalité littéraire, suffit à créer autour d'une figure un puissant ancrage dans un territoire donné.

La grotte de Montesinos, amplement décrite et topographiée, se trouve sur le territoire de la commune de Ossa de Montiel, près du site des Lagunes de

---

37   *Id., Don Quichotte II, op. cit.*, p. 153.

38   A. Montaner Frutos, « Geografía y paisaje en la tercera salida de don Quijote », art. cit.,
      p. 81 : « No es la dimensión propiamente paisajística la que verdaderamente interesa a
      Cervantes. »

Ruidera. Elle est accessible à pied et se visite, muni d'un casque et d'une lampe frontale. Les différents cols de la *sierra* de Guadarrama qu'a traversés l'avatar de l'Archiprêtre de Hita font désormais le bonheur des cyclistes sportifs. Et il y a longtemps qu'il n'y a plus de grandes bêtes sauvages dans la rouvraie de La Lanzada, près de Corpes.

Depuis l'invention du tourisme, les lieux littéraires n'en finissent pas d'être investis et les lieux naturels visités. Pour le meilleur et pour le pire. En 2005, à l'occasion du quatrième centenaire de la publication de la première partie du *Quichotte*, est créée la « *Ruta de Don Quijote* », un itinéraire culturel de grande envergure de plus de 2000 kms censé intégrer des villages et des sites naturels en lien avec la figure du chevalier ou de son créateur. C'est, pour cette région peu attractive où l'on ne fait d'ordinaire que passer, l'occasion de se construire une identité en valorisant son patrimoine culturel. On attend de l'amélioration des infrastructures touristiques de larges retombées économiques. Ce qui explique que le tracé soit devenu monstrueux en passant d'itinéraire touristique à un projet de développement économique[39].

D'une certaine façon, par son esprit décalé et illusoire, ce projet a à voir avec les recherches de ceux qui tentent de reconstruire à tout prix la route suivie par Don Quichotte en interprétant les données spatiales et temporelles du roman – quand il les donne – n'aboutissant finalement qu'à des interprétations désaccordées sur l'emplacement de tel ou tel épisode, cherchant même à donner des noms à l'innommé, y compris ce village de la Manche dont le narrateur ne voulait pas se souvenir dans la phrase liminaire du roman.

Voici comment Don Quichotte a été rattrapé par la modernité et le principe de réalité : tandis que le sentiment de la nature hostile avait nourri pendant des siècles la vision du *locus horribilis*, l'immersion dans une nature débarrassée de ces dangers anciens ne suscite plus aujourd'hui qu'un sentiment rassurant de fausse proximité. Cette manie moderne qui consiste à aménager la nature pour lui ôter son inconfort scelle l'impossibilité d'une expérience originelle du *locus horridus*. Et cet impossible retour à la nature profonde du *locus horridus* empêche définitivement de trouver dorénavant dans une quelconque grotte une Dulcinée prisonnière du charme de Merlin.

---

39   Voir l'étude de M. del Carmen Cañizares Ruiz, « La "ruta de Don Quijote" en Castilla-La Mancha : nuevo itinerario cultural europeo », *Nimbus*, n° 21–22, 2008, p. 55–75.

Bibliographie

Œuvres

Arcipreste de Hita, *Libro de buen amor*, Madrid, Castalia, 1988.

Cantar de mio Cid, édition d'Alberto Montaner, Barcelona, Crítica, 1993.

Cervantes Saavedra, Miguel de, *El ingenioso hidalgo don Quijote de la Mancha*, II, Madrid, Castalia, 1987.

Cervantes Saavedra, Miguel de, *Don Quichotte II*, traduction de Michel Moner, Claude Allaigre et Jean Canavaggio, Paris, Gallimard, 2001.

Chanson de Mon Cid / Cantar de Mio Cid, édition et traduction de Georges Martin, Paris, Aubier, 1996.

Montemayor, Jorge de, *La Diana*, Barcelona, Crítica, 1996.

Montemayor, Jorge de, *Les Sept Livres de Diane*, traduction d'Anne Cayela, Paris, Honoré Champion, 1999.

Ruiz, Juan, Archiprêtre de Hita, *Livre de Bon Amour*, traduction de Michel Garcia, Paris, Stock, coll. « Moyen Âge », 1995.

Études

Amengual, Jaume Garau, « El tratamiento del paisaje natural en el Quijote », *Actas del II Coloquio Internacional de la Asociación de Cervantistas*, Anthropos, Barcelona, 1991, p. 559–565.

Blecua, Juan Manuel Cacho, « La cueva en los libros de caballerías : la experiencia de los límites », *Descensus ad inferos. La aventura de ultratumba de los héroes (de Homero a Goethe)*, Ramírez, Pedro Piñero (dir.), Universidad de Sevilla, 1995, p. 99–127.

Cañizares Ruiz, María del Carmen, « La "ruta de Don Quijote" en Castilla-La Mancha : nuevo itinerario cultural europeo », *Nimbus*, n 21–22, 2008, p. 55–75.

Géal, François, « Les espaces de la Diana, premier roman pastoral espagnol », *Seizième siècle 7*, 2011, p. 261–295.

Le Goff, Jacques, « Le désert-forêt dans l'occident médiéval », *L'Imaginaire médiéval*, Paris, Gallimard, 1985.

López Ríos, Santiago, « Sobre el bosque y el lobo en la literatura castellana del siglo X », *Nature et paysages. L'émergence d'une nouvelle subjectivité à la Renaissance*, Courcelles, Dominique de (dir.), Éditions de l'École des Chartes, 2006, p. 11–28.

Montaner Frutos, Alberto, « Geografía y paisaje en la tercera salida de don Quijote », *Literatura, imágenes y milicia en la tercera salida de Don Quijote*, Castillo Cáceres, Fernando (dir.), Madrid, Ministerio de Defensa, Secretaría General Técnica, 2005, p. 65–100.

Redondo, Augustin, *Otra manera de leer el Quijote*, Madrid, Castalia, 1998.

Siegrist, Paul Vernon, *Landscape Revisited : Wilderness Mythology in Spanish Medieval Literature*, University of Kentucky, 2002.

Topoï paysagers et réécriture parodique : Don Quichotte dans la Sierra Morena

Yen-Maï Tran-Gervat et Véronique Duché

Un paysage explicitement méta-topique

La question de la nature et du paysage dans les deux parties de *El Ingenioso hidalgo don Quijote de la Mancha*, de Cervantes (1605–1615) a été abondamment traitée par la critique cervantine, le plus souvent pour démontrer le réalisme du roman, et pour explorer le lien entre les paysages littéraires et la réalité topographique espagnole[1]. Pour autant, les mêmes études signalent souvent la relative rareté des descriptions de la nature dans le *Quichotte*. Ainsi, Jaume Garau Amengual, dans un article de 1991[2], peut dresser un inventaire exhaustif de ces descriptions : il relève en tout vingt-huit occurrences dans les deux parties réunies, dont cinq se trouvent dans les chapitres de la première partie qui traitent du séjour du héros dans la Sierra Morena (chapitres XXIII à XXVII[3]). Don Quichotte, dans ces chapitres, décide de profiter de ces lieux propices

---

1 Voir par exemple A. Pérez Martinez, « Perspectivas (orteguianas) del paisage en el *Quijote* », *Anales cervantinos*, vol. XLV, 2013, p. 44–56, qui fait un point bibliographique sur la question ; A. Montaner Frutos, « Geografía y paisage en la tercera salida de don Quijote », *Literatura, imágenes y milicia en la tercera salida de Don Quijote*, Madrid, Ministerio de Defensa, 2005, p. 65–100 ; M. Panadero Moya, « El espacio geográfico del *Quijote* », *Estudios geográficos*, LXV, 256, 2004, p. 471–496.

2 J. Garau Amengual, « El tratamiento del paisaje natural en el *Quijote* », *Actas del II Coloquio Internacional de la Asociación de Cervantistas*, Barcelona, Anthropos, 1991, p. 559–565.

3 Notre édition de référence pour le roman de Cervantes sera l'édition en ligne du Centro Virtual Cervantes (1998), dirigée par Francisco Rico. Site « Centro virtual Cervantes », page « http://cvc.cervantes.es/literatura/clasicos/quijote ». Dans la mesure où notre projet initial était de comparer le paysage en langue originale avec sa première traduction, nous proposerons comme traduction française celle de César Oudin (M. de Cervantes Saavedra, *L'Ingénieux Don Quichotte de la Manche composé par Michel de Cervantes, traduit fidèlement d'espagnol en français [...] par César Oudin*, Paris, J. Fouët, 1614, exemplaire de la Biblioteca Nacional Española, cote CERV/1568 (disponible en ligne sur le site de la BNE). Pareillement, les traductions d'*Amadis* et du *Roland furieux* seront celles qu'aurait pu lire Oudin (voir ci-dessous), afin qu'un travail ultérieur puisse éventuellement s'appuyer en partie sur les citations de cet article pour examiner la composition du paysage topique en français pour le lecteur de la première partie de *Don Quichotte* traduite par Oudin. Pour toutes les citations extraites de ces ouvrages, l'orthographe sera modernisée.

à la rêverie chevaleresque pour se laisser aller à la folie amoureuse et, pour cela, imite consciemment l'*Amadis de Gaule* (1508) de Montalvo[4] et le *Roland furieux* (1516–1532) de L'Arioste[5]. Cet épisode donne l'occasion à Cervantes de se livrer à une réécriture de ces deux modèles héroïques qui, eux-mêmes, exploitaient déjà le paysage témoin de la fureur amoureuse comme le lieu de déploiement d'un certain nombre de topoï. En d'autres termes, la folie romanesque de Don Quichotte constitue ici un contexte méta-topique favorable à la fois à la réécriture parodique et à l'identification de topoï paysagers du roman de chevalerie, en lien avec la folie amoureuse : l'épisode, bien connu et abondamment illustré, n'est pas seulement le lieu d'élaboration d'un paysage littéraire fondé sur un paysage naturel existant, il est aussi un moment où se croisent le romanesque assumé (à travers l'intrigue croisée de Cardenio et Dorothée) et la parodie (liée à l'imitation délibérée des chevaliers de ses romans par Don Quichotte) : le point commun entre ces deux modes d'écriture est en particulier le traitement des topoï, assumés explicitement comme tels ; nous nous concentrerons sur les motifs récurrents liés au paysage, et sur leur réécriture parodique.

> Así como don Quijote entró por aquellas montañas, se le alegró el corazón, pareciéndole aquellos lugares acomodados para las aventuras que buscaba. Reducíansele a la memoria los maravillosos acaecimientos que en semejantes soledades y asperezas habían sucedido a caballeros andantes[6].

> *Or se voyant entre ces montagnes, il fut fort joyeux en son cœur, se représentant que ces lieux-là étaient fort à propos pour les aventures qu'il cherchait,*

---

4 G. Rodriguez de Montalvo, *Amadis de Gaula* [1508], II, Barcelona, Red ediciones, 2012 (livre électronique). Traduction citée : *Le second livre de Amadis de Gaule, traduit nouvellement d'espagnol en françois par le Seigneur des Essarts, Nicolas de Herberay*, Paris, Denis Janot, 1541, exemplaire de la BnF, disponible en ligne sur Gallica : http://gallica.bnf.fr/ark:/12148/bpt6k530419.

5 L. Ariosto, *Orlando furioso di M. Lodovico Ariosto secondo l'edizione di 1532...*, Firenze, G. C. Sansoni, 1907. Traduction citée : *Roland furieux, mis en françois de l'italien de Messire Louis Arioste...*, traduction de G. Chappuys, Lyon, Barthélémy Honorat, 1577, exemplaire de la Bibliothèque Nationale d'Autriche (cote B511637), numérisé par Google Books.

6 M. de Cervantes Saavedra, *Don Quijote de la Mancha, op. cit.*, primera parte, ch. XXIII. Nous citons ici la première édition (citée en note par F. Rico dans notre édition de référence) car la variante plus longue de cette phrase, introduite par Cervantes à partir de la 2ᵉ édition du roman pour expliquer le vol de l'âne de Sancho par Ginès de Passamont, tend à gommer l'approche topique du paysage dans ces lignes.

*il se remettait en mémoire les merveilleux accidents, qui en semblables soli-
tudes et déserts étaient arrivés aux chevaliers errants*[7].

Les « solitudes et déserts » sont d'emblée explicitement associées à des topoï
romanesques, ou plus exactement à deux variantes possibles du topos que
nous étudierons ici et que l'on pourrait formuler comme « désespoir d'amour_
dans_nature[8] ». Comme le récit le confirme quelques pages plus loin, la
référence de Don Quichotte est ici double : il pense à la fois à la retraite mélancolique d'Amadis sur la Roche pauvre[9] et à la folie destructrice de Roland
chez l'Arioste[10]. Cependant, si le personnage paraît hésiter entre ces deux variations du topos, Cervantes, lui, effectue un choix plus net en faveur d'Amadis peut-être, parce que le paysage qu'il choisit l'amène à favoriser le modèle
espagnol : après être revenues sur le lieu même de la Sierra Morena comme
source d'images topiques, nous envisagerons la place du poème de l'Arioste
dans l'épisode qui nous occupe, avant de concentrer notre attention sur la
réécriture d'*Amadis de Gaule*.

La Sierra Morena, repère géographique et jalon littéraire espagnol

La Sierra Morena était déjà associée à la souffrance amoureuse dans le roman
sentimental de la fin du XVe siècle. Ainsi, le roman de Diego de San Pedro, la
Cárcel de amor (1492), s'ouvre sur un célèbre *incipit* :

espués de hecha la guerra del año pasado, viniendo a tener el invierno a
mi pobre reposo, pasando una mañana, quando ya el sol quería esclare-
cer la tierra, por unos valles hondos y escuros que se hazen en la sierra
Morena, vi salir a mi encuentro, por entre unos robledales do mi camino

---

7   *Id., L'Ingénieux Don Quichotte de la Manche*, traduction de César Oudin, *op. cit.*, partie I,
ch. XXIII, p. 262.

8   Nous proposons ici la formulation d'un topos selon la méthode de la Société d'Analyse
de la Topique Romanesque (SATOR). Pour plus de précisions concernant les principes
théoriques et méthodes de la SATOR, voir : http://satorbase.org/index.php?do=outils.

9   Voir G. Rodriguez de Montalvo, *Amadis de Gaula, op. cit.*, livre II, p. 45 *sq.*, et *id., Le second
livre d'Amadis de Gaule*, traduction de N. de Herberay, *op. cit.*, livre II, p. 3 *sq.* (la différence
de numérotation des chapitres est due au fait qu'Herberay recommence la numérotation
au début de chaque livre, alors que celle-ci se fait dans la continuité du livre précédent
chez Montalvo).

10   Voir L. Arioste, *Orlando furioso, op. cit.*, canti XXIII et XXIV et *id., Roland furieux*, traduction de G. Chappuys, *op. cit.*, chants XXIII et XXIV.

se hazía, un cavallero tan feroz de presencia como espantoso de vista, cubierto todo de cabello a manera de salvaje.

Aprés que la guerre de l'an passé fut finee, venant tenir mon yver en ma pauvre maison, passant une matinee, alors que le Soleil commençoit à illuminer la terre, par un val ombrageux et obscur qui est en la montaigne de Morienne, vey venir à l'encontre de moy dans un estroit boys de chesne où mon chemin s'adressoit, un chevalier autant furieux de presence comme espouventable de veue, tout couvert de poil en maniere de sauvage[11].

La description rend compte d'une haute montagne (« subíamos una sierra aspera de tanta altura, que a más andar mi fuerza desfallecía[12] »), en haut de laquelle se dresse la terrible Prison d'amour : « vi cerca de mí, en lo más alto de la sierra, una torre de altura tan grande que me parecía llegar al cielo[13] ». Le paysage est alors dominé par l'élément minéral, par la roche : on n'y trouve ni cours d'eau, ni verdure comme ce sera le cas chez Cervantes.

Le nom même de la Sierra Morena (la montagne brune) la rend propice à la révélation de l'humeur sombre de ses visiteurs. En tant que réalité géographique, cette chaîne montagneuse, qui sépare la Castilla-Mancha de l'Andalousie, abrite une très riche faune et flore, et offre une végétation abondante et diversifiée. Elle constitue par ailleurs une zone frontière qui favorise les passages, les rencontres et, de manière devenue quasi légendaire au XIXᵉ siècle, en fait un repaire idéal pour les *bandoleros*, ou bandits de grand chemin[14].

L'épisode de la Sierra Morena dans *Don Quichotte* a énormément inspiré les illustrateurs du roman, avec d'abord (aux XVIIᵉ et XVIIIᵉ siècles) une tendance à ne traiter le paysage que comme un décor sur lequel se détachent les

---

11   D. de San Pedro, *Cárcel de amor* [1492] / *La Prison d'amour, en deux langaiges, Espaignol et François pour ceux qui voudront apprendre l'un par l'autre*, Paris, Gilles Corrozet, 1552, édition établie et annotée par Véronique Duché-Gavé, Paris, Champion, coll. « Textes de la Renaissance », 2007, p. 1. Le texte espagnol mentionne explicitement la Sierra Morena, ce que ne fait pas la traduction.

12   *Ibid.*, p. 4 : « nous montions une aspre montaigne de telle halteur que ma force defailloit à plus cheminer ».

13   *Ibid.*, p. 5 : « Et quand la lumiere du jour descouvrit les champs, je vey devant moy au plus hault de la montaigne une tour de si tresgrande haulteur qu'elle me sembloit toucher au ciel. »

14   Le *pícaro* Ginés de Passamont, voleur ici de l'âne de Sancho, annonce l'apparition du bandit catalan Roque Guinart dans la Seconde partie de *Don Quichotte*, au moment où les personnages approchent de Barcelone ; il annonce également d'autres bandits historiques qui seront associés plus tard à la Sierra Morena, comme El Lero ou El Tempranillo dans la première moitié du XIXᵉ siècle.

personnages et leurs actions, puis, au contraire, au XIXᵉ siècle, une nette mise en valeur de la montagne, de ses rochers et de ses arbres, les personnages paraissant alors noyés dans le paysage. En littérature aussi, l'imaginaire de la Sierra Morena est revivifié chez les Romantiques, associé ou non[15] avec le *Quichotte*. La réminiscence littéraire la plus connue de notre épisode au XIXᵉ siècle est sans doute dans *Le Capitaine Fracasse* (1863) de Théophile Gautier, lorsque Scapin s'adresse à Léandre en ces termes : « Mon pauvre Léandre, qu'as-tu donc à geindre et te lamenter de la sorte ? Tu sembles tout moulu comme le chevalier de la Triste-Figure, lorsqu'il eut cabriolé tout nu dans la Sierra-Morena par pénitence amoureuse à l'imitation d'Amadís sur la Roche-Pauvre[16] ».

On le voit, Gautier ne retient que le modèle d'Amadis pour l'imitation à laquelle se livre Don Quichotte dans la Sierra Morena. Or, même s'il est vrai qu'elle semble plus secondaire dans l'épisode, il ne faut pas négliger la présence du modèle italien représenté par l'*Orlando furioso* de l'Arioste.

Don Quichotte furieux : une imitation secondaire ?

Aux chants XXIII et XXIV de l'*Orlando furioso*, Roland, ayant découvert les preuves de l'amour entre Angélique et Médor, sombre dans une folie violente et destructrice :

> e quella fonte, già si chiara e pura,
> da cotanta ira fu poco sicura ;
>
> 131   Che rami e ceppi e tronchi e sassi e zolle
> non cessò di gittar ne le bell'onde,
> fin che da sommo ad imo sì turbolle
> che non furo mai più chiare né monde.
> E stanco al fin, e al fin di sudor molle,
> poi che la lena vinta non risponde

---

15   Parmi les évocations sans lien direct avec Cervantes, relevons par exemple F. Davin, dans *Le Crapaud, roman espagnol*, 1823, Paris, Mame-Delaunay, t. I, p. 7 : « Oh ! les clairs de lune de la Sierra Morena ! », ou Th. Gautier évoquant ses voyages en Espagne, dans *Italia* : « la sierra Morena avec ses grandes assises en marbre rouge, ses chênes verts et ses lièges » (Paris, Hachette, 1860, p. 25).

16   Th. Gautier, *Le Capitaine Fracasse*, Paris, Garnier-Flammarion, 1967, p. 97. On trouve des propos similaires dans son journal : « C'est dans la Sierra Morena que le chevalier de la Triste Figure, à l'imitation d'Amadis sur la Roche-Pauvre, accomplit cette célèbre pénitence qui consistait à faire des culbutes en chemise sur les roches les plus aiguës, et que Sancho Pança [...] trouva la valise de Cardenio si bien garnie de ducats et de chemises fines » (*Voyage en Espagne suivi de España*, Gallimard, Folio Classique, 1981, p. 67).

allo sdegno, al grave odio, all'ardente ira,
cade sul prato, e verso il ciel sospira.

132   Afflitto e stanco al fin cade ne l'erba,
e ficca gli occhi al cielo, e non fa motto.
Senza cibo e dormir così si serba,
che 'l sole esce tre volte e torna sotto.
Di crescer non cessò la pena acerba,
che fuor del senno al fin l'ebbe condotto.
Il quarto dì, da gran furor commosso,
e maglie e piastre si stracciò di dosso.

133   Qui riman l'elmo, e là riman lo scudo,
lontan gli arnesi, e più lontan l'usbergo :
l'arme sue tutte, in somma vi concludo,
avean pel bosco differente albergo.
E poi si squarciò i panni, e mostrò ignudo
l'ispido ventre e tutto 'l petto e 'l tergo ;
e cominciò la gran follia, sì orrenda,
che de la più non sarà mai ch'intenda.

134   In tanta rabbia, in tanto furor venne,
che rimase offuscato in ogni senso.
Di tor la spada in man non gli sovenne ;
che fatte avria mirabil cose, penso.
Ma né quella, né scure, né bipenne
era bisogno al suo vigore immenso.
Quivi fe' ben de le sue prove eccelse,
ch'un alto pino al primo crollo svelse :

135   E svelse dopo il primo altri parecchi,
come fosser finocchi, ebuli o aneti ;
e fe' il simil di querce e d'olmi vecchi,
di faggi e d'orni e d'illici e d'abeti.
Quel ch'un ucellator che s'apparecchi
il campo mondo, fa, per por le reti,
dei giunchi e de le stoppie e de l'urtiche,
facea de cerri e d'altre piante antiche[17].

*Et celle fontaine autrefois si claire et pure, fut peu assurée de si grand ire :
car il ne cessa de jeter rameaux, racines, branches, troncs, pierres, dans les
belles ondes d'icelle, tant que dès le fond jusques à la cîme il les troubla, en*

17   L. Ariosto, *Orlando furioso, op. cit.*, canto XXIII, p. 312–313.

sortent qu'elles ne furent jamais plus claires, ni mondes [propres]. Et à la fin las, et à la fin mol de sueur, puis l'haleine vaincue, ne répond aucunement : il chut sur le pré à l'ire, à la grand haine, et à l'ardente fureur, et vers le ciel soupira désespérément. Ainsi donc lassé et travaillé, se laissa choir sur l'herbe, et fiche les yeux au ciel, et ne dit mot. Et sans manger et sans dormir il se garde tellement, que le soleil trois fois sortit dessus, et tourna sous nous : la peine aigre ne cessa de croître tant qu'elle l'eût conduit hors de son sens. Le quatrième jour, ému de grand fureur se déchira toutes mailles, et plastrons du dos. Ici reste le heaume, et là demeure l'écu, les harnais sont loin épars, et plus lointain le haubert. En somme toutes ses armures eurent différente place par tout le bois. Et après se déchira les habillements, et montra tout nu le ventre, le dos et la poitrine : et commença la grande folie si horrible, qui ne sera jamais qui en oye parler de plus, car il vint en telle rage et en telle fureur, que de tout sens il demeura offusqué. Par quoi il ne lui souvint de prendre l'épée, dont il eût fait chose merveilleuse, comme je pense : mais il n'était pas besoin de celle, ni de hache à sa grande vigueur, et bien montra la partie de ses excellentes prouesses ; car à la première secousse il arracha un très haut pin. Et après le premier en tira une paire d'autres, comme s'ils fussent fenouil, ou anis. Et le semblable fit des chênes, et vieux oliviers, des faux [hêtres], des sapins, ainsi qu'un oiseleur qui s'apprête du vider le champ de joncs, d'orties et estoubles pour planter ses rets[18].

Ce qui marque ce moment du poème de l'Arioste, du point de vue du rapport avec la nature, c'est la destruction par Roland de tout ce qui, dans le paysage extérieur, pourrait symboliser la beauté et l'harmonie du monde, représentées ici par la diversité végétale ; à l'inverse, sur sa propre personne, le héros se dépouille de toutes les marques d'humanité, au profit d'une sorte de régression vers sa nature bestiale, qui est celle qui est dominée par la passion jalouse. C'est la variante destructrice et déshumanisante du topos « Désespoir d'amour_dans nature », que ne suit pas jusqu'au bout Don Quichotte, malgré son apparente hésitation entre ce modèle et celui d'Amadis :

¿Ya no te he dicho – respondió don Quijote – que quiero imitar a Amadís, haciendo aquí del desesperado, del sandio y del furioso, por imitar juntamente al valiente don Roldán, cuando halló en una fuente las señales de que Angélica la Bella había cometido vileza con Medoro, de cuya pesadumbre se volvió loco, y arrancó los árboles, enturbió las aguas de las claras fuentes, mató pastores, destruyó ganados, abrasó chozas, derribó

---

18   *Id., Roland furieux*, traduction de Gabriel Chappuys, *op. cit.*, chant XXIII, p. 394.

casas, arrastró yeguas y hizo otras cien mil insolencias dignas de eterno nombre y escritura ? Y, puesto que yo no pienso imitar a Roldán, o Orlando, o Rotolando (que todos estos tres nombres tenía), parte por parte, en todas las locuras que hizo, dijo y pensó, haré el bosquejo como mejor pudiere en las que me pareciere ser más esenciales. Y podrá ser que viniese a contentarme con sola la imitación de Amadís[19].

T'ai-je pas déjà dit, répondit Don Quichotte, que je veux imiter Amadis, faisant ici le désespéré, le fol et le furieux : et par même moyen imiter le vaillant don Roland, lorsqu'il trouva en une fontaine les marques comme Angélique la belle, avait fait la vilainie avec Merdor [sic] ; de quoi il reçut tant de déplaisir qu'il en devin fol, et arracha les arbres, troubla les eaux des claires fontaines, tua des bergers, ruina des troupeaux, brûla des loges, abattit des maisons, traîna des cavalles, et fit cent mille autres insolences, dignes d'éternelle renommée, et d'être rédigées par écris. Et encore que je ne pense pas imiter Roland, ou Orland, ou Rotoland (car il avait tous ces trois noms) de point en point, en toutes les folies qu'il fit, dit et pensa, j'en ferai le dessin et l'ébaucherai du mieux qu'il me sera possible, en ce qui me semblera être le plus essentiel. Et se pourrait faire que je me contenterais de l'imitation seule d'Amadis[20].

On retrouve encore l'évocation des deux modèles conjoints quelques pages plus loin :

Guárdale, amigo, que por ahora no le he menester, que antes me tengo de quitar todas estas armas y quedar desnudo como cuando nací, si es que me da en voluntad de seguir en mi penitencia más a Roldán que a Amadís. Llegaron en estas pláticas al pie de una alta montaña, que casi como peñón tajado estaba sola entre otras muchas que la rodeaban. Corría por su falda un manso arroyuelo, y hacíase por toda su redondez un prado tan verde y vicioso, que daba contento a los ojos que le miraban. Había por allí muchos árboles silvestres y algunas plantas y flores, que hacían el lugar apacible. Este sitio escogió el Caballero de la Triste Figura para hacer su penitencia[21].

19   M. de Cervantes Saavedra, *Don Quijote de la Mancha*, op. cit., primera parte, ch. XXV.
20   *Id.*, *L'Ingénieux Don Quichotte de la Manche*, traduction de César Oudin, *op. cit.*, partie I, ch. XXV, p. 297.
21   *Id.*, *Don Quijote de la Mancha*, op. cit., primera parte, ch. XXV.

> *Garde-le bien [le heaume de Mambrin] mon ami, car pour le présent je*
> *n'en ai que faire, au contraire je veux quitter toutes ces armes, et demeurer*
> *tout nu comme je naquis, si c'est qu'il me vienne en volonté d'imiter en ma*
> *pénitence plus Roland qu'Amadis. Étant sur ces discours, ils arrivèrent au*
> *pied d'une haute montagne, laquelle était quasi comme une roche taillée*
> *toute seule entre plusieurs autres qui l'environnaient. Il courait par la pente*
> *d'icelle un doux ruisseau ; et se fermait tout à l'entour un pré si vert et déli-*
> *cieux qu'il causait un grand contentement aux yeux qui le regardaient. Il y*
> *avait là autour quantité d'arbres sauvages, et quelques plantes et fleurs, qui*
> *rendaient le lieu fort agréable. Cet endroit fut choisi par le Chevalier de la*
> *triste figure, pour faire sa pénitence*[22].

Logiquement, au moment où le choix entre ses deux modèles reste ouvert pour l'ingénieux hidalgo, le paysage convient à la fois à l'imitation de l'un et de l'autre : nous verrons plus tard les éléments qui font écho à *Amadis* ; ici, c'est la nudité personnelle et la variété symbolique de la flore qui évoquent *Roland furieux*. C'est cependant uniquement le premier élément qui sera copié par Don Quichotte, en un épisode aussi comique sous la plume de Cervantes qu'il est tragique chez l'Arioste, le parcours destructeur d'un Roland rendu à la fois bestial et surhumain par la douleur devenant alors une série de cabrioles dont seules la dignité et l'intégrité physique du pseudo-chevalier sortent meurtries, après qu'il a établi explicitement son programme d'imitation devant Sancho :

> Ahora me falta rasgar las vestiduras, esparcir las armas y darme de calaba-
> zadas por estas peñas, con otras cosas deste jaez, que te han de admirar[23].

> *À cette heure, il ne me faut autre chose que déchirer mes habillements, ré-*
> *pandre et jeter mes armes çà et là, et donner de la tête contre ces rochers,*
> *avec d'autres choses semblables qui te feront étonner*[24].

Le projet est retardé un moment par l'écriture d'une lettre à Dulcinée, mais Don Quichotte finit par se livrer à sa version bien personnelle de la folie amou-reuse, dont le récit clôt le chapitre XXV :

---

22   *Id., L'Ingénieux Don Quichotte de la Manche*, traduction de César Oudin, *op. cit.*, partie I, ch. XXV, p. 300.

23   *Id., Don Quijote de la Mancha, op. cit.*, primera parte, ch. XXV.

24   *Id., L'Ingénieux Don Quichotte de la Manche*, traduction de César Oudin, *op. cit.*, partie I, ch. XXV, p. 303.

Y desnudándose con toda priesa los calzones, quedó en carnes y en pañales y luego sin más ni más dio dos zapatetas en el aire y dos tumbas la cabeza abajo y los pies en alto, descubriendo cosas que, por no verlas otra vez, volvió Sancho la rienda a Rocinante y se dio por contento y satisfecho de que podía jurar que su amo quedaba loco[25].

Et avallant ses chausses à la hâte, il demeura tout nu et avec ses drapeaux [couvert seulement de sa chemise], et tout aussitôt fit deux sauts en l'air, et deux culbutes la tête en bas et les pieds contremont, en découvrant des choses, que pour ne les point voir derechef, Sancho tourna bride à Rocinante, et se tint pour content et satisfait, en ce qu'il pouvait jurer que son maître était fol[26].

En réalité, c'est plutôt Cardenio qui porte l'imitation de l'Arioste dans ces chapitres : comme Roland, l'amour lui a fait perdre la raison et il arpente la montagne réduit à un état quasi bestial, s'attaquant parfois à ceux qu'il rencontre ou les dépouillant pour se nourrir. On n'atteint jamais, cependant, le degré hyperbolique de destruction du paysage évoqué dans le poème héroïque italien : il semble bien que, dès l'entrée dans la Sierra Morena, malgré l'hésitation explicite de Don Quichotte entre ses deux modèles, le principal hypotexte soit *Amadis de Gaule*.

La mélancolie amoureuse de Don Quichotte de Gaule : le topos et sa réécriture

Le roman de Montalvo est la référence la plus apparente et la plus explicite dans toute la première partie de *Don Quichotte* : rappelons que c'est l'un des rares livres dont la qualité intrinsèque leur vaut d'être sauvés par le curé au moment de la destruction de la bibliothèque de l'« ingénieux hidalgo », au chapitre VI. Dans les pages qui nous occupent, Don Quichotte se croit obligé, au chapitre XXIV, de défendre l'honneur des personnages de Montalvo contre les déformations de Cardenio, dont le récit se trouve alors interrompu et différé. Enfin, comme nous l'annoncions, le début du livre II d'*Amadis* est le modèle explicite que se donne notre candidat à la pénitence d'amour dans la Sierra Morena : de fait, la montagne où entrent Don Quichotte et Sancho présente un

---

25   *Id., Don Quijote de la Mancha, op. cit.*, partie I, ch. XXV.
26   *Id., L'Ingénieux Don Quichotte de la Manche*, traduction de César Oudin, *op. cit.*, partie I, ch. XXV, p. 313.

paysage semblable à celui de l'Île Ferme (*Insola Firme*), où se trouve Amadis au moment où il reçoit la lettre sévère d'Oriane qui suscite son désespoir puis sa retraite sur la Roche Pauvre (*Peña Pobre*). Le titre même du chapitre XXV affiche ce modèle : « Qui traite des choses étranges qui arrivèrent dans la Sierra Morena au vaillant Chevalier de la Manche, et de l'imitation qu'il fit de la pénitence du Beau Ténébreux[27] ».

Comme on va le voir, dans les deux cas, une végétation luxuriante et un terrain accidenté rendent les déplacements difficiles, mais la présence de ressources vitales (en eau notamment) en font un lieu favorable à l'isolement du chevalier ayant quitté la compagnie des hommes pour nourrir sa peine amoureuse.

Dans *Amadis* même, le paysage au sein duquel va résonner la mélancolie du héros est topique, ce qui apparaît clairement quand deux descriptions presque semblables en sont données à trois chapitres d'écart :

> [P]uso las espuelas a su caballo sin se le acordar tomar el yelmo ni escudo ni lanza, y metióse muy presto por la espesa montaña, no a otra parte sino donde el caballo lo quería llevar, y así anduvo hasta más de la medianoche sin sentido ninguno hasta que el caballo topó en un arroyuelo de agua que de una fuente salía, y con la sed se fue por él arriba hasta que llegó a beber en ella y dando las ramas de los árboles a Amadís en el rostro recordó en su sentido y miró a una y otra parte, mas no vio sino spesas matas y hubo gran placer creyendo que muy apartado y escondido estaba, y tanto que su caballo bebió apeóse de él y atándole a un árbol se sentó en la hierba verde para hacer su duelo, mas tanto había llorado que la cabeza tenía desvanecida, así que se adormeció[28].

> *Adoncques, remonta à cheval, et donnant des éperons, s'éloigna d'eux sans avoir souvenance au partir de prendre lance, écu, ni armet : et ainsi entra au plus profond de la montagne, laissant aller son cheval comme il lui plaisait. Et tant chemina que la plupart de la nuit était déjà passée, quand le cheval entra dans un petit ruisseau environné de maints arbres, où il voulut boire. Et ainsi qu'il passait outre, Amadis rencontra aucunes branches qui lui donnèrent contre le nez si rudement, qu'il en oublia la fantaisie où il rêvait. Lors haussa la vue et aperçut qu'il était en lieu couvert et solitaire, plein de buissons forts et épais, dont il eut grand plaisir, pource que malaisément*

---

27   Titre original : « Que trata de las estrañas cosas que en Sierra Morena sucedieron al valiente caballero de la Mancha, y de la imitación que hizo a la penitencia de Beltenebros ».

28   G. Rodriguez de Montalvo, *Amadis de Gaula, op. cit.*, livre II, p. 45.

il serait trouvé, ce lui semblait, en ce hallier. Là mit pied à terre, puis attacha
son cheval, et s'assit sur l'herbe pour mieux penser à la mélancolie : mais il
avait tant pleuré, et le cerveau si vide, que peu après il s'endormit[29].

Et quelques pages plus loin :

Amadís se partió donde llegado dejó al Patín, anduvo por la floresta y a
la salida de ella halló un campo en que había muchas carreras y desvióse
de él, porque de allí no tomasen rastro y metióse por un valle y por una
montaña e iba pensando tan fieramente que el caballo se iba por donde
quería, y a la hora del mediodía llegó el caballo a unos árboles que eran
en una ribera de un agua que de la montaña descendía y con el gran calor
y trabajo de la noche paró allí y Amadís recordó de su cuidado y miró a
todas partes y no vio poblado ninguno, de que hubo placer. Entonces se
apeó y bebió del agua[30].

Mais entendez, qu'aussitôt qu'Amadis eut renvoyé Durin, il donna des épe-
rons à son cheval sans lui chaloir ni penser quel chemin il prendrait et allait
ainsi que la fortune le guidait. Tellement qu'il descendit au fond d'une vallée
obscure pleine de taillis et buissonnages, et lui sembla le lieu très commode
pour n'être suivi de nul. Lors mit pied à terre, et laissant aller son cheval sans
le débrider ; puis s'assit le long d'un torrent, qui descendait de la montagne
et prit un peu d'eau pour se rafraîchir[31].

La répétition signale le topos, qui confirme, s'il le fallait, que la nature n'a ici
rien de réaliste mais rencontre les états d'âme du héros : une dimension inhos-
pitalière qui coïncide avec son désir d'isolement, mais aussi un *locus amoenus*,
constitué d'un cours d'eau et d'une étendue d'herbe, qui permettent le repos
et l'introspection.

Ce voyage à travers un paysage topique aboutit pour Amadis à une
« fontaine[32] » où il va se défaire de ses armes de manière bien plus calme que
Roland. Il y rencontre un religieux qui a son ermitage sur la Roche Pauvre, et
qu'il charge de le rebaptiser à sa guise. C'est cet ermite qui choisit de le renom-
mer « le Beau ténébreux » (*Beltenebros*) :

---

29   *Id., Le second livre d'Amadis de Gaule*, traduction de N. de Herberay, *op. cit.*, livre II, p. 3.

30   *Id., Amadis de Gaula, op. cit.*, livre II, p. 48.

31   *Id., Le second livre d'Amadis de Gaule*, traduction de N. de Herberay, *op. cit.*, livre II, p. 6,
      f. xvii.

32   Rappelons que le mot *fontaine*, *a fortiori* dans les textes anciens, ne désigne pas nécessai-
      rement une construction humaine, mais peut désigner un point d'eau naturel.

[T]omando sus armas se metió por lo más espeso de la montaña, con gran saña de Gandalín por lo que le dijera. Pues así anduvo toda la noche y otro día hasta vísperas. Entonces, entró en una gran vega, que al pie de una montaña estaba y en ella había dos árboles altos que estaban sobre una fuente y fue allá por dar agua a su caballo, que todo aquel día anduviera sin hallar agua[33].

Ce fait, s'arma, et monta à cheval, suivant le haut de la montagne. Lors sans arrêter chemina jusques environ les quatre heures du soir, qu'il descendit en une grande plaine où il y avait deux hauts arbres, et au dessous une très belle fontaine nommée communément la fontaine du Plain Champ : vers laquelle il s'adressa pour faire boire son cheval, qui avait longuement cheminé sans se rafraîchir[34].

Chez Montalvo, l'exil du héros hors du monde coïncide avec un abandon total aux puissances naturelles, en soi et autour de soi : s'enfoncer dans la montagne et y cheminer sans intention particulière, c'est délaisser la construction consciente de sa gloire, au profit d'une exploration de la vérité nue, celle de l'amour et de la spiritualité (à la suite d'une peine amoureuse créée, rappelons-le, par un discours forgé, mensonger, celui qu'a entendu Oriane à son propos). L'élément le plus significatif du topos, à cet égard, est sans doute le cheminement laissé à l'initiative du cheval (lui-même guidé par ses besoins naturels), qui reprend un motif déjà présent dans *Lanval*, un des lais de Marie de France (1160–1180).

Dans ces conditions, on ne s'étonnera pas que l'ermitage où se retire le Beau ténébreux soit isolé, désert, et permette l'introspection et l'examen du monde et des faits à distance : « Mon hermitage est bien sept lieues dans la mer, au sommet d'une pauvre roche : en laquelle nul homme vivant ne peut arriver, si ce n'est au commencement du printemps[35] [*sic*] »

Pour résumer en termes satoriens, *Amadis* construit à travers ces occurrences très rapprochées le topos du « désespoir d'amour_dans nature » autour des motifs suivants :

---

33   *Id.*, *Amadis de Gaula, op. cit.*, livre II, p. 48.
34   *Id.*, *Le second livre d'Amadis de Gaule*, traduction de N. de Herberay, *op. cit.*, livre II, p. 6, f. xviii.
35   *Ibid.*, f. xviii, v°. Texte original : « *yo moro en un lugar muy esquivo y trabajoso de vivir, que es en una ermita metida en la mar bien siete leguas en una peña muy alta y es tan estrecha la peña, que ningún navío a ella se puede llegar, sino es el tiempo del verano.* » (*Id.*, *Amadis de Gaula, op. cit.*, livre II, p. 48).

- Amant_désespéré_s'enfoncer_dans_montagne
- Végétation_épaisse_mais_point d'eau_hospitalier
- Laisser_aller_cheval
- Fontaine_lieu_dénuement[36]
- Ermitage_sommet isolé.

La nature hors de soi, dans le paysage topique qui se déploie dans *Amadis*, équivaut à la nature en soi : s'y retirer permet la recherche d'une vérité intime, dépouillée des constructions sociales, ici héroïques. Il est d'autant plus ironique, sans doute, que Don Quichotte aspire à un paysage similaire par pure construction, qui est alors imitation du modèle littéraire.

Au chapitre XXV, au cours du long dialogue par lequel Sancho rompt le silence qui lui a été imposé précédemment[37] et demande des explications à son maître sur l'importance qu'il y avait à corriger Cardenio sur les détails touchant certains personnages d'*Amadis* (au chapitre XXIV), et sur l'intérêt de s'enfoncer comme ils le font dans la montagne, Don Quichotte donne les raisons détaillées pour lesquelles il admire Amadis et aspire à l'imiter, donnant ainsi à l'auteur l'occasion de rappeler son hypotexte à son lecteur :

> Íbanse poco a poco entrando en lo más áspero de la montaña [...]Y entiende [, Sancho] con todos tus cinco sentidos que todo cuanto yo he hecho, hago e hiciere va muy puesto en razón y muy conforme a las reglas de caballería. [...] – Señor – respondió Sancho –, y ¿es buena regla de caballería que andemos perdidos por estas montañas, sin senda ni camino, buscando a un loco [...]?[...] quiero, Sancho, que sepas que el famoso Amadís de Gaula fue uno de los más perfectos caballeros andantes. No he dicho bien fue uno : fue el solo, el primero, el único, el señor de todos cuantos hubo en su tiempo en el mundo.[...] Siendo, pues, esto así, como lo es, hallo yo, Sancho amigo, que el caballero andante que más le imitare estará más cerca de alcanzar la perfeción de la caballería. Y una de las cosas en que más este caballero mostró su prudencia, valor, valentía, sufrimiento, firmeza y amor, fue cuando se retiró, desdeñado de la señora Oriana, a hacer penitencia en la Peña Pobre, mudado su nombre en el de

---

36   Ce motif ne fera pas l'objet d'une étude approfondie ici, car il n'y a pas de fontaine dans les chapitres consacrés à l'épisode de la Sierra Morena. Cependant, nous avons vu qu'il y en a bien une chez l'Arioste (que les illustrateurs tendent à représenter comme une construction humaine), et rappelons également que la veillée d'armes de Don Quichotte lors de sa toute première sortie se fait à côté de la fontaine de l'auberge où il a été « adoubé ».

37   L'interdiction est survenue à la suite de l'épisode des moulins à foulons, au cours duquel son maître l'a trouvé trop insolent. C'est au cours de ce même dialogue que Don Quichotte expose également sa tentation d'imiter Roland (voir *supra*).

Beltenebros, nombre por cierto significativo y proprio para la vida que él de su voluntad había escogido. Ansí que me es a mí más fácil imitarle en esto que no en hender gigantes, descabezar serpientes, matar endriagos, desbaratar ejércitos, fracasar armadas y deshacer encantamentos. Y pues estos lugares son tan acomodados para semejantes efectos, no hay para qué se deje pasar la ocasión, que ahora con tanta comodidad me ofrece sus guedejas. – En efecto – dijo Sancho –, ¿qué es lo que vuestra merced quiere hacer en este tan remoto lugar? – ¿Ya no te he dicho – respondió don Quijote – que quiero imitar a Amadís, haciendo aquí del desesperado, del sandio y del furioso[38] […]?

[…] *Ils s'en allaient peu à peu entrant par le plus âpre de la montagne […] Sancho, […] entends de tous tes cinq sens de nature, entends que tout ce que j'ai fait, fais et ferai, est bien fondé en raison, et très conforme aux règles de chevalerie […]. Monsieur, est-ce là une bonne règle de chevalerie, que nous allions ainsi égarés par ces montagnes, sans tenir chemin ni sentier, cherchant encore celui-là [Cardénio] […]? […] Je veux, Sancho, que tu saches que le fameux Amadis de Gaule fut un des plus parfaits chevaliers errants, je ne dis pas bien que ce fut un, il faut [dire] le seul, le premier, l'unique, le maître et le seigneur de tous ceux qui furent de son temps au monde. […] Cela étant donc ainsi comme il est, je trouve Sancho mon ami, que le chevalier errant qui l'imitera davantage, sera le plus proche d'atteindre à la perfection de la chevalerie. Et l'une des choses en quoi ce chevalier montra le plus sa prudence, valeur, vaillance, patience, fermeté et amour, ce fut lorsqu'étant dédaigné de sa maîtresse Oriane, il se retira pour faire pénitence en la roche pauvre, changeant son nom en celui de Beau ténébreux, nom pour certain fort significatif et propre pour la vie qu'il s'était élue de sa pure volonté : tellement qu'il m'est plus facile de l'imiter en cela, que non pas à fendre des géants, couper la tête à des serpents, tuer des endriagues, rompre des os, fracasser des armées navales, et défaire des enchantements. Et puisque ces lieux sont si à propos pour de semblables effets, il ne faut pas laisser perdre l'occasion, laquelle m'offre ses tresses avec tant de commodité. Mais en effet, dit Sancho, qu'est-ce que vous désirez faire en ce lieu si écarté ? Ne t'ai-je pas dit, répondit Don Quichotte, que je veux imiter Amadis, faisant ici le désespéré, le fol et le furieux[39].*

---

38   M. de Cervantes Saavedra, *Don Quijote de la Mancha, op. cit.*, partie I, ch. XXV.
39   *Id., L'Ingénieux Don Quichotte de la Manche*, traduction de César Oudin, *op. cit.*, partie I, ch. XXV, p. 291–297.

Cependant que Don Quichotte explique pourquoi il souhaite imiter les actions d'Amadis, le paysage se dessine objectivement comme ressemblant à celui du livre de chevalerie : même si c'est bien Don Quichotte qui souligne l'opportunité des lieux, celle-ci est confirmée par les points de vue plus objectifs de la narration (première ligne de la citation ci-dessus) et de Sancho, qui confirme sans le savoir le topos « s'enfoncer_dans_montagne[40] ». La reprise évidente des topoï paysagers liés au désespoir amoureux par la narration est confirmée quelques pages plus loin. On retrouve alors ce paysage paradoxal de la « roche pauvre » isolée (« Ermitage_sommet isolé ») et du *locus amoenus* (« Végétation_épaisse_mais_point d'eau_hospitalier ») repéré dans *Amadis*, en même temps que la diversité végétale signifiante dans le *Roland furieux*[41].

Très clairement, l'imitation volontaire du pseudo-chevalier se double d'une imitation non moins délibérée de l'auteur : le décalage ludique et la réflexivité de la démarche constituent un exemple canonique de réécriture parodique[42], fondée sur une construction méta-topique. Il s'agit ici principalement d'une parodie respectueuse : de même que le curé sauvait *Amadis* des flammes au chapitre VI, de même, la connaissance même du roman de Montalvo dont témoigne Cervantes à travers les allusions et imitations dont regorge le chapitre XXV, en écho aux premières impressions du chapitre XXIII, signale son admiration pour le livre qu'il réécrit certes ironiquement, mais selon une ironie qui nous semble relever davantage de la connivence référentielle avec son lecteur et, précisément, du jeu sur les topoï héroïques en contexte comique, que de la satire anti-romanesque.

L'effet premier est donc burlesque plutôt que satirique, comme le montre l'inversion comique du topos « Laisser_aller_cheval » au chapitre XXIII de *Don Quichotte*, où l'on observe clairement la mise en œuvre d'une réécriture reposant, entre l'hypertexte et l'hypotexte, sur ce que Marmontel identifie avec justesse comme le « contraste du grand au petit » caractéristique du burlesque[43].

---

40 Voir *ibid.*, p. 294.

41 Voir *supra*, la citation correspondant à la note 17.

42 Voir notre définition de la parodie littéraire : Y.-M. Tran-Gervat, « Pour une définition opérationnelle de la parodie littéraire : parcours critique et enjeux d'un corpus spécifique », *Cahiers de Narratologie* [En ligne], 13 | 2006, mis en ligne le 01 septembre 2006. Site « Cahiers de narratologie. Analyses et théories narratives », page : « http://narratologie .revues.org/372 ».

43 Voir J.-F. Marmontel, *Éléments de littérature* [1787], Paris, Firmin Didot Frères, 1846, vol. I, p. 235 : « De ce contraste du grand au petit, continuellement opposés l'un à l'autre, naît, pour les âmes susceptibles de l'impression du ridicule, un mouvement de surprise et de joie si vif, si soudain, si rapide, qu'il arrive souvent à l'homme le plus mélancolique d'en rire tout seul aux éclats. »

Tout d'abord, au lieu du chevalier ou, en l'occurrence, du pseudo-chevalier, c'est l'écuyer-paysan, Sancho, qui devient l'initiateur de l'entrée dans la montagne, mené par une monture bien moins noble que celle d'Amadis : « Don Quichotte [...] et Sancho monté sur son âne lui servant de guide, entrèrent dans la Sierra Morena[44] ». Puis, lorsque la narration s'avise de reprendre le topos à propos de Don Quichotte, Rossinante se montre fidèle à l'origine anti-héroïque de son nom[45] :

> Pero como por aquel lugar inhabitable y escabroso no parecía persona alguna de quien poder informarse43, no se curó de más que de pasar adelante, sin llevar otro camino que aquel que Rocinante quería – que era por donde él podía caminar – [46]

> [*Après avoir trouvé la malette et le carnet de Cardenio*] *Mais ne paraissant par ce lieu inhabitable et scabreux aucune personne de qui en pouvoir être informé, n'eut autre soin que de passer outre, sans tenir autre chemin que celui qui plaisait à Rocinante : qui était par où il pouvait cheminer*[47].

Ou encore :

> [Y] aunque lo procuró, no pudo seguille, porque no era dado a la debilidad de Rocinante andar por aquellas asperezas, y más siendo él de suyo pasicorto y flemático[48].

> [*Après l'apparition de Cardenio déguenillé*] : [*E*]*ncore qu'il tâchait de le suivre il ne le put faire, parce qu'il n'était pas permis à la faiblesse*

---

44   M. de Cervantes Saavedra, *L'Ingénieux Don Quichotte de la Manche*, traduction de César Oudin, *op. cit.*, partie I, ch. XXIII, p. 260. Texte original : « *Subió don Quijote sin replicarle más palabra, y guiando Sancho sobre su asno, se entraron por una parte de Sierra Morena que allí junto estaba* » (*id.*, *Don Quijote de la Mancha*, *op. cit.*, partie I, ch. XXIII). Il est aisé de repérer ce moment du récit, car dans les lignes qui suivent, au cours de la première nuit passée dans la montagne, l'âne de Sancho est volé par Ginès de Passamont et n'est donc plus mentionné ensuite.

45   Littéralement, « la première des rosses » (voir le chapitre I de la première partie du *Don Quichotte*).

46   M. de Cervantes Saavedra, *Don Quijote de la Mancha*, *op. cit.*, partie I, ch. XXIII.

47   *Id.*, *L'Ingénieux Don Quichotte de la Manche*, traduction de César Oudin, *op. cit.*, partie I, ch. XXIII, p. 267.

48   *Id.*, *Don Quijote de la Mancha*, *op. cit.*, partie I, ch. XXIII.

*de Rocinante d'aller par ces lieux âpres et fâcheux, étant davantage de
soi-même trotte-menu et un peu phlegmatique*[49].

Dans la continuité de ces représentations, lorsque Don Quichotte, tel Amadis
après avoir rencontré l'ermite, veut généreusement donner congé à Rossinante
au chapitre XXV (« Prends la liberté que te donne celui qui en demeure privé,
ô mon bon cheval aussi excellent par tes œuvres que tu es malheureux par
ta fortune. Va t'en où tu voudras[50] »), son geste héroïque est immédiatement
contredit par le bon sens de Sancho, qui rappelle la perte du grison et souligne
qu'il est « mauvais piéton » (*mal caminante*).

La dialectique parodique

Un autre élément du topos est inversé dans ces chapitres de *Don Quichotte*,
sans que cela relève du burlesque, ni même du comique : c'est le rôle que joue
la nature par rapport à la construction héroïque. Comme on l'a rappelé, le processus en jeu dans la pénitence d'amour d'Amadis suppose un abandon à la
nature dans un mouvement de quête du vrai, par opposition à la construction
de l'identité héroïque, en partie faite d'illusion et d'attributs non essentiels :
rejeté par Oriane à la suite d'un rapport mensonger fait de ses actes, Amadis
s'enfonce dans la montagne, dont le paysage favorise l'isolement et l'introspection, puis se dépouille de ses armes pour mieux chercher sa vérité intérieure
en l'ermitage de la Roche pauvre, sous l'identité du Beau ténébreux, dans un
paysage qui lui permet littéralement de prendre de la hauteur par rapport à
son existence et à sa construction sociale. Don Quichotte, sous l'emprise de
sa « folie par imitation romanesque[51] », suit un processus quasiment inverse :
ironiquement, il pense pouvoir se construire une identité héroïque en imitant
l'action d'Amadis au moment où celui-ci prend le plus de distance par rapport à la sienne. En d'autres termes, Cervantes démontre subtilement la folie
de son pseudo-héros en lui attribuant une lecture purement topique et, dans
ce cas, superficielle, de l'abandon à la nature d'Amadis : appliquer le topos

---

49   *Id.*, *L'Ingénieux Don Quichotte de la Manche*, traduction de César Oudin, *op. cit.*, partie I,
     ch. XXIII, p. 268.

50   *Ibid.*, p. 302. Texte original : « *Libertad te da el que sin ella queda, ¡oh caballo tan estremado
     por tus obras cuan desdichado por tu suerte! Vete por do quisieres* » (id., *Don Quijote de la
     Mancha*, *op. cit.*, partie I, ch. XXIII).

51   Expression de M. Foucault dans *Histoire de la folie à l'âge classique* (Paris, Gallimard, 1972,
     p. 47) pour rendre compte de la folie quichottique.

comme méta-topos inverse le rapport entre illusion et vérité qui était présent dans l'emploi du même topos dans *Amadis*. Et, comme le souligne plaisamment Sancho, Don Quichotte doit faire un effort d'imagination et avoir recours à un raisonnement spécieux pour trouver une fonction à sa Dulcinée dans ce schéma reconstruit : elle devient d'ailleurs la destinataire d'une lettre, en conséquence de la pénitence imitative dictée par le paysage, là où une lettre d'Oriane était à l'origine de l'isolement recherché par Amadis dans la nature de l'Île Ferme.

L'inversion est complète entre l'hypertexte et l'hypotexte, et pourtant, elle nous semble toujours placée sous le signe de la parodie respectueuse, plutôt que satirique : Cervantes exploite pleinement la dimension méta-topique que permet la folie de son anti-héros pour valider, finalement, par un mouvement dialectique et paradoxal, l'équivalence entre abandon à la nature, vérité et quête de soi, cette dernière revenant, ultimement, à une « mise à nu » explorée par la fiction, qu'elle soit romanesque (dans le cas d'Amadis, mais aussi de Cardénio) ou critique et comique (dans le cas de Don Quichotte). De fait, bien que le mouvement d'introspection du Chevalier de la Triste figure ait son point de départ dans l'imitation extravagante de modèles héroïques et romanesques, elle aboutit dans la Sierra Morena, à une double réinterprétation (chapitre XXV) : certes, Don Quichotte se livre à une incarnation grotesque du « dénuement » d'Amadis par la scène extrêmement comique des cabrioles dans la montagne[52], mais quasi dans le même temps, il se livre à une réflexion profonde et vraie sur son amour pour Dulcinée comme création poétique. Ainsi, tandis que Sancho souligne la folie qu'il y a à prendre la fiction pour réalité « au pied de la lettre », son maître entré apparemment en pénitence d'amour par pure imitation superficielle d'un topos paysager, finit par atteindre un degré de sagesse digne de son modèle, lorsque son action l'amène à considérer non plus la question de la *réalité* de Dulcinée (son identité réelle en tant qu'Aldonza Lorenzo, évoquée gaiement par Sancho), mais celle de sa *vérité* (celle de la création littéraire et de la fiction perçues comme telles) :

> Así que, Sancho, por lo que yo quiero a Dulcinea del Toboso, tanto vale como la más alta princesa de la tierra. Sí, que no todos los poetas que alaban damas debajo de un nombre que ellos a su albedrío les ponen, es verdad que las tienen. ¿Piensas tú que las AmarilisI, las Filis, las Silvias, las Dianas, las Galateas, las Fílidas y otras tales de que los libros, los romances, las tiendas de los barberos, los teatros de las comedias están llenos,

---

52 L'épisode peut en effet être interprété à la fois en dialogue avec les actions de Roland, et en regard de celles d'Amadis.

fueron verdaderamente damas de carne y hueso, y de aquellos que las celebran y celebraron ? No, por cierto, sino que las más se las fingen por dar subjeto a sus versos y porque los tengan por enamorados y por hombres que tienen valor para serlo. Y, así, bástame a mí pensar y creer que la buena de Aldonza Lorenzo es hermosa y honesta, y en lo del linaje, importa poco, que no han de ir a hacer la información dél para darle algún hábitol, y yo me hago cuenta que es la más alta princesa del mundo⁵³.

Sancho, pour cela que j'aime Dulcinée du Toboso, elle vaut autant que la plus grande princesse de la terre : aussi que tous les poètes, qui chantent les louanges des dames sous des noms supposés qu'ils leur donnent à leur volonté, ne disent toujours vrai. Penses-tu que les Amarillis, les Phyllis, les Sylves, les Diane, les Galatée et autres semblables, de quoi les livres, les romans, les boutiques de barbiers, les théâtres des comédies sont remplis aient été véritablement des femmes de chair et d'os, et maîtresses de ceux qui les célèbrent et ont célébré [sic] ? Non certainement, ains la plupart les feignent, pour donner sujet à leurs vers, et à celle fin qu'on les estime et les tienne pour amoureux, et pour hommes qui ont de la valeur et du courage pour l'être. Et partant il me suffit à moi de penser et croire que la bonne Aldonce Lorenço est belle et honnête, et en ce qui touche à sa race, il importe peu, parce qu'on ne s'en ira pas pour lui donner quelque ordre ou collier de chevalerie, et pour moi je fais état qu'elle est la plus haute princesse du monde⁵⁴.

L'imitation par Don Quichotte du topos paysager d'*Amadis* n'a donc pas seulement pour objet l'inversion comique ou satirique du schéma romanesque : respectueuse, la parodie est également le lieu d'édification d'un romanesque lucide et assumé, dont l'histoire croisée de Cardénio et de Dorothée est l'illustration, dans ce même paysage de la Sierra Morena.

Le topos du chevalier frappé d'une folie par déception amoureuse qui l'amène, d'une manière ou d'une autre, à effectuer un retour à la nature en soi et hors de soi remonte sans doute plus loin que le roman ou la poésie héroïque de la Renaissance : on a signalé une occurrence précoce du motif du cheminement laissé à l'initiative du cheval dans les *Lais* de Marie de France ; on pourrait également se rappeler, dans *Le Chevalier au lion* (1176), la folie d'Yvain, abandonné par Laudine, se dépouillant de ses armes et de ses vêtements et trouvant

---

53   M. de Cervantes Saavedra, *Don Quijote de la Mancha, op. cit.*, partie I, ch. XXV.
54   *Id., L'Ingénieux Don Quichotte de la Manche*, traduction de César Oudin, *op. cit.*, partie I, ch. XXV, p. 309.

refuge dans la forêt. Bien que Don Quichotte adopte momentanément, au chapitre XVII de la seconde partie, le surnom de « Chevalier des Lions », le roman de Cervantes ne renvoie pas au modèle du roman médiéval de Chrétien aussi clairement qu'aux romans espagnols du XVIe siècle, et l'on a bien vu que l'enjeu reflété dans ce passage de la première partie de *Don Quichotte*, dont l'unité thématique est assurée par sa situation dans la Sierra Morena, est moins la simple reprise d'un topos héroïque, que son exploration méta-topique, à la faveur de la « folie par imitation romanesque » du héros et du riche dispositif parodique de l'écriture cervantine.

La transformation de la fureur du Roland de l'Arioste en grotesque fantaisie acrobatique, le dialogue continu et le contraste burlesque entre Don Quichotte et Sancho assurent une réécriture des topoï selon la ligne comique qui prédomine dans toute cette première partie du roman ; pourtant, en un subtil contrepoint, la parodie sérieuse de la peine amoureuse d'Amadis sur l'Île Ferme contribue à déplacer la question de la nature dans le roman du côté de la nature *du* roman, et à souligner le fait que la folie de Don Quichotte à la fois pose et dépasse la dimension du réel dans la fiction, pour interroger la vérité de l'invention poétique et romanesque.

Bibliographie

Œuvres et sources

Ariosto, Ludovico, dit L'Arioste, *Orlando furioso di M. Lodovico Ariosto secondo l'edizione di 1532 ...*, Firenze, G. C. Sansoni, 1907.

Ariosto, Ludovico, dit L'Arioste, *Roland furieux, mis en françois de l'italien de Messire Louis Arioste ...*, traduction de Gabriel Chappuys, Lyon, Barthélémy Honorat, 1577, exemplaire de la Bibliothèque Nationale d'Autriche (cote B511637), numérisé par Google Books.

Cervantes Saavedra, Miguel de, *Don Quijote de la Mancha*, édition en ligne du Centro Virtual Cervantes (1998), établie sur la base de l'édition dirigée par Francisco Rico et publiée par l'Instituto Cervantes, collection Biblioteca clásica. Site « Centro virtual Cervantes », page « http://cvc.cervantes.es/literatura/clasicos/quijote », consultée le juillet 2015.

Cervantes Saavedra, Miguel de, *L'Ingénieux Don Quichotte de la Manche composé par Michel de Cervantes, traduit fidèlement d'espagnol en français [...] par César Oudin*, Paris, J. Fouët, 1614, exemplaire : Biblioteca Nacional Española, cote CERV 1568 (disponible en ligne sur le site de la BNE).

Davin, Félix, *Le Crapaud, roman espagnol*, Paris, Mame-Delaunay, 1823.

Gautier, Théophile, *Italia*, Paris, Hachette, 1860.

Gautier, Théophile, *Le Capitaine Fracasse*, Paris, Garnier-Flammarion, 1967.

Gautier, Théophile, *Voyage en Espagne* suivi de *España*, Paris, Gallimard, coll. « Folio classique », 1981.

Rodriguez de Montalvo, Garcí, *Amadis de Gaula* [1508], ii, Barcelona, Red ediciones, 2012 (livre électronique).

Rodriguez de Montalvo, Garcí, *Le second livre de Amadis de Gaule, traduit nouvellement d'espagnol en français par le Seigneur des Essarts, Nicolas de Herberay*, Paris, Denis Janot, 1541, exemplaire de la BnF, disponible en ligne sur Gallica : http://gallica.bnf. fr/ark:/12148/bpt6k530419.

San Pedro, Diego de, *Cárcel de amor* [1492] / *La Prison d'amour, en deux langaiges, Espaignol et François pour ceux qui voudront apprendre l'un par l'autre*, Paris, Gilles Corrozet, 1552, édition établie et annotée par Véronique Duché-Gavé, Paris, Champion, coll. « Textes de la Renaissance », 2007.

Études

Foucault, Michel, *Histoire de la folie à l'âge classique*, Paris, Gallimard, 1972.

Garau Amengual, Jaume, « El tratamiento del paisaje natural en el *Quijote* », *Actas del II Coloquio Internacional de la Asociación de Cervantistas*, Barcelona, Anthropos, 1991.

Marmontel, Jean-François, *Éléments de littérature* [1787], Paris, Firmin Didot Frères, 1846.

Montaner Frutos, Alberto, « Geografía y paisaje en la tercera salida de don Quijote », *Literatura, imágenes y milicia en la tercera salida de Don Quijote*, Madrid, Ministerio de Defensa, 2005.

Panadero Moya, Miguel, « El espacio geográfico del *Quijote* », *Estudios geográficos*, LXV, 256, 2004.

Pérez Martinez, Ángel, « Perspectivas (orteguianas) del paisaje en el *Quijote* », *Anales cervantinos*, vol. XLV, 2013.

Tran-Gervat, Yen-Mai, « Pour une définition opérationnelle de la parodie littéraire : parcours critique et enjeux d'un corpus spécifique », *Cahiers de Narratologie* [En ligne], 13 | 2006, mis en ligne le 01 septembre 2006, consulté le 14 juillet 2015. Site « Cahiers de narratologie. Analyses et théories narratives », page : « http:// narratologie.revues.org/372 ».

Personnages bucoliques en quête d'identité : nature et individu dans le roman pastoral

Marta Teixeira Anacleto

L'ouverture narrative de la plupart des romans pastoraux français, espagnols et portugais légitime la fictionnalité du discours à partir, et de la représentation d'un *locus amoenus* artificiel, intime (voire autobiographique), et de l'inscription, dans ce cadre pictural figé, d'un ou de plusieurs personnages bucoliques qui en font leur lieu d'identité privée ou romanesque. Même si la symbiose nature / personnage qui ouvre les livres de bergers nous permet, par la récurrence, de penser la *dispositio* en tant que dispositif fictionnel plus ou moins définitif, elle ne cesse pourtant de dévoiler sa perméabilité aux divers effets de l'Amour / de l'Amitié (anticipée dans les sous-titres, dont celui de *L'Astrée*), sa fragilité ontologique même, au fur et à mesure que l'écriture se décentre et décentre, en quelque sorte, les deux éléments qui semblent pourtant unifiés au départ :

> Or sur les bords de ces delectables rivieres on a veu de tout temps quantité de bergers, qui pour la bonté de l'air, la fertilité du rivage et leur douceur naturelle, vivent avec autant de bonne fortune, qu'ils recognoissent peu la fortune. Et croi qu'ils n'eussent deu envier le contentement du premier siecle, si Amour leur eust aussi bien permis de conserver leur felicité, que le Ciel leur en avoit esté veritablement prodigue. Mais endormis en leur repos ils se sousmirent à ce flatteur, qui tost apres changea son authorité en tyrannie[1].

L'environnement qui amène les bergers français du Lignon et les bergers portugais des fleuves Lis et Lena de la trilogie pastorale de Rodrigues Lobo[2] à intégrer leur déguisement littéraire pour s'exposer aux histoires et à l'Histoire, prolonge, à peine dans l'essence, le lien codé, depuis les Anciens et Sannazar,

---

1 H. d'Urfé, *L'Astrée – Nouvelle édition publiée sous les auspices de la « Diana » par M. Hugues Vaganay. Première Partie*, Genève, Slatkine Reprints, 1966, p. 9.

2 La trilogie portugaise de cet auteur majeur du début du XVIIe est composée de trois romans, à savoir : *A Primavera / Le Printemps* – 1601 (Francisco Rodrigues Lobo, *A Primavera*, Lisboa, Vega, 2003) –, *O Pastor Peregrino / Le Berger pèlerin* – 1608 (*Id.*, *O Pastor Peregrino*, Lisboa, Vega, 2004) – et *O Desenganado / Le Berger Désenchanté* – 1614 (*Id.*, *O Desenganado*, Lisboa, Vega, 2004).

| DOI:10.1163/9789004382152_006

entre homme rustique (faussement rustique) et la nature idyllique (loin de l'espace de la ville et de la cour). Il devient surtout par la suite le *lieu* expressif d'une recherche d'identité qui atteint ces fictions fondamentales telles que le Forez (selon Henri Coulet[3]) et qui marque, en même temps, le profil labile des bergers de fiction. On peut ainsi, à la limite, suggérer que le rapport entre la nature et le personnage, dans le roman pastoral, passe par un processus d'hybridation[4] réfléchissant une ontologie esthétique traversée par de constantes oscillations entre la convention, voire la topique – ce qui semble être définitif – et ses paradoxes inévitables – ce qui semble être précaire, hésitant[5], « apparence de vérité »[6]. En l'occurrence, c'est entre le « bois obscur » où Lereno, berger-personnage de Rodrigues Lobo, rencontre sa bergère inconnue (anonyme, dépourvue de nom de roman), et où il projette sa mélancolie amoureuse, et le « gracieux dédale » formé par les jardins du Palais d'Isoure, parcouru par bergers, nymphes, druides, que l'on pourra situer les différents degrés d'une quête identitaire qui rassemble nature et personnages au cœur d'une pratique scripturale de la distance (ou de l'autoréflexion esthétique et éthique) sans laquelle la Bergerie ne fait pas sens. Ainsi l'a conçu (ou lu) Éric Rohmer dès le début de *Les Amours d'Astrée et de Céladon* : le mouvement de la caméra opère graduellement la fusion entre le topos du *locus amoenus* (la convention) et l'analyse d'un mode d'existence complexe, précaire, qui expose les personnages à l'allégorie, au cœur de la nature, au centre de la fable de la toile cinématographique.

Utopie du sujet

Ce qui semble être définitif (voire topique), dans ce rapport nature / personnage, est de prime abord l'effort vers l'utopie dans la construction de l'*humus* bucolique sur lequel s'appuie l'univers des faux bergers décrit dans les romans

---

3 H. Coulet, *Le Roman jusqu'à la Révolution*, Paris, Armand Colin, 1967, p. 146.
4 L. K. Horowitz développe cette idée au long de son ouvrage consacré à Urfé, en insistant sur l'instabilité esthétique du roman : « L'Astrée is a fluctuating, "unstable" work, a massive enterprise that defies efforts to synthesize, harmonize, or summarize. » (L. K. Horowitz, *Honoré d'Urfé*, Boston, Twayne Publishers, 1984, p. 68).
5 L'adjectif est utilisé par Thomas Pavel, dans son ouvrage *La Pensée du roman*, à propos du roman pastoral (Th. Pavel, *La Pensée du roman*, Paris, Gallimard, 2003, p. 79).
6 L'expression surgit dans le *Traité de l'origine des romans* de Pierre-Daniel Huet, dans le cadre d'une réflexion sur le roman, ses personnages et sa soumission légitime aux rapports entre vraisemblance et fiction (P.-D. Huet, *Traité de l'origine des romans*, Genève, Slatkine, 1970, p. 8).

pastoraux : le *locus amoenus* virgilien, devenant « patrie de rêve » des auteurs[7] (le Forez, le Lis et le Lena), configure visiblement « l'autre monde », l'alternative à la cour et à la ville qui exhibe la convention en tant que construction littéraire, en tant que fable poétique. Rodrigues Lobo, dans le *Discours sur la vie et le style des bergers* qui précède les *Églogues* (1605), l'affirme sans ambages en accentuant le clivage entre une existence vécue « parmi les troupeaux[8] », à laquelle Lereno, le personnage principal de sa trilogie pastorale aspire, et une existence troublée par les vains espoirs de la Cour et les cabales de la Ville, abandonnée, en définitive, par son personnage lorsqu'il prend les habits de berger et qu'il poursuit son pèlerinage sur les rives des trois fleuves qui divisent, en trois parties, *Le Printemps*.

De même, les bergers de *L'Astrée* sont contraints, tout au long du roman, d'expliciter l'artifice de la convention arcadique, les détours d'une identité ambiguë, reprenant en quelque sorte le discours métathéorique d'Urfé dans l'« Épître à la Bergère Astrée » : espace et personnages s'inscrivent dans un parcours de fuite vers la « douce vie » et l'« honnête repos » sous-jacent au déguisement pastoral, comme l'explique Léonide à Galathée, après qu'elles ont sauvé Céladon des eaux du Lignon, au début de la Ière Partie du roman :

> Il faut aussi que vous sçachiez que les bergers sont hommes aussi bien que les druydes, et les chevaliers, et que leur noblesse est aussi grande que celle des autres, estans tous venus d'ancienneté de mesme tige, que l'exercice auquel on s'adonne ne peut pas nous rendre autres que nous ne sommes de nostre naissance ; de sorte que si ce berger [Celadon] est bien nay, pourquoy ne le croiray-je aussy digne de moy que tout autre ? – En fin, Madame, dit-elle [Leonide], c'est un berger, comme que vous le vueillez desguiser. – En fin, dit Galathée, c'est un honneste homme, comme que vous le puissiez qualifier. (...) Il faut que vous sçachiez qu'ils ne sont

---

7 Voir, à ce sujet, l'article de Maxime Gaume sur le sentiment de la nature dans *L'Astrée* : M. Gaume, « Folklore forézien et sentiment de la nature dans "L'Astrée" », *Études foréziennes*, 9, 1978, p. 67–81.

8 « Quanto fora a vida mais saboroza, e mais quieta entre as ovelhas ? E quanto mais seguro o fruto della, que o das esperan as da Corte, e dos enganozos tratos da Cidade ? E se suspiramos ha tanto tempo pela ditoza idade de ouro, he por esta melhoria que teve todas as outras : vivio os homens como pastores, guardavão gado, e tratavão com a terra. E claramente se prova esta verdade : pois o primeiro, que Deus nella creou, este officio teve ; o titulo, que lhe deu, foi senhor dos animaes. (...) E na verdade que outra coiza he a vida de hum Pastor, senão huma similhança de Imperio, hum ensaio de reinar com moderação, e brandura ? (...) Que estilo mais conforme ao uso da razão, e menos inficionado da malicia, que a singella pratica dos Pastores ? » (Fr. Rodrigues Lobo, « Discurso sobre a vida, e estilo dos Pastores », *Obras Politicas, e Pastoriz*, t. IV, Lisboa, Offic. de Miguel Rodrigues, 1774, p. 240).

pas bergers, pour n'avoir de quoy vivre autrement, mais pour s'acheter par ceste douce vie, un honneste repos[9].

La même affirmation est expressivement reprise par Galathée, dans la Troisième Partie du roman, pour justifier, au chevalier Damon, à l'intérieur de la fiction, l'ontologie des bergers et leur contiguïté identitaire avec les chevaliers et les druides qui peuplent ce monde à la fois merveilleux et vraisemblable :

> (…) les bergers de ceste contrée ne sont pas bergers par necessité et pour estre contraints de garder leur troupeaux, mais pour avoir choisi ceste sorte de vie afin de vivre avec plus de repos et de tranquilité ; et d'effect, ils sont parens et alliez à la plus grande part de chevaliers et de druides de nos Estats[10].

On comprend ainsi que, dans ce cadre utopique, la primauté du groupe dépasse la figuration du personnage en tant qu'individu (comme l'a si bien montré récemment Frank Greiner[11]). L'espace du roman s'ouvre en effet à un univers de symboles émanant, au premier chef, de cette vision idéale d'un collectif, de cette figuration utopique du sujet, intégrant la fête pastorale, le chant, la danse, les jeux, prolongements évidents de la sémantique du *locus amoenus* et de la suspension du temps qu'elle entraîne.

Lereno, le berger-protagoniste de la trilogie de Rodrigues Lobo[12], poursuit son existence, déguisé en berger, seul ou accompagné d'un autre personnage (comme s'il préfigurait une double identité), sans renoncer aux rencontres récurrentes avec d'autres bergers qui lui racontent leurs histoires d'amour, sans

---

9   H. d'Urfé, *L'Astrée. Première Partie, op. cit.*, p. 39.

10   *Id., L'Astrée – Nouvelle édition publiée sous les auspices de la « Diana » par M. Hugues Vaganay. Troisième Partie*, Genève, Slatkine Reprints, 1966, p. 580.

11   Je fais allusion à l'étude « La notion d'individu dans *L'Astrée* », où l'auteur cherche, dans le roman d'Urfé, « quelques signes discrets et encore épars où se définit, non notre concept moderne de l'individu, mais quelques-unes de ses composantes témoignant d'un intérêt nouveau pour la singularité individuelle et les valeurs de l'intimité. » (Fr. Greiner, « La notion d'individu dans *L'Astrée* », *Topique(s) du public et du privé dans la littérature romanesque d'Ancien Régime*, Marta Teixeira Anacleto (dir.), Louvain-Paris-Walpole, MA, Éditions Peeters, 2014, p. 83).

12   Sur le protagonisme de ce personnage et son individualité singulière, voir : P. Silva Pereira, *Metamorfoses do Espelho. O Estatuto do protagonista e a lógica da representação ficcional na trilogia de Rodrigues Lobo*, Lisboa, Imprensa Nacional, 2003 ; S. Augusto, « Être ou paraître ? Questions d'identité et de *protagonisme* dans le roman pastoral portugais », *Topique(s) du public et du privé dans la littérature romanesque d'Ancien Régime, op. cit.*, p. 91–100.

renoncer, avant qu'il ne s'exclue du monde, à partir du deuxième volume de la trilogie, au plaisir de la fête païenne pastorale (9e « Forêt » du *Printemps*) ou de la fête de la naissance du Christ qui clôture le *Printemps*[13]. À son tour, Rohmer est également très sensible aux effets de cette figuration utopique du sujet, lorsqu'il isole l'histoire d'amour d'Astrée et de Céladon, sans pour autant laisser de l'intégrer dans un collectif idéalisé, retiré du monde, à peine encadré par la nature : la ruse initiale de Semyre est, dans le film, insérée au cœur d'une fête champêtre presque médiévale, l'intrigue individuelle se mélangeant au cadre collectif ; les cérémonies de Guy, célébrées par Adamas et la troupe de bergers, sous les « petits arbres pliez les uns sur les autres[14] » du temple d'Astrée, sont isolées auparavant par le cinéaste, de façon à ce que nature, religion et individu fassent partie d'une même éthique fictionnelle. Rohmer transpose, dans son film, la lecture allégorique qu'Honoré d'Urfé aurait sûrement faite des personnages habitant son pays de Forez, lecture allégorique que la géographie du paysage impose à l'ensemble des individus qui le peuplent.

L'expansion de l'utopie se traduit de ce fait dans l'ouverture de l'espace arcadique à une pluralité de mondes extérieurs impliquant toujours l'existence de sujets au pluriel (bergers, nymphes, magiciens, druides, chevaliers), de sujets en quête d'une identité littéraire, plutôt que d'une identité individuelle. L'image du « gracieux dédale » qui marque la description des jardins du Palais d'Isoure où Céladon est accueilli, après son suicide manqué, semble justement correspondre à ce mouvement holistique d'expansion de la nature et des personnages bucoliques, le labyrinthe permettant, par un détournement du point de vue (ou par le mouvement sinueux de la caméra de Rohmer qui construit plusieurs plans du jardin), l'évocation des différents sites allégoriques du roman où bergers, druides, magiciens exposeront les lois néoplatoniciennes de l'Amour :

> Il y avoit près de sa chambre un escalier desrobé, qui descendoit en une gallerie basse, par où avec un pont-levis on entroit dans le jardin agencé de toutes les raretez, que le lieu pouvoit permettre, fut en fontaines et en parterres, fut en allées et en ombrages, n'y ayant rien esté oublié de tout ce que l'artifice y pouvoit adjouster. Au sortir de ce lieu on entroit dans un grand bois de diverses sortes d'arbres, dont un quarré estoit de coudriers,

---

13   Voir, à ce sujet, mon article : M. Teixeira Anacleto, « La mémoire apprivoisée : de la complicité des lieux bucoliques de la rencontre au Portugal et en France au XVIIe siècle», *Littératures – Topographie de la rencontre dans le roman européen*, J.-P. Dubost (dir.), Clermont-Ferrand, Presses Universitaires Blaise Pascal, 2008, p. 95–107.

14   H. d'Urfé, *L'Astrée. Troisième Partie, op. cit.*, p. 475.

qui tous ensemble faisoient un si gracieux dedale, qu'encore que les chemins par leurs divers destours se perdissent confusement l'un dans l'autre, si ne laissoient-ils por leurs ombrages d'estre fort agreables. Assez pres de là dans un autre quarré, estoit la fontaine de la Verité d'amour, source à la verité merveilleuse ; car, par la force des enchantemens l'amant qui s'y regardoit, voyoit celle qu'il aimoit, que s'il estoit aimé d'elle il s'y voyoit auprès, que si de fortune elle en aimoit un autre, l'autre y estoit representé et non pas luy, et parce qu'elle descouvroit les tromperies des amants, on la nomma la Verité d'amour. A l'autre des quarrez estoit la caverne de Damon, et de Fortune, et au dernier, l'antre de la vieille Mandrague, plein de tant de raretez, et de tant de sortileges, que d'heure à autre, il y arrivoit tousjours quelque chose de nouveau ; outre que par tout le reste du bois, il y avoit plusieurs autres diverses grottes, si bien contrfaites au naturel, que l'œil trompoit bien souvent le jugement[15].

Dans cet espace qui accueille, de façon naturelle, l'ensemble multiforme des personnages de l'univers pastoral, magie et religion[16] se croisent aussi *naturellement*, de manière à ce que le lecteur puisse construire une carte allégorique de la géographie de l'espace où les personnages prennent place selon leur rôle fictionnel – la Fontaine de la vérité d'Amour, la caverne de Damon et de Fortune, l'antre de la vieille Mandrague, les diverses grottes du bois forment un cercle fermé sur lui-même et sur les personnages qui le peuplent, D'ailleurs, dans ce cadre, le mouvement de la caméra de Rohmer donne à voir la nature épaisse d'une forêt immense, accompagné de la *voix off* récurrente qui reproduit l'énoncé du texte d'Urfé.

De même, le pèlerinage amoureux et ascétique de Lereno, en quête de la bergère du bois inconnu et de lui-même (le signe baroque du labyrinthe et du « gracieux dédale » urféiens deviennent, ici, argument d'une topique de la recherche amoureuse et ontologique), est entrecoupé par la rencontre, dans un gouffre obscur, avec le sage Menalcas[17], un vieillard dont les arts magiques

---

15 *Ibid., Première Partie, op. cit.*, p. 37.

16 Je récupère, ici, la réflexion que Maxime Gaume développe dans une étude de 1977, à propos des rapports entre magie et religion dans *L'Astrée* (M. Gaume, « Magie et religion dans *L'Astrée* », *Revue d'Histoire Littéraire de la France*, n°3-4, 1977, p. 373-385).

17 « E nesta havia fama que vivia um sábio de muita idade que por encantamento a fabricara, o qual naquele lugar era buscado de muitos pastores naturais e estrangeiros a que dava remédio em muitos males, particularmente nos de amor, de quem ele já fora na mocidade atormentado, e neste tempo corria mais a fama das maravilhas que obrava. (...) Espantado ficou Lereno de ouvir o que o sábio lhe dizia e a razão de seus males tão encoberta. Vendo que nesta verdade não podia haver engano pelo que já lhe acontecera, e em recompensa do trabalho, se lançou aos pés do pastor, que com um estreito abraço

aident les amoureux à trouver des solutions pour leurs cas et dont le discours
prémonitoire détermine un changement symbolique de masque identitaire du
berger-personnage (de berger à pèlerin, au IIe tome de la trilogie, de pèlerin à
berger désenchanté, au IIIe tome).

Dans les deux cas, la contiguïté des deux mondes est encore comprise en
tant que réaction esthétique et éthique à la vie de cour, superposant espace
et personnages pour préserver les sentiments et la pratique de l'« honnête
amitié ». Rhomer travaille, à son tour, jusqu'à l'épuisement, cette superposition
(ou hybridation), en mélangeant les sons de la nature (le chant des oiseaux,
par exemple) avec la voix des personnages, à l'intérieur du palais d'Isoure,
alors qu'Astrée montre, par la fenêtre, son temple, bâti par Céladon, à Céladon
travesti en Alexis. Nature et personnages sont intouchables dans ce cadre où
l'artifice – la fable – devient l'argument presque unique du discours et du mouvement de la caméra. Un mouvement vers l'extérieur pour préserver l'intérieur.

Isolement du personnage

L'intensité allégorique soutenue par cet ensemble de personnages et sites
bucoliques, mythiques, surnaturels, émanant d'une pensée ascétique commune à Urfé et à Rodrigues Lobo, que l'éthique rohmérienne renforce, ouvre
ainsi la voie à la possibilité discrète de glisser d'une utopie extérieure vers une
utopie intérieure (ou de l'intériorité), toutes deux prévues, au départ, par la
pastorale (depuis Virgile, Théocrite, Longus). En fait, la circularité des espaces
utopiques se profile, elle-même, comme un signe de l'isolement du groupe et,
à la limite, de l'individu (pouvant se constituer en personnage). L'ascèse du
repos, annoncée avec insistance dans les *Épîtres morales* par Urfé[18], et énoncée

---

o levantou e veio com ele até à saída da cova, representando-lhe sempre o que convin-
ha para sair dos ameaços de sua ventura.» (Fr. Rodrigues Lobo, *A Primavera, op. cit.*,
p. 145–148).

18   Cette ascèse du repos est fréquemment associée, dans les *Épîtres morales*, à la vertu,
comme les titres des différentes épîtres le démontrent (en l'occurrence celui des Livres
II et III de l'Épître X), établissant toujours un rapport axiologique avec *L'Astrée* : « Que
la vertu nous approche plus de Dieu que toute autre grandeur. Et qu'elle est plus aisee à
acquerir que les autres. » ; « Que la félicité qui nous vient des vertus morales nous rend
plus semblables à Dieu que la contemplative. Qu'elle peut estre plus continue que l'autre.
Qu'elle n'a point d'autre fin que soy mesme. Et qu'elle est seule, propre & particuliere de
l'homme» (H. d'Urfé, *Les Epistres Morales et Amoureuses*, Genève, Slatkine Reprints, 1973,
p. 298–299 ; p. 478).

depuis le début de *L'Astrée*, est consommée dans la retraite forezienne, dans le cadre naturel du triangle parfait qui entoure le druide Adamas, celui qui écoute les plaintes intimes des bergers, qui en dicte les lois d'Amour :

> Mont-verdun est un grand rocher qui s'esleve en pointe de diamant au milieu de la plaine du costé de Montbrison, entre la riviere de Lignon, et la montagne d'Isoure. Que s'il estoit un peu plus à main droite du costé de Laigneu, les trois pointes de Marcilly, d'Isoure et de Mont-verdun feroient un triangle parfaict. On diroit que la nature a pris plaisir d'embellir ce lieu sur tous les autres de cette contrée. Car l'ayant eslevé dans le sein de ceste plaine, si esgalement de tous costez, il se va estressissant peu à peu, et laisse au sommet la juste espace d'un temple, qui a esté dedié à Teutates, Hesus, Taramis, Belenus. Et parce que c'est le plus renommé de tous ceux de Forets, c'est le lieu où les Eubages, les Sarronides, les Vacies et les Bardes se tiennent dans les grottes qu'ils ont faictes autour du temple, dans lequel ils font leurs assemblées lors que les druides le leur ordonnent[19].

De ce fait, Adamas ouvre, au centre de ce triangle parfait et au cœur du roman, les lois du romanesque psychologique, en déterminant (en écrivant) l'histoire des personnages, notamment celle de Céladon lorsqu'il se déguise en Alexis. Les dédoublements du sujet sont ainsi déterminés par l'approfondissement progressif de l'intériorité, le déguisement pastoral cédant, de plus en plus, le pas à l'institution de la fiction comme stratégie d'écriture. De fait, l'attention portée aux personnages correspond à une analyse de l'intimité psychique des caractères, annoncée d'emblée dans le sous-titre du roman d'Urfé – « Où par plusieurs Histoires, & sous personnes de Bergers, & d'autres, sont deduits les divers effects de l'honneste Amitié » –, cette analyse étant souvent accompagnée d'une retraite dans un cadre naturel qui renvoie à la clôture. C'est notamment le cas de la grotte / caverne de Céladon, mise aussi en relief, dans un cadre presque sauvage (écologique) par la caméra de Rohmer, où le berger s'isole pour méditer sur sa passion interdite pour et par Astrée, à la suite de la ruse de Sémyre, essayant ainsi de reconstruire une identité individuelle (le « je » explicite), alors qu'elle dépend toujours de l'autre :

---

19   H. d'Urfé, *L'Astrée – Nouvelle édition publiée sous les auspices de la « Diana » par M. Hugues Vaganay. Deuxième Partie*, Genève, Slatkine Reprints, 1966, p. 312.

Tant que durait le jour, s'il ne voyoit personne autour de sa petite demeure, il se promenoit le long du gravier, et là bien souvent sur les tendres
escorces des jeunes arbres, il gravoit le triste sujet de ses ennuis, quelquefois son chiffre et celuy d'Astrée. Que s'il luy advenoit de les entrelas-
ser ensemble, soudain il les effaçoit, et disoit : Tu te trompes, Celadon,
ce n'est plus la saison où ces chiffres te furent permis. Autant que tu
es constant, autant à ton desavantage toute chose est changée. Efface,
efface, miserable, ce trop heureux tesmoing de ton bon-heur passé. Et si
tu veux mettre avec ton chiffre ce qui lui est plus convenable, mets-y des
larmes, des peines, et des morts[20].

C'est également le cas de Silvandre qui, s'enfonçant, tout seul, « dans le plus
épais du bois[21] » pour penser à Diane, ne peut s'empêcher d'écouter le dialogue
de deux personnages anonymes, sans identité reconnue (en fait Adamas et
Céladon), qui discutent sur les effets de l'Amour sur l'amant et qu'il ne parvient
pas à identifier car « il les perd[it] entre les arbres[22] ». L'isolement du sujet –
en tant que personnage d'une histoire d'amour individuelle, détaché du
monde, cédant à l'auto-analyse, projetant ses émotions, sa mélancolie dans
l'obscurité d'une nature épaisse – subit tout de même la contrainte de la présence occultée de l'autre, la recherche identitaire étant déjà un fait de fiction,
quoiqu'encore soumise au groupe social, à la convention, à la limite, au topos.

Dans cette même lignée, contrairement aux autres personnages des récits
pastoraux portugais, Lereno se forge une individualité construite dans le cadre
de la fiction pastorale, au fur et à mesure que la trilogie se développe et qu'il
s'isole momentanément des autres bergers : il devient un sujet « aliéné de tous
ses sens » après avoir subi la vision en contre-lumière de la bergère du bois
inconnu et d'en être tombé amoureux[23]. Par la suite, sa quête constante de soi
se double d'une recherche de sa bergère dans le bois obscur jusqu'à ce qu'il
ait d'elle une vision surnaturelle provoquée par une éclipse du soleil (l'objet
lumineux du désir projeté dans la nature « confuse » et obscurcie)[24]. Enfin, il

---

20   *Id., L'Astrée. Première Partie, op. cit.*, p. 486.

21   *Ibid., Deuxième Partie, op. cit.*, p. 77.

22   *Ibid.*, p. 81.

23   « E depois de andar por elle grande espaço, em hum pequeno campo, que cobria huma
      copada aveleira, vio que estava dormindo huma pastora, em cuja vista elle ficou tão alheio
      de todos os sentidos, que nem atinava no que faria, nem lhe lembrava a estranha ventura
      que alli o trouxera. (Fr. Rodrigues Lobo, *A Primavera, op. cit.*, p. 24).

24   « Acabado isto, cobrio de repente huma escura nuvem todo o valle ; e como se o Sol se
      eclypsara, faltou a Lereno a vista por grande espaço, perdendo naquella confuzão o sen-
      tido, até que diante lhe apareceu a nova luz de seus olhos, e vio a sua pastora vestida em
      hum vaqueiro de monte encarnado, guarnecido de frocos brancos, e verdes, os cabellos

quitte sa patrie, devient pèlerin mélancolique pour se retirer, « desenganado / désenchanté », vers des « monts solitaires et déserts » où il a bâti une « grotte », abandonnant, en définitive, la communauté aristocratique des faux bergers (son identité collective), abandonnant la fiction (son identité individuelle[25]).

On comprend, ainsi, que ces fictions essentielles et ces personnages en continuelle quête identitaire se situent toujours dans une perspective de « pré-scission[26] », entre le mythe grégaire et la tendance au romanesque privé, sans pour autant définir avec exactitude une ontologie définitive. L'ontologie même des livres de bergers, des « textes seuil », des textes « liminaux » selon Louise Horowitz[27], contrarie la stabilité des sens, le topos utopique lui-même oscillant entre le gracieux dédale et les bois obscurs. En fait, dans la chambre fermée du Palais d'Isoure (réplique fondamentale des temples foreziens), Céladon, déguisé en Alexis, se rend justement compte de cette hybridation foncière qui empêche la définition claire du personnage, voire du sujet, lorsqu'il veut s'isoler dans son intimité :

> Mais quand je veux rentrer en moy-mesme, qui suis-je, qui redoute et qui désire ? Suis-je Alexis ? Non, car que peut davantage desirer Alexis ? Suis-je Celadon ? Non, car que peut craindre celuy qui est parvenu au comble de tous les mal-heurs ? Qui suis-je donc, qui désire et qui crains ? Car il est certain que je ressens ces deux passions. Je suis sans doute un

---

entrançados da mesma cor, feito huma sepe, a que ficava por olhos dous contrafeitos bemmequeres, e as alparcas cobertas delles, hum arco no braço, e huma aljava de settas. (*Ibid.*, p. 106).

25 « Enfim, saindo ao porto, tornou a buscar os montes solitários, e desertos; fazendo humilde cabana à vista das árvores silvestres, e penedos duros, em cujos lisos troncos, e pedras levantadas ficaram escritas as memórias de seus cuidados, que tem em viva lembrança os guardadores, e cantam a seus rústicos instrumentos muitas vezes : ali escolheu para sepultura de passados gostos o esquecimento; e para defensão contra os desejos a certeza do pouco espaço, que os bens duram ; pois quando se empenham mais com a vida, e desvanecem o pensamento, deixam a quem os sustentou desenganado. » (Fr. Rodrigues Lobo, *O Desenganado*, Lisboa, Vega, 2004, p. 221).

26 Il s'agit d'une théorie assez intéressante développée par M. Greenberg dans un article consacré à l'androgynie dans le théâtre et la prose du XVIIe siècle (M. Greenberg, « *L'Astrée* and androgyny », *Subjectivity and subjugation in Seventeenth-Century Drama ans Prose*, Cambridge, Cambridge University Press, 1992, p. 24–47).

27 L'expression est utilisée par rapport à *L'Astrée* et s'encadre dans une réflexion sur l'hybridation du roman et son aspect « liminal » : «L'Astrée est un texte « liminal » par excellence, un texte seuil, pas seulement un mélange où tout serait mis sur le même pied, où il y a deux égalités qu'il faudrait respecter, mais plutôt un ouvrage *libéré* des limites et des catégories, et où *ni* l'ancien, *ni* le moderne, pour reprendre les remarques de Genette, ne se représentent. » (L. K. Horowitz, « Hybridation dans *L'Astrée* », *Lire* L'Astrée, D. Denis (dir.), Paris, Presses Universitaires de la Sorbonne, 2008, p. 96).

meslange, et d'Alexis et de Celadon ; et aussi, comme Celadon, je desire recouvrer le bon-heur qui m'a esté injustement ravy, et, comme Alexis, je crains de perdre celuy que je possede. Je suis donc et Alexis et Celadon meslez ensemble[28].

Le narrateur, lui-même, le nomme explicitement Alexis, à partir du Livre Dixième de la Seconde Partie – « ceste fainte Alexis (c'est ainsi que d'oresnavant nous appellerons Celadon[29] » ; son prénom n'est repris que dans les moments d'isolement, de méditation sur sa condition et son identité. Rohmer récupère justement cette perspective de « pré-scission », en accentuant, sous le principe de légèreté, les visages presque androgynes de Céladon et d'Astrée, le mélange érotique des corps qui semblent se toucher, l'espace de la chambre et du lit qui prolongent, sous le même principe cinématographique, l'intimité ascétique du temple d'Astrée. Il recherche en fait, comme Honoré d'Urfé, sur le plan de la fiction, « la plus petite différence entre deux choses : la différence entre une jeune-fille qui ressemble à Céladon et Céladon déguisé en jeune-fille[30] ».

Possibilités indéfinies de l'environnement/nature (conclusion)

On constate, ainsi, qu'Éric Rohmer a bien saisi l'ontologie du roman pas-toral et, à la limite, l'ontologie du *pastorat* – concept développé par Michel Foucault à propos du modèle pastoral[31]. La symbiose conventionnelle nature / personnage-berger subit en effet constamment, dans la fiction, des défis de légitimation identitaire qui se construisent au cœur de cette parole poétique, de l'artifice de la fable, de la labilité des mondes possibles qui en émergent et qui ne cessent de côtoyer et l'Histoire et les histoires sentimentales. Les bergers-princes de *L'Astrée* ou le berger-pèlerin de Rodrigues Lobo se situent,

---

28   H. d'Urfé, *L'Astrée – Nouvelle édition publiée sous les auspices de la « Diana » par M. Hugues Vaganay. Quatrième Partie*, Genève, Slatkine Reprints, p. 252.

29   *Id., L'Astrée. Deuxième Partie, op. cit.*, p. 399.

30   Th. Carrier-Lafleur, « Choisir Rohmer. Variations sur le jeu bien curieux de la "reprise" », *Acta fabula*, vol. 13, n°9, novembre-décembre 2012 [URL : http://www.fabula.org/revue/document7371.php].

31   Selon Michel Foucault, dans sa leçon du 8 février 1978 au Collège de France, le modèle pas-toral n'interroge pas directement le politique ; il le fait par le biais de la parole poétique du roi-pasteur décrite par le concept du « pastorat » (M. Foucault, *Sécurité, territoire, popula-tion. Cours au Collège de France. 1977–1978*, Paris, Gallimard, 2004, p. 134). Ce concept a été l'objet d'une analyse brillante, qu'il m'intéresse de récupérer ici, par Laurence Giavarini, dans le chapitre « Le vertige du modèle : thème pastoral et pastorat selon Michel Foucault (1978–1981) » (L. Giavarini, *La Distance Pastorale*, Paris, Vrin, 2010, p. 21–27).

d'une certaine manière, au seuil de la fiction, entre le gracieux dédale du Palais d'Isoure et les bois obscurs de la grotte de Lereno, dans un environnement à la fois artificiel et réel (pour encadrer l'Histoire dans la *Bergerie*). Ils ont par conséquent du mal, soit à se séparer de la convention esthétique et sociale, soit à ne pas échapper à l'isolement prémoderne du sujet. C'est pourquoi on saisit à l'intérieur du monde allégorique codé de la pastorale, au cœur d'une utopie concentrique, une « perfection hésitante[32] » dans les textes, des « possibilités indéfinies[33] » dans le film (de Rohmer) qui mélangent espace et personnages de façon à ce que l'institution du personnage et du sujet devienne, en quelque sorte, instable, voire artificielle.

Lorsque, dans la Deuxième Partie de *L'Astrée*, la troupe de bergers arrive au Temple d'Astrée et écoute l'explication des « Douze Tables des Lois d'Amour » donnée par Sylvandre, c'est le portrait peint d'Astrée (le double du personnage), laissé par Céladon dans cet espace, qui s'impose, dans le texte et sur la toile, en tant qu'objet de secret et voie d'accès à un discours sur la métaphysique de l'âme. De même, Rohmer insiste sur la symbiose du paysage artificiel et des personnages, lorsqu'il mise sur l'esthétique de la toile peinte, en mélangeant différents plans dans la chambre de Céladon au palais d'Isoure : celui du berger, celui des nymphes qui le contemplent dans son lit, celui des peintures murales exhibant des motifs mythologiques. De la même façon, avant que Lereno ne se réfugie définitivement dans les monts déserts et isolés, dans le dernier volume de la trilogie pastorale de Rodrigues Lobo, son ami Oriano le cherche dans la « grotte du secret », au cœur d'une « vallée sans issue » où l'on trouve des « merveilles étranges », telles que les statues (ou des portraits) allégoriques du Respect, de la Courtoisie, du Repentir, de la Fidélité, qu'ils contemplent comme s'il s'agissait de miroirs éthiques du personnage encadrés dans la nature.

Il s'agit donc de compenser l'instabilité de la recherche identitaire par l'*ekphrasis*, d'admettre la légitimité des portraits de fiction dans une fiction très codée, au seuil de l'allégorie, même si la possibilité d'isoler les personnages et leurs histoires d'amour – « Les amours d'Astrée et de Céladon », « L'histoire d'amour de Lereno et de la bergère du bois inconnu » –, l'éventualité d'analyser les qualités individuelles / intimes du sujet, annoncent déjà la fabrication de la fable et, à la limite, celle du romanesque. C'est, en effet, dans cet espace prémoderne de l'hésitation entre le collectif et l'individuel que se situe, finalement, le rapport entre la nature et le personnage bucolique : appartenant à un

---

32   Th. Pavel, *La Pensée du roman, op. cit.*, p. 79.

33   Th. Carrier-Lafleur, « Choisir Rohmer. Variations sur le jeu bien curieux de la "reprise" », art. cit.

collectif d'images de la nature fondatrice (les fleuves, les fontaines, les plaines, les montagnes, les bois épais du *locus amoenus*, les temples et les grottes) et à un collectif social (le lien métonymique à la cour), le personnage bucolique devient une figure de médiation entre la nature et la civilisation, défini inévitablement dans cette dimension liminale de l'espace arcadique, entre l'allégorie du portrait décoratif (le double artificiel de soi-même), la fusion du portrait avec/dans la nature (dont l'emblème primordial est le suicide manqué de Céladon dans les eaux du Lignon), le mélange des portraits et des identités (le double déguisement de Lereno berger en pèlerin ; le travestissement de Céladon en Alexis), l'isolement du portrait dans le discours (l'auto-analyse) et dans le paysage (bois isolés, temples, grottes). Espace et personnages ne trouvent leur identité que dans cette instabilité ontologique entre fiction et réalité qui s'impose depuis les *incipits*, lorsque la nature utopique du site champêtre est envahie par les lois tyranniques de l'amour, par les signes extérieurs de l'Histoire et que le récit devient, d'emblée, expérimentation de la fiction à travers le masque pastoral, à travers la figuration androgyne des visages – dans la lecture particulière de Rohmer.

De ce fait, la modernité de ces Arcadies du XVIIᵉ, comme l'a très bien démontré Alexandre Gefen[34], émane de cette imposition de l'hésitation, de l'acceptation du mensonge romanesque au nom d'une sémantique des mondes possibles, de la construction d'un monde contrefactuel où l'on doit reconnaître une casuistique des comportements sociaux et amoureux. La quête identitaire des bergers de fiction se fait, donc, à l'intérieur des espaces confinés par une géographie des sites et des émotions, identifiés par les auteurs à l'extérieur des textes, voire dans des avant-textes, comme les épîtres urféins « L'autheur a la bergere Astrée », « L'autheur a la riviere de Lignon » ou le « Discours sur la Vie et style des Pasteurs » de Rodrigues Lobo – là où les écrivains peuvent clarifier le principe du mensonge pastoral et la médiation possible (à la limite, indéfinie, précaire, nostalgique) entre la réalité et la fiction.

La solution rohmérienne semble, dans ce contexte, dépasser l'aporie pastorale, la nostalgie de cette quête identitaire (des personnages, de la nature, du romanesque), en thématisant l'indéfinition. Le film illustre, d'après Vincent Amiel (cité par A. Gefen), « le conflit entre le provisoire et le définitif, la règle personnelle et les oscillations partagées[35] », Rohmer s'affirmant cinéaste plutôt qu'historien.

---

34   A. Gefen, « Visibilité, lisibilité, unité : *L'Astrée* face à la théorie littéraire moderne », *Lire* L'Astrée, D. Denis (dir.), *op. cit.*, p. 335–346.

35   *Ibid.*, p. 339 (l'auteur fait allusion à l'étude suivante : V. Amiel, « L'éloignement des mœurs comme intrigue première », *Positif*, 559, septembre 2007, p. 99).

Il nous faudra, peut-être, pour mieux cerner la nostalgie des espaces arcadiques (entre le gracieux dédale et le bois obscur), la nostalgie des bergers de fiction (entre le mensonge collectif et l'isolement auto-contemplatif) et la nostalgie du romanesque (entre la Fable et l'Histoire), comprendre, comme le cinéaste, que ne pas sortir de l'instabilité ontologique de ces « Arcadies malheureuses[36] » constitue non seulement une clé de lecture imposée, mais aussi un signe exclusif d'une fiction moderne (prémoderne) qui rend visible, dès les *incipit*, la fabrication de l'artifice, l'éclatement de la fable ; une fiction à la fois prisonnière des *loci amoeni* et libérée du monde par ces contraintes topiques.

Bibliographie

Œuvres

Rodrigues Lobo, Francisco, « Discurso sobre a vida, e estilo dos Pastores », *Obras Politicas, e Pastoriz* , t. IV, Lisboa, Offic. de Miguel Rodrigues, 1774, p. 239–242.

Rodrigues Lobo, Francisco, *A Primavera*, Lisboa, Vega, 2003.

Rodrigues Lobo, Francisco, *O Pastor Peregrino*, Lisboa, Vega, 2004.

Rodrigues Lobo, Francisco, *O Desenganado*, Lisboa, Vega, 2004.

Urfé, Honoré d', *L'Astrée – Nouvelle édition publiée sous les auspices de la « Diana » par M. Hugues Vaganay. Première Partie*, Genève, Slatkine Reprints, 1966.

Urfé, Honoré d', *L'Astrée – Nouvelle édition publiée sous les auspices de la « Diana » par M. Hugues Vaganay. Deuxième Partie*, Genève, Slatkine Reprints, 1966.

Urfé, Honoré d', *L'Astrée – Nouvelle édition publiée sous les auspices de la « Diana » par M. Hugues Vaganay. Troisième Partie*, Genève, Slatkine Reprints, 1966.

Urfé, Honoré d', *L'Astrée – Nouvelle édition publiée sous les auspices de la « Diana » par M. Hugues Vaganay. Quatrième Partie*, Genève, Slatkine Reprints, 1966.

Urfé, Honoré d', *Les Epistres Morales et Amoureuses*, Genève, Slatkine Reprints, 1973.

Études

Augusto, Sara, « Être ou paraître ? Questions d'identité et de protagonisme dans le roman pastoral portugais », *Topique(s) du public et du privé dans la littérature romanesque d'Ancien Régime*, Marta Teixeira Anacleto (dir.), Louvain-Paris-Walpole, MA, Éditions Peeters, 2014, p. 91–100.

Carrier-Lafleur, Thomas, « Choisir Rohmer. Variations sur le jeu bien curieux de la "reprise" », *Acta fabula*, vol. 13, n°9, novembre-décembre 2012 [URL : http://www.fabula.org/revue/document7371.php, page consultée le 21 octobre 2013].

---

36 Titre expressif de l'ouvrage majeur de Françoise Lavocat consacré au roman pastoral : *Arcadies Malheureuses. Aux origines du roman moderne*, Paris, Champion, 1998.

Coulet, Henri, *Le Roman jusqu'à la Révolution*, Paris, Armand Colin, 1967.

Foucault, Michel, *Sécurité, territoire, population. Cours au Collège de France. 1977–1978*, Paris, Gallimard, 2004.

Gaume, Maxime, « Magie et religion dans *L'Astrée* », *Revue d'Histoire Littéraire de la France*, n°3–4, 1977, p. 373–385.

Gaume, Maxime, « Folklore forézien et sentiment de la nature dans "L'Astrée" », *Études foréziennes*, 9, 1978, p. 67–81.

Gefen, Alexandre, « Visibilité, lisibilité, unité : *L'Astrée* face à la théorie littéraire moderne », *Lire* L'Astrée, Delphine Denis (dir.), Paris, Presses Universitaires de la Sorbonne, 2008, p. 335–346.

Giavarini, Laurence, *La Distance Pastorale*, Paris, Vrin, 2010.

Greenberg, Mitchell, « L'Astrée and androgyny », *Subjectivity and subjugation in Seventeenth-Century Drama and Prose*, Cambridge, Cambridge University Press, 1992, p. 24–47.

Greiner, Frank, « La notion d'individu dans L'Astrée », *Topique(s) du public et du privé dans la littérature romanesque d'Ancien Régime*, Marta Teixeira Anacleto (dir.), Louvain-Paris-Walpole, MA, Éditions Peeters, 2014, p. 83–90.

Horowitz, Louise K., *Honoré d'Urfé*, Boston, Twayne Publishers, 1984.

Horowitz, Louise K., « Hybridation dans *L'Astrée* », *Lire* L'Astrée, Delphine Denis (dir.), Paris, Presses Universitaires de la Sorbonne, 2008, p. 89–97.

Huet, Pierre-Daniel, *Traité de l'origine des romans*, Genève, Slatkine, 1970 [1670].

Lavocat, Françoise, *Arcadies Malheureuses. Aux origines du roman moderne*, Paris, Champion, 1998.

Pavel, Thomas, *La Pensée du roman*, Paris, Gallimard, 2003.

Teixeira Anacleto, Marta, « La mémoire apprivoisée : de la complicité des lieux bucoliques de la rencontre au Portugal et en France au XVIIe siècle », *Littératures – Topographie de la rencontre dans le roman européen*, Jean-Pierre Dubost (dir.), Clermont-Ferrand, Presses Universitaires Blaise Pascal, 2008, p. 95–107.

Topique du jardin dans le roman sentimental (Grèce, France, Chine)

Philippe Postel

Le jardin est un décor bien attesté dans le roman sentimental européen. En effet, l'éveil amoureux romanesque a bien souvent pour cadre le verger, le parc ou encore le jardin d'agrément. Nous voudrions examiner si ce topos reposant sur un motif (le jardin) et une situation (l'éveil amoureux) se vérifie également dans la tradition romanesque chinoise. Nous prendrons l'expression *roman sentimental* dans un sens non pas vague, mais large, qui répond à la définition suivante : le roman sentimental est le récit de la tentative, aboutie ou non, de la formation d'un couple d'amants. Nous adoptons par ailleurs une perspective de littérature générale : il ne s'agit pas de comparer des formes romanesques qui entretiendraient entre elles un rapport d'influence, mais d'examiner la pertinence et les modalités d'un topos dans les traditions romanesques chinoise et européenne, indépendamment des liens historiques ou factuels de l'une à l'autre. C'est pourquoi notre examen portera sur des romans d'avant le XVIIIe siècle, c'est-à-dire avant que des échanges littéraires significatifs ne s'établissent entre les deux traditions.

Nous procèderons en deux temps : un premier temps théorique consistera à tenter de définir, sous forme d'hypothèse, un modèle de fonctionnement du jardin comme topos dans la tradition littéraire en Europe et en Chine ; puis nous mettrons à l'épreuve cette hypothèse en considérant trois romans, un roman grec de l'époque romaine (*Daphnis et Chloé*, fin du IIe siècle), un roman classique français (*La Princesse de Clèves*, 1678) et un roman chinois datant également du XVIIe siècle, *Yu Jiao Li* (c. 1657), traduit au XIXe siècle sous le titre *Les Deux Cousines*.

Le jardin, théâtre de l'amour ?

Le jardin peut-il, *a priori*, fonctionner comme un théâtre de l'amour ? Nous prendrons en considération, dans ce premier temps, les sources les plus anciennes qui, dans chacune des deux traditions, européenne et chinoise, sont susceptibles d'inciter les romanciers à associer le motif du jardin et la situation de l'éveil amoureux. Du côté européen, il existe deux traditions bien distinctes l'une de l'autre : la tradition gréco-latine fournit un premier modèle, que la religion judéo-chrétienne complète ou modifie. La tradition antique elle-même repose sur deux sources : le mythe de l'âge d'or et le *locus amœnus*.

Nature de l'âge d'or et jardin d'Éden

Le mythe de l'âge d'or ne décrit pas un jardin à proprement parler, mais la nature de façon générale. Il s'agit d'une nature bienveillante, qui pourvoit les hommes de tout ce dont ils ont besoin pour vivre. Cette représentation est vérifiée tant chez Hésiode, dans *Les Travaux et les Jours* (Ἔργα καὶ Ἡμέραι) :

καρπὸν δ᾽ ἔφερε ζείδωρος ἄρουρα
αὐτομάτη πολλόν τε καὶ ἄφθονον· οἱ δ᾽ ἐθελημοὶ
ἥσυχοι ἔργ᾽ ἐνέμοντο σὺν ἐσθλοῖσιν πολέεσσιν[1].

Le sol fécond produisait de lui-même une abondante et généreuse récolte, et eux [les hommes de la « race d'or »], dans la joie et la paix, vivaient de leurs champs, au milieu de biens sans nombre[2].

que chez Ovide, dans *Les Métamorphoses* :

Ipsa quoque immusis rastroque intacta nec ullis
Saucia vomeribus per se dabat omnia tellus;
Contentique cibis nullo cogente creatis
Arbuteos fetus montanaque fraga legebant
Cornaque et in duris haerentia mora rubetis
Et quae deciderant patula Jovis arbore glandes[3].

La terre aussi, exempte d'impôts, donnait tout d'elle-même
Sans avoir été travaillée par la bêche, maltraitée par le soc.
On se contentait d'une nourriture dispensée sans effort,
On cueillait des arbouses et des fraises des bois,
Des cornouilles, des mûres accrochées aux buissons épineux
Et les glands qui tombaient du majestueux arbre de Jupiter[4].

---

1   Site « Perseus Digital Library », page « Hesiod, Works and Days », « Hes. WD 109 », v. 117–119.
2   Hésiode, *Les Travaux et les Jours*, in *Théogonie. Les Travaux et les Jours. Le Bouclier*, texte établi et traduit par Paul Mazon, Paris, Les Belles Lettres, coll. « C. U. F. », 2002, p. 90.
3   Site « Perseus Digital Library », page « P. Ovidius Naso, Metamorphoses, Hugo Magnus, Ed. », « Ov. Met. 1.89 », v. 101–106.
4   Ovide, *Les Métamorphoses*, traduit du latin, présenté et annoté par Danièle Robert, Arles, Actes Sud, coll. « Thesaurus », 2001, livre I, v. 101–106, p. 35.

Mais, il faut relever que, dans aucun de ces deux extraits, il n'existe une association entre cette nature bienveillante et l'amour.

L'articulation entre la nature et l'amour s'effectue à la faveur du topos du *locus amœnus*, dans la poésie alexandrine, parmi les « nouveaux poètes » (νεωτερικοί), comme Théocrite, relayés par Virgile[5]. Le célèbre topos est défini par Ernst Robert Curtius comme « une "tranche" de nature belle et ombragée ; son décor se compose d'un arbre (ou de plusieurs), d'une prairie et d'une source, ou d'un ruisseau. À cela peuvent s'ajouter le chant des oiseaux et les fleurs. Le comble sera atteint, si l'on y fait intervenir la brise[6]. » Ainsi, dans sa neuvième Idylle, Théocrite (IVe s. av. J.-C.) évoque le sort malheureux de Polyphème, dédaigné par Galatée :

ἅδιον ἐν τὤντρῳ παρ' ἐμὶν τὰν νύκτα διαξεῖς.
Ἐντὶ δάφναι τηνεί, ἐντὶ ῥαδιναὶ κυπάρισσοι,
ἔντι μέλας κισσός, ἔντ' ἄμπελος ἁ γλυκύκαρπος,
ἔντι ψυχρὸν ὕδωρ, τό μοι ἁ πολυδένδρεος Αἴτνα
λευκᾶς ἐκ χιόνος ποτὸν ἀμβρόσιον προΐητι[7].

Tu seras mieux dans mon antre, près de moi, pour passer la nuit. Il y a là des lauriers, il y a de sveltes cyprès, il y a du lierre noir, il y a une vigne au doux fruit, il y a de l'eau fraîche, divin breuvage que l'Aitna couvert d'arbres laisse couler pour moi de sa blanche neige[8].

Dans son appel adressé en vain à la nymphe, le Cyclope décrit non pas un jardin à proprement parler, mais un lieu sauvage, le lieu du pasteur de brebis, qui, à la suite de la tradition de l'âge d'or, est une terre d'abondance. Le motif de la nature bienveillante, fourni par le mythe de l'âge d'or, est ainsi associé à l'amour à l'époque hellénistique, inaugurant une constante du registre pastoral au cours des siècles suivants, notamment à la Renaissance.

---

5   E.-R. Curtius, citant l'*Énéide*, VI, 638, où se trouve employé le mot *amœna*, commente : « Le mot *amœnus* (agréable, charmant) [...] est celui que Virgile emploie constamment quand il est question de la "belle nature" (ex. *Énéide*, V, 734, et VII, 30). [...] L'expression *locus amœnus* se trouve employée comme terme technique pour la première fois dans le XIVe livre de l'*Encyclopédie* d'Isidore de Séville. » (*La Littérature européenne et le Moyen Âge latin* (1948), traduit par Jean Bréjoux, Paris, PUF, 1956, p. 236).

6   *Ibid.*, p. 240.

7   Site « Perseus Digital Library », page « Theocritus, Idylls, R. J. Cholmeley, M.A., Ed. », « Theoc. 11 », v. 44–49.

8   Théocrite, *Bucoliques grecs*, texte établi et traduit par Ph.-E. Legrand, Paris, Les Belles lettres, coll. « C. U. F. », 1960, p. 76, Idylle IX, l. 44–49.

Mais, comme nous l'avons constaté, le *locus amœnus* de la poésie alexandrine ne particularise pas la nature, quelque bienveillante qu'elle soit, dans la forme précise du jardin. Il est probable que ce soit l'apport judéo-chrétien qui, complétant en quelque sorte la source antique (mythologique, puis alexandrine), permet de construire un modèle topique où le jardin est associé à l'amour. Dans la source biblique, l'amour associé au jardin devient toutefois une valeur ambiguë, à la fois idéale et condamnée. Le récit mythique contenu dans la Genèse[9], si fondamental dans la culture européenne, a pour cadre un jardin, où Dieu place le premier homme :

> *Yahvé Dieu planta un jardin en Éden, à l'orient, et il y mit l'homme qu'il avait modelé. Yahvé Dieu fit pousser du sol toute espèce d'arbres séduisants à voir et bons à manger, et l'arbre de vie au milieu du jardin, et l'arbre de la connaissance du bien et du mal.*[10]

Puis Dieu crée Ève, avec laquelle Adam connaît l'amour sans pour autant en éprouver de honte, c'est-à-dire dans l'innocence :

> *C'est pourquoi l'homme abandonne son père et sa mère ; il s'attache à sa femme, et ils deviennent une seule chair. Or tous deux étaient nus, l'homme et sa femme, et ils n'avaient pas honte l'un devant l'autre*[11].

C'est une fois le péché originel commis que l'amour est associé à la honte. Mais cette honte est présentée comme une prise de conscience de la vérité. En effet, le péché consiste à ignorer l'arbre de vie pour manger le fruit de l'arbre de la connaissance du bien et du mal, et ainsi accéder à la connaissance, notamment morale :

> *La femme vit que l'arbre [de la connaissance du bien et du mal] était bon à manger et séduisant à voir, et qu'il était, cet arbre, désirable pour acquérir le discernement. Elle prit de son fruit et mangea. Elle en donna aussi à son mari, qui était avec elle, et il mangea. Alors leurs yeux à tous deux s'ouvrirent et ils connurent qu'ils étaient nus ; ils cousirent des feuilles de*

---

9   Nous n'entrons pas dans un examen génétique (si l'on ose dire) à propos du motif du jardin tel qu'il apparaît dans la Genèse : il renvoie en effet à des textes antérieurs, notamment de la tradition mésopotamienne.

10 Genèse, traduction de la *Bible de Jérusalem*, sous la direction de l'École biblique de Jérusalem, Éditions du Cerf, Paris, 2014, ch. II, versets 8–10, p. 22.

11 *Bible de Jérusalem, op. cit.*, ch. II, versets 24–25, p. 23.

> *figuier et se firent des pagnes. Ils entendirent le pas de Yahvé Dieu qui se promenait dans le jardin à la brise du jour, et l'homme et sa femme se cachèrent devant Yahvé Dieu parmi les arbres du jardin*[12].

Le jardin dans le mythe de la Genèse est ainsi structurellement clivé : il est le cadre du « paradis terrestre » d'une part, et, à ce titre, n'est pas éloigné de la nature bienveillante héritée de la culture antique, mais le jardin biblique est aussi le lieu de la tentation d'autre part, tentation de la connaissance dans le texte original, bien souvent interprétée comme la tentation de la chair par la suite. Le jardin biblique, associé à l'amour, est le lieu de l'innocence idéale autant que de la culpabilité.

L'étymologie peut, à cet égard, confirmer cette hypothèse, dans la mesure où tous les mots utilisés pour désigner le jardin renvoient à un espace clos : en hébreu (*gan*), en persan (*pairidaeza*, mot qui a donné παράδεισος en grec), comme en latin (gallo-romain **hortus gardinus*, « jardin entouré d'une clôture »), avec le mot attesté au IXᵉ siècle *gardinium*, qui a donné les mots européens *giardino, jardín, jardin, Garten, garden*, et qui provient du francique **gart* ou **gardo* signifiant « clôture ». De la « clôture » contenue dans ces différents mots désignant le jardin, on passe aisément à l'idée de défense contre un danger venu de l'extérieur. On sait, à cet égard, combien la tradition iconographique chrétienne a pu associer le motif du jardin clos (*hortus conclusus*) à la figure de la Vierge Marie, notamment dans la représentation de l'Annonciation.

Du fait des deux sources que nous avons examinées, grecque d'une part et judéo-chrétienne d'autre part, on peut faire l'hypothèse que, dans les fictions sentimentales européennes, le jardin va fonctionner comme le cadre idéal de l'amour, conformément à la fois à la nature bienveillante du *locus amœnus* et au jardin d'Éden avant le péché originel, mais, dans les romans qui auront reçu l'influence de la tradition judéo-chrétienne, le jardin pourrait devenir le cadre d'un amour vécu dans la culpabilité.

Potager taoïste, parc confucéen et jardin lettré

Le terme chinois actuel correspondant au mot français *jardin* est *yuán*[13]. À l'aide de la base de données « Chinese Text Project », qui rassemble les textes

---

12   *Bible de Jérusalem, op. cit.*, ch. III, versets 6–8, p. 23.
13   Voir les caractères chinois dans le glossaire à la fin de l'article.

de référence de la tradition chinoise[14], nous avons effectué une recherche sur ce caractère dans deux textes de la tradition taoïste (le *Zhuangzi* et le *Laozi*, tous deux datés du IVe s. av. J.-C.), ainsi que dans trois textes de la tradition confucéenne (les *Entretiens* de Confucius, ou *Lúnyǔ*, du Ve s. av. J.-C., le *Mengzi*, du IVe s. av. J.-C., et le *Xunzi*, du IIIe s. av. J.-C.). Mais cette recherche n'a pas été fructueuse : le caractère *yuán* apparaît peu souvent, à moins qu'il ne soit associé à deux autres caractères : *yòu* ou *pǔ*[15]. C'est pourquoi nous avons élargi la recherche en ajoutant ces deux autres caractères dont le sens est proche de celui de *yuán* : *yòu* désigne un « parc royal » et *pǔ* un « jardin potager », tandis que *yuán* renvoie au « jardin lettré » qui n'apparaît pas avant le IIIe s. ap. J.-C.. Le caractère *pǔ* (« potager ») apparaît plutôt dans les textes taoïstes[16] et le caractère *yòu* (« parc ») plutôt dans les textes confucéens[17]. Or, chacun de ces deux termes induit une conception de la nature que nous allons préciser.

---

14   Le site « Chinese Text Project » (http://ctext.org/) est une librairie en ligne rassemblant la plupart des textes chinois pré-modernes, c'est-à-dire datant d'avant le XXe siècle. La recherche effectuée portait sur les rubriques « Confucianism » (confucianisme) et « Daoism » (taoïsme).

15   Nous ne comptons que deux occurrences où le caractère *yuán* apparaît isolément, sans association avec un autre caractère : voir Tchouang-tseu [*Zhuāngzǐ*], *L'Œuvre complète*, Liou K. et B. Grynpas (trad.), *Philosophes taoïstes*, Paris, Gallimard, coll. « Bibliothèque de la Pléiade », 1980, ch. XXII « Intelligence voyage dans le Nord » (*Zhībĕiyóu*), p. 258 et *Xun zi*, Ch. Le Blanc et R. Mathieu (dir. et trad.), *Philosophes confucianistes*, Paris, Gallimard, coll. « Bibliothèque de la Pléiade », 2009, ch. XXVII « Grands principes » (*Dà lüe*), 331, p. 1251. En revanche, *yuán* est associé une fois à *pǔ* dans *Xun zi*, *op. cit.*, ch. XXV « Chants rythmés » (*Chéngxiàng*), 305, p. 1201, et deux fois à *yòu* : dans *Meng zi*, Ch. Le Blanc et R. Mathieu (dir. et trad.), *Philosophes confucianistes*, *op. cit.*, ch. III « Le Duc Wen de Teng » (*Teng Wen gōng*), section B-9 [263–4], p. 382 et *Xun zi*, *op. cit.*, ch. XI « Rois et hégémons » (*Wáng bà*), 141, p. 907 et 148, p. 918.

16   En dehors du cas où il est associé à *yuán* (voir note précédente), *pǔ* apparaît deux fois dans Tchouang-tseu, *op. cit.*, ch. XII « Ciel et terre » (*Tiāndì*), p. 170–171 et ch. XIV « Le mouvement céleste » (*Tiān yùn*), p. 192, mais, pour cette seconde occurrence, les traducteurs de cette édition ne restituent pas le caractère *pǔ* ; on peut consulter la traduction du même passage par J. Lévi (trad.), *Les Œuvres de Maître Tchouang*, Paris, Éditions de l'Encyclopédie des Nuisances, 2006, p. 121 : *pǔ* est traduit par « parc ». Ce même caractère *pǔ* apparaît une fois dans le corpus confucéen, mais dans un sens dépréciatif : voir « *Les Entretiens* » de Confucius (*Lúnyǔ*), Ch. Le Blanc et R. Mathieu (dir. et trad.), *Philosophes confucianistes*, *op. cit.*, ch. XII « Le disciple Zi Lu » (*Zi Lu*), 4 [284], p. 150–151.

17   En dehors des cas où il est associé à *yuán*, *yòu* apparaît dans *Meng zi*, *op. cit.*, ch. I « Le Roi Hui de Liang » (*Liang Hui wáng*), section A-2 [27–30], p. 276–7 et section B-2 [63], p. 291–292.

Le caractère *pŭ* désigne un « jardin potager » ou un « verger ». Dans un célèbre passage du *Zhuangzi* où ce caractère apparaît, on fait valoir que, pour
cultiver le jardin potager *pŭ*, il ne faut pas contrevenir à la nature, mais au
contraire épouser l'ordre naturel, que l'on nomme *dào* (littéralement la
« voie »). L'anecdote contenue dans ce passage met en scène, comme souvent,
un représentant de l'école confucéenne, Zigong, lequel veut à tout prix persuader un jardinier d'utiliser des machines agricoles, mais le jardinier, en disciple
du *dào*, s'y refuse :

> 子貢[⋯]見一丈人方將為圃畦，鑿隧而入井，抱甕而出灌，搰搰然用
> 力甚多而見功寡。子貢曰：「有械於此，一日浸百畦，用力甚寡而見
> 功多，夫子不欲乎？」[⋯]為圃者忿然作色而笑曰：「吾聞之吾師：
> 『有機械者必有機事，有機事者必有機心。』機心存於胸中，則純白
> 不備；純白不備，則神生不定；神生不定者，道之所不載也。吾非不
> 知，羞而不為也[18]。」

> *Tseu-kong* [Zigong] [...] *vit un vieil homme occupé à travailler son potager*
> (*pŭ*). *Cet homme descendant par un tunnel dans le puits, en sortait avec
> sa jarre remplie d'eau et la vidait dans les rigoles de ses plates-bandes.
> Labeur pénible et mince résultat. Tseu-kong lui dit : « Si vous aviez une ma-
> chine avec laquelle cent plates-bandes pourraient être arrosées en un jour,
> n'aimeriez-vous pas vous en servir ? »* [...] *Le jardinier se mit en colère, chan-
> gea de couleur, ricana et dit : « J'ai appris de mon maître ceci : qui se sert
> de machines* (*jī*) *use de mécaniques et son esprit se mécanise. Qui a l'esprit
> mécanisé ne possède plus la pureté de l'innocence et perd ainsi la paix de
> l'âme. Le Tao* (*dào*) *ne soutient pas celui qui a perdu la paix de l'âme. Ce n'est
> pas que je ne connaisse pas les avantages de cette machine, mais j'aurais
> honte de m'en servir*[19]. »

Avec sa machine, Zigong incite le jardinier à forcer le cours naturel de la production des légumes ou des fruits de son potager.

Or, la tradition taoïste conçoit la nature comme l'ordre même en vertu
duquel les choses se produisent ou se manifestent, comme l'indique le mot
chinois qui équivaut à la « nature » telle que nous l'entendons en Occident :
dà zìrán. Dans cette expression, *dà* signifie « grand » et *zìrán*, « naturellement,

---

18 Site « Chinese Text Project », page « Pre-Qin and Han / Daoism / Zhuangzi / Outer
    Chapters / Heaven and Earth », § 11.
19 Tchouang-tseu, *op. cit.*, ch. XII « Ciel et terre » (*Tiāndì*), p. 170–171.

spontanément ». Ce mot est utilisé de façon répétée dans les textes taoïstes pour désigner le mode spontané auquel parviennent les figures de sages taoïstes dans leur rapport à la nature[20]. Ainsi, un boucher parvient à ne pas user son couteau car, pour découper une pièce de bœuf, il en « connaît la conformation naturelle[21] » ; un charron détient son savoir « dans la main » et « dans le cœur[22] », savoir qui ne saurait se transmettre dans « les mots » (*yán*) ; un menuisier, concentré tout entier sur son travail, parvient à trouver la « conformité parfaite entre [s]a nature et celle de l'arbre[23] » ; enfin, si un nageur épate littéralement Confucius par son aisance à évoluer dans l'eau, c'est parce qu'il « obéit aux mouvements de l'eau et non à [s]a propre volonté[24] ». Comme le jardinier dans son potager, souvent au terme d'un long processus qui requiert avant tout des qualités d'endurance (ce que l'on nomme, proprement *gōngfu*), ces héros taoïstes que sont le boucher, le charron, le menuisier et le nageur, sont parvenus à épouser l'ordre dont relève l'élément naturel auquel ils s'appliquent, c'est-à-dire la terre, le bois ou l'eau. Le jardinier dans son potager doit lui aussi se conformer au spontané, au « par soi-même ainsi » (traduction littérale de *zìrán*) que manifeste la nature. Il rejoindra alors les « hommes parfaits » (*zhìrén*) qui, dans un autre passage du *Zhuangzi*, sont eux associés au potager *pǔ* :

古之至人，假道於仁，託宿於義，以遊逍遙之虛，食於苟簡之田，立於不貸之圃[25]。

Les hommes parfaits des temps anciens empruntaient le chemin de la vertu et logeaient à l'auberge de la justice pour pouvoir vagabonder dans les

---

20   Voir A. Cheng, *Histoire de la Pensée chinoise*, Paris, Le Seuil, 1997, ch. IV « Zhuangzi à l'écoute du Dao », p. 116–122.

21   Tchouang-tseu, *op. cit.*, ch. III « Principe d'hygiène » (*Yăng shēng zhŭ*), p. 105. Texte original, site « Chinese Text Project », page « http://ctext.org/zhuangzi/nourishing-the-lord -of-life » : « 依乎天理 ».

22   *Ibid.*, ch. XIII « La voie du ciel » (*Tiăn dào*), p. 185. Texte original, site « Chinese Text Project », page « http://ctext.org/zhuangzi/tian-dao » : « 於手 » et « 於心 ».

23   *Ibid.*, ch. XIX « Avoir une pleine compréhension de la vie » (*Dá shēng*), p. 227. Texte original, site « Chinese Text Project », page « Pre-Qin and Han / Daoism / Zhuangzi / Outer Chapters / The Full Understanding of Life », § 11 : « 以天合天 ».

24   *Ibid.*, p. 226. Texte original, site « Chinese Text Project », *ibid.*, § 10 : « 從水之道而不為私焉 ».

25   Site « Chinese Text Project », page « Pre-Qin and Han / Daoism / Zhuangzi / Outer Chapters / The Revolution of Heaven », § 5.

landes de l'insouciance, se repaître dans les champs de la simplicité et se tenir dans le parc (pǔ) enchanté où tout commerce est proscrit[26].

Si, dans la tradition taoïste, le jardin potager est ainsi valorisé, voire mythifié dans cette dernière citation, à l'inverse, dans la tradition confucéenne, il est le plus souvent déprécié. Un des disciples de Confucius, Fan Chi, « demande à être instruit en jardinage » (pǔ). Le Maître lui répond : « À quoi peut servir de savoir cultiver la terre[27] ? », car le propre de l'homme de bien concerne les « rites » (lǐ) ainsi que les vertus de « justice » (yì) et de « fidélité » (xìn), et non pas le vil travail de la terre. Aussi Fan Chi est-il un « homme de peu » (xiǎorén). Le même dédain est perceptible sous le pinceau de Xunzi, épigone de Confucius : « Un grand dignitaire ne s'occupe pas des aires à grains ni des vergers[28] (yuán) ».

Dans la tradition confucéenne, le terme le plus souvent relevé, qui, par son sens, se rapproche du *jardin*, est *yòu*, qui désigne un « parc royal », c'est-à-dire un lieu de pouvoir, que l'on associe tantôt au bon, tantôt au mauvais gouvernement. Le parc *yòu* est associé au mauvais gouvernement s'il prive le peuple paysan des ressources dont il a besoin pour vivre :

棄田以為園囿，使民不得衣食[29]。

Ils [souverains tyranniques] confisquèrent les champs (tián) pour en faire des parcs et des jardins (yuányòu), privant le peuple de vêtements et de nourriture[30].

À l'inverse, le parc du roi Wen de la dynastie des Zhou, bien que fort étendu, relève du bon gouvernement, car le peuple peut y venir chasser ou y ramasser du bois :

---

26   J. Lévi (trad.), *op. cit.*, ch. XIV, « Le mouvement céleste » (*Tiān yùn*), p. 121. Liou K. ne traduit pas littéralement le caractère *pǔ* (voir Tchouang-tseu, *op. cit.*, p. 192).

27   *« Les Entretiens »* de Confucius (*Lúnyǔ*), *op. cit.*, ch. XII « Le disciple Zi Lu » (*Zǐ Lù*), 4 [284], p. 150–151. Texte original, site « Chinese Text Project », page « Pre-Qin and Han / Confucianism / The Analects / Zi Lu », § 4 : « 樊遲請學為圃。曰：「吾不如老圃。」».

28   *Xun zi, op. cit.*, ch. XXVII « Des grands principes » (*Dà lùe*), 331, p. 1251. Texte original, site « Chinese Text Project », page « Pre-Qin and Han / Confucianism / Xunzi / 大略 [Da Lü] », § 61 : « 大夫不為場園 ».

29   Site « Chinese Text Project », page « Pre-Qin and Han / Confucianism / Mengzi / Teng Wen Gong II », § 14.

30   *Meng zi, op. cit.*, ch. III, « Le Duc Wen de Teng » (*Téng Wén gōng*), section B, [264], p. 382.

文王之囿方七十里，芻蕘者往焉，雉兔者往焉，與民同之。民以
為小³¹。

*Le roi Wen avait bien un parc (*yòu*) de soixante-dix lis de côté, mais on pou-*
vait s'y promener pour ramasser du fourrage et des fagots, pour y chasser
le faisan et le lièvre. Comme le roi le partageait avec ses sujets, ceux-ci le
considéraient à juste titre comme petit³².

Ainsi, dans les textes de la tradition confucéenne, le parc *yòu* est avant tout un
symbole politique, le symbole d'une gestion équilibrée, et plus précisément de
la capacité propre au souverain à réguler ou ordonner le monde. C'est le sens
auquel est associé l'expression *yuányòu* dans ce passage du *Xunzi*, les « parcs
et enclos », qui sont replacés dans une série d'éléments qui tous qualifient le
souverain comme l'homme capable de contrôler (*zhì*³³) le réel :

合天下而君之，飲食甚厚，聲樂甚大，臺謝甚高，園囿甚廣，臣使諸
侯，一天下³⁴。

[Le fils du ciel] réunit le monde entier pour en devenir le prince. Il dispose
des boissons et des mets les plus somptueux, des sons et des musiques les
plus grandioses, des terrasses et des belvédères les plus hauts, des parcs et
*des enclos (*yuányòu*) les plus vastes, il fait de tous ses seigneurs ses vassaux.*
Il unifie ainsi le monde entier sous le ciel³⁵.

---

31   Site « Chinese Text Project », page « Pre-Qin and Han / Confucianism / Mengzi / Liang
      Hui Wang II », § 9.
32   *Meng zi, op. cit.*, ch. I « Le Roi Hui de Liang » (*Liáng Huì wáng*), section B-2 [63–65],
      p. 291. La même idée est exprimée dans un autre passage du même chapitre du *Mengzi*,
      voir *ibid.*, section A-2 [27–30], p. 276–277. Xunzi utilise également le caractère *yòu*, accolé
      cette fois-ci à *yuán*, pour figurer tantôt le bon gouvernement (voir *Xun zi, op. cit.*, ch. XI
      « Rois et hégémons » (*Wáng bà*), 141, p. 907), tantôt le mauvais gouvernement (voir *ibid.*,
      148, p. 918).
33   Xunzi emploie un premier caractère, 制, qui se prononce *zhì*, dans le sens de « sys-
      tème, restreindre, gouverner », tandis que Mengzi, dans le texte cité ci-dessous, emploie
      un autre caractère, 治, qui se prononce aussi *zhì*, dans le sens de « régler, administrer,
      guérir ».
34   Site « Chinese Text Project », page « Pre-Qin and Han / Confucianism / Xunzi / 王霸
      [Wang Ba] », § 13.
35   *Xun zi, op. cit.*, ch. XI « Rois et hégémons » (*Wáng bà*), 141, p. 907.

Les parcs ou les jardins représentent donc une des modalités du pouvoir de contrôle ou de régulation du prince. Ils renvoient précisément à la capacité d'ordonner l'espace.

Ainsi, à l'opposé de la conception taoïste, où la nature est ordre, la nature confucéenne est désordre, ou risque de désordre, que l'on doit donc s'employer à contrôler. C'est ce qu'illustre l'action héroïque de Yu le Grand, qui a su « réguler les eaux » (*Dà Yu zhì shuǐ*), comme l'explique Mengzi dans ce passage :

> 天下之生久矣，一治一亂。當堯之時，水逆行，氾濫於中國。[...] 使
> 禹治之[36]。

> *Voilà bien longtemps que les hommes vivent sous le ciel. Les périodes d'ordre (zhì[37]) ont toujours alterné avec les périodes de désordre (luàn). Au temps de Yao, les eaux inversèrent leur cours et se répandirent à la grandeur des pays du milieu. [...] Yu fut chargé de les contrôler[38] (zhì[39]).*

La nature confucéenne est désordre potentiel. C'est donc à l'homme, avec son pouvoir d'ordonner ou de contrôler (*zhì*), d'agir pour rétablir l'ordre. À l'inverse, dans la conception taoïste, l'ordre est premier et se confond avec la nature : l'homme n'a alors rien à faire, sinon de suivre ce guide pour s'y conformer (c'est le célèbre « non-agir », *wuwéi*)

Les deux traditions philosophiques s'opposent donc dans leur façon de considérer la nature, mais, ni dans l'une ni dans l'autre, la nature n'est associée à l'amour. C'est en fait le jardin lettré *yuán*, ou « jardin d'agrément privé » – et non le jardin potager *pǔ* ou le parc royal *yòu* – qui pourra servir de cadre aux romanciers chinois pour mettre en scène la rencontre amoureuse. Les plus anciens jardins lettrés datent de la période des Trois Royaumes, qui fait suite à l'effondrement de la dynastie des Han (IIIe s.), marquée par la division et les guerres. On peut mentionner le célèbre Pavillon des Orchidées (*Lán tíng*) de Wang Xizhi (c. 303–361) près de Shaoxing. Dans cette tradition lettrée, le jardin est le lieu où se réunissent des amis qui, souvent désabusés par les charges officielles que leur statut leur impose, et parfois contraints par un pouvoir

---

36   Site « Chinese Text Project », page « Pre-Qin and Han / Confucianism / Mengzi / Teng Wen Gong II », § 14.

37   Mengzi utilise le caractère *zhì* 治 qui signifie « régler, administrer, guérir ».

38   *Meng zi, op. cit.*, ch. III, « Le Duc Wen de Teng » (*Téng Wén gōng*), section B, [263–4], p. 381–382.

39   Mengzi utilise ici de nouveau le caractère *zhì* 治 qui signifie « régler, administrer, guérir ».

instable qui les y relègue, s'adonnent à divers plaisirs, comme la contempla-tion des fleurs, la composition de poèmes et la consommation de mets et de boissons choisis :

會桃李之芳園，序天倫之樂事。[...]　開瓊筵以坐花，飛羽觴而醉月。不有佳作，何伸雅懷？如詩不成[40]

Réunis entre frères dans ce jardin (yuán) parfumé par les pêchers et les poiriers en fleurs, nous savourons l'affection qui nous lie. [...] Nous dé-ployons des nattes sur le sol pour nous asseoir au milieu des fleurs. Nos coupes volent comme si elles avaient des ailes et nous enivrent sous la lune. Comment épancher la noblesse de nos sentiments sinon dans de beaux poèmes[41] ?

L'âge d'or des jardins lettrés se situe sous la dynastie des Song du Sud (1127–1279), mais connaît un renouveau à la fin de la dynastie des Ming, à partir de la fin XVIᵉ siècle, lorsque le pouvoir politique se délite à l'intérieur du pays, avant de céder devant les Mandchous (1644–1661). Le jardin lettré de la fin des Ming pourrait trouver une illustration exemplaire dans le « Jardin Planté » (*Yì pǔ*) qui est acquis, peu après sa création, par Wen Zhenheng (1585–1645), auteur d'un traité dont certains chapitres sont consacrés à l'art des jardins[42], le *Traité des choses superflues* (*Zháng wù zhì*). Le renouveau des jardins lettrés s'accom-pagne en effet d'une publication de traités comme celui de Wen Zhenheng, ou le célèbre *Traité des Jardins*[43] (*Yuán yě*) de Ji Cheng (1582 – c. 1642), qui devien-dra une référence en la matière.

Le jardin lettré allie en fait les valeurs de la nature confucéenne et celles de la nature taoïste : il représente une forme d'équilibre entre la nature maîtrisée et le retour à une nature originelle. Le jardin est en effet un lieu de contrôle, de maîtrise, car il est clairement envisagé comme une recréation culturelle,

---

40 Site « Gushiwen », page « https://www.gushiwen.org », page « 诗文 [shìwén], 春夜宴从
　　弟桃李园序 [Chūnye yan taolǐyuan xu] ».

41 Il s'agit d'un extrait d'un poème de Li Bai (701–762), « Préface au Banquet de nuit de prin-
　　temps au jardin des pêchers et poiriers » (*Chūnyè yàn táolǐyuán xù* 春夜宴桃李園序),
　　traduit par M. Vallette-Hémery dans *Les Paradis naturels. Jardins chinois en Prose*, Arles,
　　Philippe Picquier, coll. « Picquier Poche », 2009, p. 24–25.

42 Voir l'analyse qu'en propose C. Clunas dans son ouvrage : *Superfluous Things, Material
　　Culture and Social Status in Early Modern China*, Hawaii, University of Hawaii Press, 2004.

43 Voir Ji Cheng, *Yuányě, Le Traité des Jardins (1634)*, traduit par Che Bing Chiu, Paris, Éditions
　　de l'Imprimeur, Jardins et paysages, 1997.

par l'homme, de l'espace naturel : « Le jardin, œuvre de l'homme, doit sembler celle de la nature[44] », affirme l'auteur du *Traité des Jardins* (*Yuán yě*). Zou Diguang (1550–1626) conçoit aussi son jardin, le « Val du Vieillard stupide » (*Yú gōng gǔ*), comme le produit de la nature (le ciel) et de l'art (l'homme) : « Mon jardin a été créé à l'origine par le Ciel, mais il est devenu ce qu'il est par l'œuvre d'un homme[45] ». Mais le jardin lettré est aussi un lieu de retraite, qui comporte souvent une dimension politique, dans la tradition poétique qu'on appelle parfois la « poésie des champs et des jardins » (*tiānyuán shī*), dont les grands représentants sont tout d'abord Tao Yuanming (c. 365–427), puis ses imitateurs sous les Tang, les Song et les Yuan (du VIIe au XIVe siècles). Le jardin est alors un lieu dans lequel on peut faire l'expérience taoïste de l'accord (ou de la conformité) avec l'ordre naturel, comme l'exprime ici le poète Bai Juyi des Tang :

> 陰晴顯晦，昏旦含態，千變萬狀，不可殫紀，鑢*縷而言，故雲甲廬
> 山者。噫！凡人豐一屋，華一簀，而起居其間，尚不免有驕穩之態；
> 今我爲是物主，物至致知，各以類至，又安得不外適內和，體寧心恬
> 哉[46]！

> *Que le paysage soit dessiné avec éclat par le soleil ou estompé par un ciel gris, avalé par le crépuscule ou recraché par l'aube, il passe par dix mille métamorphoses (*qiánbiàn wànzhuàng*) que je ne saurais énumérer. [...] Maintenant que je dispose de ces choses, il semble que ma compréhension soit à la mesure de leur perfection ; sinon pourquoi cette fusion de mon harmonie intérieure avec celle qui m'entoure (*wài shì nèi hé*), ce corps détendu et ce cœur allégé[47] ?*

Le poète, comme les artisans ou le nageur mis en scène par Zhuangzi, parvient, dans son jardin, à, littéralement, « accorder l'intérieur et l'extérieur, qui entrent en harmonie » (*wài shì nèi hé*). Cette expérience se traduit par une équivalence sur laquelle jouent souvent les poètes, ainsi que les lettrés de

---

44 Cité par M. Vallette-Hémery (trad.), *op. cit.*, p. 14. Nous n'avons pas trouvé le texte original.

45 *Ibid.*, p. 63. Nous n'avons pas trouvé le texte original.

46 Site « Baike.baidu », page « https://baike.baidu.com », page « 庐山草堂记 [Lùshān cǎotáng jì] ».

47 Bai Juyi (772–846), « Ma chaumière sur le mont Lu » (*Lùshān cǎotáng jì* 廬山草堂記), *ibid.*, p. 28–29.

façon générale, entre le paysage extérieur (*jǐng*) et les sentiments intérieurs (*qíng*[48]).

Le jardin lettré peut donc être le lieu où l'on accueille des amis, et par conséquent l'occasion d'éprouver une forme d'« affection » amicale (*tiānlún* dans la citation de Li Bai plus haut), ou bien un lieu solitaire, où l'on connaît une « émotion » (*qíng*) de nature plutôt philosophique. Mais, seul ou bien en compagnie d'amis, le lettré ne se trouve théoriquement jamais en présence d'une belle quand il séjourne dans son jardin. Cela s'explique par le principe confucéen de la « séparation entre les sexes » (*nánnǚ yǒubié*) : les espaces, dans la Chine classique, sont en effet strictement réservés soit à l'un soit à l'autre sexe. Le jardin lettré (*yuán*) n'est donc pas, *a priori*, un lieu « érotique ».

Jardins dans le roman sentimental

Par l'examen de trois romans, *Daphnis et Chloé, La Princesse de Clèves* et *Les Deux Cousines*, nous nous proposons à présent d'éprouver cette double hypothèse : d'une part un jardin ambivalent dans le cas européen, à la fois lieu idéal de l'amour et lieu de la faute, et, d'autre part, lieu impossible ou improbable dans le cas chinois.

Daphnis et Chloé : un jardin pour apprendre l'amour

Le jardin apparaît bien dans le roman de Longus, mais ce n'est pas le seul lieu associé à l'amour. En fait, comme souvent dans l'analyse des topoï, un motif doit se comprendre eu égard à d'autres motifs. Le jardin lui-même se présente dans le roman sous deux modalités : le « petit jardin » (κῆπός) de Philétas et le « parc » (παράδεισος) de Dionysophanès, qui, tous deux, représentent tout autant la satisfaction que la maîtrise du désir. Ces jardins s'opposent à trois modalités de la nature primitive : en premier lieu, la nature bienveillante et harmonieuse héritée de l'âge d'or, qui constitue le cadre général du récit ; la « grotte » associée aux Nymphes (νυμφαῖον), où l'on s'éveille au désir ; enfin, la « fontaine » ou la « source » (πηγή), qui fonctionne de façon ambivalente, d'abord comme lieu du viol (de Chloé par Dorcon), puis comme lieu de l'initiation à l'amour (de Daphnis par Lycénion).

Le roman s'ouvre sur la description du cadre pastoral au printemps, lorsque se manifeste la vitalité de la nature, que s'emploient à imiter *naturellement* les deux enfants Daphnis et Chloé :

---

48   Les deux mots se prononcent presque de la même manière.

Ἦρος ἦν ἀρχὴ καὶ πάντα ἤκμαζεν ἄνθη [...] Τοσαύτης δὴ πάντα κατεχούσης εὐωρίας οἳ ἁπαλοὶ καὶ νέοι μιμηταὶ τῶν ἀκουομένων ἐγίνοντο καὶ βλεπομένων[49].

C'était le début du printemps : toutes les fleurs s'épanouissaient [...] Dans cette joie de toute la nature, naïfs et jeunes qu'ils étaient, ils imitaient ce qu'ils entendaient et voyaient[50].

Au printemps succède l'été[51], à cette nature bienveillante et harmonieuse, associée à l'amour innocent de Daphnis et Chloé, s'oppose une nature sauvage et violente, incarnée par le rival Dorcon, figurant le désir incontrôlé :

Ἐν κοίλῃ δὲ πάνυ [γῇ] ἦν ἡ πηγή, καὶ περὶ αὐτὴν πᾶς ὁ τόπος ἀκάνθαις καὶ βάτοις καὶ ἀρκεύθῳ ταπεινῇ καὶ σκολύμοις ἠγρίωτο· ῥᾳδίως ἂν ἐκεῖ καὶ λύκος ἀληθινὸς ἔλαθε λοχῶν[52].

Cette source (πηγή) se trouvait tout au fond d'un creux. Tout autour l'endroit était sauvage (ἠγρίωτο), avec épines, ronces, genévriers et chardons. Facilement un vrai loup aurait pu s'y cacher en embuscade[53].

Dorcon est effectivement déguisé en loup : c'est un animal prêt à bondir sur sa proie, non pour la manger, mais pour la violer : « il a le ferme espoir que, sous ce déguisement, il pourra effrayer Chloé et se saisir d'elle[54] (λαβεῖν). » Le sort de Dorcon dans la suite du récit comporte un sens moral assez clair : il meurt en sauvant Daphnis des pirates ; aussi est-il enterré selon le rite[55] par les deux jeunes gens, qui enterrent ainsi symboliquement l'amour violent que le bouvier incarnait.

En réalité, l'apprentissage de Daphnis et Chloé ne fait que commencer, car ils vont devoir non pas simplement réprimer, mais surmonter, contrôler,

---

49   Site « Perseus Digital Library », page « Longus, Daphnis & Chloe, Rudolf Hercher, Ed. », « Longus 1.9.1 ».

50   Longus, *Pastorales. Daphnis et Chloé*, texte établi et traduit par Jean-René Vieillefond, Paris, Les Belles Lettres, Collection Budé, 2002, livre I, 9, 1, p. 7.

51   Voir Longus, *op. cit.*, I, 23, 1, p. 19.

52   Site « Perseus Digital Library », page « Longus, Daphnis & Chloe, Rudolf Hercher, Ed. », « Longus 1.20.3 ».

53   *Ibid.*, I, 20, 3–4, p. 17.

54   Longus, *op. cit.*, I, 20, 4, p. 18. Texte original, site « Perseus Digital Library », page « Longus, Daphnis & Chloe, Rudolf Hercher, Ed. », « Longus 1.20.4 » : « καὶ πολλὴν εἶχε τὴν ἐλπίδα τῷ σχήματι φοβήσας λαβεῖν ταῖς χερσὶ τὴν Χλόην. »

55   Voir Longus, *op. cit.*, I, 31, 2–3, p. 26.

réguler le désir qu'ils ressentent l'un à l'égard de l'autre. Ils sont tout d'abord associés, l'un après l'autre, à un lieu sauvage, la grotte des Nymphes, où Chloé, la première, expérimente le désir face à un Daphnis dénudé :

Καὶ ἐλθὼν ἅμα τῇ Χλόῃ πρὸς τὸ νυμφαῖον τῇ μὲν ἔδωκε καὶτὸν χιτωνίσκον καὶ τὴν πήραν φυλάττειν, αὐτὸς δὲ τῇ πηγῇ παραστὰς τήν τε κόμην καὶ τὸ σῶμα πᾶν ἀπελούετο. [...] Ἐδόκει δὲ τῇ Χλόῃ θεωμένῃ καλὸς ὁ Δάφνις, ὅτι δὲ μὴ πρότερον αὐτῇ καλὸς ἐδόκει, τὸ λουτρὸν ἐνόμιζε τοῦ κάλλους αἴτιον[56].

[*Daphnis*] *se rendit à la grotte des Nymphes (*νυμφαῖον*) en compagnie de Chloé et il lui donna à garder sa tunique et sa besace. Puis, au bord de la source, il se mit à laver sa chevelure et tout son corps. [...] Chloé le contemplait car elle le trouvait beau*[57].

De façon symétrique, c'est dans ce même lieu que Daphnis vit la même expérience face à Chloé dénudée :

Δάφνιν ἡ Χλόη πρὸς τὰς Νύμφας ἀγαγοῦσα. Καὶ αὐτὴ τότε πρῶτον Δάφνιδος ὁρῶντος ἐλούσατο τὸ σῶμα λευκὸν καὶ καθαρὸν ὑπὸ κάλλους καὶ οὐδὲν λουτρῶν ἐς κάλλος δεόμενον[58].

Chloé va baigner Daphnis chez les Nymphes dans la grotte[59] *où elle le conduit. Puis, pour la première fois sous les yeux de Daphnis, elle se mit à laver son corps blanc et pur par sa seule beauté et n'ayant pas besoin de bains pour parfaire sa beauté*[60].

Pour leur permettre de contrôler ce désir, les deux héros vont bénéficier d'un initiateur, Philétas, qui introduit une troisième modalité de la nature, le jardin proprement dit, qui n'est ni le lieu idéal associé à l'innocence, ni le lieu sauvage associé à la violence :

---

56   Site « Perseus Digital Library », page « Longus, Daphnis & Chloe, Rudolf Hercher, Ed. », « Longus 1.13.1 et 2 ».
57   Longus, *op. cit.*, I, 13, 1–2, p. 10–11.
58   Site « Perseus Digital Library », page « Longus, Daphnis & Chloe, Rudolf Hercher, Ed. », « Longus 1.32.1 ».
59   Le texte grec ne parle pas de « grotte » et dit simplement : « πρὸς τὰς Νύμφας ».
60   Longus, *op. cit.*, I, 32, 1, p. 26.

Κῆπός ἐστί μοι τῶν ἐμῶν χειρῶν, ὃν ἐξ οὗ νέμειν διὰ γῆρας ἐπαυσάμην, ἐξεπονησάμην, ὅσα ὧραι φέρουσι, πάντα ἔχων ἐν αὐτῷ καθ᾽ ὥραν ἑκάστην· ἦρος ῥόδα (καὶ) κρίνα καὶ ὑάκινθος[61]...

Je possède un jardin (κῆπός) fait de mes mains (τῶν ἐμῶν χειρῶν) et, depuis que j'ai cessé d'être berger à cause de ma vieillesse, je l'ai bien soigné : il produit tout ce qu'apportent les saisons, chacune à son tour. Au printemps, roses, lis, jacinthe, violettes[62]...

Ce jardin est un lieu où tout vient à point, rappelant la nature bienveillante du mythe de l'âge d'or, mais c'est aussi un lieu artificiel, fait « de la main » de l'homme. Il est bien une figure de l'amour humain qui doit être inventé, recréé de façon active et civilisée, et non pas vécu passivement dans une modalité violente, purement animale. Du reste, Philétas a lui-même reçu dans ce jardin la visite du dieu Amour (Éros[63]), qui est en fait le véritable initiateur. Dans la construction du petit roman, Éros, que Philétas met en scène dans un récit enchâssé, s'oppose à Pan, le dieu qui poursuit de son désir les nymphes comme Pytis, épisode rapporté dans un premier récit enchâssé que Daphnis avait fait à Chloé[64]. Précisons enfin que le désir assumé n'est pas absent de la leçon donnée par Philétas et Éros, au contraire, puisque le vieil homme indique que le meilleur « remède » (φάρμακον) au mal que subissent les deux enfants est de passer à l'acte : « s'embrasser, s'enlacer et coucher nus ensemble[65]. »

La satisfaction du désir est bien la visée même de l'initiation, comme le montre la fonction qu'occupe le dieu Pan dans un troisième récit enchâssé (après ceux consacrés à Pan, déjà, et à Éros). Dans le récit qu'en fait un second initiateur, Lamon (le père nourricier de Daphnis), le dieu représente le désir dans une modalité incontrôlée, « violente », vis-à-vis de la nymphe Syrinx : « Pan se met à la poursuivre pour lui faire violence (βίαν), Syrinx cherche à fuir Pan et sa violence[66] (βίαν). » Mais Daphnis et Chloé exécutent alors la

---

61   Site « Perseus Digital Library », page « Longus, Daphnis & Chloe, Rudolf Hercher, Ed. », « Longus 2.3.3 ».

62   Longus, *op. cit.*, II, 3, 3–4, p. 30.

63   Voir *ibid.*, II, 4, 1, p. 30.

64   Voir *ibid.*, I, 27, 2, p. 22.

65   Longus, *op. cit.*, II, 7, 7, p. 33. Texte original, site « Perseus Digital Library », page « Longus, Daphnis & Chloe, Rudolf Hercher, Ed. », « Longus 2.7.7 » : « ὅτι μὴ φίλημα καὶ περιβολὴ καὶ συγκατακλιθῆναι γυμνοῖς σώμασι ».

66   Longus, *op. cit.*, II, 34, 2, p. 51. Texte original, site « Perseus Digital Library », page « Longus, Daphnis & Chloe, Rudolf Hercher, Ed. », « Longus 2.34.2 » : « Ὁρμᾷ διώκειν ὁ Πὰν πρὸς βίαν· ἡ Σύριγξ ἔφευγε καὶ τὸν Πᾶνα καὶ τὴν βίαν· ».

danse correspondant au mythe – « Chloé et Daphnis [...] se lèvent tout aussitôt et se mettent à danser la légende de Lamon. Daphnis mimait Pan, Chloé, Syrinx[67] » –, comme si la violence était en quelque sorte sublimée ou dépassée par le jeu que traduit la danse mimique. Les jeunes héros du roman ont donc tout autant à apprendre auprès de Pan que d'Éros. Du reste, Pan avait déjà été désigné par les Nymphes comme un dieu qui, malgré sa violence, doit être honoré des amants : « vous n'avez jamais honoré [Pan], pas même de quelques fleurs[68] ». L'apprentissage amoureux ne consiste donc pas à réprimer le désir, ou à nier la violence indissociable du désir, mais plutôt à intégrer cette violence dans un jeu érotique.

Dans la suite de l'apprentissage, Daphnis doit bien passer à l'acte ... mais il n'y arrive pas. Cela donne lieu à un passage comique où le garçon essaie d'imiter un bouc, sans obtenir le plaisir attendu : « il fait mettre debout [Chloé] et, en la pressant par-derrière, il imite les boucs. Mais comme il se trouve encore plus dans l'embarras, il s'assied et se met à pleurer, en voyant que, pour faire l'amour, il en sait moins qu'un bélier[69]. » Après Philétas et Lamon, Daphnis bénéficie alors d'un troisième initiateur, un professeur particulier (sans Chloé), en fait une initiatrice, Lycénion, qui lui apprend comment faire l'amour :

Καὶ ἐπειδὴ κατὰ τὸ πυκνότατον ἐγένοντο, πηγῆς πλησίον καθίσαι κελεύσασα αὐτόν « ἐρᾷς » εἶπε « Δάφνι, Χλόης, καὶ τοῦτο ἔμαθον ἐγὼ νύκτωρ παρὰ τῶν Νυμφῶν. Δι᾽ ὀνείρατος ἐμοὶ καὶ τὰ χθιζά σου διηγήσαντο δάκρυα καὶ ἐκέλευσάν σε σῶσαι διδαξαμένην τὰ ἔρωτος ἔργα[70].

Lorsqu'ils furent au plus touffu du bois (πυκνότατον), elle [Lycénion] l'invite à s'asseoir près d'une source (πηγή) : « Daphnis, lui dit-elle, tu aimes Chloé : je l'ai appris des Nymphes cette nuit. Dans un rêve, elles m'ont dit tes

67   Longus, *op. cit.*, ii, 37, 1, p. 52. Texte original, site « Perseus Digital Library », page « Longus, Daphnis & Chloe, Rudolf Hercher, Ed. », « Longus 2.37.1 » : « οἱ δὲ μάλα ταχέως ἀναστάντες ὠρχήσαντο τὸν μῦθον τοῦ Λάμωνος. Ὁ Δάφνις Πᾶνα ἐμιμεῖτο, τὴν Σύριγγα Χλόη· ».

68   Longus, *op. cit.*, ii, 23, 4, p. 44. Texte original, site « Perseus Digital Library », page « Longus, Daphnis & Chloe, Rudolf Hercher, Ed. », « Longus 2.23.4 » : « ὃν ὑμεῖς οὐδέποτε οὐδὲ ἄνθεσιν ἐτιμήσατε ».

69   Longus, *op. cit.*, iii, 14, 5, p. 64. Texte original, site « Perseus Digital Library », page « Longus, Daphnis & Chloe, Rudolf Hercher, Ed. », « Longus 3.14.5 » : « ἀνίστησιν αὐτὴν καὶ κατόπιν περιεφύετο μιμούμενος τοὺς τράγους. Πολὺ δὲ μᾶλλον ἀπορηθείς, καθίσας ἔκλαεν εἰ καὶ κριῶν ἀμαθέστερος εἰς τὰ ἔρωτος ἔργα. »

70   Site « Perseus Digital Library », page « Longus, Daphnis & Chloe, Rudolf Hercher, Ed. », « Longus 3.17.1 et 2 ».

larmes d'hier et m'ont ordonné de te sauver en t'enseignant comment on fait l'amour[71] ».

L'initation érotique se fait dans un « bois touffu », mais aussi près d'une « source ». Longus emploie intentionnellement le même mot, πηγή, qu'il avait employé pour la scène de Dorcon, le rival de Daphnis. Ainsi le sens du motif se retourne : autrefois associé à une violence incontrôlée du désir érotique, il est à présent associé à l'idée d'une violence maîtrisée. Après bien des péripéties, Daphnis va appliquer la leçon de Lycénion, comme l'indique la dernière phrase du roman :

καὶ ἔδρασέ τι Δάφνις ὧν αὐτὸν ἐπαίδευσε Λυκαίνιον, καὶ τότε Χλόη πρῶτον ἔμαθεν ὅτι τὰ ἐπὶ τῆς ὕλης γινόμενα ἦν ποιμένων παίγνια[72].

Daphnis mit en pratique ce que Lycénion lui avait appris et Chloé connut, alors pour la première fois, que ce qu'ils avaient fait dans le bois n'était que des amusettes de bergers[73].

Mais avant ce *happy end*, le motif du jardin réapparaît au seuil du dernier livre du roman[74]. Il s'agit du jardin de Lamon, ou plus exactement du « parc » (παράδεισος) de Dionysophanès, le vrai père de Daphnis, pour qui travaille Lamon, son père nourricier. Comme le jardin de Philétas, le parc de Dionysophanès rappelle le mythe de l'âge d'or dans le sens où tout y vient à point : « Il y avait ombre en été, fleurs au printemps, vendange en automne, fruits en toutes saisons[75]. » Ce parc représente la maîtrise sur le désir ainsi qu'une certaine maturité chez les deux jeunes héros. De façon significative, le dieu Éros, qui régnait sur le jardin de Philétas, est remplacé par Dionysos, auquel le père de Daphnis, précisément *Dionyso*phanès, consacre un temple. Or, Dionysos fonctionne comme un double du dieu Pan, car tous deux représentent la vitalité du désir amoureux ; Pan est du reste mentionné dans

---

71 Longus, *op. cit.*, III, 17, 1–2, p. 67–68.
72 Site « Perseus Digital Library », page « Longus, Daphnis & Chloe, Rudolf Hercher, Ed. », « Longus 4.40.3 ».
73 Longus, *op. cit.*, IV, 40, 3, p. 107.
74 Voir *ibid.*, IV, 2–4, p. 81–83.
75 Longus, *op. cit.*, IV, 2, 6, p. 82. Texte original, site « Perseus Digital Library », page « Longus, Daphnis & Chloe, Rudolf Hercher, Ed. », « Longus 4.2.6 » : « Σκιά τε ἦν θέρους καὶ ἦρος ἄνθη καὶ μετοπώρου ὀπώρα καὶ κατὰ πᾶσαν ὥραν τρυφή. »

la description du parc : « On aurait cru voir le troupeau sacré de Pan[76]. » En définitive, le parc de Dionysophanès complète ce qu'avait amorcé la danse mimique à laquelle se sont prêtés Daphnis et Chloé en imitant Pan et Syrinx : la violence du désir érotique que le dieu représente est ainsi assumée, réintégrée dans le modèle amoureux, non pas de manière incontrôlée, mais au contraire de façon maîtrisée, comme apprivoisée.

Ainsi, le jardin intervient dans l'apprentissage amoureux des deux héros comme un modèle, mais un modèle complexe, où, entre le petit jardin de Philétas et le parc de Dionysophanès, se dessine un parcours initiatique, jalonné par la grotte, lieu de l'éveil du désir réciproque, et la source, lieu ambivalent, qui peut représenter le désir incontrôlé, à travers le personnage de Dorcon, mais qui peut aussi renvoyer au plaisir assumé, à travers le personnage de Lycénion. Le jardin, comme l'amour, est un lieu où doivent pouvoir cohabiter ensemble Éros et Pan-Dionysos.

La Princesse de Clèves : un jardin pour rêver l'amour

Dans son roman, Madame de La Fayette recourt aussi au motif du jardin, de façon certes plus marginale, mais pour autant fort significative. Dans la célèbre scène de l'aveu, le jardin est le lieu du désir, tant masculin que féminin. Tandis que la Princesse est retirée avec son époux dans leur résidence de campagne, à Coulommiers, Nemours, qui séjourne non loin de là chez sa sœur, la duchesse de Mercœur, s'égare dans la forêt, puis, pénétrant dans le château des Clèves, traverse un jardin et surprend celle qu'il aime :

> Comme ils [les invités de madame de Mercœur] étaient à la chasse à courir le cerf, monsieur de Nemours s'égara dans la forêt. [...] Il arriva dans la forêt et se laissa conduire au hasard par des routes faites avec soin, qu'il jugea bien qui conduisaient au château. Il trouva au bout de ces routes un pavillon, dont le dessous était un grand salon accompagné de deux cabinets, dont l'un était ouvert sur un jardin de fleurs, qui n'était séparé de la forêt que par des palissades ; et le second donnait sur une grande allée du parc[77].

---

76 Longus, *op. cit.*, IV, 4, 5, p. 83. Texte original, site « Perseus Digital Library », page « Longus, Daphnis & Chloe, Rudolf Hercher, Ed. », « Longus 4.4.5 » : « Πανὸς ἄν τις ἱερὰν ἀγέλην ἔδοξεν ὁρᾶν. »

77 Madame de La Fayette, *La Princesse de Clèves*, Paris, Librairie générale française, coll. « Le Livre de Poche », Les Classiques de Poche, présentation et notes par Philippe Sellier, 1999, livre III, p. 159.

On note une gradation entre la forêt, lieu de la chasse, qui renvoie à l'animalité, et le jardin, dont on dit qu'il n'est « séparé de la forêt que par des palissades », signalant ainsi le danger qui guette à tout moment. À l'opposé se trouve le parc, par lequel le couple marié va bientôt arriver : « il [Nemours] vit venir par cette allée du parc monsieur et madame de Clèves[78] » ; le parc complète ainsi la gradation en renvoyant à l'amour conjugal, un amour parfaitement contrôlé. Nemours se cache alors dans le cabinet, et la romancière précise à nouveau qu'il se trouve entre le jardin et la forêt, dans un état intermédiaire entre le désir et la réalisation envisagée de ce désir : « il entra dans le cabinet qui donnait sur le jardin de fleurs, dans la pensée d'en ressortir par une porte qui donnait sur la forêt[79] ». De même que Nemours est tendu vers la satisfaction effective de son désir, de même « son » jardin est tourné vers la forêt, dans laquelle il « s'enfonce[80] » à nouveau à la fin du passage.

Dans cet épisode, le jardin est aussi le lieu du désir féminin puisque c'est là que la Princesse avoue à son mari qu'elle a la faiblesse d'aimer un autre homme que lui, dont on sait qu'il s'agit de Nemours grâce à l'allusion au portrait. Mais, à la différence du désir masculin, le désir féminin est aussitôt réprimé : par son aveu en effet, la Princesse reconnaît et renonce à la fois à son amour pour Nemours. Ainsi, le jardin, image du désir, est une sorte de point d'équilibre entre la satisfaction effective chez l'homme et la répression, ou, nous allons le vérifier, la sublimation du désir chez la femme.

Dans la suite de son roman, la romancière décrit madame de Clèves se promenant dans le jardin de Coulommiers, seule, la nuit, sans domestiques, comme pour hanter le lieu précis où elle a, par son aveu, manifesté sa passion :

> Cette princesse avait même cherché le moyen d'être dans une solitude entière et de passer les soirs dans les jardins sans être accompagnée de ses domestiques. Elle venait dans ce pavillon où monsieur de Nemours l'avait écoutée ; elle entrait dans le cabinet qui était ouvert sur le jardin[81].

La nuit, l'absence de domestiques sont les marques d'une certaine liberté, voire d'une forme de transgression : l'héroïne semble céder au plaisir que procure

---

78   *Ibid.*
79   *Ibid.*, livre III, p. 160.
80   *Ibid.*, p. 166.
81   *Ibid.*, livre IV, p. 201.

non l'acte, mais la pensée de la passion amoureuse. Le jardin représente non plus le désir féminin réprimé, mais le plaisir de rêver l'amour. La Princesse partage même ce plaisir avec son amie madame de Martigues, avec laquelle elle aime à s'entretenir dans ce même jardin :

> La liberté de se trouver seules, la nuit, dans le plus beau lieu du monde, ne laissait pas de finir la conversation entre deux jeunes personnes qui avaient des passions violentes dans le cœur ; et, quoiqu'elles ne s'en fissent point confidence, elles trouvaient un grand plaisir à se parler[82].

Le jardin est ainsi le cadre d'une forme d'expérience amoureuse, une expérience purement imaginaire toutefois, qui n'ose pas même se formuler dans des mots puisque les deux amies n'évoquent pas leurs passions respectives, mais se limite seulement à une rêverie sans doute mi-consciente mi-inconsciente.

Lors de la deuxième et ultime rencontre au jardin (après la scène de l'aveu), la répression du désir l'emporte, non seulement pour la Princesse mais aussi pour Nemours. Celui-ci décide de retourner épier la Princesse dans le jardin, car il sait le mari absent. Dans le récit, on retrouve le passage par la « forêt », puis l'obstacle constitué par les « palissades[83] » qui signalent l'interdit : « Les palissades étaient fort hautes, et il y en avait encore derrière, pour empêcher qu'on ne pût entrer [dans le jardin] ; en sorte qu'il était assez difficile de se faire passage[84]. » Suit la célèbre scène érotique (commentée en son temps par Michel Butor dans *Répertoire*[85]), où se produit, sans qu'il y ait contact, un échange imaginaire entre les deux « amants ». À distance, dans le pavillon qui est ouvert sur le jardin, entre la veille et le rêve, madame de Clèves, par trois gestes successifs, donne trois signes de son désir pour et à Nemours : le choix du ruban qui est de la couleur que portait Nemours lors du tournoi ; le fait de nouer le ruban autour d'une « canne des Indes » qui appartenait à l'origine à Nemours ; le regard passionné porté sur un tableau où Nemours est représenté en train de participer au siège de Metz[86]. La Princesse exprime ainsi, pour la seconde fois, sur le mode de la rêverie, son désir pour Nemours, l'élément nouveau étant qu'à la simple pensée elle ajoute le geste.

---

82   *Ibid.*
83   *Ibid.*, p. 203.
84   *Ibid.*
85   M. Butor, « Sur "La Princesse de Clèves" » (1959), *Répertoire* I, Éditions de Minuit, coll. « Critique », 1960, p. 74–78.
86   Voir Madame de La Fayette, *op. cit.*, p. 203–4.

Nemours va tout d'abord vouloir répondre à l'appel de la Princesse. Il pense tout d'abord l'attendre « dans le jardin[87] », où ils pourront se voir et se parler ; puis, voyant qu'elle ne sortira pas, il décide d'entrer dans le cabinet : il semble ainsi à nouveau s'orienter vers l'idée d'une satisfaction effective de son désir, la chambre où repose la Princesse prenant ici la place que la forêt occupait dans la première rencontre. Mais il s'arrête au seuil du cabinet, ce qui marque la répression du désir. De façon symétrique, la Princesse, troublée par le bruit que Nemours a produit en entrant, croit le voir et a le réflexe de quitter son cabinet pour se rendre dans celui d'à côté où se trouvent les domestiques[88]. Ainsi, les deux « amants » à la fois se séparent effectivement et se rejoignent imaginairement, dans un jardin qui est à la fois le lieu de la manifestation du désir et de son refoulement.

Les Deux Cousines : un jardin pour connaître l'amour ... par effraction

En ce qui concerne le jardin chinois, nous étions arrivés à la conclusion selon laquelle il ne saurait, a priori, servir de cadre à la rencontre amoureuse. Pourtant, dans un certain type de roman que l'on nomme le « roman de la belle et du lettré » (cáizǐ jiārén xiǎoshuō), le jardin peut remplir cette fonction, comme dans les romans sentimentaux européens. Il est vrai que, dans l'imaginaire chinois (confucéen), le jardin lettré (wénrén yuán) ne se prête pas à l'émoi amoureux, puisqu'il est avant tout le lieu de l'étude, réservé aux garçons. Mais, dans le roman de la belle et du lettré, la fonction « littéraire » du jardin, qui est attendue, est en quelque sorte détournée au profit d'un enjeu sentimental : si le jardin est bien le lieu où les jeunes gens peuvent démontrer leur talent littéraire, cette démonstration prend l'allure d'une véritable « épreuve » par laquelle les héros masculins se qualifient en vue d'un accomplissement matrimonial. En effet, dans le système institutionnel des examens qui structure la société chinoise à l'époque classique, le talent (cái) est ce qui permettra au jeune homme de réussir les examens mandarinaux ..., condition indispensable pour faire un bon époux.

Dans Les Deux Cousines, roman signé par le « Maître du Trésor des fleurs célestes » (Tiānhuācáng zhǔ), le jardin sert ainsi à éprouver les qualités littéraires des prétendants de l'héroïne, Hongyu. Une sortie dans le jardin familial est tout d'abord l'occasion de confirmer l'ignorance de Yang Fang, le prétendant dont la jeune fille ne veut pas. En effet, il commet une erreur de prononciation

---

87   Ibid.
88   Voir ibid., p. 205.

en lisant le deuxième caractère d'une inscription gravée sur l'un des pavillons du jardin[89] (il prononce *fú* gào *xuān*, littéralement « pavillon qu'on ne révèle pas », alors qu'il faudrait prononcer *fú* gù *xuān*, car il s'agit d'une prononciation archaïque empruntée à un poème du *Classique des poèmes*, le *Shī jīng*[90]). La conséquence de cette bévue est sans appel : le père de Hongyu, Bai Xuan, exclut définitivement Yang Fang du nombre des prétendants[91].

À l'inverse, un autre jardin est le cadre d'une seconde épreuve littéraire, réussie cette fois-ci par le héros Youbai, futur mari de Hongyu. L'oncle de la jeune fille, nommé Wu, se met en quête d'un époux pour sa nièce, comme le lui a demandé Bai Xuan. Lors d'une promenade, il tombe sur un poème de Youbai, placardé sur un des murs du temple Línggǔ sì, près de Nankin, poème qui déclenche aussitôt son admiration[92]. Peu après, il rencontre un groupe de jeunes lettrés parmi lesquels se trouve le héros :

見路旁幾株大梅樹下，鋪著紅氈毯子，排著酒盒，坐著一班少年，在那裡看花作樂[93]。

Il vit, sur le bord du chemin, plusieurs grands pruniers sous lesquels on avait étendu des tapis rouges et servi une collation. Sur ces tapis était assise une compagnie de jeunes gens qui prenaient plaisir à regarder les fleurs[94].

Le romancier restitue l'ambiance qui devait régner dans les jardins lettrés de l'époque des Ming, où les amis poètes se livrent à des joutes poétiques[95]. Youbai, le meilleur des concurrents, se qualifie pour devenir l'heureux élu aux

---

89   Voir *ibid.*, t. I, ch. II, p. 85–7.

90   Voir *Cheu king* [*Shī jīng*], texte chinois avec une double traduction en français et en latin, une introduction et un vocabulaire, par Séraphin Couvreur, S. J., Taibei, Kuangchi Press, année 81 de la République de Chine (1970) (année 56 (1945) pour la première édition, édition originale : Ho Kien Fo, Imprimerie de la Mission catholique, 1896), *Kouo Foung* [*Guó Fēng*], livre v, « Wei Foung » [*Wêi Fēng*], n° 5 (n° 56 dans le recueil), « K'ao P'an » [*Kǎo Pán*], v. 12, p. 65.

91   Voir *Les Deux Cousines*, roman chinois, traduction nouvelle, accompagnée d'un commentaire philologique et historique, par Stanislas Julien, Paris, Didier et Cie, 1864, 2 vol., t. I, ch. II, p. 89.

92   Voir *ibid.*, ch. IV, p. 142–143.

93   Site « open-lit.com », page « 玉嬌梨 [Yu Jiao Li] », « 第四回 [dì sì huì] ».

94   *Ibid.*, t. I, ch. IV, p. 145.

95   Voir, à titre d'illustration, la peinture intitulée *Les Six Lettrés* (*Liù xiányàshì tú*) de Jin Yanbiao (XVIIIe siècle).

yeux de Wu[96], ce que confirme le poème descriptif inséré à ce stade du récit, poème qui traduit le point de vue de Wu, dans lequel le jeune homme est associé aux figures d'amant parfait que sont, dans la tradition, Wei Jie ou Pan An[97]. Le jardin fonctionne donc comme le cadre d'une épreuve littéraire, mais une épreuve orientée vers une visée matrimoniale : il assume les valeurs lettrées, mais comporte une dimension sentimentale.

Le jardin chinois peut aussi fonctionner comme le lieu de rencontre entre les amants, ce qui le rapprocherait des jardins grec et français que nous avons analysés. Toutefois, le principe de la séparation des sexes demeure. C'est pourquoi la rencontre se produit sur le mode de l'effraction. *Les Deux Cousines* contiennent trois rencontres amoureuses au jardin, mais aucune ne correspond à la rencontre telle que l'imaginaire européen peut la concevoir. La première rencontre entre les deux « amants » du roman, Hongyu et Youbai, a bien lieu dans un jardin, mais il s'agit d'un « jardin de derrière » (*hòuyuán*) et, qui plus est, seule la jeune fille voit, à la dérobée, le jeune homme :

遂靜悄悄的開了西角門，轉到後園中來。忽聽得百花亭上，有人咳嗽，便潛身躲在一架花屏風後，定暗偷看。只見一個俊俏書生，在亭子閒步[98]。

*Elle ouvrit doucement une porte située à l'angle occidental de la maison, et, après avoir fait un détour, elle arriva au milieu du jardin de derrière (*hòuyuán*). Tout à coup, elle entendit un homme qui toussait dans le pavillon des fleurs. Elle s'esquiva et alla se cacher derrière un berceau de fleurs, qui formait une sorte de paravent. Ayant regardé furtivement (*tōukàn*) d'un œil attentif, elle aperçut un jeune étudiant d'une figure noble et distinguée, qui se promenait dans le pavillon[99].*

Suit un poème, en focalisation interne, qui traduit le désir de la jeune fille pour un jeune homme aussi beau que talentueux :

性耽色鬼，骨帶文顏[100]。

---

96   Voir *Les Deux Cousines*, *op. cit.*, t. I, ch. IV, p. 146–147.
97   Voir *ibid.*, p. 146.
98   Site « open-lit.com », page « 玉嬌梨 [Yu Jiao Li] », « 第九回 [dì jiǔ huì] ».
99   *Les Deux Cousines*, *op. cit.*, t. I, ch. IX, p. 308–309.
100   Site « open-lit.com », page « 玉嬌梨 [Yu Jiao Li] », « 第九回 [dì jiǔ huì] ».

Son naturel l'entraînait vers le démon de la volupté.
Toute sa personne respirait la passion de la littérature[101].

Le jardin est donc bien le lieu de l'éveil amoureux, y compris dans une dimension de désir (féminin en l'occurrence).

De son côté, le garçon ne voit pas Hongyu avant le jour du mariage, au dernier chapitre du roman. Mais il voit, dans le même cadre du jardin, deux autres jeunes filles qui fonctionnent comme des substituts de sa future épouse. Il s'agit tout d'abord de la servante Yansu, dans une scène symétrique de la précédente (dans le même chapitre IX) : se promenant dans le jardin dont il admire les fleurs, il surprend la jeune fille, se cache aussitôt dans un bosquet de fleurs ; le romancier insère alors un poème descriptif qui traduit le regard de désir de la part du jeune homme ; puis, les deux personnages entament une conversation[102].

Ensuite, au chapitre XIII, Youbai rencontre Mengli, qui est la cousine de Hongyu, et qui deviendra la seconde épouse du garçon. Il l'aperçoit tout d'abord alors qu'il se trouve à l'intérieur d'une maison, tandis que la jeune fille se trouve à l'extérieur, dans un jardin[103]. Le lendemain, alors qu'il a l'intention de reprendre la route, il constate que la porte du jardin est fermée ; il cherche une autre issue, et la trouve :

心下想道：「這園子只怕也有後門。」就轉身沿著一帶高牆，來尋後門。又繞過一層花朵，卻見山石背後，果有一個後門，關得緊緊。蘇友白叫小喜開了，往外一看，原來這後門外是個僻地，四邊榆柳成蔭，到也甚是幽雅，雖有兩棵榴花，卻不十分茂盛。蘇友白遂步出門外來看，只見緊隔壁也是一座花園，也有一個後門，與此相近。正看時，只見隔壁花園門開，走出一個少年，只好十五六歲[104]。

Sou-yeou-pé [Su Youbai] se dit en lui-même que ce jardin (yuán) devait avoir une porte de derrière (hòumén). Il se retourna tout à coup et suivit un haut mur d'enceinte pour chercher la porte de derrière. Il fit encore le tour d'un bosquet de fleurs, et, en effet, derrière une montagne artificielle, il aperçut cette porte qui était étroitement fermée. Sou-yeou-pé, ayant ordonné à Siao-hi [Xiao Xi, son valet] de l'ouvrir, alla jeter un coup d'œil en

---

101   *Les Deux Cousines, op. cit.*, t. I, ch. IX, p. 309.
102   Voir *ibid.*, p. 312–316.
103   Voir *ibid.*, t. II, ch. XIII, p. 99.
104   Site « open-lit.com », page « 玉嬌梨 [Yu Jiao Li] », « 第十三回 [dì shìsān huì] ».

*dehors. Or, au-delà de la porte de derrière il y avait un terrain isolé (pì dì)
qu'ombrageaient de tout côté des ormes et des saules ; c'était un lieu retiré et
charmant. Il y avait deux grenadiers en fleurs, mais ils n'étaient point d'une
beauté remarquable.*

*Sou-yeou-pé sortit aussitôt de la porte et alla jeter un coup d'œil. Il vit que
la maison voisine possédait aussi un jardin fleuriste (huāyuán) qui avait
également une porte de derrière, peu éloignée de la porte précédente.
Pendant qu'il était occupé à regarder, il vit s'ouvrir la porte du jardin, et il en
sortit un jeune garçon qui pouvait avoir quinze ou seize ans*[105] [en fait
Mengli].

L'espace décrit est distribué en trois compartiments : le jardin de derrière
de la maison où se trouve Youbai, celui de la maison voisine, et un lieu intermédiaire, nommé *pì dì*, « un lieu écarté » ou « isolé ». C'est dans ce lieu
intermédiaire, un *no man's land* entre deux « jardins de derrière », qu'a lieu la
rencontre amoureuse, ce qui est une façon de signifier le caractère transgressif
d'une telle rencontre selon les normes de la morale confucéenne. Comme dans
les autres épisodes de rencontre au jardin, suit un poème décrivant, du point
de vue du jeune homme, la jeune fille Mengli déguisée en garçon, ce qui traduit
encore une fois le désir de l'observateur. Puis au poème succède une conversation légère où les deux jeunes gens expriment, par allusion, leur attirance
mutuelle[106].

Au terme de ce triple examen, tentons de vérifier la validité des modèles hy-
pothétiques de jardin que nous avons élaborés en nous fondant sur les sources
antiques des traditions grecque, judéo-chrétienne et confucéenne. Dans le cas
chinois, le modèle du jardin lettré interdisait théoriquement toute possibilité
de rencontre entre les sexes. Nous avons vu toutefois que, dans le roman, le
jardin, quand il sert de cadre à une épreuve littéraire, et conserve à ce titre les
qualités du jardin lettré, permet de qualifier le héros comme un époux doté

---

105 *Les Deux Cousines, op. cit.*, t. II, ch. XIII, p. 104–105.

106 Voir *ibid.*, p. 106–107. Nous pourrions observer le même fonctionnement dans un autre
roman sentimental chinois du même auteur, intitulé, *Les Deux Jeunes Filles lettrées* (*Ping
Shan Leng Yan*). On retrouve en effet le jardin comme lieu de l'épreuve littéraire (voir
P'ing-Chan-Ling-Yan. Les Deux Jeunes Filles lettrées, roman chinois traduit par Stanislas
Julien, Paris, Librairie académique Didier et Cie, 1860, 2 vol. t. I, ch. VI, p. 171 et p. 174–175)
et de la rencontre amoureuse (voir *ibid.*, t. II, ch. XXIV, p. 66–74). Vers la fin du roman, le
jardin assume du reste les deux fonctions à la fois puisqu'il est le cadre de l'épreuve littéraire à laquelle se soumettent les deux jeunes gens Ping et Yan en vue d'épouser les deux
jeunes filles Shan et Leng (voir *ibid.*, t. II, ch. XVI, p. 138–152).

du talent nécessaire pour faire une carrière mandarinale. Le modèle du jardin lettré est ainsi détourné pour être associé à un enjeu matrimonial. Mais le jardin peut aussi servir de cadre à la rencontre amoureuse et même à l'éveil du désir.

Dans la tradition grecque, le mythe de l'âge d'or, même associé à la tradition de l'idylle de l'époque hellénistique, ne permettait pas de construire un modèle de jardin amoureux. En revanche, la nature idéale décrite dans le mythe fournit bien le cadre général de l'« histoire d'amour[107] » (ἱστορίαν ἔρωτος) que raconte Longus. Bien plus, cet idéal mythique se retrouve également dans les deux jardins qui se font écho dans le roman, celui de Philétas et celui de Dionysophanès, peut-être en lien avec le « verger » (ὄρχατος) d'Alcinoos dans *L'Odyssée*[108] : comme la nature qui procure aux hommes de l'âge d'or tout ce dont ils ont besoin, les deux jardins se caractérisent par une production spontanée, où tout vient à point.

Le jardin ambivalent de la Genèse, à la fois lieu de l'innocence et de la culpabilité, Éden où Dieu a placé l'homme et la femme et paradis d'où il les chasse après qu'ils ont commis le péché originel, semble bien se retrouver dans le jardin de Coulommiers, à la fois convoité et interdit, lieu d'une impossible rencontre effective entre la Princesse de Clèves et le duc de Nemours.

En définitive, le jardin figure, dans les trois romans, la résolution d'un désir érotique qui se heurte à des normes sociales ou morales. Le désir lui-même est figuré par ce que l'on pourrait nommer des « anti-jardins » : la *forêt* où Nemours chasse, la *source* (πηγή) où Dorcon manque de violer Daphné et où Daphnis apprend de Lycénion comment faire l'amour, enfin ce « lieu écarté » (*pì dì*), situé au-delà des « jardins de derrière », où Youbai et Mengli s'avouent, à mi-mots, leur attirance mutuelle. Contrairement aux « anti-jardins » que sont la forêt, la source et le « lieu écarté », le jardin proprement dit représente un désir que l'on est parvenu à « résoudre » dans la mesure où il se trouve intégré dans un système idéologique légitime. Ce désir résolu prend une modalité spécifique dans chacun des trois romans. Il s'agit d'un désir *maîtrisé* dans le roman grec, tant sur le plan « technique » que moral. Le jardin représente un désir *refoulé* dans le roman français, mais ce refoulement donne lieu à une stratégie de déplacement : au réel d'un amour interdit se substitue la rêverie, à laquelle on s'abandonne dans le jardin. Le désir, également refoulé dans le roman chinois, s'y trouve, pour ainsi dire, *modulé* : le désir qui relierait les deux personnages principaux, Hongyu et Youbai, n'est jamais

---

107 *Longus, op. cit.*, II, 1, 1, p. 1.
108 Voir *L'Odyssée*, chant VII, v. 112–132.

représenté, puisque les deux héros ne se rencontrent pas à proprement parler, ni dans un jardin ni nulle part ailleurs, avant le dernier chapitre, le jour de leur mariage ; mais, à défaut de ce désir interdit, le romancier s'autorise deux expressions substitutives du désir prenant place dans le cadre romanesque du jardin : le motif du regard à la dérobée d'une part (que pratiquent successivement Hongyu à l'égard de Youbai, puis le même Youbai mais à l'égard de la servante Yansu) et celui du personnage de substitution d'autre part (Yansu, puis Mengli prenant la place de Hongyu). Comme Mme de La Fayette, le romancier chinois recourt ainsi à des stratégies de déplacement du désir refoulé. Même s'il est traité selon des modalités différentes, qui renvoient au contexte idéologique et culturel, l'amour est ainsi associé au jardin dans les trois traditions romanesques (grecque, française et chinoise), sans doute parce que le jardin représente une nature contrôlée par la culture, et se prête donc volontiers à la figuration du désir régulé, sinon réprimé, dans le cadre d'une société humaine.

Cette fonction du jardin se complexifie dans les romans sentimentaux ultérieurs comme *La Nouvelle Héloïse* (1761) de Jean-Jacques Rousseau, ou *Le Rêve dans le Pavillon rouge* de Cao Xueqin (1715 ou 1724–1763 ou 1764, le roman est publié après la mort de l'auteur, en 1791 pour la première fois). Dans *La Nouvelle Héloïse*, on peut à nouveau repérer le jardin comme le lieu du désir réprimé. Au début du roman[109], le bosquet de Clarens est, semble-t-il, un lieu où triomphent les sens : Julie et Saint-Preux y échangent un baiser. Toutefois, par la suite, les deux amants vont apprendre à surmonter cet appel des sens. En effet, à la fin du roman, Julie fuit le bosquet[110], et Saint-Preux, quand il entre dans l'Élysée, s'applique à substituer, par son imagination, une Julie vertueuse à la Julie sensuelle du baiser[111]. Mais surtout, l'Elysée, ce nouveau jardin qui se substitue au bosquet sensuel, renvoie à des valeurs qui ne se limitent pas au

---

109   Voir Rousseau, Jean-Jacques, *Julie, ou la Nouvelle Héloïse, Lettres de deux amants habitants d'une petite ville au pied des Alpes recueillies et publiées par J.-J. Rousseau*, édition établie, présentée et annotée par Jean Goulemot, Paris, Librairie Générale Française, coll. « Le Livre de Poche classique », 2002, partie I, lettre XIV, p. 115–117.

110   Voir *ibid.*, partie IV, lettre XI, p. 547, où Wolmar déclare : « ma femme depuis son mariage n'a mis les pieds dans les bosquets dont vous parlez. J'en sais la raison quoiqu'elle me l'ait toujours tue. Vous qui ne l'ignorez pas, apprenez à respecter les lieux où vous êtes ; ils sont plantés par les mains de la vertu. »

111   Voir *ibid.*, p. 549 : « En entrant dans l'Élysée avec ces dispositions [Saint-Preux espère que le jardin lui « rendra présents tous [l]es charmes » de Julie], je me suis subitement rappelé le dernier mot que me dit hier M. de Wolmar à peu près dans la même place. Le souvenir de ce seul mot a changé sur-le-champ tout l'état de mon âme. J'ai cru voir l'image de la vertu où je cherchais celle du plaisir ».

domaine sentimental : il comporte en effet une dimension économique, esthétique et même philosophique[112].

De la même façon, *Le Rêve dans le Pavilllon rouge* se déroule, pour l'essentiel, dans un immense jardin, le « Parc aux Sites Grandioses » (*Dàguān yuán*), qui fonctionne à la fois comme lieu de l'épreuve littéraire (Baoyu, le héros, compose des inscriptions destinées aux pavillons du parc[113]) et comme lieu de l'aveu amoureux (les deux « amants » Baoyu et Daiyu s'y avouent à mi-mots leurs sentiments en lisant ensemble des extraits du *Pavillon de l'Ouest*[114] (*Xīxiāng jì*), l'opéra de référence, pourrait-on dire, en matière d'histoire sentimentale). Mais c'est aussi un lieu qui porte des valeurs esthétiques (le jardin fait l'objet d'une transposition picturale par la Demoiselle Tierce-Née[115]), économiques (on envisage d'exploiter le parc[116]) et surtout philosophiques : le parc se vide et devient, à la fin du roman, une image de l'illusion, en termes taoïstes (le parc rêvé par Baoyu[117]), ou de l'impermanence, en termes bouddhiques[118], idée souvent exprimée dans la tradition de la prose lettrée consacrée aux jardins, comme dans « Le Jardin de la belle Humeur » (*Lèzhìyuán jì*) de Zhang Fengyi : « Un jardin n'est qu'un bien fugace comme les nuages[119]. »

---

112 Voir *ibid.*, la lettre XI en entier, p. 533–551.

113 Voir Cao Xueqin, *Le Rêve dans le Pavillon rouge* (*Hóng Lóu Mèng*), traduction, introduction, notes et variantes par Li T. et J. Alézaïs, révision par A. d'Hormon, Paris, Gallimard, coll. « Bibliothèque de la Pléiade », 2 vol., t. I, récit XVII, p. 358 *sq.* et récit XVIII, p. 391 *sq.*

114 Voir *ibid.*, t. I, récit XXIII, p. 513 *sq.*

115 Voir *ibid.*, t. I, récit XL, p. 898 *sq.*, récit XLII, p. 963 *sq.* et récit XLVIII, p. 1116 *sq.*

116 Voir *ibid.*, t. I, récit LVI p. 1322, p. 1328 et p. 1338.

117 Voir *ibid.*, t. I, récit LVI p. 1344.

118 Voir *ibid.*, t. I, récit LVIII, p. 1393 ; t. II, récit LXXVII, p. 429 et p. 438 et récit LXXVIII p. 476.

119 M. Vallette-Hémery, *op. cit.*, p. 59. Voir aussi *ibid.*, p. 157.

Glossaire

Bai Juyi	白居易
Bai Xuan	白玄
Baoyu	寶玉
cái	才
cáizĭ jiārén xiăoshuō	才子佳人小説
Cao Xueqin	曹雪芹
Chéngxiàng	成相
Dà lüe	大略
Dá shēng	達生
Dà Yŭ zhì shuĭ	大禹治水
dà zìrán	大自然
Dàguän yuán	大觀園
Daiyu	黛玉
Dào	道
Fan Chi	樊遲
fú gù xuān	弗告軒 (prononcé *fú gào xuān*)
gāngfu	功夫
Guó Fēng	國風
Hóng Lóu Mèng	紅樓夢
Hongyu	紅玉
hòumén	後門
hòuyuán	後園
huāyuán	花園
jī	機
Jì Chéng	计成
Jin Yanbiao	金延标
jĭng	景
Kăo Pán	考槃
Kŏngzĭ	孔子
Lántíng	蘭亭
Lăozĭ	老子
Lèzhìyuán jì	樂志園記
lĭ	禮
Li Bai	李白
Liáng Huì wáng	梁惠王
Línggŭ sì	靈谷寺
Liù xiányāshì tú	六賢雅士圖
luàn	亂
Lúnyŭ	論語
Lùshān căotáng jì	廬山草堂記
Mengli	夢梨
Mengzi	孟子
Ming	明
nánnŭ yŏubié	男女有別
Pan An	潘安
pì dì	僻地
Ping Shan Leng Yan	平山冷燕
pŭ	圃
qiánbiàn wànzhuàng	千變萬狀
qíng	情
rén	人
Shaoxing	紹興
Shī jīng	詩經
Song	宋
Su Youbai	蘇友白
Tang	唐
Tao Yuanming	陶淵
Teng Wen gö=ng	滕文公
Tiān	天 (ciel, nature)
tián	田 (champ)
Tiān dào	天道
Tiān yùn	天運
Tiāndì	天地
Tiānhuācáng zhŭ	天花藏主
Tiănlún	天倫
tiānyuán shī	田園詩
tōukàn	偷看
wài shì nèi hé	外適内和
Wáng bà	王霸
Wang Xizhi	王羲之
Wei Feng	衛風
Wen	文 (roi)
Wei Jie	衛玠
Wen zhenheng	文震亨

wénrén yuán	文人園	yuán	園 (jardin lettré)
Wu	吳	Yuan	元 (dynastie)
wúwéi	無爲	Yuán yě	園冶
Xiao Xi	小喜	Zhang Fengyi	張鳳翼
xiǎorén	小人	Zháng wù zhì	長物志
xìn	信	zhì	治 (régler,
Xīxiāng jì	西廂記		administrer, guérir)
Xunzi	荀子	zhì	制 (système,
Yang Fang	楊芳		restreindre,
Yǎng shēng zhǔ	養生主		gouverner)
Yán	言	Zhīběiyóu	知北遊
Yansu	嫣素	zhìrén	至人
Ya	堯	Zhou	周
Yì	義	Zhuangzi	莊子
Yì pu	藝圃	Zi Lu	子路
yòu	囿	Zigong	子貢
Yú gōng gǔ	愚公谷	zìrán	自然
Yu Jiao Li	玉嬌	Zou Diguang	鄒迪光

Bibliographie

Œuvres et sources

Bible de Jérusalem, École biblique de Jérusalem (dir.), Paris, Éditions du Cerf, 2014.

Cao, Xueqin, *Le Rêve dans le Pavillon rouge* (*Hóng Lóu Mèng*) (1791), traduction, introduction, notes et variantes par Li Tche-houa et Jacqueline Alézaïs, révision par André d'Hormon, Paris, Gallimard, coll. « Bibliothèque de la Pléiade », 1981, 2 vol.

Cheu king [*Shī jīng*], texte chinois avec une double traduction en français et en latin, une introduction et un vocabulaire, par Séraphin Couvreur, S. J., Taibei, Kuangchi Press, année 81 de la République de Chine (1970, année 56 (1945) pour la première édition, édition originale : Ho Kien Fo, Imprimerie de la Mission catholique, 1896).

Confucius, « *Les Entretiens* » *de Confucius* (*Lúnyǔ*), Charles Le Blanc et Rémi Mathieu (dir. et trad.), *Philosophes confucianistes*, Paris, Gallimard, coll. « C. U. F. », 2009.

Les Deux Cousines, roman chinois, traduction nouvelle, accompagnée d'un commentaire philologique et historique, par Stanislas Julien, Paris, Didier et Cie, 1864, 2 vol. Texte original : site « open-lit.com », page « http://open-lit.com/bookindex.php?gbid=55 », consultée le 11 février 2017.

Les Deux Jeunes Filles lettrées, roman chinois traduit par Stanislas Julien, Paris, Librairie académique Didier et Cie, 1860, 2 vol.

Hésiode, *Les Travaux et les Jours, Théogonie. Les Travaux et les Jours. Le Bouclier*, texte établi et traduit par Paul Mazon, Paris, Les Belles Lettres, coll. « C. U. F. », 2002. Texte original : site « Perseus Digital Library », consulté le 11 février 2017.

La Fayette, Madame de, *La Princesse de Clèves*, Paris, Librairie générale française, coll. « Le Livre de Poche », Les Classiques de Poche, présentation et notes par Philippe Sellier, 1999.

Lévi, Jean (trad.), *Les Œuvres de Maître Tchouang*, Paris, Éditions de l'Encyclopédie des Nuisances, 2006. Texte original : site « Chinese Text Project », consulté le 11 février 2017.

Longus, *Pastorales. Daphnis et Chloé*, texte établi et traduit par Jean-René Vieillefond, Paris, Les Belles Lettres, coll. « C. U. F. », 2002. Texte original : site « Perseus Digital Library », consulté le 11 février 2017.

Meng zi, Charles Le Blanc et Rémi Mathieu (dir. et trad.), *Philosophes confucianistes*, Paris, Gallimard, coll. « Bibliothèque de la Pléiade », 2009.

Ovide, *Les Métamorphoses*, traduit du latin, présenté et annoté par Danièle Robert, Arles, Actes Sud, coll. « Thesaurus », 2001. Texte original : site « Perseus Digital Library », consulté le 11 février 2017.

Rousseau, Jean-Jacques, *Julie, ou la Nouvelle Héloïse, Lettres de deux amants habitants d'une petite ville au pied des Alpes recueillies et publiées par J.-J. Rousseau* (1761), édition établie, présentée et annotée par Jean Goulemot, Paris, Librairie Générale Française, coll. « Le Livre de Poche classique », 2002.

Tchouang-tseu [Zhuangzi], *L'Œuvre complète*, Liou Kia-hway et Benedykt Grynpas (trad.), *Philosophes taoïstes*, Paris, Gallimard, coll. « Bibliothèque de la Pléiade », 1980. Texte original : site « Chinese Text Project », consulté le 11 février 2017.

Théocrite, *Bucoliques grecs*, texte établi et traduit par Philippe-Ernest Legrand, Paris, Les Belles lettres, coll. « C. U. F. », 1960. Texte original : site « Perseus Digital Library », consulté le 11 février 2017.

Martine Vallette-Hémery (trad.), *Les Paradis naturels. Jardins chinois en Prose*, Arles, Philippe Picquier, coll. « Picquier Poche », 2009. Textes originaux : sites « gushiwen » et « baike.baidu » consultés le 11 février 2017.

Xun zi, Charles Le Blanc et Rémi Mathieu (dir. et trad.), *Philosophes confucianistes*, Paris, Gallimard, coll. « Bibliothèque de la Pléiade », 2009. Texte original : site « Chinese Text Project », consulté le 11 février 2017.

Yuán yě, Le Traité des Jardins, traduit par Che Bing Chiu, Paris, Éditions de l'Imprimeur, coll. « Jardins et paysages », 1997.

Études

Butor, Michel, « Sur "La Princesse de Clèves" » (1959), in *Répertoire* I, Éditions de Minuit, Critique, 1960, p. 74–78.

Cheng, Anne, *Histoire de la Pensée chinoise*, Paris, Le Seuil, 1997.

Clunas, Craig, *Superfluous Things, Material Culture and Social Status in Early Modern China*, Hawaii, University of Hawaii Press, 2004.

Curtius, Ernst-Robert, *La Littérature européenne et le Moyen Âge latin* (1948), traduit par Jean Bréjoux, Paris, PUF, 1956.

Topique de l'horreur naturelle et du *tremendum* sacré dans quelques épisodes narratifs et descriptifs des *Saisons* de Thomson

Pierre Carboni

Dans sa « Réponse à la question : qu'est-ce que le postmoderne ? », qui prend la forme d'une lettre adressée au jeune Thomas E. Carroll, Lyotard exprime en ces termes le paradoxe de la survivance d'une esthétique du sublime à l'époque moderne :

> Voici donc le différend : l'esthétique moderne est une esthétique du su-
> blime, mais nostalgique ; elle permet que l'imprésentable soit allégué
> seulement comme un contenu absent, mais la forme continue à offrir au
> lecteur ou au regardeur, grâce à sa consistance reconnaissable, matière à
> consolation et à plaisir[1].

Ce « différend », tel que le nomme Lyotard, qui se cristallise autour de la repré-sentation littéraire de ce qui se situe au-delà de l'expérience rationnelle, trouve son origine dans le réalisme empirique défini par Francis Bacon et ses succes-seurs de la *Royal Society* de Londres comme le fondement de l'épistémologie moderne. Le premier historien de la nouvelle institution anglaise, Thomas Sprat, résume ainsi les grandes lignes de cette démarche scientifique dans son mémoire de 1667 : « La vraie philosophie doit en tout premier lieu commencer par un examen des particuliers scrupuleux et sévère ; à partir de ceux-ci, on peut tirer avec de grandes précautions quelques règles générales[2] ». Cette mé-fiance vis-à-vis des perceptions sensibles pouvant conduire à l'établissement de « règles générales » infondées aurait pu conduire au rejet pur et simple de l'irreprésentable du domaine de l'esthétique britannique moderne.

C'est pourtant le contraire qui se produisit. Tandis que la question du su-blime, mise à l'ordre du jour outre-Manche par l'intermédiaire de la traduction française du *Peri Hupsous* du Pseudo-Longin par Boileau en 1674, devenait un

---

1 J.-Fr. Lyotard, *Le Postmoderne expliqué aux enfants. Correspondance, 1982–1985*, Paris, Galilée, 1988, p. 26.
2 Th. Sprat, *History of the Royal Society for the Improving of Natural Knowledge*, London, 1667, éd. J. I. Cope et H. W. Jones, Saint Louis, Washington University Press et Londres, Routledge and Kegan Paul, 1968, p. 31.

enjeu esthétique majeur, s'amorçait au même moment, grâce à la vulgarisation rapide, en Écosse d'abord, puis en Angleterre, de la pensée newtonienne, un renouveau de la poésie naturelle et scientifique britannique. Le célèbre cycle naturaliste de l'Écossais James Thomson (1700–1748), publié à partir de 1726 et sans cesse remanié jusqu'en 1746, qui constitue l'objet de la présente étude, est caractéristique des tensions qui opposèrent, dans la première moitié du XVIIIe siècle, tout particulièrement en Grande-Bretagne, le réalisme scientifique post-baconien, qui exclut par axiome de sa méthode l'invérifiable du domaine de la connaissance à l'affirmation néo-augustéenne de la capacité du langage poétique à évoquer le mystère résiduel d'un univers déjà largement expliqué et traduit en langage mathématique. On examinera donc ici les modalités de cette tension, en particulier la survivance chez Thomson d'une topique de l'horreur naturelle paraissant contrevenir au présupposé scientifique d'un univers régi par des lois pérennes. On montrera ensuite comment ce mystère résiduel, qui transforme le sentiment désordonné d'horreur ressenti par la conscience pré-moderne en un *tremendum* moderne devant ce que Rudolf Otto désignait comme « l'absolue supériorité de puissance[3] » des phénomènes naturels, s'exprime désormais par l'intermédiaire de la nouvelle catégorie du sublime de terreur. Ce sublime de terreur devient le pôle inversé du sublime de grandeur que le poète scientifique cherche à communiquer dans son compte rendu des merveilles positives de la nature. Ainsi, Thomson ne se borne pas à vulgariser par le vecteur de la poésie la culture scientifique de son temps conformément à l'interprétation traditionnelle, invalidée par Jean Starobinski, du célèbre vers programmatique d'André Chénier : « Sur des pensers nouveaux, faisons des vers antiques[4]. » Comme le suggère l'influence déterminante de Thomson, non seulement sur les néo-classiques français, mais sur la première génération romantique anglaise, le poète scientifique écossais s'inscrit davantage en précurseur d'une sensibilité moderne susceptible de réconcilier, dans le domaine de la thématique comme dans celui de l'écriture, l'exigence rationnelle et l'intuition du sacré.

Dans la Préface à la deuxième édition de *L'Hiver*, unique art poétique publié par Thomson trois mois seulement après l'édition originale du premier livre paru des *Saisons*, en mars 1726, le poète insiste sur le caractère essentiellement descriptif de son entreprise de poésie phénoménologique, fondée sur l'observation de la nature éclairée par la science :

---

3   R. Otto, *Le Sacré. L'élément non rationnel dans l'idée du divin et sa relation avec le rationnel* [1917], trad. A. Jundt, Paris, Payot, 1995, p. 36.

4   J. Starobinski, « André Chénier et le mythe de la régénération », *Savoir, faire, espérer. Les limites de la raison*, Bruxelles, Facultés Universitaires Saint Louis, 1976, vol. 2, p. 583.

I only wish my description of the various appearance of Nature in Winter, and, as I purpose, in the other Seasons, may have the good fortune to give the reader some of that true pleasure which they, in their agreeable succession, are always sure to inspire into my heart[5].

Mon unique souhait est que ma description des diverses apparences de la nature en hiver et, ainsi que j'en ai le projet, à travers les autres saisons, aura la bonne fortune de communiquer au lecteur quelque chose du plaisir vrai que, dans leur agréable succession, elles n'ont jamais cessé d'inspirer dans mon cœur.

Thomson affirme néanmoins paradoxalement dans la même Préface le caractère inspiré de la poésie qu'il qualifie d'« art divin » (« divine art », p. 303) avant de citer et de traduire un passage du Livre ii des *Géorgiques* dans lequel Virgile situe son art poétique au-delà du cadre rhétorique du *stylus humilis* et du *stylus mediocris* traditionnellement dévolu à la poésie rurale, selon qu'elle est pastorale ou géorgique. Le poète augustéen rappelle le caractère visionnaire de son inspiration et suggère que toute entreprise poétique, même naturelle, comporte une composante sublime :

Me vero primum dulces ante omnia Musæ,
Quarum sacra fero ingenti percussus amore,
Accipiant, cælique vias et sidera monstrent,
Defectus solis varios, lunæque labores ;
Unde tremor terris; qua vi maria alta tumescant,
Objicibus ruptis, rursusque in se ipsa residant ;
Quid tantum Oceano properent se tingere soles
Hiberni, vel quæ tardis mora noctibus obstet...
     v. 475–482

Quant à moi, puissent les muses, mon suprême délice,
Elles dont je suis le prêtre, frappé d'un désir immense,
Me prendre à leur service ; me révéler les routes des étoiles,
La courbe du soleil, les travaux de la lune ;
D'où vient que la terre tremble, et par quelle force les flots marins
S'élèvent jusqu'aux rochers avant de refluer sur eux-mêmes ;
Pourquoi les soleils d'hiver se hâtent de plonger dans l'océan,
Et ce qui ralentit les paresseuses nuits d'été.

---

5   J. Thomson, *The Seasons*, éd. James Sambrook, Oxford, Clarendon, 1981, p. 307.

La traduction proposée par Thomson dans sa Préface, et qu'on s'est borné ici à transcrire en français, insiste délibérément sur la sacralisation de la figure du poète comme interprète des muses. Ainsi, l'expression « dont je suis le prêtre » (dans le texte anglais « *Whose priest I am* ») traduit le latin « *quarum sacra fero* » (littéralement « dont je porte les insignes sacrés »), que Delille, qu'on décrit souvent comme un épigone du Britannique, interprète plutôt, dans sa traduction de 1770 des *Géorgiques*, comme un simple effet de style métaphorique en proposant « à qui j'offris mes premiers sacrifices[6] ». Si elle force quelque peu l'interprétation, la traduction de Thomson met en lumière l'ambivalence d'un art poétique qui, tout en se donnant pour descriptif, affirme en même temps sa capacité à interroger les causes invisibles des phénomènes matériels. Du reste, la fin du passage virgilien cité et traduit par Thomson, exalte le caractère héroïque de la quête de la vérité des phénomènes et le risque encouru par le poète : « si je n'accède jamais à ces vérités mystiques, / Si le sang se glace autour de mon cœur » (v. 482–483). Pour le poète scientifique, le dévoilement de cet invisible révèle une intention démystificatrice, que Thomson partage avec son modèle augustéen. On se rappelle la célèbre apologie qui figure quelques vers plus loin seulement au Livre II des *Géorgiques*, hommage implicite de Virgile à son propre prédécesseur, Lucrèce, et à l'inspirateur de ce dernier, le savant Démocrite :

> Felix qui potuit rerum cognoscere causas,
> Atque metus omnes, et inexorabile fatum
> Subjecit pedibus, strepitumque Acherontis avari!
>
> v. 490–493

> *Heureux qui peut connaître les causes premières des choses*
> *Et qui toute crainte, et même la croyance au destin inexorable,*
> *A foulé aux pieds, faisant taire le bruit de l'insatiable Achéron.*

En conformité avec Virgile, dans son *Poème à la mémoire de Newton*, élégie en forme de panégyrique publiée en 1727, quelques mois seulement après la mort du savant anglais mais qui adopte le style épique de l'éloge du héros, Thomson souligne la capacité de l'intuition scientifique à dépasser la simple observation des phénomènes et, en « transperçant le voile mystique[7] » (v. 74) à

---

6   *Les Géorgiques de Virgile, traduction nouvelle en vers français par M. Delille*, Paris, C. Bleuet, 1770, p. 141.

7   « The mystic veil transpiercing », J. Thomson, *Liberty, The Castle of Indolence and Other Poems*, éd. J. Sambrook, Oxford, Clarendon, 1986, p. 9.

communiquer à sa propre création langagière le sublime de magnitude de la création. Ce sublime est à proprement parler une forme d'élévation qui donne accès par le langage à une autre dimension spatiale, celle du cosmos mathématisé tel que Newton l'a perçu intuitivement, puis vérifié par ses calculs, comme un système régulier, rassurant et pérenne. L'enjeu, pour le poète parcourant métaphoriquement l'univers à la suite de l'apothéose du savant défunt, est de renouveler l'inspiration de la poésie naturelle en communicant au simple relevé des phénomènes une dimension d'admiration positive, ce que Rudolf Otto désigne dans sa terminologie du « non-rationnel rationalisé » comme « le *mirum*, ou le *mirabile*[8] ». Dès lors, le poète se donne pour mission de traduire en langage visuel et sonore les réalités et interactions imperceptibles des astres entre eux ou la décomposition de la lumière blanche invisible en une série de couleurs chatoyantes en s'appuyant sur le résultat des calculs astronomiques ou mesures physiques fournies par la science. Tandis que le poète s'assimile au savant par son entreprise de dévoilement, le savant astronome est assimilé au poète de l'univers. Cet échange est résumé un peu plus loin dans le *Poème à Newton* :

> Did ever poet image aught so fair,
> Dreaming in whispering groves, by the hoarse brook!
> Or prophet to whose rapture heaven descends.
>
> v. 119–121

> *Quel poète a jamais osé image aussi belle,*
> *En rêvant au milieu des bosquets murmurants, au bord du torrent plein de*
> *voix ?*
> *Et quel prophète, dont l'enthousiasme fait se pencher jusqu'à lui le ciel ?*

À l'orée d'un Siècle des Lumières sceptique sur l'utilité et la validité de la poésie, lassé de l'opposition conventionnelle du *locus amoenus* au *locus terribilis* dans la représentation littéraire, et peu enclin à concevoir l'enthousiasme ou la prophétie comme vecteurs de vérité, Thomson applique ici très concrètement les préceptes du critique anglais John Dennis, auteur en 1704 d'un traité au caractère précurseur inspiré par la physique newtonienne et intitulé *The Grounds of Criticism in Poetry* (*Les Fondements du discernement critique en poésie*) : « L'univers est régulier dans toutes ses parties et c'est à cette extrême régularité qu'il doit son admirable beauté. [...] Le grand dessein des arts est de restaurer la nature humaine détruite par la chute en rétablissant

---

8   R. Otto, *op. cit.*, p. 45.

l'ordonnance[9] » (II, 13 ; 16). Dans ce schéma physico-théologico-esthétique, tout vestige de superstition primitive écarté, ne demeure que la tranquille assurance du sage que le poète se doit de traduire, selon Dennis, en enthousiasme admiratif : « La passion enthousiaste ou enthousiasme est une passion suscitée par les idées engagées dans la contemplation ou la méditation de choses qui ne relèvent pas de la vie courante[10] » (IV, 7). Dans le deuxième poème des *Saisons, L'Été*, évoquant la comète à sept queues observée en mars 1743 dans le ciel anglais, Thomson oppose l'horreur superstitieuse éprouvée par la foule grégaire à son apparition dans le ciel à la tranquille assurance des hommes éclairés par la science :

> The guilty Nations tremble. But, above
> Those superstitious Horrors that enslave
> The fond sequacious Herd, to mystic Faith
> And blind Amazement prone, th'enlighten'd Few,
> Whose Godlike Minds Philosophy exalts,
> The glorious Stranger hail.
>
> v. 1711–1716

> *Les nations coupables tremblent. Mais au-dessus*
> *De ces horreurs superstitieuses qui assujettissent*
> *Le troupeau docile des insensés, prompts à la foi crédule*
> *Et à l'aveugle étonnement, le petit nombre des esprits éclairés*
> *Que la connaissance de la nature élève jusqu'à Dieu*
> *Saluent l'inconnue lumineuse.*

Les termes employés (« troupeau docile », « insensés », « foi crédule », « aveugle étonnement ») dépeignent une humanité prisonnière de ses fantasmes et prompte à faire communiquer la sphère phénoménologique et la sphère morale. Les nations tremblent, croyant que la comète n'est autre que l'instrument d'une justice divine immédiate venant punir leur culpabilité post-lapsaire. Par contraste, ceux qu'ont rassurés les calculs du newtonien Edmund Halley concernant le retour programmé d'une autre comète, ne peuvent qu'être transportés dans leur sensibilité par ce spectacle naturel qui

---

9   « The Universe is regular in all its parts, and it is to that exact regularity that it owes its admirable Beauty. The great design of Arts is to restore the decays that happen'd to Humane Nature by the Fall, by restoring Order », J. Dennis, *The Grounds of Poetry in Criticism*, London, George Strahan and Bernard Lintott, 1704, p 6.

10   « Enthusiastick Passion or Enthusiasm, is a Passion which is moved by the Ideas in Contemplation or the Meditation of Things, that belong not to common Life », *ibid.*, p. 16.

n'en constitue pas moins une expérience sublime véritablement extraordinaire, comme l'atteste la personnification métaphorique de la comète comme « l'inconnue lumineuse », prodigieuse révélation / représentation par l'intermédiaire de la perception ordinaire d'un tout-autre inconnaissable. Thomson célèbre l'ordonnance du système de la nature comme un livre d'images physiques manifestant une réalité supérieure métaphysique dans l'ordre des causes premières. Newton clarifia ce postulat en ajoutant au Livre III de l'édition de 1713 de ses *Philosophiae naturalis principia* un scholie général affirmant que l'agencement et le maintien de l'univers à l'intérieur de règles parfaitement rationnelles atteste dans l'ordre du visible la présence invisible d'une puissance créatrice et régulatrice : « Cet admirable arrangement du soleil, des planètes et des comètes, ne peut être que l'ouvrage d'un être tout-puissant et intelligent.... Cet Être infini gouverne tout, non comme l'âme du monde, mais comme le Seigneur de toutes choses. Et à cause de cet empire, le Seigneur-Dieu s'appelle παντοκράτωρ, c'est-à-dire *le Seigneur universel*[11]. » Tout en démystifiant l'univers par l'adoption de la démarche scientifique de Newton, Thomson sauve la poésie du mépris des sciences et sauve la science de cette conséquence de la modernité que Weber appelait le « désenchantement du monde ». Renvoyant dos-à-dos les crédules et les sceptiques, il fait de la science l'alliée d'un premier niveau de révélation naturelle, que Calvin lui-même, dont les écrits inspirèrent directement la théologie de l'Église d'Écosse dans laquelle Thomson, fils de pasteur, fut éduqué, cautionne pleinement à partir de l'exégèse de l'épître principale de Paul (Rom 1:20) :

> Or pour ce que la souveraine félicité et le but de nostre vie gist en la cognoissance de Dieu, afin que nul n'en fust forclos, non seulement il a engravé ceste semence de religion que nous avons dite en l'esprit des hommes, mais aussi il s'est tellement manifesté à eux en ce bastiment tant beau et exquis du ciel et de la terre, et journellement s'y monstre et présente, qu'ils ne sauroyent ouvrir les yeux qu'ils ne soyent contraints de l'apercevoir. Son essence est incompréhensible, tellement que sa maiesté est cachée bien loin de tous nos sens, mais il a imprimé certaines marques de sa gloire en toutes ses œuvres, voire si claires et notables, que toute excuse d'ignorance est ostée aux plus rudes et hébétez du monde[12].

---

11   I. Newton, *Principes mathématiques de la philosophie naturelle, traduit de l'anglois par feue Madame la Marquise du Chastellet* [Émilie du Châtelet], Paris, Dessaint & Saillant et Lambert, 1759, vol. 2, p. 175.

12   J. Calvin, *Institution de la religion chrestienne*, Livre premier, éd. J.-D. Benoît, Paris, Vrin, 1957, p. 68.

Ainsi, aux yeux physiques des sages et à leur appréciation, bien loin de constituer un prodige vengeur, la comète de *L'Été* est le messager étoilé (le « sidereus nuncius » du titre du traité anti-aristotélicien publié par Galilée en 1610) du principe cosmique que Dante, dans les derniers vers du *Paradis*, identifie à la suite du poète Empédocle[13], à « l'Amour / Qui meut le Soleil et les autres étoiles[14] » :

> They see the blazing Wonder rise anew
> In seeming Terror clad, but kindly bent :
> To work the Will of all-sustaining Love.
>
> *Summer*, v. 1722–1724

> *Ils voient le prodige enflammé paraître à nouveau,*
> *Enveloppé d'une apparence terrible, mais voué, en toute bienveillance,*
> *À accomplir la volonté de l'AMOUR qui soutient l'univers.*

Si l'harmonie naturelle reflète un invisible divin, permettant au sublime poétique de communiquer au lecteur un enthousiasme nouveau (au sens étymologique du terme), la *phusis* ainsi représentée, est loin d'avoir l'apparence permanente d'un long fleuve tranquille. Elle permet à la sensibilité humaine de faire l'expérience sensible d'une puissance naturelle invisible tout aussi destructrice et mortifère qu'elle est créatrice et porteuse de vie.

La sensibilité poétique de Thomson comporte en effet, en contrepoint de l'admiration enthousiaste suscitée par l'intuition de la mystérieuse harmonie universelle, une terreur tout aussi mystérieuse que Rudolf Otto appelait « le sentiment du *mysterium tremendum* » (p. 28). L'effroi résultant du relevé systématique des manifestations tout aussi destructrices de la nature produit, par effet de contraste, un ressort dynamique qui structure le *long poem* thomsonien. En apparente contradiction avec l'entreprise de théodicée menée par le poète théiste, la description naturelle sert souvent de *memento mori* rappelant fréquemment au sujet humain son statut de créature parmi les autres créatures de la nature. Du point de vue formel, le sublime de terreur, qui s'inscrit en continuité avec la vision baroque et présente des caractéristiques de l'écriture gothique qui s'affirmera en Grande-Bretagne à partir des années 1760, entre en dialectique avec le sublime d'admiration. Comme l'écrit John Dennis

---

13   A. Rosenfeld-Löffler, *La Poétique d'Empédocle. Cosmologie et métaphore*, Berne, Peter Lang, p. 183.

14   Dante, *Le Paradis*, chant XXXIII, v. 145, *La Divine Comédie*, trad. Henri Longnon, Paris, Classiques Garnier, 1999.

dans sa poétique pionnière de 1704, « les idées évoquant la terreur contribuent hautement au sublime[15] ». Le critique énumère ensuite le type d'idées susceptibles de générer cette terreur : « dieux, démons, enfer, esprits et âmes d'individus, miracles, prodiges, enchantements, actes de sorcellerie, tonnerre, tempêtes, flots déchaînés, inondations, torrents, tremblements de terre, volcans, monstres, serpents, lions, tigres, incendies, guerre, pestilence, famine, etc[16]. » À cette topique de la terreur, Dennis ajoute de manière spécifique « la colère et la vengeance d'un Dieu en courroux[17] ». À travers l'antropomorphisation de Dieu, Dennis souligne ici, au même titre que dans l'énumération de cataclysmes et de phénomènes encore inexpliqués, la manifestation d'une énergie naturelle bien supérieure aux forces humaines qui défie la raison et la tranquille assurance du savant capable de contempler comme à distance, à l'instar du sage épicurien dans les premiers vers du Livre II du *De rerum natura* de Lucrèce, la mer déchaînée dans un sentiment de douce sécurité. Ainsi, au cœur même du renouveau printanier, l'infiniment petit invisible à l'œil nu est tout aussi en mesure d'apporter l'anéantissement que les éléments déchaînés. Le poète du *Printemps*, par le biais du microscope de sa propre vision, métamorphose les insectes vecteurs de maladies végétales en guerriers d'épopée s'abattant sur les terres des agriculteurs infortunés comme les instruments d'un châtiment divin, tout aussi irrationnel qu'immérité :

> For oft, engender'd by the hazy North,
> Myriads on Myriads, Insect-Armies waft
> Keen in the poison'd Breeze; and wasteful eat,
> Thro' Buds and Bark, into the blacken'd Core,
> Their eager Way. A feeble Race! Yet oft
> The sacred Sons of Vengence! On whose Course
> Corrosive Famine waits, and kills the Year.
>
>   *Spring*, v. 120–126

> *Car souvent, engendrées par les brumes du Nord,*
> *Par myriades successives, des armées d'insectes accourent,*
> *Pleines d'ardeur, transportées par le vent empoisonné ; elles dévorent*
>   *jusqu'au saccage*

---

15   « Ideas producing terror contribute extremely to the sublime », J. Dennis, *ibid.*, p. 85.
16   « Gods, daemons, hell, spirits and souls of men, miracles, prodigies, enchantments, witchcrafts, thunder, tempests, raging seas, inundations, torrents, earthquakes, volcanos, monsters, serpents, lions, tigers, fire, war, pestilence, famine, etc. », *ibid.*, p. 87–8.
17   « The wrath and vengeance of an angry God », *ibid.*

> *Les bourgeons et l'écorce, atteignant le cœur noirci*
> *De leurs assauts voraces. Faibles organismes, mais souvent*
> *Enfants chéris de la vengeance, dont le passage*
> *Prélude à la famine destructrice et anéantit les travaux de l'année.*

Thomson utilise à maintes reprises la thématique de la vengeance naturelle et divine comme ressort esthétique de la terreur sublime dans tout le cycle des *Saisons*. Dans *L'Été*, par exemple, évoquant les tempêtes de sable dans les déserts, Thomson rend compte de leur déclenchement inopiné par une fable : « La terreur de ces contrées de s'arrête pas là. / Souvent des démons convoqués, anges du courroux / Libèrent les éléments en furie[18] » (v. 959–961). L'écriture gothique est un pur topos qui ne réclame pas l'adhésion du sujet à la croyance au merveilleux, fût-il terrifiant, mais utilise le potentiel émotionnel de la fable pour captiver l'imagination du lecteur raisonnable. Indigné par l'odieuse réalité de la traite négrière, Thomson propose, toujours dans le même livre des *Saisons*, une épouvantable histoire naturelle dans laquelle le requin du Golfe de Guinée dévore, dans une même ardeur prétendument vengeresse, l'esclave et le négrier projetés dans les flots par la tempête tropicale :

> Increasing still the Terrors of the Storms,
> His Jaws horrific arm'd with threefold Fate,
> Here dwells the direful Shark. Lur'd by the Scent
> Of steaming Crouds, of rank Disease, and Death,
> Behold! He rushing cuts the briny Flood,
> Swift as the Gale can bear the ship along;
> And, from the Partners of that cruel Trade,
> Which spoils unhappy Guinea of her Sons,
> Demands his share of Prey, demands themselves.
> The stormy Fates descend: one Death involves
> Tyrants and Slaves; when strait their mangled Limbs
> Crashing, at once, he dyes the purple Seas
> With Gore, and riots in the vengeful Meal.
>
> Summer, v. 1013–1025

> *Pour accroître encore les affres des tempêtes,*
> *Mâchoire horrifique armée d'un triple rang fatal,*
> *C'est là le repaire du funeste requin. Attiré par l'odeur*
> *De la multitude entassée, de l'épidémie et de la mort,*

---

18   « Nor stop the Terrors of these Regions here. / Commission'd Demons oft, Angels of Wrath, / Let loose the raging elements » J. Thomson, *The Seasons, op. cit.*

Le voici qui traverse l'étendue du flot salin,
Rapide comme le grand vent qui entraîne le navire ;
Aux acteurs de l'odieux trafic
Qui dépouille la malheureuse Guinée de ses fils
Il réclame sa part de butin, les réclame eux-mêmes en pâture.
Les destins s'abattent avec l'orage : un sort commun réunit
Tyrans et esclaves ; rapide, il déchiquette leurs membres
Et les broie en un instant, teignant les flots écarlates
De leur sang en s'adonnant à ce repas vengeur.

L'évocation du squale, pourtant tout aussi insensible aux passions humaines qu'étranger à la justice divine, reçoit le statut d'*exemplum*. Dans ce bref récit, le caractère à proprement parler contre-nature de la traite suscite une vengeance naturelle rappelant que l'origine de la mortalité réside dans la dépravation totale de l'homme.

La terreur déjà gothique produite par le déchaînement fatal pour l'indivi-du des forces de la nature sert également de vecteur à une réflexion morale sur le rapport de domination disproportionnée que l'homme entretient le plus souvent avec la nature. Si la peste qui ravage la ville du Caire est décrite comme « l'Enfant terrible de la Némésis divine » (*Summer*, v. 1053–1054) et si l'homme seul en souffre, à l'exception de toutes les autres espèces, c'est, sug-gère Thomson à travers un superbe effet de chiasme, pour rappeler le carac-tère infondé de son *hubris* : « L'homme est destiné à être sa proie, / Car sans mesure est l'homme[19] ! » (*Summer*, v. 1059–1060). Dans l'univers poético-scientifique de Thomson, lorsque l'homme commet quelque forfaiture, « l'identité de la nature *paraît* » (c'est moi qui souligne) « vaciller aux limites du temps[20] » (*Autumn*, v. 1131–1132), non pas suivant le rapport analogique pré-moderne du microcosme humain au macrocosme naturel établi par l'an-tique échelle des êtres, mais comme une sorte de parabole prophétique qui sert à intimer aux hommes, par le biais de la vision, un message de respect de la nature étonnamment moderne :

O Man! Tyrannic Lord! How long, how long,
Shall prostrate Nature groan beneath your Rage,
Awaiting Renovation? When oblig'd
Must you destroy?
   Autumn, v. 1189–1192

---

19 « Plague, / The fiercest Child of Nemesis Divine Man is her destin'd Prey, / Intemperate Man ! » *ibid.*

20 « Even Nature's self / Is deem'd to totter on the Brink of Time » *ibid.*

Ô homme, maître tyrannique ! Combien de temps encore
La Nature gémira-t-elle sous le joug de ta fureur
Dans l'attente du renouveau ? Toi qu'elle oblige,
Faut-il que tu la détruises ?

Suit quelques vers plus loin, sur le mode de l'*amplificatio* fantastique, le bref récit, également terrifiant, de l'important séisme qui secoua la ville de Palerme le 1er septembre 1726[21] :

> Thus a proud City, populous and rich,
> Full of the Works of Peace, and high in Joy,
> At Theater or Feast, or sunk in Sleep,
> As late, Palermo, was thy Fate) is seiz'd
> By some dread Earthquake, and convulsive hurl'd,
> Sheer from the black Foundation, stench-involv'd,
> Into a Gulph of blue sulphureous.
>
> <div align="right"><i>Autumn</i>, v. 1201–1207</div>

Ainsi la fière cité, populeuse et riche,
Regorgeant d'œuvres de paix et au faîte de la joie,
Au théâtre comme au festin, ou abîmée dans le sommeil,
(Tel fut naguère ton sort, Palerme), est saisie
D'un tremblement affreux et agitée de maintes convulsions
Depuis ses noires fondations, dans une odeur pestilentielle,
Au milieu d'un tourbillon de flammes de soufre bleues.

L'évocation sublime, d'inspiration en partie miltonienne, d'un terrifiant *pandaemonium* surgissant des profondeurs de la terre pour réclamer de nouveaux captifs, ne témoigne pas de la persistance d'une croyance irrationnelle, mais souligne plutôt, à grand renfort de procédés rhétoriques, le caractère parfois inattendu de certains soubresauts de la nature. Si l'heure du retour des comètes est désormais modélisable, le déclenchement des séismes demeure imprévisible. L'individu doit donc se préparer, ainsi que le suggère la parabole de l'avènement du Fils de l'homme en Matthieu 24:40–41, à l'arbitraire : « Alors, de deux hommes qui seront dans un champ, l'un sera pris et l'autre laissé ; de deux femmes qui moudront la meule, l'une sera prise et l'autre laissé ». Ainsi, la théodicée thomsonienne, éclairée par la science, accrédite l'idée du potentiel également destructeur d'une belle nature ultimement orientée au bien, mais

---

21   E. Guidoboni et J.-P. Poirier, *Quand la terre tremblait*, Paris, Odile Jacob, 2004, p. 157.

dont la force organisatrice elle-même passe par des phases d'anéantissements collatéraux auxquels doivent se préparer les hommes.

Eût-il vécu jusqu'en 1755, année du terrible tremblement de terre de Lisbonne, Thomson n'aurait probablement pas souscrit à la charge de Voltaire contre l'optimisme du providentialisme théiste dans le *Poème sur le désastre de Lisbonne* (1756), et plus tard *Candide* (1759). En effet, la nature thomsonienne est souveraine de droit divin et reste par conséquent redoutable pour l'individu pris isolément, ce qui ne l'empêche pas d'être généralement bienveillante, tout comme son supposé créateur, pour l'espèce humaine prise dans son ensemble. Cette vision théologique du *tremendum* est très bien exprimée par l'auteur anglican C. S. Lewis dans le deuxième volume des *Chroniques de Narnia, Le Lion, la sorcière blanche et l'armoire magique* (1950), lorsque les castors parlants, éléments inférieurs de l'écosystème, rappellent plaisamment à leurs hôtes humains que le lion Aslan, dont un poème très ancien dit qu'il change le mal en bien, reste cependant un prédateur redouté : « Qui a dit qu'il n'était pas dangereux ? Évidemment qu'il est dangereux. Mais il est bon. Il est le roi, je vous le répète[22] ». Sur le mode pathétique et non comique, l'épisode narratif des amants foudroyés, Céladon et Amélie, inséré dans la trame descriptive de *L'Été*, joue chez Thomson, le même rôle d'apologue, non seulement par rapport à l'idée générale de la mortalité, mais plus encore à celle de la capacité naturelle à détruire sans apparence de raison, ni justice :

> Guilt hears apall'd, with deeply troubled Thought;
> And yet not always on the guilty Head
> Descends the fated Flash. Young Celadon
> And his Amelia were a matchless Pair, With equal Virtue form'd, and
>   equal Grace,
> The same, distinguish'd by their Sex alone.
>
> *Summer*, v. 1169–1174

> *C'est pour l'esprit coupable un sujet d'alarme,*
> *Mais les coupables ne sont pas toujours ceux*
> *Sur qui descend la foudre fatale. Le jeune Céladon*
> *Et sa chère Amélie formaient un couple sans pareils,*
> *Égaux par la vertu, égaux par la beauté.*

---

22   « *Who said anything about safe? 'Course he isn't safe. But he's good. He's the King, I tell you* », C. S. Lewis, *The Lion, the Witch and the Wardrobe*, New York, Harper Trophy, 1994, p. 86.

Cet épisode romanesque, dont l'onomastique des personnages rappelle, pour l'un, le nom fictif du célèbre berger de l'*Astrée*, et, pour l'autre, le prénom authentique de la fille préférée du souverain britannique de l'époque de la publication, combine réalité et fiction pour dramatiser ce « mystère de l'iniquité qui agit déjà » (2 Th 2:7) à travers la mort injuste des amants :

> From his void Embrace,
> (Mysterious Heaven!) that moment, to the Ground,
> A blacken'd Corse, was struck the beauteous Maid.
> But who can paint the Lover, as he stood,
> Pierc'd by severe Amazement, hating Life,
> Speechless, and fix'd in all the Death of Woe!
> So, faint Resemblance, on the Marble-Tomb,
> The well-dissembled Mourner stooping stands,
> For ever silent, and for ever sad.
>
> *Summer*, v. 1214–1222

> *Au cœur de son étreinte rendue vide,*
> *(Mystère des cieux !) à l'instant même,*
> *Un cadavre noirci a pris la place de la jeune beauté foudroyée.*
> *Qui peut décrire l'amant encore debout,*
> *Saisi d'étonnement, détestant la vie,*
> *Muet, et que son désarroi fige dans l'immobilité de la mort !*
> *Comme lui, au-dessus du sépulcre de marbre,*
> *Le pleurant imité par l'artiste se penche,*
> *Éternellement silencieux, éternellement triste.*

L'effet gothique de surprise macabre qui résulte du coup de foudre mortel s'achève en une métaphore statuaire, qui transforme la scène rococo champêtre en une réflexion élégiaque sur la mort dans la vie et dans l'art. C'est sur cet aspect d'anéantissement brutal qu'insiste le graveur William Bromley, dans l'illustration de l'édition de 1802 des *Saisons*, qui s'inspire d'une toile d'Henry Fuseli[23]. Au contraire, le choix esthétique d'un des premiers illustrateurs du passage, le peintre classique Richard Wilson, dans une estampe gravée en

---

23   W. Bromley, *Celadon and Amelia*, 1802, gravure d'après une peinture d'Henry Fuseli [Johann Heinrich Füssli], Londres, British Museum. V. Robert D. Stock, *The Holy and the Daemonic from Sir Thomas Browne to William Blake*, Princeton, Princeton University Press, 1982, p. 187.

1766 par John Browne et William Woolett[24], consiste à présenter les amants
infortunés à la manière de Claude Lorrain ou de Poussin, c'est-à-dire au cœur
de l'immensité du paysage naturel, protagonistes d'un drame humain dont
l'échelle modeste par rapport à leur environnement tendrait à relativiser les
conséquences. C'est le sens ultime que Thomson donne à cet épisode, qui développe et dramatise sur le mode narratif le catalogue paradoxal des violences
infligées par la nature aux hommes en contrepoint de la théodicée des *Saisons*.
Le sublime de terreur – celui-là même dont la romancière gothique anglaise
Ann Radcliffe note dans son « Essai sur le surnaturel en poésie », probablement écrit dans les années 1810, que, par opposition avec l'horreur, il « dilate
l'âme et en éveille les facultés à un degré considérable[25] » – rejoint ici le sublime d'admiration pour communiquer au lecteur une expérience poétique du
sacré et de l'absolue transcendance.

Horreur réinterprétée en terreur sublime, la rémanence du *tremendum*
naturel dans la poésie descriptive et narrative de Thomson rappelle, en conformité avec Newton, que l'élucidation des phénomènes n'en épuise pas le mystère. Mallarmé, artiste d'une fin de siècle française où la science des Lumières
paraît avoir réduit l'œuvre poétique au statut d'« aboli bibelot d'inanité sonore,
[...] ce seul objet dont le Néant s'honore[26] », mais, incidemment, connaisseur
éclairé des cultures anglophones, le rappelle dans l'un de ses derniers poèmes :
« un coup de dés jamais n'abolira le hasard[27] ». Comme le système de la nature
dont elle dévoile l'irreprésentable à la sensibilité, comme la science ses mécanismes invisibles à l'entendement, la poésie demeure *technè*. Contrairement
à ses successeurs romantiques qui, à la suite du manifeste des *Lyrical Ballads*
(1801), rejetèrent la mécanique de la *poetic diction*, Thomson revendique l'héritage rhétorique et le statut de poète imitateur de la nature et humble « fabri-
cateur ». Cependant, en illustrant les splendeurs terribles du renouvellement
incessant de la nature, le poète descriptif interroge le mystère de la création et
de l'auteur. En présentant une nature indépendante de son auteur divin, dans
ses cycles réguliers comme dans ses soubresauts inattendus, la description

24   J. Browne et W. Woollett, *Celadon and Amelia*, 1766, eau-forte d'après une peinture de
      Richard Wilson, Cardiff, National Museum of Wales. V. Timothy Clayton, *The English
      Print, 1688–1802*, New Haven and London, Paul Mellon Centre for Studies in British Arts,
      Yale University Press, 1997, p. 190.

25   « Terror and horror are so far opposite, that the first expands the soul and awakens the
      faculties to a high degree of life », A. Radcliffe, « On the Supernatural in Poetry », *The New
      Monthly Magazine* n° 16-1, 1826, p. 151.

26   S. Mallarmé, *Œuvres*, éd. Y.-A. Favre, Paris, Classiques Garnier, 1985, p. 69.

27   *Ibid.*, p. 577–583.

naturaliste prétend à l'objectivité scientifique. Ce faisant, Thomson illustre néanmoins une tout autre détermination de l'art poétique. En plaçant la puissance naturelle au centre du tableau, le poète inspiré par la science ayant déchiffré les arcanes de l'univers, en réaffirme le sens mystérieux. Deux siècles plus tard, Cocteau, artiste de l'ère du discontinu anti-newtonien, réaffirme ce postulat de la voyance dans le poème liminaire du recueil *Opéra* (1927) :

> Accidents du mystère et fautes de calculs
> Célestes, j'ai profité d'eux, je l'avoue.
> Toute ma poésie est là : je décalque
> L'invisible (invisible à vous[28]).

En réintroduisant la terreur au sein d'une description naturelle désormais libérée de l'horrible incompréhension, Thomson souligne de façon caractéristique, à l'aube des Lumières, les limites de l'intelligible et la persistance de la question du sens au cœur du questionnement radical de la science moderne. Dépassant à sa manière l'antique querelle de la connaissance et de la poésie à laquelle fait allusion Platon au Livre X de la *République*, il réconcilie la description naturelle avec la créativité poétique. Alliant une solide formation scientifique à un authentique talent poétique, Thomson ne se borne pas à esthétiser la science ou pire, à la traduire en vers. Son entreprise singulière s'apparente à la démarche de l'astrophysicien-poète contemporain, Jean-Pierre Luminet, qui décrit son recueil *Itinéraire céleste*[29] (2004) comme la traduction de « l'inépuisable flux et reflux de l'espace intérieur en résonance poétique avec celui de l'espace cosmique », espaces à l'intérieur desquels « harmonie et désordre continuent de régner tour à tour[30] ». La topique de l'horreur naturelle dans les *Saisons* exprime une terreur sacrée qui n'est autre que le pôle inversé de la célébration par Thomson de la perfection du système harmonique de la nature.

---

28   J. Cocteau, « Par lui-même », *Opéra. Oeuvres poétiques, 1925–1927*, Paris, Stock, 1927, p. 9.

29   J.-P. Luminet, *Itinéraire céleste*, Paris, Le Cherche midi, 2004.

30   *Id.*, « Renaissance de la poésie scientifique, 1950–2010 », *La Poésie scientifique, de la gloire au déclin*, *Épistémocritique*, M. Louâpre, H. Marchal et M. Pierssens (dir.), site « Épistémocritique. Littérature et savoirs » : http://epistemocritique.org/, janvier 2014, p. 63.

Bibliographie

Œuvres et sources

Calvin, Jean, *Institution de la religion chrestienne*, Livre premier, éd. Jean-Daniel Benoît, Paris, Vrin, 1957.

Cocteau, Jean, *Opéra. Oeuvres poétiques 1925–1927*, Paris, Stock, 1927.

Dante, *La Divine Comédie*, trad. Henri Longnon, Paris, Classiques Garnier, 1999.

Dennis, John, *The Grounds of Poetry in Criticism, Contain'd in Some New Discoveries never Made Before, Requisite for the Writing and Judging of Poems Surely. Being a Preliminary to a Larger Work Design'd to be Publish'd in Folio, and Entituled, A Criticism upon Our Most Celebrated English Poets Deceas'd*. London, Geo. Strahan and Bernard Lintott, 1704.

Lewis, C[live] S[taple], *The Lion, the Witch and the Wardrobe*, New York, Harper Trophy, 1994.

Luminet, Jean-Pierre, *Itinéraire céleste*, Paris, Le Cherche midi, 2004.

Mallarmé, Stéphane, *Œuvres*, éd. Yves-Alain Favre, Paris, Classiques Garnier, 1985.

Newton, Isaac, *Principes mathématiques de la philosophie naturelle, traduit de l'anglois par feue Madame la Marquise du Chastellet* [Émilie du Châtelet], 2 vol., Paris, Dessaint & Saillant et Lambert, 1759.

Radcliffe, Ann, « On the Supernatural in Poetry », *The New Monthly Magazine* n°16–1, 1826, p. 145–52.

Sprat, Thomas, *History of the Royal Society for the Improving of Natural Knowledge*, éd. J. I. Cope et H. W. Jones, Saint Louis, Washington University Press et Londres, Routledge and Kegan Paul, 1968.

Thomson, James, *The Seasons*, éd. James Sambrook, Oxford, Clarendon Press, 1981.

Thomson, James, *Liberty, The Castle of Indolence, and Other Poems*, éd. James Sambrook, Oxford, Clarendon Press, 1986.

Virgile, *Les Géorgiques de Virgile, traduction nouvelle en vers français par M. Delille*, Paris, C. Bleuet, 1770.

Études

Clayton, Timothy, *The English Print, 1688–1802*, New Haven and London, Paul Mellon Centre for Studies in British Arts, Yale University Press, 1997.

Guidobo, Emanuela et Poirier Jean-Paul, *Quand la terre tremblait*, Paris, Odile Jacob, 2004.

Luminet, Jean-Pierre, « Renaissance de la poésie scientifique, 1950–2010 », *La Poésie scientifique, de la gloire au déclin*, *Épistémocritique*, Muriel Louâpre, Hugues Marchal et Michel Pierssens (dir.), site « Épistémocritique. Littérature et savoirs » : http://epistemocritique.org/renaissance-de-la-poesie-scientifique-1950-2010, p. 43–65.

Lyotard, Jean-François, *Le Postmoderne expliqué aux enfants. Correspondance, 1982–1985*, Paris, Galilée, 1988.

Otto, Rudolf, *Le Sacré. L'élément non rationnel dans l'idée du divin et sa relation avec le rationnel*, trad. André Jundt, Paris, Payot, 1995.

Rosenfeld-Löffler, Annette, *La Poétique d'Empédocle. Cosmologie et métaphore*, Berne, Peter Lang, 1983.

Starobinski, Jean, « André Chénier et le mythe de la régénération », *Savoir, faire, espérer. Les limites de la raison*, Bruxelles, Facultés Universitaires Saint Louis, 1976, vol. 2, p. 577–591.

Stock, Robert D., *The Holy and the Daemonic from Sir Thomas Browne to William Blake*, Princeton, Princeton University Press, 1982.

Perversion et imagination : la place de la nature dans deux romans de Révéroni Saint-Cyr

Jean-François Bianco

Jacques-Antoine de Révéroni Saint-Cyr retient essentiellement l'intérêt des lecteurs d'aujourd'hui grâce à *Pauliska ou la Perversité moderne*. Ce roman paraît en 1798 à Paris, chez Lemierre, dans un contexte favorable, car cette année est vraiment une année « noire ». On adule Ann Radcliffe[1]. On traduit *Le Moine* de Lewis et on l'adapte au théâtre de l'Émulation le 7 nivôse de l'an VI[2]. Même si l'œuvre de Révéroni ne peut être réduite à cette mode[3], on est forcé de la considérer dans l'horizon d'une veine alors florissante[4]. Dès lors une topique connue, attendue et constitutive se retrouve ici, dans cette occurrence un peu marginale mais bien apparentée au prototype : châteaux, corridors, miroirs, souterrains … C'est ce décor que Michel Foucault a évoqué puissamment dans un article déclencheur pour la renommée de Révéroni[5]. Il est question de sociétés secrètes, de complots, de persécutions, on parle de viol, de castration, d'enfermement. Ce dernier point a été étudié par Jean-Pierre

---

1 Voir A. M. Killen, *Le Roman terrifiant ou Roman noir de Walpole à Anne Radcliffe*, Genève, Slatkine reprints, 2000 [1967].

2 Il s'agit d'une « comédie » en cinq actes puis d'un mélodrame en trois actes de Cammaille Saint-Aubin et Ribié : voir A. M. Killen, *op. cit.*, p. 109 et p. 232. Cette œuvre n'eut pas un grand succès mais elle donna naissance à de nombreuses autres pièces inspirées du roman : voir A. Pitou, « Les Origines du mélodrame français », *Revue d'histoire littéraire de la France*, 1911, p. 256–296.

3 Pour l'arrière-plan esthétique et historique du genre, on peut consulter R. Mortier, « Roman noir et esthétique de la terreur », *Il « Roman noir », forme et significato antecedenti e posterità, Atti del XVIII convegno della società universitaria per gli studi di lingua e letteratura francese*, B. Wojciechowska Bianco (dir.), Genève, Slatkine, 1993.

4 C'est ce qui explique la phrase de Béatrice Didier : « C'est plutôt au genre noir finalement qu'il faut rattacher Révéroni Saint-Cyr. » (*La Littérature de la Révolution française*, Paris, PUF, 1988, p. 105). Cette interrogation marque aussi l'introduction de l'édition de 1976, qu'elle a proposée chez R. Deforges, où il apparaît que *Pauliska* se situe à la croisée du roman noir, de la science-fiction et même du roman d'initiation et du « roman romantique ». On peut voir la reprise de cette introduction dans *Écrire la Révolution 1789–1799*, PUF écriture, 1989, p. 229–243. Alice M. Killen avait d'ailleurs déjà distingué des nuances dans le roman noir : « Si Mrs Radcliffe représente le côté rationnel et plus sentimental de l'école de terreur, Lewis certainement représente tout ce qu'on y trouve de plus extravagant, de plus frénétique, de plus déréglé. » (*op. cit.*, p. 39).

5 Voir M. Foucault, « Un si cruel savoir », *Critique*, juillet 1962, p. 597–611.

Dubost[6] qui confronte logiquement Révéroni à Sade[7]. Cet imaginaire complexe et tourmenté exerce une réelle fascination. Le lecteur se souvient de Pauliska, prisonnière de l'étrange baron d'Olnitz, enfermée dans la chambre panoptique de la défunte baronne, et subissant les expériences terribles d'un maniaque des fluides et du magnétisme qui veut « inoculer » l'amour, reprenant et détournant ainsi une scène célèbre de *La Nouvelle Héloïse*. Mais si l'on a beaucoup évoqué toutes les formes de la perversité à propos de ce roman, on a peu développé la présence de la nature. Nous faisons l'hypothèse qu'il est légitime de réévaluer et de préciser sa place au milieu des artifices narratifs. Cette nature apparaîtra encore plus nettement si l'on confronte *Pauliska* au premier roman de Révéroni, paru en 1796 et en 1797, réédité en 1814 : *Sabina d'Herfeld, ou les Dangers de l'imagination*, dont le sous-titre est *Lettres prussiennes*. La rime en « a » du prénom des héroïnes, comme une anticipation de Pierre Benoît, n'est pas le seul écho qui résonne entre les deux œuvres. Les deux romans se touchent chronologiquement dans leur genèse et dans leur action ; ils se rencontrent aussi géographiquement. Même s'ils diffèrent sous de nombreux aspects – *Pauliska* est un roman-mémoires, *Sabina* un roman épistolaire – ils forment comme une petite série dont le thème central est l'amour. Le roman noir rattaché au modèle de Sade et le roman par lettres issu du moule de Laclos, avec leurs méchants bien campés, le baron d'Olnitz, savant fou et amoureux, et le major Lormer, émule de Valmont, de ses manipulations sournoises jusqu'à sa mort dans un duel, contiennent tous les deux un roman sentimental qui trouve son origine chez Jean-Jacques Rousseau. La nature donc, dans l'action et dans l'imagination des personnages, se révèle forcément déterminante, suivant le sillage de *La Nouvelle Héloïse*. La dynamique de l'action, la géographie du dénouement et la logique du récit permettent de préciser le rôle dramatique et esthétique de cette nature dans les deux dispositifs romanesques. On sait que le mot nature est éminemment polysémique. Nous considérons ici les paysages naturels abordés comme des unités de la narration. Mais il est évident qu'il existe un *continuum* entre la nature sensible et sentimentale des personnages, la nature extérieure des paysages et les forces de la nature manipulées par cette science qui hante *Pauliska*[8].

---

6 Voir J.-P. Dubost, « Le topos de la torture d'enfermement », *Violence et fiction jusqu'à la Révolution. Travaux du IXᵉ colloque SATOR*, Martine Debaisieux et Gabrielle Verdier (dir.), Tübingen, Gunter Narr Verlag, 1998, p. 433–443. L'analyse de Pauliska commence p. 437.

7 Voir A.-M. Schmidt, « Révéroni Saint-Cyr est-il un autre Sade ? », *Lettres nouvelles*, 15 avril 1959, p. 49–51.

8 Il y a trois publications contemporaines de *Pauliska* : celle des éditions Régine Desforges par Béatrice Didier en 1976, celle de Michel Delon chez Desjonquères en 1991 et celle d'Antoine

La nature dans la dynamique de l'action

C'est l'invasion de la Pologne par les Russes en 1795 qui déclenche l'action de *Pauliska* et la fuite de l'héroïne vers la Hongrie :

> Veuve à vingt-cinq ans, j'habitais la terre d'Alexiowitz, à trois lieues de Cracovie. Lorsque la diète des magnats se tint à Passaw, une grande partie de la Pologne était conquise, les Russes inondaient le pays ; en vain le respect porté à notre nom en imposa un instant au général Suvarow ; bientôt nos possessions furent dévastées comme ayant appartenu à un magnat polonais[9].

La métaphore de l'inondation guerrière est une catachrèse discrète ; elle s'efface derrière la violence du feu que les Russes allument au château de Pauliska, véritable catastrophe inaugurale. Mais c'est la symbolique du torrent et celle du fleuve qui se joignent pour exprimer le dynamisme du récit de fuite. Trois dynamiques, comme trois mouvements d'une symphonie, peuvent d'ailleurs être associées à l'eau à travers des situations bien définies qui constituent trois figures relevant de la topographie et de la symbolique : dans le torrent, au bord du lac et sous le fleuve. Le torrent est l'image de l'aventure risquée dans laquelle l'héroïne est contrainte de se jeter, jeune veuve avec son enfant de huit ans, pour fuir les Russes :

> À deux heures du matin, un clair de lune éclatant que j'aurais admiré ailleurs, me laissa voir les eaux bouillonneuses du torrent d'Alvina, que le fracas de leurs cascades annonce d'une demi-lieue. Il fallait le franchir, les eaux avaient crû considérablement par la fonte des neiges des hautes montagnes du Krapack. Il y avait du danger à passer[10].

Il faut passer néanmoins. Et c'est l'accident prévisible. La mère et l'enfant sont entraînés. Mais un miracle attendu et bienvenu fait que le héros amoureux joue son rôle de sauveur :

---

de Baecque, chez Payot, coll. « Rivages poche », en 2001. Pour *Sabina*, il faut se référer aux éditions anciennes que l'on peut consulter sur le Web.

9   *Pauliska ou la Perversité moderne*, édition établie et présentée par Michel Delon, Paris, Desjonquères, 1991, p. 32.

10   *Ibid.*, p. 36.

Le délire, l'eau que j'avalai, le désespoir subit de perdre mon fils, tout m'ôte la possibilité de décrire ce qui se passa en ce moment. Je sais seulement qu'en reprenant connaissance, je me vis sur l'herbe, fortement serrée contre mon enfant que mes bras roidis étouffaient, et ma tête appuyée sur les genoux du pauvre Pradislas ... Ce jeune ami nous avait suivis à travers bois, et au péril presque certain de sa vie, s'était élancé dans le torrent pour m'en arracher[11].

On a là une aventure initiale dans l'eau du torrent qui s'articule à la catastrophe inaugurale dans le feu des Russes. Le héros a le bon goût d'être chevalier de l'ordre de Malte, de vouloir quitter cet ordre, d'être tombé amoureux de l'héroïne dans une « explosion » de sensibilité et de devoir s'en séparer dans l'intérêt de l'action, pour essayer de la retrouver, malgré ses défauts et ses errances, dans l'intérêt du sentiment. Ces tribulations sont scandées par des arrêts sur image dans la nature. Cela nous conduit à la deuxième figure : le bord du lac. Dans ses pérégrinations, Pauliska traverse l'Europe :

Je passais par Milan et le Saint-Bernard, pour gagner le lac de Genève. Arrivée en cette ville, je m'informai de la position de la petite armée de C***. Je savais que le corps d'Ernest en était rapproché et je me dirigeai de Genève sur le pays de Vaud et les bords du lac Léman, pays céleste, site romantique que l'immortel Rousseau a gravé dans toutes les âmes et qu'on ne parcourt point sans ressentir le pouvoir de l'amour[12].

Comme par un heureux hasard narratif, elle retrouve le dénommé Ernest quelques lignes plus loin. Mais nous avons ici un véritable cliché touristique du « site romantique » qui produit un effet de réel en s'autorisant du fait que les *Mémoires* de Pauliska[13] prétendent ne pas être un roman et ne relater qu'une expérience vraie, selon un protocole bien connu. L'étape est très brève, mais la référence est forte. Ce passage fait écho à un moment antérieur de rêverie amoureuse au bord d'un lac. Pauliska, hébergée chez le baron d'Olnitz avant d'être enfermée chez lui, part à la recherche d'Ernest sur le chemin du lac de Falsback[14]. La femme amoureuse, près du lac et sous un arbre, se met à chanter une romance dont nous pouvons lire les trois couplets. Le lac y apparaît

---

11   *Ibid.*, p. 37.
12   *Ibid.*, p. 104.
13   Le sous-titre de l'œuvre est *Mémoires récents d'une Polonaise*.
14   *Pauliska, op. cit.*, p. 45.

comme le « miroir de l'effroi d'une amante[15] » – moment doux et présage funeste. Et malheureusement, cette fois-ci, le comportement d'Ernest déçoit profondément Pauliska. Mais la magie de la mélancolie lacustre a opéré pour le lecteur. Le lien entre romance, amour et nature rapproche *Pauliska* et *Sabina*. Les deux romans portent des romances qui scandent l'action.

La dernière figure topographique liée à l'eau a été souvent évoquée. C'est l'enfermement dans une cave, sous le Danube, dans le repaire de dangereux faux-monnayeurs. Il s'agit ici de l'eau qui pèse, qui suinte et qui menace de tuer. Mais c'est aussi par des « rubans flottants[16] » que le message salvateur de l'héroïne parvient à l'extérieur, ce qui conduira à sa délivrance et à l'arrestation des malfrats. Certes, s'évader est très difficile, mais l'eau du Danube permet malgré tout le passage de l'action, comme le torrent d'Alvina. Il apparaît ainsi que la nature dans *Pauliska* est plus qu'un simple cadre, mais un véritable vecteur de l'action. Dans son introduction au roman, Michel Delon insiste sur les lieux clos, sur les châteaux, mais aussi sur la Forêt-Noire « au nom emblématique ». Il souligne la transformation du paysage en état d'âme[17]. Mais on peut voir dans l'extrait qu'il convoque pour illustrer cette idée une autre orientation, complémentaire :

> J'avais donc acheté une bonne voiture à Genève, j'avais en outre un valet allemand, et jusque là, quoique toujours triste, la route ne m'avait offert que des détours faciles ; mais elle devint pénible dans ces montagnes à pic et boisées, où les chemins se disputent avec les torrents un étroit passage. À la vérité cette nature agreste et dure convenait à la situation de mon cœur. Ces abîmes me peignaient ceux où j'étais tombée, et ces ardoisières, teignant en noir les eaux qui descendaient dans la plaine, semblaient porter à leurs habitants le deuil de mon âme et jeter au loin des crêpes funèbres sur la verdure[18].

On a bien ici le paysage-état d'âme, mais l'on a aussi les torrents et un « étroit passage », où l'on peut considérer autant la difficulté d'accès aux lieux du mal, que la possibilité de l'aventure pour les traverser, surtout si l'on associe cela à cette communication fantasmagorique du deuil par les ardoisières. Les descriptions des paysages chez Révéroni ne sont pas développées et pittoresques

---

15   *Ibid.*, p. 46.
16   *Ibid.*, p. 100.
17   *Ibid.*, p. 11.
18   *Ibid.*, p. 105.

comme celles de Chateaubriand, leur concision les entraîne dans l'avancée de l'action à travers une image forte.

La guerre est déterminante dans l'histoire de *Pauliska* ; elle n'est pas aussi décisive pour l'intrigue, mais elle est présente[19] dans *Sabina*. Toutefois le but de l'action est ici d'entrer dans le jardin de l'héroïne, dans son ermitage rousseauiste, le *locus amoenus* intime aménagé à sa façon, thème classique qui s'impose comme la métaphore même de son identité cachée, protégée avec le langage des fleurs, qui n'offre pas ici un moyen un peu mièvre au service de la sentimentalité, mais qui montre que la nature est liée à l'intimité secrète de l'être. La dynamique narrative n'est pas ici celle de la fuite et de l'effraction aventureuse du torrent. C'est celle du siège, plus statique, de la femme-jardin.

Le but de l'amoureux Versen, comme celui du machiavélique Lormer qui le manipule, est de détourner Sabina, femme mariée et repliée sur elle-même, de son idéal platonique. Il n'est peut-être pas indifférent que cette Sabina, femme qui fuit les hommes et la sexualité, « ce charmant petit être anti-masculin[20] », vive à Berlin, lieu même où se trouve, dans *Pauliska*, la secte « féministe » des misanthrophiles, au nom explicite, qui s'empare pendant un temps d'Ernest Pradislas afin de l'utiliser comme cobaye pour les « amants à la Spallanzani », mannequins qui permettent de procréer sans le commerce du sexe masculin, grâce à l'insémination artificielle[21]. Il faut surtout montrer ici comment la nature joue son rôle déterminant dans les relations qui se tissent entre les deux protagonistes. Une scène est à ce titre emblématique dans l'avancée de l'action qui pousse Versen vers l'inaccessible Sabina. Le Céladon (c'est ainsi qu'il est désigné par le cynique Lormer) est amené à visiter, en l'absence des propriétaires, le domaine d'Herfeld, où vivent Sabina, qui a donné à Versen la clef de son ermitage , et son mari. Versen raconte cette visite dans une lettre à son ami Dorvil. Un domestique le conduit dans « l'appartement de Madame ».

---

19   Dans la préface du roman, *ibid.*, p. 11, on peut lire : « Je tiens ces caractères du Baron de H**, Officier Prussien fait prisonnier dans la guerre actuelle ». Il faut mentionner également l'éloge cynique de la guerre par le major Lormer (*ibid.*, p. 117). Nous citerons *Sabina* dans l'édition suivante : *Sabina d'Herfeld ou les Dangers de l'imagination ; Lettres prussiennes, recueillies par M. de St.-Cir*, Seconde édition corrigée et augmentée, Paris, Lemierre et Guillaume, 1797. Il y a un tome pour la Première partie et un autre pour la Seconde partie.

20   *Sabina, op. cit.*, p. 20.

21   Voir J. Castonguay-Bélanger, « La fabrique du vivant : procréation artificielle et ordre social dans le roman de la fin du XVIIIe siècle », *Penser l'ordre naturel, 1680–1810*, A. Paschoud et N. Vuillemin (dir.), Oxford, Studies on Voltaire and the Eighteenth Century, Voltaire foundation, 2012, p. 137–156.

Au haut de l'escalier une porte double m'a laissé voir un petit temple, au milieu une statue de Platon et des hiéroglyphes indéchiffrables pour moi. J'ai demandé la chambre, c'est la pièce voisine. Juge de mon étonnement quand je me suis vu dans un bosquet ! C'est un bois, un feuillage imité avec un art incomparable, au milieu est le lit de Mme d'Herfeld ... C'est une corbeille de fleurs. Hélas ! Leur reine y manquait ! Ce séjour a renouvelé mes impressions, mon esprit s'exaltait ; j'ai vu le moment où, oubliant mon guide, j'allais pousser ma curiosité jusqu'au délire[22].

Visiter la chambre d'une dame en son absence et voir son lit, c'est déjà une grande effraction. Mais se rendre compte que cette chambre est en vérité un bosquet ! Le lecteur, qui suit le visiteur et qui est emporté par sa lecture, peut croire en une transformation magique de la chambre en jardin. Bien sûr, cela arrive dans l'imagination du héros et cela se passe par « un art incomparable », mais cet effet de nature est réussi. Cette chambre-jardin montre bien qu'il y a là plus qu'un état d'âme : tout l'être de Sabina se trouve dans son bosquet, métaphore et métonymie à la fois. Cependant, cette intrusion n'est qu'un premier pas. Versen va découvrir ensuite le saint des saints, le fameux ermitage :

Après avoir traversé des jardins à l'anglaise agréablement coupés par des ruisseaux et des sentiers tortueux, nous avons passé par un petit pont, c'est la porte de l'Hermitage. Le premier objet qui a frappé mes yeux est un banc ombragé d'arbustes et couvert de bosquets, c'est le banc de Nina ; pour une fois c'est un fou qui s'y est assis ! Que n'ai-je pas senti à cette place[23] ?

Nina est la nièce de Sabina, dont elle a la charge. Versen prend sa place. C'est l'homme qui *prend la place*, stratégie de conquête libertine pour le malfaisant Lormer et de quête amoureuse pour le jeune Versen. Il a rencontré Sabina à l'opéra en prenant une place qui était réservée à la sœur et confidente de l'héroïne, sœur qui aura un rôle important dans le dénouement. La notion de remplacement pourrait être élaborée comme un mécanisme décisif de ce roman. Ce qui est frappant, c'est que la visite de cet ermitage constitue un mode de communication indirecte avec Sabina absente, grâce au langage des fleurs, mais grâce aussi à tout l'aménagement du lieu qui reflète l'âme de la femme, et qui donc la « remplace ». Sabina l'avait dit : « J'ai inventé un langage de fleurs

---

22   *Sabina, op. cit.*, t. I, p. 77–78.
23   *Ibid.*

qu'il devinera et saura bientôt, si son âme a besoin de communiquer[24]. » Le désir de Sabina est plus d'élever Versen dans son idéal platonicien, de l'intégrer à son idiome privé[25], que de s'abandonner à l'aimer. L'acte décisif du baiser dans la loge à l'opéra, qui va bouleverser Sabina et provoquer sa fuite, est déterminé dans l'esprit de Versen par le souvenir d'une scène bucolique dans le pré de Hentz : dans la communication par la nature qui oriente les relations entre Versen et Sabina, il y a un malentendu. Versen n'a pas pu devenir le « sylphe » rêvé par la sylphide. Après la scène du baiser volé, Sabina détruit son temple et transforme le jardin idéal en « bosquet des regrets[26] ». Comme le portrait de Dorian Gray, le jardin de Sabina vit de ses sentiments. Versen ne s'avoue pas vaincu, il va s'efforcer de revoir Sabina, l'histoire va repartir, et son obstination nous vaut une scène hautement emblématique :

> À huit heures, je me suis trouvé au pied du mur, sous les sapins qui ombragent le bosquet de Sabina. J'y étais à peine qu'une douce voix m'a annoncé la présence de celle que j'adorais ... Quel saisissement j'ai éprouvé ! ... Elle chantait cette romance[27] ...

Une femme exprime ses sentiments en chantant une romance dans un paysage choisi. Voilà un topos qu'on trouve dans le roman de Sabina comme dans celui de Pauliska. Dans le roman épistolaire comme dans le roman-mémoires, la nature et la musique s'associent pour scander la dynamique de l'action. L'un des vers de la romance dit naïvement que « tout est amour dans la nature. » Le romancier joue en fait avec des clichés retravaillés pour conduire ses personnages.

La géographie du dénouement

Dans la mise en scène romanesque de la nature, le dénouement doit être considéré à part. Il porte un sens géographique qui relie les deux romans. Pauliska vient terminer sa course dans le bonheur à Lausanne, Sabina vient mourir tragiquement de l'autre côté du pays, « sur la limite de la Suisse », au-dessus du

---

24   *Ibid.*, p. 40.
25   Voir *ibid.*, p. 62 : « Il connaît déjà les substantifs favoris de mon cœur : Nature et Amitié. » La leçon est claire.
26   *Ibid.*, p. 123.
27   *Ibid.*, t, II, Paris, Lemierre et Guillaume, 1797, p. 7.

lac de Constance. Les deux romans ont bien des frontières communes. Chaque récit propose une résolution aux désordres de l'amour. Les amoureux sont, des deux côtés, réunis ; là, dans une vie stable et bourgeoise, ici, dans une fin exagérément « romantique ». Les *Lettres prussiennes* opposent l'amour platonique à la sensualité ; l'aventure de la comtesse polonaise articule la poursuite d'un amour idéalisé à la traversée des perversités physiques. La solution est la réunion des protagonistes, pour la vie ou dans la mort.

Le dénouement de *Pauliska* réunit définitivement l'héroïne et Ernest Pradislas ; leurs deux histoires tumultueuses, après leur séparation, convergent à nouveau :

> Après plusieurs mois d'une liaison amicale et si douce après tant d'orages, un nœud plus saint encore vient de me lier à Ernest, et nous nous trouvons tous rassemblés à Lausanne, au sein de l'aisance et de la paix. – Là, épouse chérie, mère fortunée, si je verse quelques pleurs de confusion au souvenir de tant d'humiliations peu méritées, ils sont essuyés par l'amour, par des amis véritables et par le charme consolant d'une conscience pure et irréprochable[28].

Ce mariage heureux et cette bonne conscience proclamée peuvent laisser poindre une ironie. Cette interprétation se confirme si l'on se réfère à l'évocation d'un autre moment d'union d'Ernest et de Pauliska au début de l'histoire :

> M. d'Olnitz le reçut poliment [Ernest Pradislas] ; mais je le vis pâlir. L'instant d'après, il sortit et j'en fus ravie. Nous avions tant besoin de nous trouver ensemble, mon jeune ami et moi ! C'est ainsi qu'après l'orage, les oiseaux des champs se réunissent sous le feuillage, ils agitent leurs petites ailes, secouent à la fois les gouttes de pluie et leurs craintes, et gazouillent de nouveaux projets pour leurs amours[29].

Nous avons dans cette comparaison naturelle développée une mièvrerie que l'on peut dire sciemment concertée. Les clichés de l'orage et des oiseaux se joignent au zeugme pour figer le récit dans le lieu commun. Quand les amants sont séparés, les aventures les plus épouvantables leur arrivent. Quand ils sont réunis, le plus fade lieu commun de la nature emplie d'amour béat avec petits

---

28   *Pauliska, op. cit.*, p. 211.
29   *Ibid.*, p. 42.

oiseaux est plaqué comme un accord trop platement et manifestement conso-
nant pour être sans ironie[30].

La fin de *Sabina* présente un tout autre paysage. Versen, après avoir tué le
baron en duel, sombre dans la folie. Son ami Dorvill le conduit dans un asile,
au presbytère de Rosberg, au-dessus du lac de Constance. Sabina va mourir en
essayant de le revoir et, en mourant, elle va prendre une dimension mythique
aux yeux des enfants de Rosberg et devenir la mystérieuse « Dame blanche ».
Ce dénouement ne peut s'exprimer que dans un tableau pathétique :

> Trois mois se sont passés depuis le départ de Versen pour le Presbytère de
> Rosberg, près du Lac de Constance. J'arrive de l'Italie où rien n'a pu arra-
> cher de mon esprit le souvenir de mes amis infortunés ... Cœurs tendres
> et affligés ! Cœurs enthousiastes ! Ne voyagez pas en Italie ... ce n'est pas
> là qu'on oublie ... J'ai vu Vénus, j'ai vu l'Apollon, c'était eux ! ... J'ai entendu
> au conservatoire la voix céleste et plaintive d'Élisa ; c'était eux encore !
> Je n'ai admiré qu'avec mon cœur : les larmes obscurcissaient mes yeux,
> il n'était plus d'arts (*sic*) pour moi, tout était la nature, la nature sublime
> et ravissante, tout était Sabina et Versen ... Mais tout est devenu douleur,
> déchirement en descendant les côtes glacées des Alpes, en avançant vers
> ces rochers qui de chute en chute m'amenaient vers l'abîme du malheur,
> vers la sombre retraite de mon ami[31] ...

Ce voyage du souvenir, ce trajet des arts à la nature, associe les Alpes à l'amour,
à l'amitié et au malheur.

La logique du récit

Ces dénouements dévoilent dans chaque œuvre une logique du récit qui
conduit à un lieu lourd de sens. Les programmes narratifs présents dans les
titres, dénonciation de la « perversité moderne » et « dangers de l'imagination », organisaient la cohérence des propos, qui étaient en outre explicités
dans les préfaces. Ces logiques orientent l'interprétation de la nature. Avec
Pauliska, la nature est présente comme cadre, comme vecteur métaphorique
et comme référence, mais elle apparaît en creux et elle subit une triple per-
version : celle de l'horreur, celle de la guerre et celle d'une science maléfique

---

30   On peut consulter à ce propos V. Van Crugten-André, « Syncrétisme et dérision parodique
      dans Pauliska », *Revue d'histoire littéraire de la France*, 2001, 6, p. 1551–1571.
31   *Sabina, op. cit.*, t. II, p. 104. Forte antithèse entre les arts au pluriel et la nature unique.

au service de tous les complots. C'est ce que Révéroni appelle la « perversité moderne » qui renvoie ainsi à trois forces dénaturées : les artifices attendus du roman d'horreur, la violence brutale de la guerre en Pologne et le dévoiement de la science la plus récente. La nature est sous la torture, mais elle est là. Dans *Sabina*, la nature surgit dans la logique de l'imagination dont les dangers n'effacent pas les prestiges. Elle n'est pas un cadre et un symbole de l'action comme dans *Pauliska* ; elle contient elle-même l'action, parce qu'elle s'affirme à la fois comme une scène, comme un langage, comme un reflet des sentiments et des personnages. À travers la mécanique épistolaire démarquée de Laclos s'affirme aussi une forme d'ambition poétique. Mais remarquons bien que la logique de ces deux romans est loin d'être univoque. Le débat des deux amours, thème traditionnel, n'y est pas clairement tranché. Si le libertin épicurien et maléfique Lormer est condamné, il semble que Pauliska réagisse parfois de manière ambiguë face à certains procédés du baron d'Olnitz. D'autre part, on peut constater qu'il y a de l'imagination dans *Pauliska*, comme il y a de la perversité dans *Sabina*. On peut alors se demander ce qui est le plus *dangereux*.

La logique du récit permet également d'aborder des hypothèses symboliques. *Pauliska*, c'est l'eau ; *Sabina*, l'air. Ces associations bachelardiennes se construisent plus ou moins nettement au fil de la lecture. C'est plus que suggéré pour Sabina qui est une sylphide. Cela est moins explicite pour Pauliska, mais le rapprochement finit par s'imposer : son destin est marqué par l'eau et par le feu, qui dans le contexte du roman se distribuent les rôles : l'eau est plutôt à la nature sauvage, le feu à la guerre et à la science. Si l'on ajoute que le jardin de Sabina la rattache à la terre, on obtient un paysage complet. Même si, comme scientifique, Révéroni est convaincu que la chimie de Lavoisier a mis fin au règne des quatre éléments venus de l'Antiquité – c'est en tout cas ce qu'il dit dans son *Essai sur le perfectionnement des Beaux-Arts par les sciences exactes, ou Calculs et hypothèses sur la poésie, la peinture et la musique*[32] – le destin de ses héroïnes peut se comprendre à travers cet imaginaire ancestral. La musique doit être en outre considérée comme un cinquième élément pour Révéroni. On a constaté l'importance des romances dans les deux romans. Mais l'ingénieur militaire qu'il était a aussi écrit des livrets d'opéra. Comme on a placé Pauliska dans la perspective de Sabina, on peut ajouter Héléna et Éliza. Ainsi la série des prénoms féminins des premières œuvres de Révéroni s'allonge. La fascination pour les montagnes marque les premiers livrets de Révéroni, les Pyrénées où se déroule son opéra-comique *Héléna ou les Miquelets* donné

---

32   J.-A. de Révéroni Saint-Cyr, *Essai sur le Perfectionnement des Beaux-Arts par les sciences Exactes, ou Calculs et Hypothèses sur la poésie, la peinture et la musique*, Paris, Pougens, Henrichs, Magimel, 1803, p. 10.

en octobre 1793 au théâtre de la rue de Louvois, comme les Alpes, qui offrent avec les glaciers du Mont Saint-Bernard le cadre, et même plus le thème, voire l'esprit, de son opéra *Éliza ou le Voyage aux glaciers du Mont Saint-Bernard*, qui date de 1795, sur une musique de Luigi Chérubini, le célèbre auteur de *Médée*. On y trouve, avec une Suisse de carte postale et un ranz des vaches, une nature d'abord glaciale, neigeuse et dangereuse, lieu de la mort et du suicide, mais qui se fait, par la magie du dénouement, lieu de retrouvailles et de rédemption. On a là le cadre et presque le programme des deux romans, *Pauliska* et *Sabina*. Certes, dramatiquement et thématiquement, il y a des différences. Mais le Saint-Bernard d'*Éliza* entre en écho avec le refuge de Rosberg qui fait le finale de *Sabina*. *Pauliska* se rattache à *Héléna* par un autre aspect, celui de l'explosion finale, provoquée par le brigand Birbante dans l'opéra-comique et par l'illuminé Salviati, au château Saint-Ange, dans le roman.

La place de la nature dans *Sabina* et *Pauliska* constitue une part importante de l'esthétique romanesque développée par Révéroni, au carrefour de sa triple identité de soldat, d'ingénieur de l'école de Mézières et d'auteur éclectique. Il suit des protocoles connus. *Sabina* et *Pauliska* contiennent des références explicites à Rousseau. Il ne s'agit pas seulement du Rousseau de *La Nouvelle Héloïse*, il s'agit également du Rousseau herboriste, auquel il est fait allusion dans *Sabina*. Cette commune révérence rapproche deux œuvres qu'une lecture rapide peut trouver bien différentes. *Sabina* fait bien penser aux *Liaisons dangereuses*[33], *Pauliska*, outre Sade et sa *Justine*, peut éveiller un souvenir de Voltaire, car les aventures extravagantes de la comtesse polonaise évoquent aussi les tribulations de Cunégonde. Révéroni réussit toutefois à construire un imaginaire personnel qui ne s'incarne pas seulement dans la présence de la science, mais aussi dans le traitement de la nature, et qui, dans sa complexité, n'est pas entièrement réductible aux étiquettes du Roman noir, de la Sensibilité ou du Romantisme, même si ces grandes ombres imposent leur présence herméneutique.

---

33   La ressemblance entre Laclos et Révéroni a été notée par Béatrice Didier dans *Écrire la Révolution 1789–1799, op. cit.*, p. 229 : « Sa vie d'artilleur qui écrit pour se consoler de l'ennui des garnisons évoque invinciblement Choderlos de Laclos composant les *Liaisons* à l'île d'Aix. »

Bibliographie

Œuvres et sources

Révéroni Saint-Cyr, Jacques-Antoine de, *Pauliska ou la Perversité moderne*, édition établie et présentée par Michel Delon, Paris, Desjonquères, 1991.

Révéroni Saint-Cyr, Jacques-Antoine de, *Sabina d'Herfeld ou les Dangers de l'imagination*, Paris, Lemierre et Guillaume, 1797.

Études

Castonguay-Bélanger, Joël, « La fabrique du vivant : procréation artificielle et ordre social dans le roman de la fin du XVIIIe siècle », *Penser l'ordre naturel, 1680–1810*, Adrien Paschoud et Nathalie Vuillemin (dir.), Oxford, Studies on Voltaire and the Eighteenth Century, Voltaire foundation, 2012, p. 137–156.

Crugten-André, Valérie van, « Syncrétisme et dérision parodique dans *Pauliska* », *Revue d'histoire littéraire de la France*, 2001, 6, p. 1551–1571.

Didier, Béatrice, *Écrire la Révolution 1789–1799*, Paris, PUF, coll. « Écriture », 1989, p. 229–243.

Didier, Béatrice, *La Littérature de la Révolution française*, Paris, PUF, 1988.

Dubost, Jean-Pierre, « Le topos de la torture d'enfermement », *Violence et fiction jusqu'à la Révolution. Travaux du IXe colloque SATOR*, Martine Debaisieux et Gabrielle Verdier (dir.), Tübingen, Gunter Narr Verlag, 1998, p. 433–443.

Foucault, Michel, « Un si cruel savoir », *Critique*, n° 182, juillet 1962, p. 597–611.

Killen, Alice M., *Le Roman terrifiant ou Roman noir de Walpole à Anne Radcliffe*, Genève, Slatkine reprints, 2000 [1967].

Mortier, Roland, « Roman noir et esthétique de la terreur », *Il « Roman noir » forme et significato antecedenti e posterità, Atti del XVIIIe convegno della società universitaria per gli studi di lingua e letteratura francese*, Barbara Wojciechowska Bianco (dir.), Genève, Slatkine, 1993, p. 23–35.

Pitou, Alexis, « Les origines du mélodrame français », *Revue d'histoire littéraire de la France*, 1911, p. 256–296.

Schmidt, Albert-Marie, « Révéroni Saint-Cyr est-il un autre Sade ? », *Lettres nouvelles*, 15 avril 1959, p. 49–51.

DEUXIÈME PARTIE

Émergences.
Topoï naturels en contexte historique

∵

Les dessous de la terre dans quelques utopies narratives classiques

Isabelle Trivisani-Moreau

Dans les fictions narratives qui intègrent, plus ou moins longuement, un épisode ou une dimension utopiques, la place et le rôle de la nature réfèrent en tout premier lieu à l'idéologie portée par ces textes : ces questions peuvent croiser les valeurs prônées par les programmes utopiques qui mettent volontiers en avant une conformité à la Nature souvent articulée, non sans nuances, à la Raison ; elles peuvent aussi se combiner avec l'usage qui est fait de l'espace. Les réalisations utopiques débouchent souvent sur deux modèles spatiaux, l'île et la ville, qui ne fonctionnent pas sur le même plan : l'île dessine une clôture protectrice, délimite un espace ; le quadrillage urbain traduit, quant à lui, une occupation de l'espace fondée en Raison. L'urbanisation fréquente des utopies n'exclut pas pour autant de leur univers la Nature dont la valorisation est souvent manifeste dans l'alimentation des habitants : ceux-ci jouissent en effet des biens que la Nature leur prodigue soit par des dons spontanés, soit au prix d'une saine pratique agricole qui écarte les travers du luxe.

Le monde souterrain n'est pas l'espace le plus souvent sollicité dans ce genre de fictions : sa clôture présente des contraintes matérielles si fortes qu'elle semblerait plus à même de circonscrire un tombeau que d'offrir une enveloppe protectrice à l'égard de la corruption extérieure. Un tel monde ne fournit ni un habitat évident ni ne procure, comme le sol des campagnes, de quoi nourrir tout un peuple. Il revient pourtant dans plusieurs de ces textes à dimension utopique qui s'écrivent à la charnière des XVIIe et XVIIIe siècles. Que se passe-t-il dans de tels lieux ? Peut-on y identifier des configurations narratives récurrentes ? Ces dernières sont-elles à articuler au projet idéologique inscrit dans le projet utopique ou relèvent-elles de pratiques romanesques plus larges ?

Dans la mesure où il n'existe pas un modèle unique d'utopie mais presque autant de dosages divers entre narration et programme que de textes publiés, on s'appuiera de façon ponctuelle sur quelques-unes de ces œuvres complexes, *L'Histoire des Sévarambes* de Veiras (1675–1679 en anglais, 1677–1679 en français), *Les Aventures de Télémaque* de Fénelon (1699), *Les Voyages et aventures de Jacques Massé* de Tyssot de Patot (1714[1]), *Le Philosophe anglais ou histoire*

---

1 Selon A. Rosenberg, la date de 1710, portée par certaines éditions, est fictive. Voir *Tyssot de Patot and his work (1655–1738)*, Springer Science + Business Media, B.V., International Archives

de M. Cleveland, fils naturel de Cromwell de Prévost (1731–9) et l'*Histoire des Ajaoïens* de Fontenelle (éd. post. 1768²).

On regardera d'abord comment ces textes puisent dans un répertoire romanesque ancien pour exploiter une notion qui leur est utile et qu'on désignera par le terme de « passage ». On s'arrêtera ensuite à l'usage polémique de cette topique héritée qu'entraîne son utilisation en contexte utopique avant de s'intéresser à un motif spécifique, celui des mines, dans lequel on peut mesurer l'amorce d'un renouvellement de la topique souterraine.

Passages : emprunts au répertoire

Dans la présentation d'un volume collectif consacré à *L'Imaginaire du souterrain*, Aurélia Gaillard³ dresse une liste de différents lieux souterrains : « Puits, caves, cachots, grottes, antres, cavernes, gouffres, labyrinthes, galeries, égouts, cloaques, catacombes, tombeaux, hypogées, caveaux, cryptes, sous-sols ou simples trous … ». Une telle diversité, comme le remarque Éric Fougère dans le même volume⁴, débouche nécessairement, à travers les réalisations romanesques, et au delà de la question spatiale des formes, sur « un répertoire de significations complexes ». De ces lieux souterrains divers, des usages divers peuvent être faits sur le plan narratif, mais aussi sur le plan symbolique tant le poids des traditions littéraires et philosophiques qui ont investi de tels lieux leur confère un potentiel particulièrement riche : il suffit, pour le mesurer, de citer, dans l'Antiquité, la caverne platonicienne, le mythe de l'Atlantide ou celui de Trophonios ou de penser aux nombreuses catabases antiques réactivées par Dante dans sa *Divine Comédie*.

Au sein de ce vaste répertoire hérité, plusieurs textes puisent matière pour des scènes de passage : J.-M. Racault a montré comment les rites d'entrée et de sortie en utopie pouvaient recourir au monde souterrain⁵. C'est le cas chez Veiras dans le parcours qui conduit les naufragés vers le cœur du pays des

---

of the History of Ideas 47, 1972 et « The *Voyages et avantures de Jaques Massé* and the problem of the first edition », *Australian Journal of French Studies*, n°3, 1970, p. 271–288.

2 B. Le Boyer de Fontenelle, *Histoire des Ajaoïens*, éd. H.-G. Funke, Oxford, Voltaire Foundation, 1998. L'éditeur du texte propose une date de rédaction bien plus précoce, vers 1682 (voir p. VII).

3 A. Gaillard, Avant-propos de *L'Imaginaire du souterrain*, A. Gaillard (dir.), Paris / Montréal, L'Harmattan / Univ. La Réunion, 1997, p. 5.

4 É. Fougère, « Le monde en creux. Représentation romanesque de l'espace souterrain aux XVIIᵉ et XVIIIᵉ siècles », *L'Imaginaire du souterrain*, A. Gaillard (dir.) *op. cit.*, p. 156.

5 J.-M. Racault, *Nulle part et ses environs. Voyage aux confins de l'utopie littéraire classique (1657–1802)*, Paris, Presses de l'Université Paris-Sorbonne, 2003, p. 162–163 et 167–169.

Sévarambes : les hautes montagnes qui barrent la route aux voyageurs sont traversées grâce à un vaste passage qu'y ont creusé les autochtones. Mais les paroles ambiguës du guide indiquant « qu'il nous allait mener en paradis par le chemin de l'enfer[6] » provoquent la panique d'une partie de la troupe et entraînent une dramatisation de l'épisode. Il ne s'agit pourtant que d'un vaste tunnel utilisant un creux naturel de la roche qu'on a élargi : des marches ont été taillées, la voûte s'élève à trois toises et demie de hauteur et s'étend sur cinq toises de largeur[7]. Rien de commun avec l'étroit conduit qu'empruntent, chez Tyssot de Patot, Jacques Massé et son camarade La Forêt pour sortir du lieu utopique : leur ruisseau souterrain se rétrécit inexorablement, la proéminence de rochers risque à tous moments de bloquer définitivement leur avancée et de transformer le passage en un cul-de-sac bien plus mortifère qu'annonciateur d'une renaissance[8]. De même, l'accès au premier lieu utopique dans *Cleveland*, la colonie rocheloise de Sainte-Hélène, s'effectue par une « fente » « qui allait en serpentant » : l'étroitesse des lieux ne manque pas d'inquiéter le narrateur qui, lorsque le passage s'élargit pour aboutir à la sortie, peut enfin dire l'admiration suscitée par ce nouveau spectacle[9]. Ces topoï d'entrée ou de sortie par rapport au lieu utopique concrétisent sa dimension de monde à part.

En traversant ces passages, certains personnages sont comme hors d'eux-mêmes, à des degrés divers toutefois[10] : si la panique fait perdre un instant la tête aux voyageuses de Veiras, Jacques Massé et son compagnon connaissent un moment d'assoupissement dans leur embarcation. Ce ne sont que le heurt de celle-ci et la blessure du narrateur-personnage qui les ramènent à l'éveil ; par la suite, l'obscurité totale entretient une connaissance partielle des événements : « Il fait ici plus obscur qu'en Enfer », s'exclame La Forêt. Le toucher devient alors le seul moyen de chercher son chemin, non seulement en tâtonnant de la main et de la rame, mais aussi en usant de tout son corps pour évaluer à l'aveugle la profondeur de l'eau et les distances[11]. Pour compléter cette expérience sensible du lieu, ce sont, plus loin, des bruits qui sollicitent le sens de l'ouïe, toujours au détriment de la vue. Ces passages ont un double usage :

---

6   D. Veiras, *L'Histoire des Sévarambes*, éd. A. Rosenberg, Paris, H. Champion, coll. « Libre pensée et littérature clandestine », 2001 [1677–1679], p. 122.

7   *Ibid.*, p. 124, soit environ 6,3 m de haut sur 9 m de large.

8   S. Tyssot de Patot, *Voyages et aventures de Jacques Massé*, éd. A. Rosenberg, Paris / Oxford, Universitas / Voltaire Foundation, 1993, p. 145.

9   A. Prévost d'Exiles, *Cleveland. Le Philosophe anglais ou Histoire de M. Cleveland, fils naturel de Cromwell*, éd. J. Sgard et Ph. Stewart, Paris, Desjonquères, 2003 [1731], p. 185.

10   On peut rapprocher cet état de l'évanouissement évoqué parmi les épreuves topiques préparatoires à l'entrée en utopie relevées par J.-M. Racault, *Nulle part ...*, *op. cit.*, p. 159.

11   S. Tissot de Patot, *Voyages et aventures de Jacques Massé*, *op. cit.*, p. 145.

si l'entrée en utopie permet de les associer à une forme d'initiation et de naissance, leur reprise pour la sortie indique aussi à quel point ils représentent une expérience de la mort.

Pour *Les Voyages et aventures de Jacques Massé*, la dimension initiatique est particulièrement perceptible dans le parcours qui mène les trois aventuriers, Jacques Massé et ses deux compagnons, Du Puis et La Forêt, vers le lieu utopique. Dans ce roman, la part de la description de l'utopie est relativement réduite, au profit de la relation du voyage et de ses accidents. Au cours de leur longue marche, le narrateur sent brusquement le sol se dérober sous ses pieds : il trouve alors sous terre de vastes niches où des oiseaux ont installé leurs nids. Ces espaces souterrains paraissent ainsi dévolus à la naissance, mais l'une des cavernes, plus vaste et manifestement plus aménagée, abrite un squelette sur un banc ainsi que trois sépultures, avec, à chaque fois, des inscriptions dont l'interprétation partielle ne fait qu'accroître l'inquiétante solennité de l'épisode : les aventuriers ne tardent pas à expliquer ces rencontres comme une préfiguration du sombre destin qui les attend. De fait, c'est bien la mort qui fauche l'un des trois hommes, à l'orée même du lieu utopique. L'accès à ce dernier semble invinciblement bloqué par divers obstacles, des montagnes escarpées, un précipice ainsi qu'un étang. À force d'escalade, les aventuriers parviennent à se faire une meilleure idée du site et optent pour deux chemins différents : Jacques Massé et La Forêt, qui savent nager, passent par l'étang, tandis que Du Puis, après avoir repéré un endroit où la largeur du précipice ne dépasse pas deux pieds, entreprend un long détour par la marche. À quelques pas du point d'arrivée cependant, un éclat de roche se détache sous lui et il disparaît dans l'instant à jamais : le récit réalise ici le programme inscrit dans le nom même du personnage. Ambivalent, le monde souterrain, s'il ne se fait pas passage, risque fort de déboucher sur la mort : c'est le sort qui finira par atteindre chez Veiras le fidèle couple de Dionistar et Ahinomé poursuivie par la lubricité vengeresse de prêtres impudiques[12]. Dissimulés un temps dans un antre où ils ont fondé leur famille, ils sont retrouvés et choisissent de se trancher les veines et s'immoler par le feu au moment où leurs ennemis vont investir leur refuge.

Cette association à la mort est aussi manifeste dans les termes mêmes de Paradis et d'Enfer qui sont explicitement formulés, comme on l'a vu, par tel ou tel personnage au cours d'un passage : on peut ici penser, en dehors de l'utopie, à des épisodes de catabase. Dans le *Télémaque* existent, à des moments distincts, des moments relevant de la réflexion utopique et d'autres présentant une catabase : leur point commun est de produire un fort contenu de sens par le biais de l'espace. Le voyage y est utilisé non pas pour présenter réalisé dans

---

12   D. Veiras, *op. cit.*, p. 276–290.

le corps du texte un modèle de société idéale, mais pour amener, à travers la réflexion née d'exemples imparfaits, à une réalisation ultérieure par-delà le texte. Au delà de la mort, ce sont des questions politiques, idéologiques mais aussi métaphysiques qui se jouent alors.

Sacralisation souterraine et contestation

Dans le roman de Tyssot de Patot est rapportée une légende sur l'origine des anciens souverains du royaume utopique : le respect immérité qu'ils ont obtenu de leurs sujets tient au récit fondateur selon lequel ils seraient les uniques descendants des deux Jumeaux (devenus mari et femme) nés du Soleil et de la Terre. À la suite d'une dispute, le mari, en colère, heurte d'un coup de pied la Terre, provoquant une inondation de la matrice de celle-ci, ce qui éteint désormais en elle toute ardeur amoureuse. Mais cette cosmogonie est mise à mal par l'arrivée d'un Portugais, entré dans l'utopie par « un gouffre de montagne[13] » : le récit de son voyage fait comprendre aux habitants qu'ils ne sont pas, comme on le leur avait fait croire, les seuls habitants de la terre. La révélation de l'imposture rappelle la controverse qui, au moment des grands voyages de découverte, avait opposé l'Église aux sceptiques à propos des peuples de la terre non mentionnés dans le texte biblique. En faisant de la Terre leur origine, ces anciens souverains, qui profitaient de cette aura pour se conduire en tyrans, inscrivent ce mythe dans une problématique de l'imposture religieuse, ou au moins de l'erreur, récurrente dans nos œuvres. De même en effet, face aux craintes des femmes à l'entrée de la caverne, le sévarambe Sermodas de Veiras désamorce l'effroi lié à un « enfer imaginaire » :

> Je vois bien, me dit-il, en regardant nos femmes d'un air qui avec la pitié qu'il avait de leur faiblesse marquait encore l'envie qu'il avait de rire de leur erreur : Je vois bien que les pleurs et les gémissements de ces pauvres femmes procèdent d'une imagination dont il nous sera facile de les désabuser (...). Je vous ai dit par une espèce de raillerie que je voulais vous mener en paradis par le chemin de l'enfer ; et comme je n'ai pas voulu m'expliquer là-dessus, ni satisfaire aux demandes que vous m'avez faites, ces pauvres femmes, sans doute, se sont imaginées que je parlais sérieusement et que nous allions vous précipiter dans les enfers quand elles ont vu la caverne où nous devons passer. Mais pour leur mettre l'esprit en repos, je veux bien leur expliquer cette énigme et leur dire que cet enfer

---

13 S. Tyssot de Patot, *Voyages et aventures de Jacques Massé, op. cit.*, p. 106.

n'est qu'une voûte que nous avons fait pour la commodité du passage à travers du mont ; et que si nous ne passions par là, il nous faudrait faire un grand détour et monter jusqu'au sommet de ces hautes montagnes. C'est ce que j'ai nommé le chemin du ciel comme j'ai appelé ce chemin souterrain, le chemin d'enfer. Et voilà [e]n peu de mots l'explication de l'énigme[14].

En corrigeant une erreur d'interprétation, Sermodas pointe la dimension excessivement concrète et spatiale de la représentation de l'enfer que se font ces femmes, suggérant ainsi de dépasser la situation narrative pour une remise en question plus polémique des représentations de l'enfer. Cette dénonciation est plus nette dans le troisième épisode utopique de *Cleveland* où Mme Riding évoque son séjour chez les Nopandes et notamment leur reconstitution d'un enfer sur terre dans le fond d'un « affreux précipice » où a été aménagé un savant dispositif de circuits et de portes :

C'était l'entrée des ministres intérieurs. Ils habitaient le fond du précipice. Leur emploi était d'y entretenir perpétuellement un grand feu, dont les flammes s'élevaient assez pour être aperçues au-dehors. Ce feu se nommait l'enfer, et les ministres portaient le nom de diables.

Vous concevez que cet appareil redoutable était destiné à la punition des crimes. (...) L'espace qui était entre les deux portes avait assez d'étendue pour contenir un grand nombre de spectateurs, et la disposition du terrain, qui allait en descendant, laissait voir par-dessus le second mur jusqu'au fond du gouffre. Le feu qu'on ne manquait pas de redoubler dans ces occasions funestes, rendait le spectacle d'autant plus affreux que c'était toujours la nuit qu'on choisissait pour l'exécution. En livrant le criminel aux ministres intérieurs, on l'accablait d'imprécations, comme une victime dévouée à la colère divine, et la porte se fermant aussitôt, on redoublait l'horreur par des cris[15]...

Érigé en spectacle, l'enfer ne semble avoir d'intérêt que pour sa fonction, jouer sur la peur pour pousser à bien agir, ce qui amène le lecteur à s'interroger sur une telle forgerie : au delà de cette reconstitution, l'enfer des chrétiens ne serait-il pas, comme les Enfers des païens, une simple imposture ? La mise en scène d'une punition souterraine avait déjà été exposée par Veiras lorsqu'il expliquait comment l'imposteur Stroukaras était parvenu à se débarrasser

---

14   *Ibid.*, p. 123.
15   A. Prévost d'Exiles, *op. cit..*, p. 934–935.

de ceux qui tentaient de dénoncer ses manœuvres. Après avoir ordonné de creuser une grande fosse où il a fait placer des matières combustibles recouvertes d'une feuillée, il feint de convoquer une assemblée pour débattre et demande au Soleil de réaliser un miracle en sorte de départager les adversaires : la terre devra engloutir ceux qui ont tort. Au « signal[16] », la « ruse détestable » ne manque pas de faire « abîmer dans la fosse profonde les innocents infortunés qui étaient assis dessus, & l'on vit sortir incontinent après une épaisse fumée qui fut suivie de flammes dont toute la feuillée & le bois qu'on avait mis dessus furent embrasés. » Une même punition-spectacle est également dénoncée dans les *Voyages et aventures de Jacques Massé* : faussement clément, le roi prétend adoucir une sentence par un appel au Tribunal de l'Esprit Universel. La prière qu'il y prononce est une mise en scène masquant l'usage d'une chausse-trappe par laquelle sont définitivement engloutis ceux qui ont osé douter du mystère de la naissance des rois. Le décodage ludique des mystères associés à ces lieux souterrains conduit à la dénonciation des erreurs et des mensonges : comme la caverne platonicienne, mais nettement orienté vers une remise en question des croyances religieuses qui s'explique chez des auteurs peu ou prou en conflit avec le catholicisme, il invite à un voyage dans le domaine des idées, à une interrogation sur l'apparence et à une recherche de la Vérité.

Usages des mines

Au delà de ces significations issues du répertoire traditionnellement associé au monde souterrain, le recours à celui-ci fait également apparaître dans le corpus défini la question des ressources qu'il peut apporter : pas de champignonnière dans cet ensemble, tout au plus quelques usages pharmacologiques dans l'*Histoire des Sévarambes* où le tunnel abrite « divers grands pots de terre et d'autres de métal et de verre pleins de diverses drogues qui servaient à la médecine et que l'on fait préparer dans cet endroit à cause du froid et de l'humidité du lieu[17] ». Ce sont en fait surtout les mines qui figurent dans les utopies. Dans la mine se trouvent en effet des matières premières révélatrices des valeurs et des choix d'une société. Pour ces bâtisseurs que sont les habitants d'utopie, on ne saurait s'étonner que les mines fournissent des matériaux utiles : le fondateur Sevaris a eu la chance de trouver une montagne faite « d'un certain rocher blanc fort facile à tailler & dont on se pourrait servir commodément pour les

---

16   D. Veiras, *Voyages et aventures de Jacques Massé, op. cit.*, p. 265.
17   *Ibid.*, p. 124.

édifices qu'il avait projetés[18] » : cette « espèce de marbre » « de plusieurs couleurs » servira à la construction du temple et de la ville de Sevarinde. Après lui, un autre souverain « grand naturaliste[19] », Sevarkhemas VIe, trouve d'autres mines de riches métaux. L'or, qui en fait partie, a une valeur strictement ornementale « car on n'en fait point de monnaie en ce pays-là où elle n'est pas nécessaire & où même l'usage en est défendu par les lois fondamentales de l'Etat[20]. » De même, l'épisode de la Bétique du *Télémaque*, sans relever directement de l'utopie, y fait écho par le recours au modèle régressif de l'âge d'or. Dans ce paysage pastoral encore exempt du commerce, il existe des mines :

> Il y a plusieurs mines d'or et d'argent dans ce beau pays. Mais les habitants, simples et heureux dans leur simplicité, ne daignent pas seulement compter l'or et l'argent parmi leurs richesses. Ils n'estiment que ce qui sert véritablement aux besoins de l'homme. Quand nous avons commencé à faire notre commerce chez ces peuples, nous avons trouvé l'or et l'argent parmi eux employés aux mêmes usages que le fer, par exemple pour des socs de charrue[21].

C'est le même renversement dans l'usage des métaux que l'on rencontre chez les Ajaoïens de Fontenelle. Dans leur île se trouvent des mines de fer, d'or, d'argent :

> Les montagnes du midi sont pleines d'or, mais il n'y a que deux mines ouvertes, où chacun en va tirer selon qu'il en a besoin. Celles qui sont vers le milieu fournissent l'argent qui est d'un plus grand usage parmi ce peuple : car ils en font tout ce que nous faisons de terre, d'étain et de cuivre. La raison de cela est qu'on ne trouve dans toute l'isle aucun de ces métaux, et que, s'ils ont de la terre propre pour la poterie, ils ne savent pas la travailler. Ils se servent de même de l'or pour les choses où nous employons le plomb, comme pour couvrir les édifices publics[22] ...

Au delà du mépris pour l'or déjà présent chez Thomas More[23], divers traits utopiques sont ici présents et notamment la relativisation des valeurs : l'or ne

---

18   *Ibid.*, p. 169.
19   *Ibid.*, p. 192 et p. 237.
20   *Ibid.*, p. 192.
21   F. de Salignac de la Mothe-Fénelon, *Les Aventures de Télémaque*, éd. J.-L. Goré, Paris, classiques Garnier poche, 2009 [1699], VII, p. 263.
22   B. Le Boyer de Fontenelle, *op. cit.*, p. 17–18.
23   *Ibid.*, p. 18, n. 4.

suscite pas d'intérêt majeur ni de spéculation, il est disponible pour tous. L'argent présente plus d'intérêt, mais pas parce qu'il aurait plus de prix : il s'agit tout simplement d'une adaptation de la société aux ressources naturelles dont elle dispose ou également aux techniques qu'elle a su développer. La méconnaissance de l'artisanat de la poterie témoigne moins de la faiblesse du développement technique que d'une absence de corruption par le luxe. L'évocation des mines va d'ailleurs plus loin chez Fontenelle :

> Les montagnes qui sont dans la partie orientale de l'isle renferment assez de trésors pour contenter l'avidité des peuples les plus avares de notre Europe. Mais la plus grande partie reste ensevelie dans leur sein d'où les Ajaoïens ne les tirent qu'autant qu'ils en ont besoin pour leurs usages. Trois montagnes des plus septentrionales renferment une si grande quantité de fer, que, quoiqu'on en tire continuellement et qu'on en ait toujours tiré depuis plus de deux mille ans que cette isle est peuplée, cependant ces mines sont aussi abondantes que si on ne faisait que les ouvrir[24].

La présentation insiste d'abord sur un usage raisonné des ressources fossiles, ce qui n'empêche pas dans un deuxième temps d'évoquer un usage plutôt massif : c'est qu'il s'agit alors plutôt de mettre l'accent sur l'abondance qui montre l'élection de la terre utopique dans un geste littéraire qui éloigne d'un programme réaliste. La question des ressources fossiles pose en effet un problème dans toute construction utopique : elle est profondément liée à la nature des sols, forcément variable selon les territoires dans lesquels se situe une société utopique. Se focaliser sur une situation d'abondance en ce qui concerne des ressources fossiles nécessairement inégalement réparties sur le globe compromet la recherche d'une rationalité universelle fondatrice dans la définition d'un modèle utopique. On peut comprendre que la plupart des œuvres intégrant de l'utopie préfèrent se pencher sur une agriculture plus universellement transposable : ainsi Fénelon, qui évoque des mines en Bétique, n'en parle pas à Salente, malgré des remarques sur les métaux précieux, et privilégie la production des richesses par l'agriculture.

De tels usages de la mine répondent à des objectifs attendus de l'utopie, l'inversion des valeurs européennes ou la peinture de l'abondance. Chez Tyssot de Patot toutefois, la place accordée à la question de la ressource se fait plus conséquente. On trouve ainsi une ample description du paysage minier, mais aussi des machines d'extraction, des fourneaux, des forges, de tout le travail de

---

24   *Ibid.*, p. 17.

la mine avec ses difficultés et ses dangers. On découvre d'abord des mines de
fer, puis de charbon, et plus encore :

> Je compris fort bien, par ce qu'ils me [d]irent en suite, que toute cette
> chaîne de Montagnes, qui sert de Barrière à ce beau Païs, est proprement
> le Magasin d'où ces Peuples tirent une partie de leurs Richesses, & des
> choses qui sont pour la Plûpart utiles dans la Société ; comme des Pierres
> pour bâtir, d'autres pour faire de la Chaux, du Sel, qui quoi que différent
> du nôtre, ne laisse pas d'être fort bon ; de l'Etain très fin, du Cuivre rouge,
> mais en fort petite quantité, & encore coûte-t-il beaucoup de peine, & la
> vie de bien des hommes[25].

Il s'agit ici d'indiquer quels sont les richesses et les moyens dont la société
utopique se sert dans son fonctionnement ordinaire. De telles indications
écartent l'utopie de l'abstraction et de l'idéal pour l'inscrire dans le concret. La
question de la ressource peut d'ailleurs se cumuler avec d'autres valorisations
de l'utopie : l'évocation de l'aplanissement de certaines montagnes vidées de
leur charbon pour les besoins de la vie quotidienne s'éloigne de la peinture
idéalisante d'une inépuisable abondance pour indiquer l'ancienneté de cette
industrieuse société[26] ; la lecture du paysage nourrit ici, malgré l'amenuise-
ment des ressources, une profondeur du temps qui anoblit.

Tyssot de Patot entre imaginaire individuel et transformations d'une époque

L'intérêt pour les ressources minières fait écho chez Tyssot de Patot à toute
une série de passages qui recourent au monde souterrain : certains, on l'a vu,
relèvent de l'idéologie utopique ou de sa contestation, mais les échos et les
articulations d'ordre narratif intégrant le monde souterrain sont aussi nombreux et ne se limitent pas aux navigations souterraines d'entrée et de sortie de
l'utopie. À l'intérieur même de l'espace utopique, la référence souterraine est
convoquée de différentes manières en s'inscrivant plus profondément dans le
tissu narratif. Ainsi la description des mines est-elle rattachée à l'installation
progressive du héros dans son nouveau pays d'accueil : une fois établis, le narrateur et son compagnon sont invités à participer à une expédition qui leur fait
découvrir le pays et, très rapidement, des mines. Au cours de leur visite survient

---

25   S. Tyssot de Patot, *Voyages et aventures de Jacques Massé, op. cit.*, p. 82.
26   *Ibid.*, p. 95.

un accident : un ouvrier se blesse et, sous l'effet de la douleur, prononce le nom de « Christ[27] ». Ainsi les échanges sur la religion des habitants se trouveront-ils ultérieurement motivés au plan narratif par la curiosité qu'a suscitée chez le narrateur ce cri inattendu. La mine se trouve également intégrée dans un système de punitions au sein du programme utopique[28] : c'est le travail « au fond d'une Mine obscure, où la lumière du Soleil ne saurait atteindre » qui constitue la peine la plus grave contre « le péché le plus énorme » qu'est le blasphème. La mine-punition – et prison – se voit plus tard confirmée dans cette fonction quand un jeune homme est condamné à vingt ans de mines pour tentative de parricide[29]. De même, le travail d'extraction recevra un écho dans la narration quand il faudra aller chercher des métaux pour la fabrication d'une horloge, ce qui est le métier de La Forêt[30].

Ajoutée aux autres cavernes qui émaillent le parcours aventureux du héros, cette abondance de recours au monde souterrain témoigne des préférences de l'imaginaire d'un auteur qui, en 1720, produira un nouveau roman, *La Vie, les aventures et le Voyage de Groenland du Révérend Père Cordelier Pierre de Mesange* : au royaume de Rufsal, qui n'est pas une utopie, la ville et l'habitat souterrains touchent à une idéalisation parce qu'ils permettent de se protéger du froid du Groenland. Mais le monde souterrain est à nouveau sollicité lors de l'évocation d'un passage par un conduit bien plus réduit encore que celui qu'avait traversé Jacques Massé : il faut, cette fois, y ramper[31]. Ce rite d'entrée a pour fonction d'introduire un personnage au séjour des Bienheureux dans le cadre d'une description relevant non de la construction utopique mais partiellement de la polémique religieuse et aussi d'une imagination plus fantaisiste.

Dans les *Voyages et aventures de Jacques Massé* c'est aussi après la partie située en utopie que le motif souterrain se manifeste : une fois sorti du pays, le narrateur retrouve des compagnons. La robinsonnade collective qui s'ensuit relève encore à certains égards de l'utopie mais se voit troublée par un tremblement de terre qui modifie le relief, fait disparaître une fontaine et perturbe le système hydraulique. L'événement est l'occasion d'un ample échange qui permet d'exposer plusieurs débats scientifiques articulés les uns aux autres : y trouvent notamment place les questions du Déluge, des montagnes creuses

---

27 *Ibid.*, p. 82.
28 *Ibid.*, p. 85–86.
29 *Ibid.*, p. 119.
30 *Ibid.*, p. 141.
31 S. Tyssot de Patot, *La Vie, les aventures et le Voyage de Groenland du Révérend Père Cordelier Pierre de Mesange. Avec une Relation bien circonstanciée de l'origine, de l'histoire, des mœurs, et du Paradis des Habitans du Pole Arctique*, Genève, Slatkine Reprints, 1979 [1720], p. 147.

et de la circulation des eaux. L'usage du monde souterrain va au-delà des deux enjeux de la narration et du programme utopique en accordant une place à une approche scientifique. Protestant réfugié aux Provinces Unies où il a gagné sa vie en enseignant les mathématiques et les sciences, Simon Tyssot de Patot (1655–1738) n'a pas fait la carrière qu'il espérait dans ces domaines : c'est seulement à l'approche de la soixantaine qu'il publie ce roman dans lequel la science constitue un véritable opérateur de la fiction[32]. Dans ces voyages où l'utopie, bien qu'occupant une place centrale, revêt une importance relativement modeste, le parcours du héros est souvent l'occasion de revisiter le monde envisagé à l'aune de questionnements scientifiques que les progrès de l'époque obligent à réactualiser dans une perspective souvent, mais pas uniquement, religieuse. En certains endroits, cette intention scientifique relève de la polémique, mais elle vise aussi souvent la vulgarisation scientifique. Globalement, le rapport aux données scientifiques est souple et hésite entre les régimes. Les références sont plus ou moins identifiables, la connaissance que l'auteur a des écrits scientifiques de son époque semble incomplète, l'on peut aussi s'interroger sur sa compréhension de ces textes, mais surtout sur ce qu'il cherche à en restituer : la liberté d'écriture propre au genre romanesque l'a conduit à un usage discrétionnaire et complexe de ce dont il a fait un matériau littéraire.

Ainsi, dans le cours d'une conversation, est-il question d'un double crochet de fer, identique à ceux « dont on se sert en mer pour arrêter les grands vaisseaux[33] » (une ancre), qui aurait été trouvé en creusant une montagne : cela permet de prouver qu'autrefois la mer recouvrait ces reliefs. Une telle indication situe l'ouvrage dans le cadre des débats scientifiques contemporains sur la question de l'eau et du feu souterrains pour expliquer l'origine et la conformation de la terre. Les balbutiements de la géologie[34] s'ancrent notamment dans la IVe partie des *Principia Philosophiae* (1644) de Descartes, qui élabore une géogénie, une histoire de la Genèse du globe terrestre, fondée sur la formation de couches concentriques durcies et séparées les unes des autres par des zones d'air et d'eau : selon un principe mécaniste, ces zones expliquent des effondrements de couches et les accidents du relief. Une telle explication a nourri le mythe des terres creuses. La traduction française de l'ouvrage de

---

32   J.-P. Sermain, *Métafictions (1670–1730). La réflexivité dans la littérature d'imagination*, Paris, H. Champion, coll. « Les Dix-huitièmes siècles », 2002, p. 238.

33   S. Tyssot de Patot, *Voyages et aventures de Jacques Massé*, *op. cit.*, p. 95.

34   Voir Fr. Ellenberger, *Histoire de la géologie*, t. I *Des Anciens à la première moitié du XVIIe siècle*, Paris, Technique et documentation – Lavoisier, coll. « Petite collection d'Histoire des sciences », 1988 et t. II *La grande éclosion et ses prémices*, 1660–1810, 1994 ; G. Gohau, *Une Histoire de la géologie*, Paris, Seuil, 1990 [1987] et *Les Sciences de la terre aux XVIIe et XVIIIe siècles. Naissance de la géologie*, Paris, Albin Michel, 1990.

Descartes (1647) comporte des planches qui ont pu frapper des lecteurs comme Tyssot de Patot. Un autre livre évoquant les mondes souterrains a pu aussi, par son appareil iconographique, jouer un rôle de sensibilisation : il s'agit du *Mundus subterraneus* publié par Athanase Kircher en 1665. Orné de cartes, cet ouvrage au contenu théologique et cabalistique est parfois considéré comme un des premiers traités de géologie[35]. En 1681 Thomas Burnet publie une *Telluris theoria sacra* qui entend concilier théorie cartésienne et texte biblique : réédité et traduit en anglais, l'œuvre connaît un certain succès qui annonce d'autres théories de la terre paraissant à sa suite. Une telle floraison nous renseigne sur la façon dont les sciences ont pu contaminer la fiction littéraire et éventuellement se rencontrer avec d'autres textes sensibles au potentiel littéraire de l'imaginaire souterrain – on pense ici notamment à *Riquet à la houppe* et à la propagation d'une matière folklorique dans le conte[36] et la littérature mondaine à la fin du XVIIe siècle. L'homme de sciences qu'était Tyssot de Patot a peut-être aussi eu connaissance du texte qui, aux yeux des scientifiques d'aujourd'hui, constitue l'apport majeur dans le domaine de la géologie : il s'agit du *Prodromus* (1669) rédigé par le danois Sténon, qui, à partir de remarques antérieures sur les fossiles, explique le rôle de l'eau dans le processus de sédimentation et a joué par là un rôle fondateur dans la science de la stratigraphie en expliquant l'horizontalité, l'entassement successif des couches du sol et les phénomènes d'érosion. En 1693 paraît en outre une version courte de la *Protogée* de Leibniz[37], nourrie des apports antérieurs, mais s'intéressant aussi à la diversité de la formation des montagnes sous l'action de l'eau et du feu. Ailleurs dans le roman, Tyssot de Patot s'arrête sur la chaleur de certaines eaux minérales souterraines[38], sur l'explication du fonctionnement

---

35   Voir la bibliographie des textes présentant des mondes souterrains établie par G. Costes et J. Altairac, *Les Terres creuses : traité non moins utile que délectable de la présence de grottes, cavernes, cavités, gouffres, abîmes, « tunnels extraordinaires », mondes souterrains habités et autres terres creuses dans les romans (populaires ou non), à conjectures rationnelles, y compris les récits préhistoriques comportant icelle ou icelui, autant que les essais, lesquels jusques à présent l'on n'a peu ou prou ouy parler : bibliographie géo-anthropologique commentée des mondes souterrains imaginaires et des récits spéléologiques conjecturaux*, Amiens / Paris, Encrage / Les Belles Lettres, 2006.

36   Voir dans ce volume, l'article de M. Jeay.

37   G. W. Leibniz, *Godefridi Guilielmi Leibnitii Protogaea sive de prima facie telluris et antiquissimae historiae vestigiis in ipsis naturae monumentis dissertatio*. Lorsque paraît en 1714 le roman de Tyssot de Patot, la *Protogée* de Leibniz n'est pas encore publiée : elle ne le sera qu'en 1749. Toutefois, comme l'a indiqué Fr. Ellenberger (*op. cit.*, t. II, p. 138–141) le texte avait circulé auparavant non seulement par la publication d'un bref condensé dès 1693, mais aussi par la voie manuscrite, ce dont témoigne, dans l'*Histoire de l'Académie des Sciences* de 1706, un commentaire rédigé par Fontenelle.

38   S. Tyssot de Patot, *Voyages et aventures de Jacques Massé, op. cit.*, p. 81.

des volcans[39] en évacuant toute superstition ; ce dernier point est aussi l'occasion de s'engager sur une voie plus technique, celle de la fabrication du verre[40].

Ainsi le texte de Tyssot de Patot semble-t-il bien moins nourri par un modèle pastoral idéalisant que par ses lectures scientifiques qui l'amènent à intégrer les hypothèses contemporaines sur la géologie, mais peut-être aussi une réalité économique du temps, l'extraction de ressources minières, comme le charbon, utilisées dans les manufactures qui se multiplient. Il témoigne sans doute d'un contexte favorable à la production de fictions recourant plus souvent au monde souterrain : l'inventaire des « voyages au centre de la terre » dressé par J.-M. Racault[41] ne fait guère apparaître qu'« un roman d'une imagination échevelée et délirante » (*The Blazing wold* de Margaret Cavendish en 1666) avant le texte de Tyssot de Patot alors que la suite du xviiie siècle verra des publications plus nombreuses, comme *Lamékis* de Mouhy (1735–1738), le *Voyage souterrain de Nicolas Klimius* d'Holberg (1741), ou l'*Icosameron* de Casanova (1788) : par le biais de l'entre-lecture, les *Voyages et aventures de Jacques Massé* ont peut-être joué un rôle dans l'extension du motif souterrain au delà des simples topoï d'entrée et de sortie.

L'enquête sur les usages du monde souterrain dans le corpus de textes partiellement utopiques choisi fait apparaître une certaine mixité qui articule diversement, mais surtout selon une évolution dans le temps, leur double dimension, narrative et idéologique. Aux topoï hérités de passage, localisés dans des seuils de l'utopie et proprement narratifs s'ajoutent ceux qu'explique la dimension idéologique des utopies dans le cadre d'une contestation des croyances. Mais au-delà des attentes du genre, la greffe des questions politiques entraîne une dissémination de la matière souterraine assez largement au cœur de la narration, avec notamment la présence du motif des mines : la stimulation par les préoccupations politiques, économiques, mais aussi scientifiques d'une époque – la charnière entre xviie et xviiie siècles – comme le montre le roman de Tyssot de Patot, apparaît ainsi comme le ferment d'une rénovation de la topique romanesque liée au monde souterrain.

---

39   *Ibid.*, p. 100.
40   *Ibid.*, p. 101.
41   J.-M. Racault, *L'Utopie narrative en France et en Angleterre 1675–1761*, Oxford, Studies on Voltaire and the eighteenth century, 280, 1991, p. 257–262.

Bibliographie

Œuvres et sources

Burnet, Thomas, *Telluris theoria sacra, orbis nostri originem et mutations generales quas aut jam subiit, aut olim subiturus est, complectens*, Londini, G. Kettilby, 1681.

Descartes, René, *Principia philosophiae, Amstelodami*, L. Elzevirius, 1644.

Kircher, Athanase, *Mundus subterraneus*, Amstelodami, J. Janssnius et E. Weyerstraten, 1665.

Le Boyer de Fontenelle, Bernard, *Histoire des Ajaoïens*, éd. H.-G. Funke, Oxford, Voltaire Foundation, 1998 [1768].

Leibniz, Gottfried Wilhelm, *Summi polyhistoris Godefridi Guilielmi Leibnitii Protogaea sive de prima facie telluris et antiquissimae historiae vestigiis in ipsis naturae monumentis dissertatio*, Goettingae, Ch. L. Scheidius, 1749.

Prévost d'Exiles, Antoine, abbé, *Cleveland. Le Philosophe anglais ou Histoire de M. Cleveland, fils naturel de Cromwell*, éd. J. Sgard et Ph. Stewart, Paris, Desjonquères, 2003 [1731–1739].

Salignac de la Mothe-Fénelon, François de, *Les Aventures de Télémaque*, éd. J.-L. Goré, Paris, classiques Garnier poche, 2009 [1699].

Steensen, Niels (Sténon), *Nicolai Stenonis de solido intra solidum naturaliter contento dissertationis prodromus*, Florentiae, 1669.

Tyssot de Patot, Simon, *Voyages et aventures de Jacques Massé*, éd. A. Rosenberg, Paris / Oxford, Universitas / Voltaire Foundation, 1993 [1714].

Tyssot de Patot, Simon, *La Vie, les aventures et le Voyage de Groenland du Révérend Père Cordelier Pierre de Mesange. Avec une Relation bien circonstanciée de l'origine, de l'histoire, des mœurs, et du Paradis des Habitans du Pole Arctique*, Amsterdam, E. Roger, 1720.

Veiras, Denis, *L'Histoire des Sévarambes*, éd. A. Rosenberg, Paris, H. Champion, coll. « Libre pensée et littérature clandestine », 2001 [1677–1679].

Études

Costes, Guy et Altairac, Joseph, *Les Terres creuses : traité non moins utile que délectable de la présence de grottes, cavernes, cavités, gouffres, abîmes, « tunnels extraordinaires », mondes souterrains habités et autres terres creuses dans les romans (populaires ou non), à conjectures rationnelles, y compris les récits préhistoriques comportant icelle ou icelui, autant que les essais, lesquels jusques à présent l'on n'a peu ou prou ouy parler : bibliographie géo-anthropologique commentée des mondes souterrains imaginaires et des récits spéléologiques conjecturaux*, Amiens / Paris, Encrage / Les Belles Lettres, 2006.

Ellenberger, François, *Histoire de la géologie*, t. 1 *Des Anciens à la première moitié du XVIIe siècle*, Paris, Technique et documentation – Lavoisier, coll. « Petite collection d'Histoire des sciences », 1988 et t. II *La grande éclosion et ses prémices*, 1660–1810, 1994.

Fougère, Éric, « Le monde en creux. Représentation romanesque de l'espace souterrain aux XVIIe et XVIIIe siècles », dans *L'Imaginaire du souterrain*, A. Gaillard (dir.), Paris / Montréal, L'Harmattan / Univ. La Réunion, 1997, p. 155–64.

Gaillard, Aurélia (dir.), *L'Imaginaire du souterrain*, Paris / Montréal, L'Harmattan / Univ. La Réunion, 1997.

Gohau, Gabriel, *Une Histoire de la géologie*, Paris, Seuil, 1990 [1987].

Gohau, Gabriel, *Les Sciences de la terre aux XVIIe et XVIIIe siècles. Naissance de la géologie*, Paris, Albin Michel, 1990.

Racault, Jean-Michel, *L'Utopie narrative en France et en Angleterre 1675–1761*, Oxford, Studies on Voltaire and the eighteenth century, 280, 1991.

Racault, Jean-Michel, *Nulle part et ses environs. Voyage aux confins de l'utopie littéraire classique (1657–1802)*, Paris, Presses de l'Université Paris-Sorbonne, 2003.

Rosenberg, Aubrey, « The *Voyages et avantures de Jaques Massé* and the problem of the first edition », *Australian Journal of French Studies*, n°3, 1970, p. 271–288.

Rosenberg, Aubrey, *Tyssot de Patot and his work (1655–1738)*, Springer Science + Business Media, B. V., International Archives of the History of Ideas 47, 1972.

Sermain, Jean-Paul, *Métafictions (1670–1730). La réflexivité dans la littérature d'imagination*, Paris, H. Champion, coll. « Les Dix-huitièmes siècles », 2002.

Espaces sauvages au XVIIIᵉ siècle, de Marivaux à Labat

Catherine Gallouët

La société du XVIIIᵉ siècle a double visage ; encore ancrée dans les institutions et valeurs de l'Ancien Régime, elle est aussi avide de connaissance et de découvertes qui remettent en question les fondements mêmes des institutions qui la soutiennent*. La fiction narrative est au centre de ces tensions, sorte de miroir du milieu dont elle est issue et dont le « roman[1] » devient le moyen d'expression privilégié[2]. Elle évolue au cours du siècle des romans héroïques de l'ère classique à des textes davantage ancrés dans le réel et le concret (roman épistolaire ou fausse « histoire vraie ») dont elle dépasse vite les limitations formelles. La popularité grandissante du roman au XVIIIᵉ siècle s'accorde avec la vogue de la littérature viatique : romans et chroniques de voyage répondent aux besoins d'un public assoiffé d'horizons lointains, et d'expériences nouvelles. On découvre ainsi le monde grâce aux récits de nouveaux voyages comme celui de Charlevoix en Amérique, celui du Père Labat aux îles sous le vent, ou encore le tour du monde de Bougainville[3]. L'engouement du public est tel[4] que les compilations de récits de voyages anciens et nouveaux se multiplient ; l'*Histoire Générale des Voyages* de l'abbé Prévost[5] n'est qu'un exemple

---

* Une partie de la recherche entreprise pour ce travail a été rendue possible grâce à la R. & Florence B. Kinghorn Global Fellowship.

1 Voir par exemple l'article de J. Sgard, « Le mot "roman" » dans *Eighteenth–Century Fiction*, vol. 13, nº 2–3, janvier–avril 2001, p. 184–195.

2 « Le roman existe désormais indiscutablement en tant que genre, est perçu comme tel, commence en fait à établir son hégémonie dans la production littéraire en prose », H. Lafon, *Espaces romanesques du XVIIIᵉ siècle 1670–1820, de Madame de Villedieu à Nodier*, Paris, PUF, p. 150.

3 Voir P.-Fr.-X. de Charlevoix, *Histoire et description générale de la Nouvelle-France, avec le journal historique d'un voyage fait par ordre du roi dans l'Amérique septentrionale*, Paris, Chez Rolin fils, libraire, 1744 ; J.-B. Labat, *Voyage aux isles. Chronique aventureuse des Caraïbes 1693–1705*, éd. M. Le Bris ; L.-A. de Bougainville, *Voyage autour du monde par la frégate du roi "la Boudeuse" et la flûte "l'Étoile" ; en 1766, 1767, 1768 & 1769*, À Paris, chez Saillant & Nyon, libraires, De l'imprimerie de Lebreton, 1771.

4 « La lecture des voyages, surtout quand ils sont exacts et judicieux, plaît à tout le monde », décrète Lenglet-Dufresnoy dans sa *Méthode pour étudier la géographie...*, (1742, t. I, p. 163). Cité par N. Broc, « Voyages et géographie au XVIIIᵉ siècle », *Revue d'histoire des sciences et de leurs applications*, 1969, t. 22 nº2, p. 137–154.

5 Voir A.-Fr. Prévost, *Histoire générale des Voyages*, Paris, Didot, 1746–1761.

---

parmi une multitude de textes qui ont eu une grande influence pendant tout le siècle. La nature sauvage est commune aux deux genres : d'une certaine manière, la fiction narrative est pendant longtemps le récit de ce qui se passe dans la nature sauvage ; par ailleurs, les récits de voyage et de découvertes sont les véhicules privilégiés de la description de milieux sauvages éloignés. Dans le cadre de *Natura in Fabula*, nous proposons donc de considérer certains aspects de la représentation de la nature sauvage de Marivaux à Labat, c'est-à-dire de mettre en regard certains exemples significatifs de représentation de la nature dans la fiction (nature romanesque), avec d'autres de la littérature viatique (nature observée) pour tenter de dégager quelques remarques sur la façon dont le public du XVIIIe siècle conçoit le monde naturel.

Malgré une certaine mythologie, « [l]e XVIIIe siècle n'a pas inventé la Nature[6] », comme l'écrit Jean Ehrard qui rappelle que ce concept très ancien a alors des connotations variées, issues de longues traditions souvent contradictoires[7]. Dans la mesure où la fiction reflète les préoccupations et la vision du monde extérieur de ses lecteurs, et que « les auteurs de romans semblent bien souvent transposer dans la fiction la façon dont est conçue à leur époque l'expérience paysagère[8] », ces différentes idées de nature se retrouveront dans le roman avec toutes les contradictions que cela implique. Le roman du XVIIIe siècle, héritier du concept classique de nature, se fait très sobre dans ses descriptions du milieu naturel, et montre longtemps une nature « tout intériorisée » : « le décor des paysages et des saisons demeure précisément un décor. [...] Cadre écrasant ou agréable mais toujours à demi abstrait, où rien ne parle à l'âme[9] ». La nature est codifiée, et chaque lieu, chaque espace naturel a sa fonction, situation qui favorise les lieux communs, autrement dit les topoï narratifs. Se créent ainsi des conventions qui délimitent l'espace propre à la fiction du XVIIIe siècle, espace « romanesque » qu'Henri Lafon définit comme « un espace romanesque 'romanesque'[10] ». Les espaces sauvages de la fiction

---

6   J. Ehrard, *L'Idée de la nature en France dans la première moitié du XVIIIe siècle* [1963], Paris, Albin Michel 1994, p. 11.

7   *Ibid.*, p. 12. J. Ehrard rappelle que le concept de nature est d'abord païen, avant d'être revu et corrigé par la tradition chrétienne, *op. cit.*, p. 12.

8   J.-L. Haquette, « Espaces sensibles : réflexions sur les paysages dans les romans du XVIIIe siècle », *Espaces, objets du roman du XVIIIe siècle. Hommage à Henri Lafon*, J. Berchtold (dir.), Paris, Presses Sorbonne Nouvelle, 2009, p. 93.

9   J. Ehrard, *op. cit.*, p. 14.

10   Se recommandant des travaux de la SATOR, son étude des *Espaces romanesques du XVIIIe siècle* est ancrée sur l'observation des « configurations narratives récurrentes [...] qui se répètent d'une œuvre à l'autre en se modifiant » (H. Lafon, *Espaces romanesques, op. cit.*, p. 150).

du XVIIIᵉ siècle se déclinent en mers, désert, forêt, petit bois, jardin[11], qui correspondent à une configuration narrative spécifique : mer rime avec tempête, le plus souvent cause de naufrage ; désert rime avec solitude ou épreuve ; forêt rime avec aventure et danger ; petit bois rime avec rencontre inopinée ; jardin, enfin, rime avec déclaration d'amour[12]. H. Lafon note par ailleurs dans le roman du XVIIIᵉ siècle la coexistence de plusieurs espaces, « pluralité [qui] ne tient pas tant aux espaces auxquels [les romans] se réfèrent qu'à leur manière d'être dans le roman[13] ». En fait, c'est l'action du sujet qui définit l'espace romanesque, « la dimension où se projette naturellement la rencontre du sujet avec l'autre, sa loi, ses interdits » ; du coup, l'espace devient « un terrain un peu sauvage, […] où le roman définit sa spécificité dans ce qu'il laisse imaginer des rapports des hommes entre eux et avec les choses, l'inanimé[14] ».

Ainsi, non seulement l'espace romanesque suppose l'univers du roman, son intrigue, ses personnages, ses points de départ et ses aboutissements, mais la nature sauvage s'impose comme l'objet de la présente étude, cette nature sauvage représentant autant un espace physique, géographique tels la forêt, les mers, les déserts, qu'un espace symbolique, celui de l'aventure et de l'errance, du danger et de la violence, de la transgression et de l'irrationnel. L'espace physique et l'espace symbolique se tiennent ; leurs frontières ne sont pas claires, les différents éléments naturels constituant cette nature sauvage communiquent les uns avec les autres. Dans la fiction du XVIIIᵉ siècle, la nature sauvage, encore crainte et si mal connue, est un défi à l'homme dans tout ce qu'il a d'humain. Dans la tradition, ce défi est le plus souvent le moteur de la narration. En même temps qu'il retient alors les configurations narratives du passé, explique Jean Sgard, le roman du XVIIIᵉ siècle est aussi « l'espace ouvert à l'imaginaire pur, espace qui est également aussi bien celui de la poésie, de l'épopée, du merveilleux, du rêve le moins rationnel[15] ». Cette remarque qui souligne les tensions du roman explique aussi les contradictions que nous allons observer dans la représentation romanesque de la nature sauvage.

---

11   La base de données de Satorbase désigne clairement certains de ces espaces : à la rubrique de LIEUX GÉOGRAPHIQUES, on note que la FORÊT est associée à l'attaque, le refuge, la rencontre, la MER à la fuite, l'aventure, le naufrage, la VILLE au refuge, etc. Voir le volume *Locus in Fabula. La topique de l'espace dans les fictions françaises d'Ancien Régime*, N. Ferrand (dir.), Louvain – Paris, Peeters, 2004.

12   Voir le chapitre « Espace romanesque », dans H. Lafon, *Les Décors et les choses dans le roman du dix-huitième siècle de Prévost à Sade*, Oxford, The Voltaire Foundation, 1992, p. 85–90.

13   *Ibid.*, p. 7.

14   *Ibid.*, p. 8.

15   J. Sgard, art. cit., p. 188.

La nature sauvage, cela va de soi, se définit d'abord par opposition à la civilisation. Selon H. Lafon, « sa forme la plus affirmée [...] est la forêt[16] ». Dans son ouvrage, *Forêts. Essai sur l'imaginaire occidental*, Robert Harrison souligne les énigmes et les paradoxes entourant les forêts : à la fois sacrées et profanes, elles échappent à toute loi mais elles sont aussi des lieux de refuge, de dangers aussi bien que d'enchantements : « En d'autres termes, dans les religions, les mythologies et les littératures occidentales, la forêt se présente comme un milieu qui brouille les oppositions logiques, les catégories subjectives. Un lieu où les perceptions se confondent, révélant certaines dimensions cachées du temps et de la conscience[17] ». Selon R. Harrison, « les forêts ont constitué un fonds symbolique indispensable dans l'évolution culturelle de l'humanité, et l'essor de la pensée scientifique moderne reste impensable en dehors de la préhistoire de ces emprunts métaphoriques[18] ». Aussi la forêt, où l'on retrouve toutes les tensions et les contradictions associées à l'espace sauvage[19], est-elle un sujet particulièrement apte pour commencer notre interrogation du traitement de la nature sauvage (le mot « sauvage » n'est-il pas dérivé du latin *sylva*, la forêt ?). Par ailleurs, traditionnellement, la forêt représente souvent l'opposé de la cité humaine et sa civilisation : « les forêts mythiques de l'Antiquité sont fondamentalement hostiles à la cité » écrit R. Harrison qui rappelle que « Rome ne peut devenir Rome qu'en maîtrisant ou en éliminant les forêts de ses origines[20] ».

L'antagonisme forêt / civilisation se retrouve dans l'opposition biblique entre l'ordre divin de l'Éden, et la nature sauvage, celle du péché, et du monde séparé de Dieu. Par extension, la nature sauvage est aussi le désert, l'espace de l'errance et des épreuves du peuple juif fuyant l'Égypte de l'esclavage, espace autant géographique que mental puisque Dieu semble s'en être absenté, espace, enfin, sans pitié puisque marqué d'épreuves interminables, mais qui aboutit enfin à la terre promise. On retrouve ces notions de la nature sauvage dans toute la tradition littéraire de l'Occident. Quelles que soient ses caractéristiques physiques, il s'agit avant tout d'un désert moral. Lieu reculé, loin des villes et même des hommes, il est le refuge du solitaire qui a soif de pureté ; ou bien il est l'épreuve imposée comme punition ou comme geste du destin, espace vide dont l'amour est absent, et dont on ne cherche qu'à s'échapper. On

---

16   H. Lafon, *Espaces romanesques, op. cit.* p. 153.

17   R. Harrison, *Forêts. Essai sur l'imaginaire occidental*, Paris, Flammarion, 1992, p. 10.

18   *Ibid.*, p. 26.

19   Les contradictions de la forêt, nous rappelle J. Ehrard, font écho à la notion selon laquelle, depuis les temps les plus anciens, « la puissance maternelle de la Nature est tout à la fois une menace, un guide et un refuge », (*op. cit.*, p. 2).

20   R. Harrison, *op. cit.*, p. 18.

y trouve des ermites, des amants éperdus à la recherche de leur aimée dispa-
rue, des chevaliers en quête d'aventures. Suivant sa fonction, la nature sauvage
y est apaisante ou dangereuse. Sans point de repère, on s'y perd facilement.
On se souvient de la valeur de la forêt dans la Troisième Partie du *Discours de
la méthode* où Descartes compare l'homme lancé sur les périlleux chemins
de la connaissance au voyageur égaré dans une profonde forêt[21].

Les Effets surprenants de la sympathie (1713), premier roman de Marivaux,
est un récit d'aventures selon une tradition romanesque qui remonte au roman
grec, en particulier *Les Éthiopiques* (*Théagène et Chariclée*) d'Héliodore, et inclut les romans héroïques du siècle précédent, en particulier ceux de Gomber-
ville ou de La Calprenède. Il offre un véritable catalogue de topoï romanesques
et réunit toutes les configurations narratives associées à l'espace sauvage, à tel
point, ironise le narrateur du roman, que

> Partout vous y voyez des amants que l'amour plonge dans un abîme de
> supplices ; des jalousies éclatent, le sang coule de toutes parts ; ce n'est
> que désespoir, tout y est fureur ou plaintes et gémissements ; presque
> point de calme. La vie de ces infortunées n'est qu'un tissu d'horreurs ; le
> sort et l'amour en font successivement leurs victimes[22].

Plutôt qu'une maladresse de jeune auteur comme on l'a pensé, cette répétition
est, en fait, parodique, Marivaux ridiculisant certaines outrances romanesques
courantes dans ces sortes d'ouvrages. Cette remarque du narrateur souligne
l'intention parodique du romancier en suggérant le ridicule d'une narration
qui reproduit tous ces clichés dans des histoires enchâssées qui se répètent et
finissent par se confondre l'une avec l'autre[23]. La reprise de ces topoï permet
aussi de remettre en question la portée de certains présupposés romanesques,
comme le montre l'histoire de Parménie. La jeune fille s'est enfuie dans une
forêt pour échapper au tyran Tormez dont les avances menacent de la réduire
à une servitude sexuelle. La forêt lui apparaît d'abord comme un havre de paix ;
elle y est libre de sa personne, et cet espace semble lui promettre une vie sans
entrave. Elle arrive bientôt chez un ermite qui vit avec son fils, loin des foules
et des tracas de la société, où il coule une vie tranquille et réglée. On retrouve

---

21   Voir R. Descartes, *Discours de la méthode*, Paris, Flammarion, coll. « GF », 1966, p. 52–53.
22   Marivaux, *Œuvres de jeunesse*, F. Deloffre et C. Rigault (éd.), Paris, Gallimard, 1972, p. 270.
23   Voir C. Gallouët, *Marivaux. Fictions et Journaux*, Orléans, Paradigme, 2002, et
      J. Guilhembert, *L'Œuvre romanesque de Marivaux. Le parti-pris du concret*, Paris,
      Classiques Garnier, 2014.

ici « la sérénité de l'ermitage[24] » propre à la forêt qui oppose l'espace sauvage, espace de liberté et d'authenticité, à celui de la société, espace de contrainte et de fausseté. Tout semble promettre le bonheur à Parménie ; or le fils de son hôte s'éprend d'elle, et soudain le refuge qu'offrait la solitude de la forêt devient prison ; cette même nature, auparavant si accueillante, menace maintenant sa liberté car, il faut le noter, la rhétorique amoureuse du jeune homme ressemble singulièrement à celle du tyran auquel Parménie tentait d'échapper[25]. Nous assistons là à un brouillage des codes narratifs, tout à fait conscient de la part de l'auteur. En effet, en se retrouvant dans une situation analogue à celle qu'elle fuyait, dans un lieu naturel qui semblait lui promettre paix et liberté, Parménie doit reconnaître que le refuge et l'idylle rustique de la forêt ne sont que des leurres romanesques, produits de l'imagination. Elle s'est méprise ; la forêt est véritablement un espace sauvage où la civilité n'a pas cours, un espace dangereux qui libère les tendances les plus primitives, même chez un adolescent encore innocent. Au-delà des apparences, la configuration narrative forêt = danger demeure donc. En plus de rappeler les dangers du rêve romanesque[26], Marivaux nous suggère en fait que la nature sauvage n'est pas propre à l'homme ; les épreuves doivent se résoudre dans la sociabilité, et non par la fuite en avant dans la solitude de la forêt[27]. Les mésaventures de Parménie montrent que la liberté individuelle se réalise au sein de la société, et non dans la nature isolée. Comme le montre cet exemple, Marivaux commence dès son premier roman l'analyse et la réflexion sur le mensonge romanesque qui marquent toute son écriture.

Pour Parménie, la forêt, et par extension l'espace sauvage, redevient ce qu'il était dans la tradition médiévale, un *locus horribilis* où tout peut arriver[28]. C'est

---

24   Voir la partie « Sérénité de l'ermitage » dans H. Lafon, *Les Décors et les choses, op. cit.*, p. 395–396.

25   Voir l'analyse des topoï de la violence dans *Les Effets surprenants*, dans C. Gallouët, « De la séduction à la contrainte : la dégradation d'un *topos* dans le roman du XVIIIᵉ siècle », *Violence et fiction jusqu'à la Révolution*, M. Debaisieux et G. Verdier (dir.), Tübingen, Günter Narr Verlag, 1998, p. 313–325.

26   Marivaux exploite pleinement ce thème dans ses romans suivants, mentionnés *infra*. Il ne renie toutefois jamais les attraits de la fiction dont il veut surtout qu'elle soit authentique.

27   La démarche de Marivaux est particulièrement novatrice ; elle déstabilise le lecteur en sapant les topoï rassurants sur lesquels se fonde la lecture d'« un roman qu'on connaît déjà [... qui] lâche un imaginaire dans un ordre ancien où tout est resté à sa place » (H. Lafon, *Espaces romanesques, op. cit.*, p. 156).

28   « Un certain type de décors, tout au long du siècle, vient en corrélation avec le mot « horreur », il correspond à une situation de solitude du personnage, d'abandon à la menace de forces mauvaises. » (H. Lafon, *Les Décors et les choses, op. cit.*, p. 379).

là que le chevalier des *romantz* de chevalerie rencontra jadis les dangers les plus variés, bêtes féroces ou sorcières, chevaliers non courtois ou objets enchantés. Dans la plupart des histoires rapportées dans *Les Effets surprenants de la sympathie*, la forêt, espace de l'aventure et par conséquent de la narration, est aussi dangereuse que dans les *romantz* médiévaux. Au Moyen Âge, « les forêts sont "au-delà" de la loi, ou pour mieux dire hors la loi[29] », rappelle R. Harrison. Dans *Les Effets surprenants*, les pirates et les hors-la-loi sévissent, loin de la cité et de ses règles ; les femmes sont enlevées et séquestrées. Telles sont les lois du genre, du moins selon le canevas de la fiction romanesque « romanesque », comme le soulignent les autres romans de jeunesse de Marivaux, *La Voiture embourbée ou le roman naturel* (1715), *Le Télémaque travesti* (1715), et *Pharsamon ou les nouvelles folies romanesques* (1717).

L'exemple de *La Voiture embourbée*, qui concentre en un court récit tous les clichés narratifs contredisant le concept du « roman naturel » indiqué par le titre, est particulièrement significatif. Le « roman impromptu » que se racontent les personnages de la narration première, des voyageurs momentanément retenus dans une campagne peu hospitalière par l'accident de leur diligence, passe sans transition de la forêt à un souterrain qui cache des femmes enchaînées et torturées, retenues par un enchanteur pervers. Il faut savoir que les narrateurs de cette histoire sont, entre autres, une dame qui « parla [de l'amour] en héroïne de roman » et un bel esprit qui « pointilla successivement, [... et] prit souvent l'imagination pour le cœur[30] ». Suivant la logique du récit, cette dame qui veut mettre en valeur l'héroïsme de sa protagoniste – elle en vient même à le prendre pour un « homme[31] » –, véritable amazone au service des femmes opprimées, suit les règles de la fiction narrative qui l'inspire. En reprenant les clichés les plus usés, les narrateurs conduisent leur texte sur des chemins périlleux, suivant la logique d'une narration fondée sur la violence, à tel point qu'on y a vu une préfiguration des motifs sadiens[32]. Plus important, semble-t-il, cette reprise outrée des topoï de la nature sauvage aboutit à une impasse narrative : le récit du bel esprit et de la dame romanesque s'égare dans un récit au deuxième degré, l'Histoire du magicien, qui est promptement conclu par la dernière narratrice, une jeune fille pleine de bon sens. « Je ne suis

---

29   R. Harrison, *op. cit.*, p. 101.
30   Marivaux, *Œuvres de jeunesse, op. cit.*, p. 318–319.
31   *Ibid.*, p. 355.
32   Les noms des deux auteurs sont souvent associés, depuis A. Ubersfeld, « Sade et Marivaux », *Travail théâtral*, n°23, avril-juin 1976, p. 103–104, jusqu'au *XVIIIᵉ siècle libertin. De Marivaux à Sade*, M. Delon (dir.), Paris, Citadelles & Mazenod, 2012.

pas magicienne, mais je ne laisse pas que d'avoir des secrets, principalement pour finir un récit qui m'embarrasse[33] » explique-t-elle avant de conclure ainsi :

> Créor allait donc en venir aux mains avec le magicien, quand Ariobar-sane s'éveilla, et vit disparaître tous ces fantômes de magie, d'esclaves, de tourments que lui avait peints son imagination ; car dans le vallon où il avait mis pied à terre, il était tombé de lassitude sur un beau gazon où il s'était endormi, et où il avait rêvé toute cette grande histoire[34].

Dans cette nouvelle configuration narrative, la nature sauvage se dissout en un simple gazon ; elle n'a de réalité que dans les rêves héroïques d'adolescent en quête d'aventures ; le récit de la jeune fille ramène tout le monde à la réalité et souligne le caractère fictif d'une nature qui n'existe plus dans l'espace domestiqué de la campagne française du XVIIIe siècle.

Sade, quant à lui, exploite la problématique de l'espace sauvage, en y enfouissant des couvents et des châteaux, les sites de tous les vices et de toutes les turpitudes. D'une certaine manière, les châteaux et les couvents libertins de Sade enfouis dans la forêt signalent les pulsions sauvages de la nature humaine, la sauvagerie de la forêt se répercutant sur les pratiques des libertins. Sade exploite une topographie romanesque courante au XVIIIe siècle. Comme l'explique H. Lafon, « le roman [a] tendance à éloigner de la ville (bourgeoise ou aristocratique) la violence de ses hors-la-loi dans une nature "horrible" qui les dissimule, les protège et les représente[35] ». Annie Le Brun a beaucoup insisté sur le fait que Sade n'a rien inventé et que l'espace de ses fictions ne fait que reprendre l'espace romanesque de la fiction narrative traditionnelle[36]. La forêt de Sade est de fait le terme logique de la forêt fictionnelle de Marivaux : l'initiation de l'aventure dans la forêt est devenue torture aux mains de libertins. Chez Sade, les forêts et châteaux, souterrains et couvents, sont le dernier aboutissement d'une longue tradition. On les retrouvera toutefois dans le roman gothique qui fait le même usage des topoï de la nature sauvage, mais cela est une autre histoire.

L'usage archaïque de ces topoï par Sade illustre une tendance de l'évolution de la représentation de la nature sauvage dans la fiction du XVIIIe siècle. La codification de l'espace du monde humain, donc urbain, en est une autre.

---

33   Marivaux, *Œuvres de jeunesse, op. cit.*, p. 378.
34   *Ibid.*, p. 379.
35   H. Lafon, *Espaces romanesques, op. cit.*, p. 79.
36   Voir A. Le Brun, *Les Châteaux de la subversion*, suivi de *Soudain un bloc d'abîme, Sade*, Paris, Gallimard, 2010.

Comme le suggère H. Lafon, dans le « nouveau » roman du dix-huitième siècle, la solitude et les épreuves rencontrées par le sujet dans l'espace sauvage sont de plus en plus associées au nouvel espace urbain. Dès les années 30, *La Vie de Marianne* de Marivaux en donne un exemple particulièrement frappant. Marianne est une jeune orpheline fraîchement débarquée à Paris de la province où elle a été élevée par un curé de village. Elle ne connaît personne à Paris ; elle est sans appui :

> Plus je voyais de monde et de mouvement dans cette prodigieuse ville de Paris, plus j'y trouvais de silence et de solitude pour moi : une forêt m'aurait parue moins déserte, je m'y serais sentie moins seule, moins égarée. De cette forêt, j'aurais pu m'en tirer ; mais comment sortir du désert où je me trouvais ? Tout l'univers en était un pour moi, puisque je n'y tenais par aucun lien à personne[37].

Les dangers de la grande ville se substituent maintenant à ceux de la nature et de la forêt ; la ville est le nouvel espace de l'aventure : « [l]ieu de rapprochements incongrus, de rencontres surprenantes, royaume du hasard, de la contingence et de *l'occasion* (le mot d'ordre de la temporalité libertine), la ville brouille et confond les distinctions entre rangs qui constituent les fondements juridiques de la société d'ancien régime », ajoute Elena Russo[38]. Les épreuves que doit affronter le chevalier valeureux sont remplacées par des difficultés matérielles et éthiques auxquelles une jeune orpheline, Marianne, tente de faire face. La nature sauvage est dans la ville, la forêt traditionnelle est devenue jungle urbaine.

À l'opposé du *locus horribilis*, la nature sauvage, on s'en souvient, peut aussi offrir paix et harmonie (la vie simple et frugale dont rêvait Parménie dans *Les Effets surprenants de la sympathie*), sorte d'utopie prélapsaire où l'homme peut vivre selon les simples lois de la nature. C'est la simplicité de la nature, dont parle Montaigne dans l'Avis au lecteur des *Essais*, et telle qu'elle est décrite dans le roman pastoral, comme la *Galatée* de Cervantes dont s'inspira *L'Astrée*. Les *Dialogues* de Lahontan[39] (1703) participent de la même inspiration ; situé dans la nature sauvage de l'Amérique, ce texte qui met en scène un dialogue

---

37   Marivaux, *La Vie de Marianne, ou les aventures de madame la comtesse de****, éd. F. Deloffre, Paris, Garnier, 1990, p. 134.

38   E. Russo, *La Cour et la ville, de la littérature classique aux Lumières. L'invention de soi*, Paris, PUF, 2002, p. 55.

39   Voir L.-A. de Lahontan, *Dialogues de M. le baron de Lahontan et d'un Sauvage dans l'Amérique*, éd. H. Coulet, Paris, Desjonquères, 2007. Se présentant comme documentaire, cette fiction est aux lisières de genres considérés comme contradictoires.

entre l'homme civilisé et Adario, le vertueux Indien, aura une riche postérité au cours du xviiie siècle : Voltaire s'en souvient sans doute avec son *Ingénu*, Rousseau pour la reconstitution de « l'homme originel » de son *Discours* de 1754[40], et Diderot, enfin, dans *Le Supplément au voyage de Bougainville* (1772)[41]. Mais aux yeux de Jean Erhard, ce primitivisme et cette idéalisation de la vie sauvage ne correspondent plus à ce que l'époque sait de la véritable nature sauvage[42]. Il ne s'agirait que d'« affabulation », tout au plus une « mode », « un simple thème littéraire », un « mirage, au mépris des faits les plus certains et des commentaires les plus autorisés[43] ». Ce discours n'est pas fondé sur « un mythe véritable ». La nature sauvage qui y est suggérée ne serait qu'une construction mentale et, véritable utopie, appartiendrait au domaine de la fiction.

À l'opposé de ce type de fiction, J. Ehrard situe des textes *a priori* non littéraires, à savoir les récits de voyage. *A priori* plus vrais, ils donneraient une image plus proche de la réalité que les romans. Ils seraient même les « Romans des honnêtes gens », selon Jean Chapelain (1663)[44]. Fiction narrative et littérature viatique représenteraient ainsi deux pôles opposés ; aux rêves fictionnels d'un espace primitif et pur s'opposerait la dure réalité de l'espace observé par les voyageurs, espace non civilisé et à l'état de nature brut. Mais c'est ignorer la littérarité des récits de voyage. En fait, comme le note N. Broc, « la littérature des voyages constitue au xviiie siècle une masse énorme, hétéroclite, aux limites imprécises, puisqu'on passe par transitions insensibles de la relation scientifique parfaitement objective au voyage imaginaire et à l'Utopie[45] ». Si elle se donne comme la chronique d'expériences vécues, la littérature viatique n'est pas moins littéraire que la fiction. Comme elle, elle suit les conventions et les poncifs du genre ; comme le roman, elle dépend largement d'une longue tradition, et en définitive comme lui, elle se nourrit de fictions plus ou moins avouées[46].

---

40   Voir J.-J. Rousseau, *Discours sur l'origine de l'inégalité*, éd. J. Roger, Paris, Flammarion, coll. « GF », 1971, p. 162.

41   Voir les remarques d'H. Coulet, « Présentation », dans Lahontan, *Dialogues, op. cit.*, p. 23.

42   Le goût pour ce genre de fiction ne disparaît pas tout à fait puisque Florian refait une traduction de la *Galatée* de Cervantes en 1797.

43   J. Ehrard, *op. cit.*, p. 350.

44   Cité par N. Broc, art. cit., p. 138.

45   *Ibid.*

46   Voir Ph. Antoine et M.-Chr. Gomez-Geraud, *Roman et récit de voyage*. Paris, PUPS, 2001, et J. Chupeau, « Les récits de voyages aux lisières du roman », *Revue d'histoire littéraire de la France. Le Roman au XVIIe siècle*, n°3-4, 1977, p. 236-253.

Au XVIIIᵉ siècle, on attend du récit de voyage qu'il informe et même enrichisse la connaissance humaine[47]. C'était déjà, au siècle précédent, la fonction des rapports de missionnaires censés rendre compte des progrès de la foi dans des territoires sauvages que les Européens rencontraient pour la première fois. Un de ces missionnaires est Antonio Cavazzi de Montecuccoli, auteur de l'*Istorica descrizione* [*La Description historique des royaumes d'Angola et de Matamba*], publiée en 1687, et considérée encore aujourd'hui comme un document historique et ethnographique exceptionnel[48]. Le père dominicain, Jean-Baptiste Labat, qui avait déjà publié en 1728 la *Nouvelle relation de l'Afrique occidentale*, reprend et adapte le texte de Cavazzi pour le public français[49]. Les deux textes de Labat sur l'Afrique ont eu une portée immense ; ils ont été repris, adaptés et enrichis par tous les compilateurs qui y ont ajouté leurs propres obsessions. Ils ont contribué à l'émergence d'un imaginaire qui fait de l'Afrique l'espace d'une ultime nature sauvage, où une sous-humanité primitive, cruelle et violente, vit dans des forêts horribles et des déserts hostiles. Le point de vue de l'*Encyclopédie* sur l'Afrique est en grande partie nourri de lectures de Labat. La nature y est violente, à l'image de ses habitants. L'Africain est l'*homo sylvanus* par excellence, l'homme sauvage vivant selon son instinct, et si près de la nature qu'il se confond avec l'animal, le jouet de toutes ses pulsions qu'elles soient sexuelles ou violentes. Ainsi lorsque Labat reprend le portrait que donne Cavazzi de la reine Zingha dans sa chronique, il en accentue les caractéristiques les plus négatives : cette grande reine dont on reconnaît la valeur guerrière et le sens politique très fin est représentée comme incapable de résister à tous ses appétits, qu'ils soient sexuels ou même de caractère anthropophage[50]. N'ayant jamais lui-même mis les pieds en Afrique, Labat

---

47   Voir D. J. Adams, « The *Encyclopédie*, travel and empirical discovery », J. Renwick (dir.), *L'Invitation au voyage. Studies in Honor of Peter France*, Oxford, Voltaire Foundation, 2000, p. 154.

48   Il est, selon les historiens Linda Heywood et John Thornton, « un des meilleurs contributeurs pour notre connaissance de l'Afrique centrale au XVIIᵉ » (Préface, *Njinga, Reine d'Angola. La relation d'Antonio Cavazzi de Montecuccolo (1687)*, éd. L. Heywood et J. Thornton, Paris, Éditions Chandeigne, 2010, p. 9).

49   Voir G.A. Cavazzi, *Relation historique de l'Ethiopie occidentale : contenant la description des royaumes de Congo, Angolle & Matamba / traduite de l'Italien du P. Cavazzi, & augmentée de plusieurs relations portugaises des meilleurs auteurs … par le R. P. J. B. Labat*, Paris, Chez C. J. B. Delespine, 1732.

50   Pour une analyse des représentations de Zingha, voir C. Gallouët, « Comment rendre l'Africain intelligible : l'exemple de Zingha », *L'Afrique au siècle des Lumières : savoirs et représentations*, C. Gallouët, D. Diop, M. Bocquillon, G. Lahouati (dir.), Oxford, SVEC, 2009, p. 31–47.

offre une représentation qui renforce l'image négative de l'Afrique que le siècle des Lumières élabore peu à peu à partir de sources livresques, et contribue à fonder un mythe qui perdure, celui de l'Afrique, devenue le nouveau *locus horribilis*, le lieu même de la nature sauvage.

L'état sauvage, comme un « horrible avilissement qui déshonor[e] la nature[51] », selon les termes de Prévost, est un des topoï les plus persistants de la littérature viatique. La nature sauvage est ici, encore une fois, apparentée au *locus horribilis* de la tradition narrative, lieu de l'inconnu, du danger et des épreuves, et même de l'horreur. Dans son extrême opposition à la civilisation, donc au rationnel, cette nature semble même avoir perdu ses caractéristiques « naturelles ». La mission de tout occidental ne sera-t-elle pas alors de la ramener à un état où nature et rationalité ne sont pas mutuellement exclusives ? De fait, cette valeur de la nature sauvage sert en réalité une idéologie naissante. Les autres récits de voyage de Labat, ceux-ci véritables, le montrent. Labat a fait un séjour dans les Antilles françaises, notamment la Martinique, séjour prolongé qu'il décrit dans son *Voyage aux isles*. Missionnaire dominicain mais aussi homme d'action, Labat décrit la nature sauvage selon sa mission et ses ambitions. Ses premières impressions à la vue du paysage martiniquais sont révélatrices :

> À mesure que le jour venait et que nous approchions de la terre, je ne pouvais assez admirer comme on s'était venu loger dans cette île ; elle ne me paraissait que comme une montagne affreuse, entrecoupée de précipices ; rien ne m'y plaisait que la verdure qu'on voyait de toutes parts, ce qui me paraissait nouveau et agréable, vu la saison où nous étions[52].

On retrouve donc les topoï les plus fréquents de la nature sauvage ; la montagne, espace inaccessible à l'homme, est « affreuse » ; les « précipices » qu'il y remarque et qui en strient la surface ne font que renforcer la première impression d'une nature sauvage hostile. Mais le regard se laisse gagner par une verdure pleine de promesse : sa présence dominante augure d'une nature riche, productive, en définitive « agréable ». Graduellement, son regard a transformé le paysage naturel, et entrevoit les potentiels de la nature sauvage pour l'envisager comme un environnement à valeur économique. À chaque étape de sa découverte de l'île, Labat évalue immédiatement la végétation pour sa valeur marchande, son potentiel d'exploitation. Sa chronique transforme la nature sauvage de la Martinique en un environnement, un écosystème entièrement

---

51   Cité par J. Erhard, *op. cit.*, p. 351.
52   J.-B. Labat, *op. cit.*, p. 38.

consacré à l'entreprise coloniale et esclavagiste. Alors qu'il dédaigne la faune, sans grand intérêt économique, Labat s'attache à décrire ces paysages qui semblent s'offrir à l'industrie européenne. À moins qu'ils n'offrent d'autres possibilités comme ce cul-de-sac,

> port naturel, un des plus beaux qu'on puisse imaginer, capable de retirer une armée navale, quelque nombreuse qu'elle puisse être, si commodément, que les plus gros vaisseaux peuvent mouiller à bien des endroits assez près de terre pour y mettre planche. Nous visitâmes tous les environs de ce cul-de-sac pour fixer le lieu le plus propre pour l'établissement de la paroisse et d'un bourg, qui ne manquerait pas de s'y former[53].

On ne peut qu'admirer dans cette description la convergence entre le potentiel militaire et le potentiel religieux de cette nature sauvage dont on évalue immédiatement la valeur marchande maîtrisée. En fait, on est revenu à la forêt mythique des premiers temps où la fécondité de la nature sauvage est un don total à l'homme :

> On ne connaît point de pays au monde plus abondant que cette île [Saint-Domingue], la terre y est d'une fécondité admirable, grasse, profonde, et dans une position à ne jamais cesser de produire tout ce qu'on peut désirer. On trouve dans les forêts des arbres de toutes espèces d'une hauteur et d'une grosseur surprenantes. Les fruits y sont plus gros, mieux nourris, plus succulents que dans les autres îles. On y voit des savanes, ou prairies naturelles, d'une étendue prodigieuse, qui nourrissent des millions de bœufs, de chevaux, et de cochons sauvages. Il y a peu de pays au monde où l'on trouve de plus belles, de plus grandes rivières, en pareil nombre et aussi poissonneuses. Il y a des mines d'or, d'argent, et de cuivre, qui ont été autrefois très abondantes et qui rendraient encore beaucoup si elles étaient travaillées. [... Les Espagnols] possèdent des trésors sans oser s'en servir et laissent en friche des terres immenses qui pourraient entretenir et même enrichir des millions de personnes plus intelligentes et plus laborieuses qu'ils ne sont.
>
> [...] Dans les promenades que nous fîmes aux environs du bourg, nous remarquâmes de très belles terres, et profondes, un pays beau et agréable, et qui paraissait d'un très grand rapport. On commençait à établir beaucoup de sucreries, au lieu de l'indigo qu'on y avait cultivé jusqu'alors[54].

53   *Ibid.*, p. 110.
54   *Ibid.*, p. 328 et p. 331–332.

La nature ici n'a pas de saison : il n'y en a qu'une, celle de la production maximale, entièrement fonctionnelle. L'uniformité du climat le rend prévisible, la nature maîtrisée est donc infiniment productive. Selon la même logique, Labat minimise les conséquences des catastrophes naturelles, pourtant courantes en Martinique[55]. Selon son regard, l'homme a mainmise sur la nature ; se profile ainsi un environnement qui n'est pas tant un produit de la nature qu'un instrument économique, produit de l'homme.

Dans l'écosystème de Labat, l'esclave a naturellement sa place. Il se fond dans la nature sauvage et en complète la fonction : l'esclave africain, *l'homo sylvestris* originel, ne fait-il pas partie de la nature sauvage, maîtrisée et exploitée pour un maximum de rentabilité par l'Européen ? N'est-il pas parfaitement adapté au climat, à la tâche, pour tout dire, fait pour l'esclavage ? Dans les îles sous le vent, l'Africain, si proche de l'animal, trouve naturellement sa place dans une nature maintenant mise au service d'un nouvel écosystème où économie et pouvoir définissent la nature selon les besoins du conquérant. Considéré sous cet angle, l'esclave fait partie d'une écologie où tous les éléments de la nature sauvage communiquent, faune, flore, paysages physiques, humains. Cette porosité des éléments est à la base d'un vaste système économique. Le monde colonial asservit homme et nature dans une unique entreprise tout entière déterminée par la loi du profit. De fait, l'Africain est naturalisé, car le dominer c'est en fait dominer les désordres de la nature. Ainsi il semblerait que l'esclavage ferait partie du grand projet de domestication de la nature qui a hanté le XVIIIe siècle. Il semblerait aussi que toutes les caractéristiques de la nature sauvage incarnée par la forêt, sauvagerie, cruauté, violence, transposées dans d'autres lieux, en fait l'outre-mer, soient maintenant domestiquées. Dans les rêves de l'imaginaire européen, la forêt mythique d'antan aurait finalement perdu son caractère de nature hostile pour offrir la promesse d'une nature colonisée.

Bibliographie

Œuvres et sources

Njinga, Reine d'Angola. La relation d'Antonio Cavazzi de Montecuolo (1687), éd. L.Heywood et J. Thornton, Paris, Chandeigne, coll. « Magellane », 2010.

Charlevoix, Pierre-François-Xavier de, *Histoire et description générale de la Nouvelle-France, avec le journal historique d'un voyage fait par ordre du roi dans l'Amérique septentrionale*, Paris, Chez Rolin fils, libraire, 1744.

---

55   Il donne, cependant, la description d'un ouragan, où terre et océan se confondent en un espace sauvage unique : « la savane, quoique fort élevée et fort en pente, était comme une mer » (*ibid.*, p. 165).

Descartes, René, *Discours de la méthode*, Paris, Flammarion, coll. « GF », 1966.

Labat, Jean-Baptiste, *Relation historique de l'Ethiopie occidentale : contenant la description des royaumes de Congo, Angolle & Matamba, traduite de l'Italien du P. Cavazzi, & augmentée de plusieurs relations portugaises des meilleurs auteurs* […], Paris, Chez C. J. B. Delespine, 1732.

Labat, Jean-Baptiste, *Voyage aux isles. Chronique aventureuse des Caraïbes 1693–1705*, éd. M. Le Bris, Paris, Phébus, coll. « Libretto », 1993.

Lahontan, Louis-Armand de, *Dialogues de M. le baron de Lahontan et d'un Sauvage dans l'Amérique*, éd. H. Coulet, Paris, Desjonquères, coll. « XVIIIe siècle », 2007.

Marivaux, *Œuvres de jeunesse*, éd. F. Deloffre et C. Rigault, Paris, Gallimard, coll. « Bibliothèque de la Pléiade », 1972.

Marivaux, *La Vie de Marianne, ou les aventures de madame la comtesse de****, éd. F. Deloffre, Paris, Garnier, 1990.

Études

Adams, D. J. « The *Encyclopédie*, travel and empirical discovery », J. Renwick (dir.), *L'Invitation au voyage. Studies in Honor of Peter France*, Oxford, Voltaire Foundation, 2000, p. 149–156.

Antoine, Philippe, Gomez-Géraud, Marie-Christine, *Roman et récit de voyage*, Paris, PUPS, 2001.

Broc, Numa, « Voyages et géographie au XVIIIe siècle », *Revue d'histoire des sciences et de leurs applications*, 1969, t. 22, n°2, p. 137–154.

Chupeau, Jacques « Les récits de voyages aux lisières du roman », *Revue d'histoire littéraire de la France. Le Roman au XVIIe siècle*, n°3–4, 1977, p. 236–253.

Ehrard, Jean, *L'Idée de nature en France dans la première moitié du XVIIIe siècle*, Paris, Albin Michel, coll. « Bibliothèque de l'Évolution de l'Humanité », 1994 [1963].

Gallouët, Catherine, « De la séduction à la contrainte : la dégradation d'un *topos* dans le roman du XVIIIe siècle », *Violence et fiction jusqu'à la Révolution*, Tübingen, Günter Narr Verlag, coll. « Études littéraires françaises », 1998, p. 313–325.

Gallouët, Catherine, « Comment rendre l'Africain intelligible : l'exemple de Zingha », *L'Afrique au siècle des Lumières : savoirs et représentations*, C. Gallouët, D. Diop, M. Bocquillon, G. Lahouati (dir.), Oxford, SVEC, 2009, p. 31–47.

Guilhembert, Jacques, *L'Œuvre romanesque de Marivaux. Le parti-pris du concret*, Paris, Classiques Garnier, coll. « L'Europe des Lumières », 2014.

Haquette, Jean-Louis, « Espaces sensibles : réflexions sur les paysages dans les romans du XVIIIe siècle », *Espaces, objets du roman du XVIIIe siècle. Hommage à Henri Lafon*, J. Berchtold (dir.), Paris, Presses Sorbonne Nouvelle, 2009, p. 89–99.

Harrison, Robert, *Forêts. Essai sur l'imaginaire occidental*, Paris, Flammarion, 1992.

Lafon, Henri, *Les Décors et les choses dans le roman du dix-huitième siècle de Prévost à Sade*, Oxford, The Voltaire Foundation, 1992.

Lafon, Henri, *Espaces romanesques du XVIII* siècle 1670–1820, de Madame de Villedieu à Nodier*, Paris, PUF, coll. « Perspectives littéraires », 1997.

Locus in Fabula. La topique de l'espace dans les fictions françaises d'Ancien Régime, N. Ferrand (dir.), Louvain – Paris, Peeters, 2004.

Russo, Elena, *La Cour et la ville, de la littérature classique aux Lumières. L'invention de soi*, Paris, PUF, 2002.

Sgard, Jean, « Le mot "roman" » dans *Eighteenth – Century Fiction*, vol. 13, n° 2–3, janvier–avril 2001, p. 184–195.

Écosystèmes hédonistes des Lumières

Jean-Pierre Dubost

Emprisonné au Donjon de Vincennes, alors qu'il écrit *Le Libertin de qualité*, texte authentiquement libertin, et *Erotika Biblion*, savante somme érotologique à tonalité voltairienne qui s'inscrit dans la tradition des grands traités d'érotologie classique, Mirabeau s'adonne en même temps à la traduction des élégies de Tibulle. On est en droit de s'étonner de cette co-présence entre la passion pour l'élégie romaine, et notamment pour Tibulle, chez quelqu'un qui donne dans *Le Libertin de qualité* à l'expression du désir libertin la forme d'une énergie violente et d'un sensualisme effréné. Ni le ton ni la topique narrative, ni le choix des lieux, des personnages et des situations à partir duquel se compose ce roman, bien plus proche de l'univers de Nerciat, Sade ou Rétif que de celui de Crébillon fils, ne peuvent être mis en rapport avec un poète comme Tibulle pour lequel cette circularité entre l'éros et son entour naturel est au cœur de l'expression élégiaque et qui peut par exemple écrire :

> Pour moi, que la pauvreté me laisse à ma vie de loisir, pourvu que mon foyer s'éclaire d'un feu constant. Je planterai moi-même, à la saison propice, la vigne délicate du paysan, et, d'une main habile, l'arbre fruitier déjà grand. Puisse l'Espérance ne point me tromper, mais m'offrir chaque année des récoltes en tas et des cuves pleines de vin épais ! Car je suis plein de piété, soit devant la souche isolée dans les champs, soit devant la vieille pierre enguirlandée de fleurs au milieu d'un carrefour, et tous les fruits que me donne l'an neuf, j'en dépose les prémices aux pieds du dieu rustique. Blonde Cérès, tu auras une couronne d'épis de notre champ, qui pendra aux portes de ton temple ; et, rouge gardien placé dans mon jardin fruitier, Priape, d'une faux terrible, fera peur aux oiseaux. Vous aussi, gardiens d'un champ aussi pauvre aujourd'hui qu'il fut riche autrefois, vous emportez vos présents, dieux Lares [...]

Cette Ière élégie de Tibulle se termine par un appel à « la paix féconde des campagnes » qui « nourrit les vignes et renferma les sucs de la grappe, pour que la cruche du père versât au fils le vin ». Légèrement ivre, le paysan ramène sa femme et ses enfants à la maison (I, 4), avant de célébrer la paix des foyers, toujours menacés par les « guerres de Vénus[1] ».

---

[1] Tibulle, *Élégies*, Élégie I du livre I, v. 5–55, trad. *Itinera Electronica*, http://bcs.fltr.ucl.ac.be/TIB/Tib1.html.

© KONINKLIJKE BRILL NV, LEIDEN, 2019 | DOI:10.1163/9789004382152_012

« Les élégiaques ne sont pas sérieux », écrit Paul Veyne dans *L'Élégie érotique romaine*, et il poursuit ainsi :

> [I]ls se comportent comme s'ils étaient metteurs en scène de sentiments qu'ils affectent de vivre en leur propre nom ; chez Tibulle les tirades d'amoureux transis sont plaisamment démenties par la mollesse des transitions, où d'aucuns croient apercevoir l'âme rêveuse et distraite du poète. Si distraite, assurément, que Tibulle a dû écrire ses vers en état de demi-sommeil, tant les thèmes s'y succèdent de manière imprévisible, par des associations d'idées ou de mots comme il en vient à un esprit qui somnole. On se demande comment cette somnolence a pu être compatible avec l'intensité et les souffrances d'une passion[2].

Loin de toute approche psychologisante on évitera de se poser ici la question que soulevait Paul Veyne (à savoir « si les élégiaques sont sérieux » ou si Tibulle a écrit ses vers « en état de demi-sommeil »). En revanche, on doit prendre au sérieux cette somnolence de l'esprit, qui est peut-être une manière de désigner l'étrange persistance d'un rêve éveillé des textes dont la récurrence topique est le signe. On évitera aussi de questionner en détail la contradiction que l'on constate entre Mirabeau traducteur de Tibulle et Mirabeau auteur du *Libertin de qualité*. Il suffit de dire que cela prouve bien que tendresse et violence se partagent la disposition libertine, ce dont Sade lui-même est encore un excellent exemple.

En revanche, cette remarquable continuité, cette persistance d'un ton, d'un style et d'un système de représentation quasiment invariables depuis l'Antiquité, mais reconfigurées dans le contexte de l'hédonisme des Lumières, ne peuvent qu'attirer l'attention du satorien.

Quoi de plus topique en effet que la scène suivante : de jeunes cœurs émus par l'harmonie de leurs désirs en accord avec la nature se cherchent et se trouvent sur la scène de leur bonheur. Eden ! Pour en arriver à autant de réduction scénique, elle-même porteuse et garante d'une récurrence topique illimitée, il faut et il suffit de ramener les conditions de la scène à quelques règles essentielles, dont celles-ci : 1. entre les événements qui ont lieu sur la scène et leur entour, il doit exister une relation d'homologie parfaite ; 2. cette homologie se manifeste par une unité spatio-temporelle entre les événements racontés et les discours qui ont lieu sur cette scène et leur entour naturel ; 3. la spatialité de l'entour naturel répond tout naturellement aux actions, événements et

---

2 P. Veyne, *L'Élégie érotique romaine. L'amour, la poésie et l'Occident*, Paris, Éditions du Seuil, 1983, p. 47.

discours qui ont lieu sur cette scène, les personnages et cet entour échangeant sans cesse leurs attributs. Une relation circulaire s'établit alors sous ces conditions entre la scène et son entour : d'une part la nature est anthropomorphisée, d'autre part les personnages, les actions et les événements ayant lieu sur la scène sont à la fois l'expression spontanée de l'intention de la Nature et l'affirmation de l'arbitraire de l'art – de ses codes, de ses noms, de ses conventions et de ses jeux récurrents. La différence entre naturel et artificiel est entièrement effacée, mais elle ne peut l'être qu'au prix d'une absorption complète de cette différence dans la structuration spatio-temporelle de l'harmonie, par un mouvement authentiquement dialectique de suppression et de conservation de cette différence.

Ces quelques règles suffisent à assurer à ce monde clos et éminemment topique une étonnante pérennité, qui traverse les époques et établit une continuité d'atmosphère de l'Antiquité à la fin de l'Âge classique, jusques aux toutes dernières années du XVIIIᵉ siècle.

Mais au XVIIIᵉ siècle, cette belle unité topique est l'objet d'une division interne, que l'exemple de Mirabeau dont nous sommes partis met clairement en évidence. Et le satorien ne peut que constater qu'une poétique des lieux et donc une *topique topographique* répond parfaitement à la distinction fondamentale entre deux types de fiction libertine, l'une célébrant la gloire de la volonté et l'avancée conquérante de la raison au cœur même du désir, l'autre cette version en mineur du libertinage que représente sa veine hédoniste, profondément liée au seul principe de plaisir.

Lorsque j'avais présenté au XVᵉ colloque de la SATOR organisé à Paris par Nathalie Ferrand une communication intitulée « Lieux de séduction, séduction des lieux », il s'agissait pour moi de faire apparaître le lien consubstantiel entre une topique narrative et une topographie de la séduction (« Boudoirs, salons, carrosses, parterres, charmilles, espaces publics où l'on s'expose »). Les poésies d'auteurs tels que Colardeau, Malfilâtre, Léonard, Bertin, Gentil-Bernard, Dorat et d'autres relevant de ce que j'appelle « idylle hédoniste » s'y opposent point par point[3]. À la topographie topique « boudoirs, salons, carrosses, parterres, charmilles, espaces publics où l'on s'expose », il faudra opposer « bocages, ombrages, sombres forêts, gazons, vallons, lits de verdure, doux ruisseaux ». Si les espaces urbains de la fiction libertine sont en lien d'homologie avec les

---

3 Je renvoie ici à mon article « Les baisers de Claude-Joseph Dorat », *Les Baisers des lumières*, Alain Montandon (dir.), Clermont-Ferrand, Presses universitaires Blaise Pascal, coll. « Littératures », 2004, p. 74–94 ainsi qu'à l'entrée « Idylle galante et libertine » qui aborde par un autre biais ce même sujet dans le *Dictionnaire littéraire des fleurs et des jardins*, P. Auraix-Jonchière et S. Bernard Griffiths (dir.), Paris, Champion, p. 352–359.

contenus narratifs d'un libertinage de prédation, de dissimulation, de pouvoir et de ruse et si cette topographie appelle le déplacement, le changement très rapide de lieux, et même la désorientation des lieux, il faut considérer le monde clos et cohérent que l'idylle et l'élégie antique avaient déjà mis en place et qui continue de structurer la topographie hédoniste des lumières, comme la face riante et naturelle de cette vision à la fois ouverte et fermée de ce que j'appellerai l'écosystème hédoniste des Lumières. Ne le confondons surtout pas avec l'épisode campagnard que l'on peut trouver dans un roman libertin dans lequel la topographie urbaine est dominante, car il n'en est qu'une extension[4]. Dans ce cas le lieu de nature n'est qu'une brève étape dans un parcours de séduction et de prédation. En revanche, il est évident que la grande césure qui court au milieu du siècle et dont *La Nouvelle Héloïse* est le grand marqueur canonique, partage le monde romanesque des Lumières entre deux topiques et topographies contraires : une topique et topographie urbaine de la séduction, du désir et de la prédation (qui peut inclure par pur amusement un épisode campagnard) et un écosystème symbolique *sentimental* où le cœur et l'entour naturel parlent un même langage, ou le *décor* naturel exprime tel un *chœur* moderne les lois du langage du cœur.

En renouant avec l'Antiquité et en tournant le dos au romanesque, la réactivation de la tradition bucolique dans le contexte du XVIIIᵉ siècle laisse clairement apparaître sur le plan axiologique une foule de dichotomies communes à l'idylle antique et au roman sensible : inquiétude / bonheur ; instabilité du désir / paix de l'âme ; malheurs de l'inconstance / bonheur de la fidélité ; violence du désir / innocence des cœurs[5], etc. Mais cette césure qui court tout

---

4   Il suffit de penser par exemple à la lettre CXV des *Liaisons dangereuses* (« Nous voilà donc à la campagne, ennuyeuse comme le sentiment, et triste comme la fidélité ! ») ou tout simplement à la célèbre scène I de l'acte II du *Dom Juan* de Molière. Mirabeau, dans son *Libertin de qualité*, n'omet pas de faire faire un petit tour à la campagne à son héros, qui se retrouve entre tant d'autres épisodes parisiens, en pleine campagne, à Salency, « le jour même de la fête de la rosière » (Mirabeau, *Le Libertin de qualité, Romanciers libertins du XVIIIᵉ siècle*, t. 2, Paris, Gallimard, 2005, coll. « Bibliothèque de la Pléiade », p. 1036–1038).

5   Dans un article consacré à *Daphnis et Chloé* et à l'Histoire de *Leucippé et Clitophon* et dont l'analyse repose sur les multiples implications de deux lieux éminemment topiques pour le roman grec, la grotte et la source, Jean Alaux et Françoise Létoublon mettent en évidence cette ambivalence essentielle de l'éros partagé entre violence et innocence : « À maintes reprises, les héroïnes des deux romans sont exposées aux violences, et les jeunes gens eux-mêmes se doivent, malgré les tentations multiples, de préserver la virginité de leurs élues. On note au passage que cette loi de la pudeur s'accompagne d'une érotisation diffuse des corps, des lieux, des objets, soumis aux retours incessants du désir. Protégés par Artémis, par les Nymphes, les héros sont aussi placés sous le patronage de Pan, lui-même ambivalent, grand poursuiveur de jeunes filles et sauveur de Daphnis et Chloé. Dans ce champ de tensions, la grotte et la source jouent un rôle récurrent ». (J. Alaux et Fr. Létoublon, « La grotte et la

au long du siècle ne sépare pas seulement l'expression du désir conquérant ou de la jouissance des sens de celle de la vertu et du sentiment. Elle vient se prolonger au cœur même de l'expression du désir et de la jouissance. La prétention de l'hédonisme à une immédiateté naturelle est traversée de scénarios qui appartiennent en fait à la chronotopie libertine urbaine, et ni l'idylle à la Gessner ni *La Nouvelle Héloïse* ne peuvent échapper à la profonde ambivalence entre désir et sentiment, voire entre calcul et innocence, qui reconduit sous d'autres configurations une ambivalence que l'on trouvait déjà dans le roman grec. Cette tension que l'on peut repérer autant au niveau des choix génériques (roman ou poésie) que sur le plan axiologique est la figure même d'un conflit insurmontable inhérent au rapport que le siècle des Lumières entretient avec la nature. Pour des œuvres aussi paradigmatiques que *La Nouvelle Héloïse* ou les *Idylles* de Gessner, la dichotomie entre désir et vertu en rapport avec ce dispositif de représentation – qu'il s'agisse d'un espace entièrement créé, contemporain et particulièrement complexe comme celui de *La Nouvelle Héloïse*, ou d'un espace encore directement indexé sur les modèles antiques comme les *Idylles* de Gessner – est soumise à de profondes ambivalences, celles-là mêmes que Schiller mettra très clairement en évidence à la fin du siècle, en 1795, dans *Über naive und sentimentale Dichtung* en exposant leur possible ou impossible dialectisation, et dont s'empareront ensuite autant l'idéalisme spéculatif de Hegel que la solution poétique radicale hölderlinienne.

En termes de complexité conceptuelle, les territoires que nous parcourons ici sont certes situés aux antipodes de cette constellation. Mais ils ont le mérite d'exposer cette contradiction entre sentiment et désir, entre hédonisme « champêtre » et désir « urbain » de la manière la plus claire qui soit et de laisser apparaître dans leur topique et leur chronotopie la césure dont nous parlons comme distribution générique (roman des villes vs. poésie des champs).

Tout comme il existe un libertinage à dominante prédatrice et un libertinage relevant d'un monisme du plaisir, aurait-t-on alors affaire au XVIII⁰ siècle à un libertinage des villes que l'on opposera à un libertinage des champs ?

La frontière entre ces deux variantes de la représentation libertine n'est de fait jamais aussi claire que lorsque c'est la topographie des lieux qui la dessine, telle que je viens de la rappeler : topographie urbaine libertine de la ruse et de la séduction d'un côté, topographie d'un écosystème naturel hédoniste de l'autre. Et cette différence décide *aussi* d'une partition générique : essentiellement le

---

source. Paysage naturel et artifice dans *Daphnis et Chloé* et *Leucippé et Clitophon* », *Lieux, décors et paysages de l'ancien roman des origines à Byzance*, B. Pouderon (dir.) avec la collaboration de D. Crismani, Lyon, collection de la Maison de l'Orient et de la Méditerranée, 2005, p. 62.

roman d'un côté, essentiellement la poésie de l'autre. La fiction libertine *roma-nesque* organise des lieux de séduction urbains *ouverts au hasard,* marqués par l'indétermination des événements (qu'il s'agisse de lieux publics – par exemple la promenade des Tuileries, les Jardins du Palais Royal – qui sont des espaces de risque et d'exposition, ou de lieux privés marqués d'ambivalence, *à la fois protégés et toujours menacés d'irruptions* comme la chambre, le salon, le bou-doir). À l'inverse, les lieux de ce que je nomme ici « l'idylle hédoniste » (qui sont le revers de l'idylle bourgeoise vertueuse à la manière de Gessner) appa-raissent tous comme des espaces *circonscrits, en contradiction structurelle avec le caractère ouvert et naturel qui devrait être le leur.*

Le monde d'allure antiquisante de l'« idylle hédoniste » est un *artifice de nature* aménagé par le poème, un lieu protecteur agencé à un *entour de nature.* Artifice de nature qui est le produit final d'une suite d'opérations de réduc-tions explicitement exposées. Saint-Lambert, dans le *Discours préliminaire* de ses *Saisons,* les énumère parfaitement en distinguant en quelque sorte trois qualités de l'esthétique de la Nature, en fonction de trois émotions distinctes que son spectacle peut susciter en partant du plus grand au plus petit : la na-ture est « sublime dans l'immensité des cieux et des mers, dans les vastes dé-serts, dans l'espace, dans les ténèbres, dans sa force et sa fécondité sans borne et dans la multitude infinie des êtres » (on retrouve là tous les attributs des ob-jets naturels sublimes), « grande et belle lorsqu'elle nous présente un spectacle étendu, mais que l'imagination peut terminer », enfin « aimable et riante dans un espace fermé et borné, dans un vallon frais et orné de fleurs, sur un coteau parsemé de différentes sortes de verdures, dans un jardin que le luxe n'a pas trop paré ». Au terme de ce filtrage progressif du très grand au petit, il nomme encore « les lieux où elle nous promet du plaisir, et nous donne d'abord des sensations agréables[6] ». Une des conditions essentielles de cette poétique est l'équilibre des contraires : il faut de l'illimité, mais il faut que cet illimité soit en même temps borné. Ainsi des propositions en apparence contradictoires comme « il faut *l'agrandir,* l'embellir, la rendre intéressante » et, quelques lignes plus loin, « Vous embellirez la nature, si vous rassemblez dans un es-pace étendu, mais limité, ses beautés et ses richesses[7] », n'en sont plus si l'on considère que d'une manière ou d'une autre il faut à son spectacle un cadre. De fait, jamais le sublime, depuis Longin jusqu'aux plus grands exemples de la peinture, ne peut être appréhendé autrement que comme *scène.*

---

6 J.-F. de Saint-Lambert, *Les Saisons, poème par Saint-Lambert,* Paris, Salmon, 1823, *Discours préliminaire,* p. vii–viij.

7 *Ibid.* p. ix.

Dans le chapitre IX d'*Esthétique et théorie du roman* (dans « Formes du temps et du Chronotope dans le roman »), consacré au « roman-idylle », Bakhtine écrit que le chronotope de l'idylle, genre scénique s'il en est, exprime « l'adhésion organique, l'attachement d'une existence et de ses événements à un lieu[8] » et il entend par là une unité spatio-temporelle qui renvoie au modèle antique, celui que nous avons rappelé au début. Mais une analyse historique plus fine fait apparaître que la récurrence insistante de ce modèle au XVIIIe siècle ne confère pas à ce lieu le statut de généralité que son apparente intemporalité semblerait lui conférer. En effet, dans l'idylle hédoniste, et conformément à la sensibilité esthétique dont Delille ou Saint-Lambert sont les représentants les plus marquants, ce lieu est foncièrement ambigu quant à son degré de clôture ou d'ouverture.

Il en résulte en tout cas une forme poétique fortement spatialisée, marquée par une heureuse limitation[9]. Il ne s'agit pas d'en faire une sorte de cadastre poétologique en comptant les buissons et les bocages. L'analyse doit remonter plus haut. Des liens multiples rattachent cette topique et cette topographie hédoniste à un « écosystème naturel symbolique », lequel relève d'une part d'une axiologie, renvoie à un discours, à des valeurs qui se réfèrent à ou s'appuient sur un certain nombre de schèmes discursifs constituant une sorte de nébuleuse discursive (Michel Foucault parlait de « dispersion discursive ») : que le bonheur est la fin de l'homme (vieux schème épicurien), que la poursuite du bonheur est naturelle à la nature humaine (schème discursif constitutif pour l'*homo oeconomicus* moderne), que le vrai bonheur nécessite la limitation, que la jouissance est une loi de la nature, etc. Ces schèmes discursifs appellent leur réalisation symbolique, qui se concrétise à la fois en *scénarios* (c'est leur part de topique narrative) et en *scènes* (ce qui relève d'une topique au sens *topographique*). En ce sens, la topographie hédoniste est une *hypotypose* de cet « esprit du temps » hédoniste et elle en est indissociable, tout comme la topographie de la séduction est l'hypotypose de l'esprit du temps libertin en tant qu'il est fait de volonté prédatrice, de dissimulation et de ruse.

On a bien affaire ici à un *dispositif de représentation* particulier, conforme à l'étymologie-même du genre de l'idylle, puisque l'*eidyllion* c'est une petite

---

8 M. Bakhtine, *Esthétique et théorie du roman*, trad. D. Olivier, Paris, Gallimard, 1978, p. 367.

9 En ce qui concerne le temps, qui sera très peu abordé dans cet article, retenons avant tout que tout en s'appuyant sur une topique renvoyant aux sources antiques, l'idylle hédoniste mêle la temporalité naturelle (les saisons) et sa négation, à savoir la répétition du temps mort libertin (le temps sériel de la répétition vide donjuanesque). L'analyse que Bakhtine propose du chronotope de l'idylle est donc aussi peu adéquate sur le plan de la temporalité pour en rendre compte.

image, et par là un *petit poème*. Si les poètes du XVIIIᵉ comme Léonard, Gentil-Bernard, Gilbert, Malfilâtre, Bertin, Dorat, Colardeau, et jusqu'à Parny sont considérés comme des poètes mineurs avant que Chénier ne vienne entièrement renouveler cette tradition, c'est que leurs œuvres sont constituées de « petits poèmes », précisément au sens grec de l'*eidyllion*[10]. Tradition ô combien vivante au XVIIIᵉ siècle, si friand de petits poèmes au genre flou, toujours syncrétiques et *composites*, dans lesquels viennent se superposer plusieurs traditions : celles de l'idylle, de l'élégie, du genre bucolique et de la pastorale. Genres « en petit » accompagnés de leurs charmantes petites vignettes et de leurs adorables culs-de-lampe.

Autant ces petits genres sont composites et emmêlés, autant on peut y repérer les grandes contradictions propres à l'époque entre vertu et jouissance, entre cynisme et séduction. J'aborderai cette question par un détour et à partir du poème *Les Jardins* de Delille. Malgré son apparence surannée (on s'est beaucoup moqué de Delille), c'est moins sur le plan axiologique que l'on peut en saisir tout l'intérêt qu'en en interrogeant justement le dispositif de représentation.

Dans son introduction, Delille nous rappelle que Rapin s'est délicieusement acquitté de la même tâche que Virgile en écrivant « dans la langue et quelquefois dans le style de Virgile, un poème en quatre chants sur les jardins, qui eut un grand succès, dans un temps où on lisait encore des vers latins modernes[11] ».

Il s'agissait bien, souligne Delille, d'aller plus loin que le modèle antique et d'enchaîner justement là où celui-ci n'osait plus aller :

> Peu de personnes, je dirois même peu de gens de lettres, lisent les Géorgiques de Virgile ; et tous ceux qui connoissent la langue latine, savent par cœur le quatrième livre de l'Énéide. Dans le premier de ces deux poèmes, le poète semble regretter que les bornes de son sujet ne lui permettent pas de chanter les jardins. Après avoir lutté longtemps contre les détails un peu ingrats de la culture générale des champs, il paroît désirer de se reposer sur des objets plus rians. Mais resserré dans les limites de son sujet, il s'en est dédommagé par une esquisse rapide et charmante

---

10   Falconnet, traducteur d'une anthologie mêlant Homère à Théocrite, Callimaque, Moschus, Bion, Anacréon et d'autres, intitulée « Les petits poètes grecs », n'omet pas de rappeler qu'*eidyllion* désigne en grec « un tableau, une image ». Autant dire que tous, d'Homère à Anacréon, aiment la peinture « en petit ». Voir E. Falconnet, *Les Petits Poètes grecs*, Paris, Auguste Desrez, 1838.

11   J. Delille, *Les Jardins, ou l'art d'embellir les paysages, poème, par M. l'Abbé Delille, de l'Académie française*, septième édition, Londres, 1792, p. iv.

des jardins, et par ce touchant épisode d'un vieillard heureux dans son petit enclos cultivé par ses mains[12].

C'est donc d'abord par un éloge de Rapin qu'il commence :

> Ce que le poète romain regrettoit de ne pouvoir faire, le père Rapin l'a exécuté. Il a écrit dans la langue et quelquefois dans le style de Virgile, un poème en quatre chants sur les jardins, qui eut un grand succès, dans un temps où on lisoit encore des vers latins modernes. Son ouvrage n'est pas sans élégance ; mais on y desireroit plus de précision, et des épisodes plus heureux. Le plan de son poème manque d'ailleurs d'intérêt et de variété. Un chant tout entier est consacré aux eaux, un aux arbres, un aux fleurs. On devine d'avance ce long catalogue et cette énumération fastidieuse qui appartient plus à un botaniste qu'à un poète : et cette marche méthodique, qui seroit un mérite dans un traité en prose, est un grand défaut dans un ouvrage en vers, où l'esprit demande qu'on le mène par des routes un peu détournées, et qu'on lui présente des objets inattendus. De plus, il a chanté les jardins du genre régulier, et la monotonie attachée à la grande régularité a passé du sujet dans le poème[13].

Il lui reproche ensuite non pas de manquer de variété dans ses sujets, mais d'en manquer dans l'exposition en nous donnant « une énumération fastidieuse qui appartient plus à un botaniste qu'à un poète ». « Cette marche méthodique », ajoute Delille, « qui serait un mérite dans un traité en prose, est un grand défaut dans un ouvrage en vers, où l'esprit demande qu'on le mène par des routes un peu détournées, et qu'on lui présente des objets inattendus[14] ». Il s'agit d'opposer à la froideur de la méthode la *surprise* des *objets inattendus*. La présentation de tels objets par le poème ne demande pas seulement une transposition en code poétique du sujet (*les* jardins donc, impensables autrement qu'au pluriel et synecdoques de l'infini diversité de la nature), mais la transcription en poème de l'unité de ce sujet, de sa nature par essence poétique et dans le respect de principes grâce auxquels le sujet (les jardins) et le genre (le poème) viennent se confondre. Ces principes se situent en amont (ils sont originaires), mais ils doivent imprégner sans reste l'objet poétique à traiter en fonction d'une nécessité originaire énoncée en ces termes :

---

12 *Ibid.*, p. iii–iv.
13 *Ibid.*, p. iv–v.
14 *Ibid.*, p. v.

L'imagination, naturellement amie de la liberté, tantôt se promène péniblement dans les dessins contournés d'un parterre, tantôt va expirer au bout d'une longue allée droite. Partout elle regrette la beauté un peu désordonnée et la piquante irrégularité de la nature. Enfin, il n'a traité que la partie méchanique de l'art des jardins. Il a entièrement oublié la partie la plus essentielle, celle qui cherche dans nos sensations, dans nos sentimens, la source des plaisirs que nous causent les scènes champêtres et les beautés de la nature, perfectionnées par l'art. En un mot, ses jardins sont ceux de l'architecte ; les autres sont ceux du philosophe, du peintre et du poète[15].

Notons l'indistinction du principe poétologique originaire (l'imagination) et du *regard* : l'imagination erre parmi les jardins comme un regard vagabond. « *Où l'œil n'espère plus*, le charme disparaît », dit plus loin le poème[16]. Ou encore : « Rentrez dans nos vieux parcs, et voyez d'un regard *ces riens dispendieux, ces recherches frivoles*, ces treillages sculptés, ces bassins, ces rigoles[17] ». La nature désordonnée est d'une « piquante irrégularité » : c'est strictement le vocabulaire du roman libertin quand il s'agit d'évoquer le négligé, le désordonné de celle que l'on surprend au réveil à sa toilette, ou la piquante irrégularité des traits d'une belle désirée. Et la poésie hédoniste champêtre du XVIIIe ne cesse d'inviter le lecteur à se représenter l'apparition de la beauté séduisante au cœur de la nature, grâce à la bienveillante complicité des zéphirs. Soit, exemple parmi une infinité d'autres, ces vers des *Amours* de Bertin :

> Cependant, entraîné dans la lice éclatante
> Où toutes nos beautés, conduites par l'amour,
> De parure et d'attraits disputent tour-à-tour,
> Mes regards dévoraient et sa taille élégante,
> Et de son cou poli la blancheur ravissante,
> Et, sous la gaze transparente,
> D'un sein voluptueux la forme et le contour.
> Au murmure flatteur de sa robe ondoyante,
> Je tressaillais ; et l'aile des zéphyrs,
> En soulevant l'écharpe à son côté flottante,
> Au milieu des parfums m'apportait les désirs[18].

---

15   *Ibid.*, p. v–vi.
16   *Ibid.*, p. 16.
17   *Ibid.*, p. 18.
18   A. de Bertin, *Les Amours. Élégies en trois livres par le chevalier A. de Bertin* [éd. Roux-Dufourt Aîné, 1824], Institut National de Linguistique Francaise, 1961, coll. « Frantext » M879, p. 7.

Dans le duel que met en scène Delille entre l'architecte et le poète (« philosophe », « peintre » ou « poète » sont ici strictement interchangeables), si la liberté de l'imagination est le principe originaire, la localisation originaire de la beauté piquante et désordonnée de la nature se fait dans nos sentiments, nos sensations, nos plaisirs. Si l'imagination est le principe, ce sont eux qui sont *la source*. Empirisme oblige. Les scènes champêtres suscitent ce plaisir, mais elles n'en sont que le déclencheur, déclencheur qu'il s'agit justement de déclencher par le projet de création que Delille célèbre et dont il étale le programme – et en ce sens Delille est moins un philosophe qu'une sorte d'agence de communication de l'art des jardins.

Sans poursuivre plus en détail l'analyse, disons seulement que quand Delille proclame par exemple dans *Les Jardins* que « Qui fait aimer les champs fait aimer la vertu[19] », il ne faut surtout pas le prendre à la lettre. Car comprendre cet éloge de la vertu comme une condamnation du désir vagabond du regard en quête d'objets de plaisir, serait un contresens. L'équation entre vertu et campagne, pleinement valable pour Gessner, n'empêche pas que l'on trouve un peu plus loin chez Delille son contraire caractérisé : « possédez par les yeux, jouissez par la vue[20] ».

Ce mouvement d'oscillation (mettons tout de même un peu Delille du côté des « philosophes » puisque son propos est de rappeler à l'architecte de la nature humanisée les règles qu'il doit suivre s'il veut en même temps être « peintre et poète »), on le constate aussi dans la totalité de la poésie hédoniste et de son écosystème symbolique, qui est habité par une contradiction profonde entre une logique du désir et un monisme du plaisir. Deux dispositifs scéniques contraires – deux topiques et deux topographies – en résultent, conformément à la polarité qui habite le libertinage et le fait osciller entre « libertinage des villes » et « libertinage des champs ». Les exemples en sont innombrables, mais la réduction topique permet justement d'en modéliser le fonctionnement à partir d'un exemple.

Soit donc une scène très représentative pour le genre, et qui correspond à la phrase topique SURPRENDRE_BEAUTE_SOLITAIRE. J'en ai analysé ailleurs[21] la très longue chaîne topique, qui renvoie à un épisode du mythe d'Ariane (Ariane surprise endormie par Dionysos sur l'île de Naxos, puis ensuite violée) et qui constitue en continu une très longue chaîne texte/image de l'Antiquité au XVIIIe siècle. Pour cette longue série topique, la scène est en ce sens caractéristique qu'elle est le plus souvent présentée comme un instantané qui est en

---

19   Delille, *op. cit.*, p. 8.
20   *Ibid.*, p. 23.
21   Voir J.-P. Dubost, « Avatars du mythe d'Ariane dans l'illustration libertine », *Revue des Sciences Humaines*, n°271, 3/2003, p. 99–120.

fait une avant-scène. Dans ce cas ce que la scène ne montre pas, ou plutôt ce dont elle est le cache ou l'écran, c'est le viol, l'assaut du désir masculin. Dans certains cas au contraire, la « vérité » de la scène est dévoilée[22].

Le poème *Zélis au bain* de Masson de Pezay (1763), dont le frontispice (la gravure est d'Eisen) et sa réplique en cul-de-lampe reprennent justement l'indestructible motif d'Ariane endormie (corps allongé, tête en arrière, bras relevé comme on le voyait déjà sur un sarcophage antique), s'inscrit dans cette longue série topique[23]. Il s'agit encore une fois d'une histoire de bergers et bergères. Si la bergère Zélis repose ainsi, c'est qu'elle vient sous les ombrages chercher le repos – entendons : fuir les assiduités d'Hilas. Mais la protection naturelle du bois est bien peu efficace puisqu'elle est justement surprise :

> Mais vainement dans les bras du silence
> Elle cherchait un remède à ses maux ;
> L'ombre, la nuit, le murmure des eaux,
> Et du sommeil l'aimable négligence,
> Tout sert l'amour, pour troubler le repos
> De la touchante et modeste innocence[24].

Zélis, agitée dans son sommeil, tend les bras, appelle Hilas dans son rêve. Il ose et n'ose pas s'avancer, partagé entre désir et sentiment, occasion pour le poème d'opposer les muettes jouissances de l'âme au « Dieu vain » du désir « dont la triste impuissance / Se borne hélas ! à tromper l'innocence[25] », contre-figure de l'Éros poète et peintre (« De l'univers il [l'amour] orne le tableau : tout s'embellit des traits de sa lumière[26] »). Éros est aussi indissociable de l'intention de la nature, dont l'écosystème symbolique que présentent texte et image est au service du désir amoureux dans sa variante naïve et protégée :

---

22   C'est par exemple le cas dans certaines gravures dans la tradition des « Amours des dieux », par exemple chez Caraglio ou Le Primatice. Voir J.-P. Dubost, art. cit. p. 106 et p. 113.

23   En ce sens, la vignette placée en tête du chant premier (fig. 5) est particulièrement révélatrice de l'ambivalence thématisée ici. En redoublant le frontispice, elle contribue d'une part à diluer encore plus la scène de voyeurisme au cœur du poème dans l'expression d'innocence inhérente à la convention allégorique des érotes, mais d'autre part, elle arrache aussi leur petit monde anodin à son innocence de convention en faisant se confondre en une seule scène la vignette et la scène de voyeurisme.

24   A.-F.-J. Masson de Pezay, *Zélis au bain, poème en quatre chants*, à Genève, s. d. [1763], p. 4.

25   *Ibid.*, p. 8–9.

26   *Ibid.*, p. 10.

> Si tous les ans un rideau de verdure
> Vient ombrager la voûte des bosquets,
> C'est pour tromper les regards indiscrets,
> C'est que l'amour et la volupté pure
> Veulent toujours que leurs biens soient secrets[27].

Que ce scénario fasse ici appel aux topoï de l'idylle pastorale, dont celui essentiel de la méprise de l'aimée quant à l'intention de l'amant (SOUPCONNER_TROMPERIE dans SATORBASE) n'est qu'un artifice retardateur parmi bien d'autres, car ici, tout comme dans le roman libertin, tout est retardement. Topos encore : la belle endormie croit en rêve qu'Hilas lui est parjure et Hilas l'entend le dire. Réveil, hésitation, trouble mutuel. Mais personne ne bouge. Puis changement de scène et de décor, et deuxième chant : c'est Zélis au bain. Zélis masquait tout d'abord Ariane (Ariane endormie) mais Ariane masque maintenant Diane (Diane au bain).

Une fois de plus le discours sur la « volupté pure » et les mièvreries pastorales que le poème aligne sont en contradiction complète avec la situation scénique, puisqu'il s'agit dans les deux cas de scènes de voyeurisme, topographie libertine majeure, accusées ou aggravées par le jeu d'une voix lyrique intruse et maîtresse de cérémonie, présente sur la scène de son propre théâtre. Alors que cette voix lyrique, sur le plan discursif, ne cesse d'*opposer* la pure volupté d'un Éros *pan-theos* identique aux intentions de la Nature, cette même voix lyrique, en tant qu'organisatrice des tableaux successifs du poème, reproduit à l'identique les procédés de stimulation érotique de la fiction libertine :

> Zéphir régnait ; Zélis brûlait encore.
> Que peut Zéphir sur les feux de l'Amour ?
> Zélis saisit d'une main chancelante
> Le nœud jaloux qui cache en son corset
> Tous les trésors de la taille élégante :
> Le nœud résiste et Zélis plus ardente
> Rougit bientôt en le voyant défait.
> Le corset baisse ; une gorge naissante
> Repousse en vain la gaze transparente :
> Hilas espère, applaudit en secret ;
> La gaze reste : Hilas pleure et se tait[28].

---

27   *Ibid.*, p. 10.
28   *Ibid.*, p. 22.

L'effet comique de cette chute est indéniable, et encore plus lorsque la voix narrative avoue ne plus être en mesure de résister au spectacle qu'elle organise :

> Zélis détache sa ceinture.
> D'un œil brûlant je parcours tant d'attraits :
> Volez, Zéphirs, et cessez de vous plaindre :
> Mes yeux troublés confondent tous les traits :
> Je veux tout voir, et je n'ose rien peindre[29] !

Troublée dans son rôle, la voix lyrique s'en remet alors à la Volupté elle-même, elle la prie d'intervenir, de venir en quelque sorte au secours de son hypotypose incertaine :

> Viens m'inspirer, aimable volupté,
> Montre toi-même à l'amant enchanté,
> Au tendre Hilas, son amante ingénue,
> Zélis au bain rougissant d'être nue.

Et comme celle-ci commence à être gagnée par la pudeur, l'appel au secours redouble :

> Mais quoi déjà, la pudeur trop sévère
> Couvre ses yeux de son triste bandeau !
> Ô volupté, viens calmer sa colère :
> Prends tes crayons ; charge-toi du tableau[30].

Et encore :

> Je vais chanter Zélis ou ton image :
> Viens me prêter ton amoureux pinceau :
> Je tenterai d'achever mon tableau[31].

Le tableau s'achève par le topos de l'orage surprenant les amants (topos pour l'instant encore absent dans SATORBASE : ORAGE_SURPREND_AMANTS, si fréquent pourtant dans les opéras de l'âge classique).

---

29   *Ibid.*, p. 23.
30   *Ibid.*
31   *Ibid.*, p. 24.

Zélis s'est entre-temps jetée dans un fleuve qui a tous les attributs de la volupté, mais l'orage gronde, le fleuve grossit, la violence de la nature menace d'emporter Zélis, Hilas se décide alors enfin et se jette à l'eau. Heureux héroïsme, puisque les voilà enlacés nus dans le fleuve. Nous y sommes donc enfin :

> Dans ses bras nus il presse Zélis nue !
> Tout ce que peut la jeunesse et l'amour,
> Hilas le peut. Il combat, il s'élance ;
> Il est vainqueur et vaincu tour à tour. [...]
> En vain les flots ont lassé son courage.
> Zélis en pleur ranime son transport.
> Chaque succès pour elle est un hommage ;
> Une caresse est le prix d'un effort ;
> Nouveau baiser et nouvel avantage :
> Amour, amour, nos amants sont au port[32].

Un quatrième et dernier chant célèbre la paix d'un amour sans cesse renaissant, la beauté des lieux embellis par l'amour fidèle. La dominante hédoniste revient pleinement se confondre avec la tradition idyllique et la thèse bakhtinienne du chronotope de l'idylle retrouve ici sa pertinence. Pertinence que rien ne viendrait remettre en cause si le poème exhibait comme tel l'antagonisme des dispositifs de représentation qui, autant au niveau topique que sur le plan du dispositif scénique, distinguent et opposent le libertinage urbain de séduction et de prédation de l'hédonisme idyllique.

Si l'on observe sur la très longue durée le lien entre topique et topographie, les ambivalences et les dichotomies sur lesquelles repose au XVIIIe siècle ce que nous désignons comme « idylle hédoniste », on ne peut qu'être frappé par la persistance du modèle antique. L'opposition ville-campagne était déjà présente dans l'idylle antique : le début de l'idylle VII de Théocrite la thématise déjà explicitement[33]. De même, la scène de *Zélis au bain* dont nous venons d'exposer l'ambivalence renoue avec la profonde ambivalence de la pastorale antique. On trouve par exemple à trois reprises dans *Daphnis et Chloé* une scène de « voyeurisme » qui détone avec l'ambiance de chasteté qui domine dans le roman – au livre I, 13, quand Chloé voit Daphnis nu, et dont on trouve

---

32   *Ibid.*, p. 32–33.

33   Pour une analyse détaillée de l'antagonisme ville/campagne dans l'idylle VII de Théocrite voir l'article de Laurence Plazenet, « Théocrite : Idylle 7 », *L'Antiquité classique*, t. 63, 1994, p. 77–108.

la réplique inversée à la fin du même livre, quand cette fois-ci c'est à Daphnis d'observer Chloé au bain[34] (I, 32). La troisième occurrence est certes plus chaste, mais, comme le soulignent Françoise Létoublon et Jean Alaux, on peut ici supposer une ellipse du récit[35].

Il ne suffit cependant pas de simplement constater la récurrence d'une topique propre au roman grec. Plus que le retour du même, ce qui compte ici, c'est la tension que la scène expose entre deux expressions de la volupté au cœur de l'époque. Alors que chez Longus le jeu des regards est enveloppé dans une innocence originaire que le texte maintient sciemment comme telle, la même topique et la même topographie sont chez Masson de Pezay et chez les auteurs d'idylles hédonistes tels que Colardeau, Malfilâtre, Léonard, Gentil-Bernard, Gilbert, Bertin, Dorat, profondément déterminées par le jeu du regard – par cette « possession par les yeux » et cette « jouissance par la vue » dont parle Delille à propos des jardins. Tout en faisant mine de réécrire une innocence pastorale, ces auteurs accusent au contraire par le détail voyeuriste de l'expression l'ambivalence entre désir et bonheur « naturel » en forçant le décor naturel à ressembler à ces scènes de voyeurisme libertin dont ils veulent en même temps se distinguer.

Il faudrait maintenant, mais ce serait une autre histoire, repartir en arrière et montrer que cette duplicité interne n'est pas moins existante dans le roman libertin, lui aussi partagé, autant dans sa topique que dans sa topographie et

---

34   « Il alla donc avec Chloé à la grotte des Nymphes, et, là, il lui donna à garder sa tunique et sa besace, puis, debout au bord de la source, il se nettoya entièrement les cheveux et tout le corps. Ses cheveux étaient noirs et abondants, et son corps hâlé par le soleil ; on aurait dit que sa couleur brune était le reflet de ses cheveux. Et, tandis qu'elle regardait Daphnis, Chloé le trouva beau, et comme elle ne l'avait jamais trouvé si beau, elle pensa que c'était le bain qui était cause de sa beauté. Et tandis qu'elle lui lavait le dos, elle sentit la chair douce qui cédait sous ses doigts ; aussi, à la dérobée, elle se toucha elle-même à plusieurs reprises, pour voir si elle serait plus délicate à toucher » (Longus, *Daphnis et Chloé*, I, 13, *Romans grecs et latins*, trad. P. Grimal, Gallimard, coll. « Bibliothèque de la Pléiade », 1958, p. 801). À quoi répond, en I, 32 le regard de Daphnis sur Chloé au bain : « Après les funérailles de Dorcon, Chloé emmena Daphnis à la grotte des Nymphes et le lava, et alors, pour la première fois, sous les yeux de Daphnis, elle baigna elle-même son corps blanc et lisse, qui n'avait besoin que de sa beauté, et non du bain, pour être beau » (*ibid.*, p. 812). Voir dans ce volume, p. 96–102 l'article de Ph. Postel, « Topique romanesque du jardin dans le roman sentimental (Grèce, France , Chine) », où les mêmes passages du roman *Daphnis et Chloé* donnent lieu à une analyse.

35   « Le troisième bain a lieu au livre II, 18, après la première incursion des Méthymniens, et il semble à première lecture plus chaste. On peut toutefois soupçonner ici une ellipse du récit, les étreintes auxquelles le bain a pu donner lieu étant passées sous silence. Dans les deux bains du livre I, les jeunes gens se donnent l'un à l'autre le spectacle de leur beauté nue, entraînant le désir, aussi ne peut-on que supposer une symétrie analogue dans le troisième épisode » (J. Alaux et Fr. Létoublon, art. cit. p. 69).

dans le détail de son expression, entre hédonisme et prédation, entre un monisme de la jouissance et une pulsion d'emprise destructrice de son objet de désir. C'est pourquoi les dichotomies qui ont été ici dégagées ne peuvent pas être pensées comme de simples antagonismes, mais bien plutôt comme une seule et même multiplicité, faite d'une infinité de plis et de déploiements dont la récurrence topique est le support et le ressort.

Bibliographie

Œuvres et sources

Bertin, Antoine de, *Les Amours. Élégies en trois livres par le chevalier A. de Bertin* [éd. Roux-Dufourt Aîné, 1824], Institut National de Linguistique Francaise, coll. « Frantext » M879.

Delille, Jacques, *Les Jardins, ou l'art d'embellir les paysages, poème, par M. l'Abbé Delille, de l'Académie française*, septième édition, Londres, 1792.

Falconnet, Ernest, *Les Petits Poètes grecs*, Paris, Auguste Desrez, 1838.

Longus, *Daphnis et Chloé, Romans grecs et latins*, trad. Pierre Grimal, Paris, Gallimard, coll. « Bibliothèque de la Pléiade », 1958.

Masson de Pezay, Alexandre-Frédéric-Jacques, *Zélis au bain, poème en quatre chants*, Genève, s. d. [1763].

Mirabeau, Honoré Riquetti comte de, *Erotika biblion*, éd. Jean-Pierre Dubost, Paris, Honoré Champion, coll. « Libre pensée et littérature clandestine », 36, 2009.

Mirabeau, Honoré Riquetti comte de, *Le Libertin de qualité, Romanciers libertins du XVIIIe siècle*, t. 2, Paris, Gallimard, coll. « Bibliothèque de la Pléiade », 2000.

Saint-Lambert, Jean-François de, *Les Saisons, poème par Saint-Lambert*, Paris, Salmon, 1823.

Tibulle, *Élégies*, I, 1, v. 5–55, trad. *Itinera Electronica*, http://bcs.fltr.ucl.ac.be/TIB/Tib1.html.

Études

Alaux, Jean et Létoublon, Françoise, « La grotte et la source. Paysage naturel et artifice dans *Daphnis et Chloé* et *Leucippé et Clitophon* », *Lieux, décors et paysages de l'ancien roman des origines à Byzance*, B. Pouderon (dir.) avec la collaboration de D. Crismani, Lyon, Collection de la Maison de l'Orient et de la Méditerranée, n°34–1, p. 54–74, 2005.

Bakhtine, Mikhaïl, « Le chronotope du roman idylle », *Esthétique et théorie du roman*, trad. D. Olivier, Paris, Gallimard, 1978.

Dubost, Jean-Pierre, « Avatars du mythe d'Ariane dans l'illustration libertine », *Revue des Sciences Humaines*, n°271, n°3, 2003, p. 99–120.

Dubost, Jean-Pierre, « Les baisers de Claude-Joseph Dorat », *Les Baisers des lumières.*
    Études rassemblées et présentées par Alain Montandon, Clermont-Ferrand, Presses
    universitaires Blaise Pascal, coll. « Littératures », 2004.
Dubost, Jean-Pierre, « Idylle galante et libertine », *Dictionnaire littéraire des fleurs et*
    des jardins, P. Auraix-Jonchière et S. Bernard Griffiths (dir.), Paris, Champion, 2017,
    p. 352–359.
Plazenet, Laurence, « Théocrite : Idylle 7 », *L'Antiquité classique*, t. 63, 1994, p. 77–108.
Veyne, Paul, *L'Élégie érotique romaine. L'amour, la poésie et l'Occident*, Paris, Éditions
    du Seuil, 1983.

La représentation de la montagne dans les romans français entre les dernières décennies du XVIIIe siècle et les premières années du XIXe siècle

Claudia Frasson

Le langage impuissant face à un paysage nouveau

En 1773, dans la lettre XXVIII du *Voyage à l'Île de France*, Bernardin de Saint-Pierre écrivait : « L'art de rendre la nature est si nouveau que les termes mêmes n'en sont pas inventés. Essayez de faire la description d'une montagne de manière à la faire reconnaître : quand vous aurez parlé de la base, des flancs et du sommet, vous aurez tout dit. Mais que de variété dans ces formes bombées, arrondies, allongées, aplaties, cavées, etc. ! Vous ne trouverez que des périphrases [...]. Il n'est donc pas étonnant que les voyageurs rendent si mal les objets naturels [...] ; leurs descriptions sont arides comme des cartes de géographie [...]. les voyageurs, en rendant la nature, pêchent par défaut d'expressions[1]. » Au contact des montagnes exotiques de l'île Maurice, Bernardin prend conscience d'une carence du langage et d'une impuissance des écrivains qui ne disposent que de termes généraux et abstraits, inaptes à rendre l'aspect d'un objet inconnu comme la montagne dans tout le foisonnement de ses formes, excédant les limites de la langue classique. Plus généralement, Bernardin dénonce une insuffisance de la description de la nature au niveau linguistique et fait appel à une rénovation de la langue littéraire afin qu'elle puisse apporter un souci majeur du détail et plus de précision et de richesse pittoresque dans la technique descriptive.

Dans les mots de cet écrivain, qui a pourtant donné une contribution fondamentale au renouvellement des techniques d'observation de la nature, nous reconnaissons tout le poids d'un siècle peu descriptif, marqué du sceau de la méfiance à l'égard de la pratique descriptive. À l'intérieur de ce panorama qui privilégie encore l'analyse psychologique de l'homme au détriment de la réalité physique qui l'entoure, la représentation du paysage ressent, plus que toute autre typologie descriptive, des restrictions et des contraintes imposées par le code littéraire. La difficulté de traduire verbalement le spectacle naturel est redoublée lorsqu'il s'agit de rendre l'aspect d'une réalité imposante

---

1 J.-H. Bernardin de Saint-Pierre, *Voyage à l'île de France*, Paris, La Découverte, 1983, Lettre XXVIII et dernière, « Sur les voyageurs et les voyages ».

comme la montagne. À la fin du XVIIIe siècle la complexité et la nouveauté de cet objet peuvent encore constituer un obstacle pour les romanciers français qui doivent affronter le défi de représenter une réalité insolite en se servant d'un langage peu préparé à cerner cette étrange luxuriance de formes et de couleurs. D'ailleurs, pendant longtemps la montagne a été considérée comme un objet farouche et sinistre, comme un paysage chaotique contraire aux principes d'ordre, de mesure et de régularité qui l'excluent hors de l'idéal classique de belle nature. Malgré ces résistances, un changement se produit au fil du XVIIIe siècle, jusqu'au moment où, à partir des années soixante-dix, l'intérêt pour la diversité des paysages de montagne commence à triompher sur la méfiance et où la découverte des Alpes suisses déclenche un mouvement d'enthousiasme collectif et l'élaboration d'un véritable mythe alpestre.

Les dates de 1761 et de 1804 constituent les termes de notre arc chronologique puisque nous les considérons comme les symboles d'une évolution dans la représentation du paysage de montagne qui commence avec *La Nouvelle Héloïse* de Rousseau et rejoint avec *Oberman* de Senancour un point de césure qui signe le passage vers le plein romantisme[2]. À l'intérieur de cet intervalle de temps, les romans qui ont adopté la montagne comme cadre de l'action ont été

---

2   La place centrale accordée à la description du paysage dans *Oberman* suffirait à elle seule pour justifier ce choix en tant que texte conclusif de notre parabole, car ce roman inaugure une nouvelle ère de la représentation. En outre *Oberman* offre la meilleure mise en scène de montagne à l'intérieur d'un roman après l'exemple de Rousseau : si les lettres que Saint-Preux envoie du Valais ont contribué à la découverte de la montagne et à l'art de la décrire, toutefois ce thème nouveau ne réalise son plein épanouissement que dans l'œuvre de Senancour. Voir les études les plus significatives qui aident à comprendre le choix de l'arc chronologique pris en examen par notre contribution : B. Didier, *Senancour romancier*, Paris, SEDES, 1985 ; B. Didier, *Oberman, ou Le Sublime négatif*, Paris, éd. rue d'Ulm, 2006 ; A. Guyot, « La ville dans la montagne, la montagne comme une ville : analogies architecturales et urbaines dans la représentation des Alpes chez les écrivains voyageurs au XVIIIe et au XIXe siècles », *Revue de géographie alpine*, t. LXXXVII, n° 1, 1999, p. 51–60 ; A. Guyot, « Le "laboratoire montagnard" : la littérature au service de la connaissance. L'exemple de Deluc et de Ramond de Carbonnières », *Relations savantes, voyages et discours scientifiques*, Actes du colloque du CRLV, La Napoule, juin 2003, S. Linon-Chipon et D. Vaj (dir.), Paris, Presses de l'Université de Paris Sorbonne, 2006, p. 287–296 ; A. Guyot, « Le récit de voyage en montagne au tournant des Lumières : hétérogénéité des sources », *Sociétés & représentations*, vol. 1, n° 21, 2006, p. 117–133 ; J.-L. Haquette, *Les Paysages de la fiction : création romanesque et arts du paysage au tournant du Siècle des Lumières*, Oxford, Voltaire Foundation, 1995 ; Cl. Lacoste-Veysseyre, *Les Alpes romantiques : le thème des Alpes dans la littérature française de 1800 à 1850*, Genève, Moncalieri, Slatkine, CIRVI, 1981 ; Z. Lévy, *Senancour dernier disciple de Rousseau*, Paris, Nizet, 1979 ; D. Mornet, *Le Sentiment de la nature en France de J.-J. Rousseau à Bernardin de Saint-Pierre* [1907], New York, Burt Franklin, 1971 ; Cl. Reichler, « Science et sublime dans la découverte des Alpes », *Revue de géographie alpine*, vol. 82, n° 3, 1994, p. 11–29 ; Cl. Reichler, *La Découverte des Alpes et la question du paysage*, Genève, Georg, 2002.

publiés pour la plupart dans les dernières années du XVIIIe siècle et les toutes premières années du siècle suivant, ils sont relativement peu nombreux et il s'agit souvent d'œuvres mineures. Dans ces textes moins célèbres ou méconnus aujourd'hui il est possible de retracer des exemples capables d'illustrer la transition d'une époque littéraire à une autre. Une transition qui présente souvent des solutions hybrides, des résultats incertains, témoignant d'une littérature qui a du mal à se démarquer des préjugés esthétiques et du cadre littéraire traditionnel. En effet, il ne faut pas oublier que, s'il y a peu de descriptions dans les romans entre 1730 et 1790, c'est surtout à cause d'une méfiance envers la description dont le code littéraire classique est à l'époque le principal responsable, en raison des prescriptions rhétoriques qui font autorité auprès des romanciers. Ces derniers ressentent un grand malaise à l'égard d'une pratique qui n'appartient pas facilement à l'horizon d'attente du roman. La description du paysage s'en ressent plus que tout autre typologie descriptive, et est tributaire des restrictions et des contraintes imposées par la tradition et par les règles classiques. Toutefois, le discrédit qui pèse sur le XVIIIe siècle pour sa pauvreté descriptive ne tient pas compte du renouveau de la pratique de la description dans le roman à partir des années 1760, quand le genre commence à se transformer : une véritable révolution qui s'accomplit grâce à la valorisation du paysage dans différents domaines artistiques et grâce à la redécouverte d'un sentiment de la nature entraînant des mutations significatives dans les descriptions topographiques, en particulier à l'intérieur du roman.

Mécanismes justificatifs et réélaboration des topoï

Le malaise persistant de certains écrivains face à l'insertion de la description dans le corpus narratif déclenche souvent des mécanismes justificatifs et défensifs qui pourraient facilement s'inscrire dans le topos du narrateur qui se prétend incapable de décrire et qui proclame d'avance son incompétence descriptive. Il s'agit d'un processus habituel se traduisant dans des formules introductives stéréotypées, mais c'est aussi l'aveu d'une inadéquation et d'une impréparation lexicale face à des réalités qui dépassent l'entendement humain. Dans les textes où fait son apparition le paysage de montagne, nous signalons quelques exemples de réticence et même de négation de la description. Dans le roman de Mme Polier de Bottens, *Mémoires et voyages d'une famille émigrée*, de 1801, le narrateur fait allusion au caractère inapproprié de la description qui viendrait interrompre le flux de la narration et, sous prétexte de fausse modestie, il se débarrasse de la tâche d'étudier (et de représenter) les contrastes naturels pour l'assigner à d'autres plus capables savants :

On y voit les différentes productions des climats tempérés, et si les yeux ont été fatigués de l'aspect aride des montagnes, ils se reposent avec plaisir sur les plaines fertiles que côtoie le Rhône. Ce n'est pas le moment de faire la description de cette longue vallée, enfermée de tous côtés par la chaîne des Alpes, qui semblent lui servir de fortifications. Il suffira de dire que si Théodore fut charmé de la beauté de la nature végétale, il fut étonné et affligé de la dégradation de la nature animée. Elles offrent un contraste frappant. C'est aux philosophes et aux naturalistes à en découvrir les causes, et le modeste historien, d'une aventure particulière, ne doit pas essayer de traiter ce sujet[3].

L'écart qui se produit entre la nouveauté de l'objet décrit et l'impuissance du langage entraîne les écrivains à se servir encore de codes descriptifs légués par la tradition. D'un côté la montagne est considérée comme une source primaire du sentiment du sublime et elle tire profit d'une révolution de la sensibilité qui fait de cet espace naturel un décor propice au développement du paysage-état d'âme, de l'autre côté le paysage de l'horreur peut être considéré comme la réélaboration et la réinterprétation d'une catégorie topique ancienne, c'est-à-dire le *locus horribilis*. L'écart qui se produit entre le *locus horribilis* hérité de la topique ancienne et la mise en scène d'une nature sublime consiste surtout dans le passage d'une description ornementale à une nouvelle modalité descriptive, où la représentation des décors renvoie à un rapport d'analogie entre un sujet et l'espace environnant, c'est-à-dire à une conscience qui reconnaît dans le paysage un reflet de la réalité intérieure. En ce qui concerne les romans de la fin du XVIIIe siècle, cette distinction n'est pas toujours nette et facilement reconnaissable : en effet, bien qu'il y ait des ouvertures vers le paysage-état d'âme, il faut remarquer que la plupart des décors semblent encore prisonniers de la topique spatiale traditionnelle.

Au niveau diégétique, la catégorie du *locus horribilis* peut se prêter à l'élaboration de séquences narratives récurrentes comme les épisodes où un personnage se perd ou se retrouve seul dans un milieu inhospitalier, hostile, contraire à tous ses efforts pour progresser dans sa marche ou pour rencontrer un abri. Des exemples sont fournis par *Cœlina, ou l'enfant du mystère*, roman publié en 1799 par Ducray-Duminil. Le contexte nocturne et les fréquentes descriptions d'orages contribuent à dresser ce décor de l'horreur et à intensifier le sentiment de terreur, en traçant ainsi l'image d'un espace effrayant qui accompagne les moments tragiques de l'histoire :

---

3   J.-F. Polier de Bottens, *Mémoires et voyages d'une famille émigrée*, Paris, Maradan, 1801, p. 220.

Il est minuit ; l'obscurité la plus profonde couvre toute la nature : Cœlina ne s'effraie point, et se décide à entreprendre de gravir ce mont sourcilleux, voyage que les savants les plus intrépides n'avaient fait, avant elle, que de jour, et accompagnés des guides les plus habiles. Quel effroi s'empare de mon lecteur, et me saisit moi-même ! Une jeune personne, sans instruction, sans expérience, se hasarder, pendant la nuit, au milieu des glaciers, des pics, des plaines de neige et des avalanches ! ... Essayons de décrire la route pénible et périlleuse qu'elle va se frayer. La pauvre Cœlina ne connaît ni le danger qu'elle court, ni la longueur du chemin qu'elle entreprend. Elle trouve une espèce d'escalier taillé dans la glace, et le gravit avec ses pieds et ses mains, toujours persuadée que ce chemin va la conduire à une plate-forme solide où sans doute est située la chaumière de Francisque. Elle parcourut ainsi un espace d'environ trois milles, et fut obligée ensuite de grimper le long d'un sentier escarpé, raboteux, et nommé *le chemin des Chasseurs de Chrystal*. Elle arriva ainsi au sommet du Montanvert, où elle ne trouva aucune espèce d'abri ... Point de cabane, point de chaumière : de la glace partout, de la neige et des précipices ! [...] Il faut maintenant qu'elle redescende ce pic dangereux ; mais elle ne peut distinguer aucun objet : la neige sur laquelle elle marche peut couvrir et lui masquer quelque abyme prêt à l'engloutir[4].

Un chemin rapide et large à-peu-près de deux pieds s'offrait à ses regards : ce chemin, taillé dans la glace, était défendu de chaque côté par deux hautes murailles de glace aussi, formant, tantôt des cônes, tantôt des labyrinthes environnés de précipices, offrant partout des arrêtes suspendues, et des débris prêts à rouler sur la tête du voyageur assez intrépide pour se hasarder dans cet étroit sentier. Cœlina remarqua qu'en bas, ce chemin donnait sur une plate-forme, au bord de la mer de glace, et près d'un gros bloc de granit[5].

En ce qui concerne les procédés de style, il est possible de constater que les expressions les plus fréquentes sont aussi stéréotypées et répétitives que la typologie de paysage évoqué et qu'elles mettent en évidence trois aspects en particulier, c'est-à-dire les dimensions grandioses, presque disproportionnées, l'impression de désordre et de dévastation et l'horreur provoquée par ces spectacles. Les narrateurs parlent en effet de môles immenses de pierre, de masses étonnantes de terre et d'énormes massifs de verdure. Les personnages se croient souvent entourés des ruines de la nature, qui présentent l'image de

---

4   F.-G. Ducray-Duminil, *Cœlina, ou l'enfant du mystère*, Paris, Le Prieur, 1799, t. III, p. 25–27.
5   *Ibid.*, p. 29.

la dévastation et qui montrent le désordre et la confusion. Enfin les sites sont terribles, les scènes effrayantes et font frissonner d'horreur, les précipices présentent d'épouvantables et horribles abîmes, la cime des montagnes est toujours âpre et tout est affreux, superbe et terrible.

La résistance du modèle pastoral

Dans la reprise des catégories topiques anciennes, le *locus amoenus* est aussi fréquent que son pendant dysphorique. Le paysage qui présente des traits bucoliques et idylliques est généralement associé au genre de la pastorale mais, à la fin du XVIIIᵉ siècle, il se trouve aussi dans des romans qui demanderaient la mise en scène d'un autre type de décor. L'exemple le plus frappant est donné par *Cœlina*, un roman proche du genre noir qui offre un grand nombre de décors effrayants associés au contexte de la haute montagne. Le narrateur esquisse de petits tableaux de bonheur champêtre (surtout lorsqu'il y a des moments de calme, de sérénité et d'harmonie entre les personnages) où Cœlina, travestie en bergère, participe à des repas et à des danses rustiques. Un autre romancier de cette époque, Pierre Blanchard, situe son roman de 1794 intitulé *Félix et Pauline* « au pied du mont Jura » : ici la nature sauvage et effrayante ne semble constituer que le fond d'un tableau dont les traits dominants le rapprochent plutôt d'un paysage idyllique. Dans un roman basé sur la reprise d'un motif à succès, celui des deux enfants qui grandissent ensemble comme frère et sœur et qui tombent amoureux l'un de l'autre, le rocher, élément essentiel de la configuration du paysage de montagne, devient le lieu de la rencontre entre les deux protagonistes et le symbole de leur amour, et il est entouré par une nature agréable, conforme aux images de la pastorale :

> C'est une roche qui, en se détachant du sein de la montagne, forme une esplanade avancée sur son penchant où tout ce que la nature offre de plus beau et de plus agréable dans ces lieux, semble y être rassemblé pour le plaisir de deux jeunes gens dont les cœurs, animés par l'amour, ne cherchent que les lieux solitaires qui par leurs beautés pittoresques inspirent une douce mélancolie ; tout y est plein de ces agréments sauvages qui élèvent l'âme, et de ces objets riants, qui attachent et recréent l'homme sensible. Les inégalités du rocher forment des anfractuosités tapissées de fleurs et de verdure ; il s'en échappe de longues traînasses d'herbes rampantes, et la pervenche couronne les pointes de roche de guirlandes vertes ornées de petites fleurs rouges. Les sombres sapins et

les chênes majestueux s'élèvent aux environs. Une multitude d'arbres fruitiers au printemps, et chargés de fruits riches et rafraîchissants en automne. Un torrent tombe et roule avec un grand bruit à vingt pas de là, et répand sur tout le paysage le charme d'un silence interrompu, mais toujours tranquille. On respire dans ce séjour enchanté un air frais et parfumé qui ajoute au sentiment moral inspiré par la vue de cette décoration magnifique et sauvage[6].

D'autres exemples attestent la résistance du modèle pastoral et la faveur dont il continue à jouir auprès des romanciers à la fin du XVIIIe siècle : cela est évident lorsque des coins de nature idylliques apparaissent dans des contextes où le paysage est dominé par la nature sauvage. Il y a donc une prédilection constante et qui ne s'affaiblit jamais pour une nature fertile et agréable et nous pouvons constater que la campagne continue à exercer une grande fascination et à incarner un modèle de paysage idéal. Il est assez évident que l'intérêt pour de nouveaux paysages comme la montagne n'est pas encore suffisant pour déclencher la révolution dans la description que souhaitait Bernardin de Saint-Pierre : le roman continue à être largement tributaire d'un certain type de décor que l'on représente depuis l'Antiquité et il a encore recours à des procédés de style conventionnels.

L'influence de Rousseau ...

Un autre indice nous permet de constater cette hésitation des romanciers en matière de paysage, à savoir un intérêt constant pour la variété de la nature et des conformations géographiques d'un territoire et pour les contrastes qui animent les paysages. Parfois ces alternances sont remarquées dans de larges panoramas où des vastes plaines cultivées et fertiles sont encadrées par la sauvagerie majestueuse des hautes montagnes, mais c'est aussi au sein des montagnes que les personnages des romans s'émerveillent face à un mélange de nature libre et de nature domestiquée. Dans le traitement assidu de ce thème, on reconnaît également l'empreinte laissée par *La Nouvelle Héloïse* et par la préférence que Rousseau accorde au paysage des zones moyennes des Alpes, caractérisées par l'union d'une nature sauvage et d'une nature cultivée et maîtrisée par l'homme.

---

6 P. Blanchard, *Félix et Pauline ou le tombeau au pied du mont Jura*, Paris, Le Prieur, 1795, t. I, p. 74–75.

L'œuvre de Rousseau constitue d'ailleurs une référence fondamentale pour les romanciers de la fin du XVIIIe siècle qui choisissent la montagne comme cadre de leurs histoires, car c'est lui le principal responsable de l'introduction de ce nouveau sujet dans la prose romanesque française. *La Nouvelle Héloïse* devient ainsi un nouveau mythe littéraire dont l'imitation constitue un procédé à la mode. La réitération du modèle et la reprise inconditionnelle d'une série de motifs engendre dans les différents romans des situations narratives identiques où un personnage qui découvre pour la première fois un lieu de montagne se livre toujours au même type d'observations et de réflexions. Au motif de l'opposition entre nature sauvage et nature cultivée, il faut ajouter celui des effets bénéfiques que le paysage de la haute montagne produit au niveau physique et moral. Dans *La Nouvelle Héloïse*, lorsque Saint-Preux se trouve dans le Valais, il se rend compte d'un changement de son état d'âme provoqué par le spectacle et par la pureté des sommets qui ont sur lui des effets curatifs. Le thème est reproduit dans les romans postérieurs à la *Julie* quand des personnages entreprennent des escalades et racontent leur aventure en suivant l'exemple et le modèle de la lettre valaisane et même dans des contextes de montagne différents de celui des Alpes suisses.

Les proclamations contre « l'insipide uniformité des plaines[7] » constituent un autre thème de dérivation rousseauiste ainsi que la connotation morale que les auteurs attribuent à l'opposition entre la montagne et la plaine ou la ville. En effet, l'air étouffant et impur est un symptôme de la corruption qui s'est répandue dans les lieux urbains. Au cours de son voyage, Saint-Preux avait découvert l'existence d'une société heureuse qui semblait revêtir un caractère exemplaire et il avait compris que la pureté des mœurs de la communauté valaisane pouvait être préservée grâce au cadre de vie primitif dans lequel elle vivait. Par cet éloge des montagnards, qui reprend les éléments du mythe ancien de l'Âge d'or, Rousseau crée un nouveau mythe qui fait de la Suisse le référent géographique et humain d'une nouvelle Arcadie. Aussi pour les romanciers de la fin du XVIIIe siècle, les sentiments inspirés par les paysages sont-ils indissociables de l'éloge des montagnards, de l'admiration pour leurs mœurs pastorales et pour les exemples de bonheur et de vertu qu'ils offrent. Un exemple pourrait être tiré du roman *Henriette et Sophie*, publié en 1804 par Joseph Ronden. Son protagoniste rencontre un groupe d'ermites retirés sur les montagnes et illustre sa réflexion par l'influence que le milieu exerce sur les individus et le bien-être produit par l'altitude :

---

7   J.-Cl. Gorjy, *Saint-Alme*, Paris, Guillot, 1790, t. I, p. 136.

Arrivé sur le sommet de la montagne, la rencontre d'une habitation a réveillé chez moi le sentiment de l'existence. Des hommes consacrés au culte de la religion, se sont imposé d'y vivre, sans communication, pour ainsi dire, avec le reste de leurs semblables [...]. Le climat qu'ils habitent, influe sans doute sur leur caractère, et transportés dans d'autres lieux, ces froids solitaires peut-être éprouveraient autant que moi, le choc impétueux de ces passions tumultueuses, dont ils ne se font même pas une idée [...]. Le temps que j'ai passé sur la cime de cette montagne avait ramené quelque calme dans mon cœur ; mais à mesure que j'ai regagné la plaine, j'ai senti mieux que jamais ce que mon sort a de pénible [...]. Droiture, amour, constance, fidélité ; voilà ce qui partout s'est offert à mes yeux... Je craignais d'être chassé de ces salubres asiles, comme on éloigne d'un air pur, l'homme qui sort d'un air contagieux : j'admirais la vertueuse simplicité de ces paisibles populations et les plaies de mon cœur se rouvraient avec de nouveaux déchirements[8].

L'influence de Rousseau n'est pas seulement visible dans la prédilection des romanciers pour certains décors ou dans le traitement de certains thèmes, puisqu'elle se manifeste également dans la construction des personnages qui vivent l'expérience de la découverte : en effet les épigones de Rousseau voient et décrivent la montagne à travers le regard de Saint-Preux et par le filtre de son récit de voyage. La diffusion de ce modèle et d'une nouvelle sensibilité qui annonce l'avènement du romantisme contribue à dessiner les traits des héros qui peuplent les romans de cette époque. Il s'agit souvent de personnages téméraires, hardis, passionnés, avides d'émotions violentes, comme le jeune philosophe Charles, protagoniste d'un roman de 1801 de Jacques Berriat-Saint Prix intitulé *L'Amour et la philosophie*, qui « souvent, sans s'en apercevoir, [...] arrivait jusque sur les cimes les plus élevées des branches secondaires des Alpes. Là, il se livrait avec ravissement, à la contemplation du spectacle sublime qui s'offrait à ses yeux[9] ». Ces personnages sont animés par un désir de solitude, ils éprouvent le besoin d'une retraite dans des lieux sauvages, propices à l'isolement et ils vont à la recherche d'espaces qui favorisent la rêverie et s'accordent à leur mélancolie.

Parmi les romans écrits à la suite de *Werther*, qui prolifèrent à l'époque, l'œuvre de Gourbillon, intitulée *Stellino ou le nouveau Werther* et publiée en 1791, montre un personnage qui est en proie à un désir intense et insatiable, qui poursuit une satisfaction des sens sans jamais l'atteindre, et qui est presque

---

8   J.-R. Ronden, *Henriette et Sophie, ou la force des circonstances*, Paris, Fréchet, 1804, t. I, p. 3–6.
9   J. Berriat de Saint-Prix, *L'Amour et la philosophie*, Paris, Lavillette, 1801, t. I, p. 32–33.

enivré par la réalité environnante. Les espaces sauvages et extrêmes de la montagne, qui constituent le cadre de ce roman, sont parcourus par un personnage passionné mais aussi inquiet, pressé de jouir des émotions les plus violentes que la nature lui offre. La suite des phrases à l'imparfait de l'indicatif et les exclamatives traduisent cette « fureur » de parcourir un vaste espace en long et en large. Elles laissent aussi transparaître un cadre contenant les composantes essentielles du *locus horribilis*, mais qui ne constitue pas un décor purement ornemental puisqu'il concourt à l'exaltation du sujet :

> Je suis resté tout le jour dans les bois, comme un enfant qu'on enfermerait dans la boutique d'un marchand de *joujoux* ; je voulais tout voir, tout vivifier, tout connaître, & dans le même moment ! – Je courais à perdre haleine ; je gravissais les rochers les plus escarpés, dans l'espoir de découvrir à leurs sommets un nouvel aliment à l'insatiable avidité de mon âme ! Je sautais sans effroi de larges torrents ; je franchissais légèrement, & sans y songer, des abîmes dont le seul aspect m'eût fait trémuler dans tout autre moment ! Dans un clin d'œil, j'étais sur la cime la plus élevée des montagnes ; & dans un autre, je me trouvais à cent pieds au-dessous de leurs bases effroyables ; je marchais avec peine sur les ravines sablonneuses ; je m'enfonçais sans crainte dans les excavations souterraines & profondes que le temps & l'eau y ont creusées ; je m'asseyais ensuite sur une pelouse parsemée de fleurs, au pied d'un cèdre antique, dont le feuillage, battu par les vents de la colline, qui soufflaient & se précipitaient en sifflant, du haut du roc escarpé, se mêlait au bruit sourd & confus d'un torrent qui s'échappait à quelques pas de moi ; - & partout, ô mon ami ! partout je goûtais un plaisir indicible, & qui m'avait été jusqu'alors inconnu[10].

Ernest, le protagoniste d'*Amélie Mansfield*, un roman publié par Sophie Cottin en 1803, semble lui aussi poussé par l'envie de découvrir la sauvage solitude des montagnes et de se laisser guider par le hasard. Toujours à l'intérieur de ce roman, les traits d'un lyrisme préromantique s'expriment dans l'épanchement d'Amélie au sein de la nature :

> J'habite un pays si enchanteur, que c'est une jouissance bien vive pour moi de pouvoir le parcourir en liberté. Je me plais à errer dans ces routes solitaires et sauvages où on croit être seul au monde ; à parcourir ces prairies si vertes et si fraîches, qu'il semble que jamais pied d'homme ne les ait foulées ; à voir couler ces eaux limpides qui, toujours les mêmes par

---

10   J.-A. de Gourbillon, *Stellino, ou le nouveau Werther*, Paris, De Bure et Valade, 1791, p. 212–213.

leur pureté, toujours différentes par leurs accidents, nourrissent ces longues rêveries auxquelles tu sais que j'aime tant à me livrer[11].

... et celle des récits de voyage

Comme les romanciers subissent également la fascination des voyages et d'une
approche scientifique de la montagne, nous constatons l'assimilation et l'imitation par les personnages des attitudes propres aux hommes de science et
aux voyageurs. La conscience du paysage de montagne qui se développe dans
ces romans reflète ainsi l'ambivalence qui caractérise son émergence et son
affirmation comme espace naturel apprécié, étudié et représenté, à savoir l'imbrication entre les intérêts rationnels et scientifiques des Lumières, qui voient
dans la montagne un objet d'exploration, et une nouvelle sensibilité qui va y
chercher une source de plaisir esthétique et sentimental.

Dans un roman de Madame Polier de Bottens de 1803, *Félicie et Florestine*,
un groupe de personnages se rend à la Dent du Vaulion, un sommet du Jura
vaudois, qui offre l'occasion de découvrir « des curiosités naturelles », de « faire
des dissertations[12] » sur la base des observations directes. *Le Chalet des hautes
Alpes*, un roman de 1814 écrit par Isabelle de Montolieu, débute par le récit à la
première personne d'un voyage entrepris par le narrateur en compagnie de son
ami Eugène : l'accent est mis sur le désir d'apprendre que partagent ces prome-
neurs (la « vivacité de curiosité ») et sur le fait que leur exploration est guidée
par un intérêt botanique. Le premier narrateur de *Félix et Pauline* est un autre
personnage qui est en marche et qui commence son récit par la mention ap-
proximative de la région (« je voyageais du côté des Alpes[13] ») où il est en train
de voyager. Il explique sa propension à examiner la réalité avec exactitude, toujours dans un but didactique, en se comparant aux « anciens philosophes » :

> J'aime à voyager à pied, ainsi que les anciens philosophes ; je mets comme
> eux mes amusements à profit : quand un site me plaît, je m'arrête pour
> le considérer. Je serais bien fâché de laisser derrière moi une fleur qui
> aurait attiré mes regards. J'examine ici un rocher, là un arbuste : rien ne
> m'échappe, tout contribue à mon plaisir et à mon instruction. La nature
> est dans tout digne des regards de l'homme[14].

---

11   S. Cottin, *Amélie Mansfield*, Paris, Maradan, 1802, t. I, p. 127–128.
12   J.-F. Polier de Bottens, *Félicie et Florestine*, Genève, Paschoud, 1803, t. II, p. 55–56.
13   P. Blanchard, *op. cit.*, t. I, p. 1.
14   *Ibid.*, p. 2–3.

Dans *Les Deux Solitaires des Alpes*, roman de 1791 de Louis-Auguste Liomin, le narrateur correspond à une double figure parce qu'il est voyageur et lecteur de récits de voyage en même temps :

> Entraîné par cette curiosité si naturelle aux Français, je quittai sans regret cette capitale de notre royaume, Paris, auquel le citadin qui l'habite, attribue exclusivement les plaisirs & le bonheur. Bientôt, pensai-je, je verrai la nature dans sa première simplicité ... Flatté de cette idée, je pars pour la Suisse, que je ne connaissais que par des relations[15].

Une révolution du style encore à accomplir

Si au niveau narratif la représentation de la montagne est souvent accompagnée par le déploiement d'un réservoir de lieux communs, par la mise en scène de situations topiques et par l'usage d'une typologie de personnages elle aussi récurrente et topique, en ce qui concerne le côté plus proprement formel de la description, il est aisé de constater une pareille tendance à adopter un style qui penche facilement vers le cliché. Les aspects les plus modernes de ces représentations n'entraînent pas nécessairement un dépassement de l'écriture héritée du classicisme, riche en procédés stéréotypés et répétitifs et pauvre en réalisme et en précision : nous avons vu que la préférence accordée à des paysages inédits n'implique pas automatiquement l'abandon de la description ornementale et qu'il n'y a pas toujours d'exacte correspondance ou d'adéquation entre la nouveauté du sujet et sa mise en forme littéraire. La découverte scientifique de la montagne a certainement exercé son influence sur la représentation romanesque de ce paysage et son exploration de la part des savants voyageurs a apporté une contribution fondamentale au progrès des techniques d'observation et à l'enrichissement du vocabulaire descriptif, mais si les romanciers peuvent avoir tiré profit de ces conquêtes, la révolution stylistique est encore loin de s'accomplir. Certes, il y a quelques tentatives de rendre l'expression plus réaliste, les écrivains manifestent parfois un souci de précision et semblent prêter attention à l'exactitude de la toponymie, mais tout cela côtoie le déploiement de formules fixes, par exemple dans la notation des couleurs de la nature à travers des épithètes et un tissu d'images convenues : les objets « resplendissent » de lumière, sont « frappés » ou « éclairés » par les rayons du soleil qui leur donne un éclat « éblouissant », brillent « des plus vives couleurs de l'arc-en-ciel », la neige scintille de « feux

---

15   L.-A. Liomin, *Les Deux Solitaires des Alpes*, Lausanne, Lacombe, 1791, p. 2.

éclatants » ou comme des « diamants », la verdure est « émaillée » ou présente à l'œil le « tapis » le plus « riche » et le plus « varié », les teintes sont « brillantes », la lumière de la lune « argentée », l'horizon est comme une large « ceinture de pourpre ».

Dans un article publié en septembre 1811 dans le *Mercure de France*, intitulé « Du style dans les descriptions », Senancour avance des réflexions sur la pratique descriptive moderne : l'auteur d'*Obermann* critique Rousseau, dont il avait été un disciple, puisque sa description du Valais « n'a presque rien de caractéristique » ; en revanche, il fait l'éloge de Ramond de Carbonnières, célèbre explorateur, car ses *Observations sur les Pyrénées et sur les Alpes* contiennent « des pages qui paraissent ne le céder à aucuns morceaux descriptifs faits antérieurement en prose ». De plus, Ramond se démarque de toutes les expressions qui agissent comme des entraves dans l'élaboration d'un langage descriptif original et libéré du poids des conventions. Senancour critique les images que, selon lui, « on doit éviter presque toujours, les figures devenues triviales et les expressions consacrées aux sciences ou empruntées de nos arts, comme le cristal des eaux, les tapis de verdure, les nuages semblables à des flocons de laine cardée, ou à des réseaux de soie[16] ». Chez Ramond de Carbonnières, les critiques reconnaissent une forme de préromantisme imprégné tout à la fois d'une influence werthérienne et rousseauiste malgré l'approche scientifique dont il ne se départit jamais, car il sait associer la démarche du naturaliste et du géologue aux observations d'un peintre et au don poétique. Ramond partage avec d'autres grands explorateurs (comme par exemple Horace-Bénédict de Saussure) la capacité de combiner l'exactitude des descriptions et la rigueur de la vision avec l'expression passionnée des émotions qui saisissent le spectateur de la montagne. Le rôle joué par ces voyageurs dans l'évolution de la description du paysage de montagne n'est pas négligeable, car ils ont contribué à approfondir la connaissance scientifique des montagnes, à élargir les possibilités de représentation, mais surtout à faire évoluer les techniques d'observation et le pittoresque descriptif. Ce qui les rend dignes d'intérêt, c'est donc l'imbrication de leurs idées scientifiques et de la littérature, de l'observation et de l'attitude esthétique.

Presque une trentaine d'années s'écoulent entre les considérations que Bernardin de Saint-Pierre fait dans son récit de voyage et les observations de Senancour, mais l'appel au progrès de la description est commun aux deux écrivains. Entre ces deux illustres exemples, des écrivains moins connus ont essayé, peut-être de manière hésitante, de donner forme à leur vision des montagnes,

---

16   É. Pivert de Senancour, « Du Style dans les descriptions », *Oberman*, Paris, Gallimard, coll. « Folio », 1984, p. 508–509.

de traduire, par des mots encore pauvres et des expressions parfois vieillies, des images tellement nouvelles qu'elles semblaient déborder toute tentative de les cerner par les limites du langage traditionnel. En outre, les ressources de la pastorale ou les catégories topiques anciennes apparaissaient comme des instruments commodes et rassurants face à l'indicible de la montagne. À la fin du XVIIIe siècle le changement semble donc un sommet difficile à escalader si on ne dispose pas d'outils appropriés, mais le terrain est fertile et les germes d'une révolution du langage littéraire sont prêts à fleurir.

Bibliographie

Œuvres et sources

Bernardin de Saint-Pierre, Jacques-Henri, *Voyage à l'île de France*, Paris, La Découverte, 1983 [1ère éd. 1773].

Berriat de Saint-Prix, Jacques, *L'Amour et la philosophie*, Paris, Lavillette, 1801.

Blanchard, Pierre, *Félix et Pauline ou le tombeau au pied du mont Jura*, Paris, Le Prieur, 1795.

Cottin, Sophie, *Amélie Mansfield*, Paris, Maradan, 1802.

Ducray-Duminil, François-Guillaume, *Cœlina, ou l'enfant du mystère*, Paris, Le Prieur, 1799.

Gorjy, Jean-Claude, *Saint-Alme*, Paris, Guillot, 1790.

Gourbillon, Joseph-Antoine de, *Stellino, ou le nouveau Werther*, Paris, De Bure et Valade, 1791.

Liomin, Louis-Auguste, *Les Deux Solitaires des Alpes*, Lausanne, Lacombe, 1791.

Montolieu, Isabelle de, *Le Chalet des hautes Alpes*, Paris, A. Bertrand, 1814.

Pivert de Senancour, Étienne, *Oberman*, Paris, Gallimard, coll. « Folio », 1984 [1ère éd. 1804].

Polier de Bottens, Jeanne-Françoise, *Félicie et Florestine*, Genève, Paschoud, 1803.

Polier de Bottens, Jeanne-Françoise, *Mémoires et voyages d'une famille émigrée*, Paris, Maradan, 1801.

Ronden, Joseph-Raoul, *Henriette et Sophie, ou la force des circonstances*, Paris, Fréchet, 1804.

Études

Didier, Béatrice, *Senancour romancier*, Paris, SEDES, 1985.

Didier, Béatrice, *Oberman, ou Le Sublime négatif*, Paris, éd. rue d'Ulm, 2006.

Guyot, Alain, « La ville dans la montagne, la montagne comme une ville : analogies architecturales et urbaines dans la représentation des Alpes chez les écrivains voyageurs au XVIIIe et au XIXe siècles », *Revue de géographie alpine*, t. LXXXVII, n° 1, 1999, p. 51–60.

Guyot, Alain, « Le "laboratoire montagnard" : la littérature au service de la connaissance. L'exemple de Deluc et de Ramond de Carbonnières », *Relations savantes, voyages et discours scientifiques*, Actes du colloque du CRLV, La Napoule, juin 2003, Sophie Linon-Chipon et Daniela Vaj (dir.), Paris, Presses de l'Université de Paris Sorbonne, 2006, p. 287–296.

Guyot, Alain, « Le récit de voyage en montagne au tournant des Lumières : hétérogénéité des sources », *Sociétés & Représentations*, vol. 1, n° 21, 2006, p. 117–133.

Haquette, Jean-Louis, *Les Paysages de la fiction : création romanesque et arts du paysage au tournant du Siècle des Lumières*, Oxford, Voltaire Foundation, 1995.

Lacoste-Veysseyre, Claudine, *Les Alpes romantiques : le thème des Alpes dans la littérature française de 1800 à 1850*, Genève, Moncalieri, Slatkine, CIRVI, 1981.

Lévy, Zyi, *Senancour dernier disciple de Rousseau*, Paris, Nizet, 1979 .

Mornet, Daniel, *Le Sentiment de la nature en France de J.-J. Rousseau à Bernardin de Saint-Pierre* [1907], New York, Burt Franklin, 1971.

Reichler, Claude, « Science et sublime dans la découverte des Alpes », *Revue de géographie alpine*, vol. 82, n° 3, 1994, p. 11–29.

Reichler, Claude, *La Découverte des Alpes et la question du paysage*, Genève, Georg, 2002.

La nature comme Rorschach. À propos de quelques instantanés de Mme de Souza

Paul Pelckmans

Au roman sentimental, la nature fournit le côté jardin d'une scène qui reste pour l'essentiel presque classique. Les romanciers ne s'astreignent certes plus à l'unité de lieu ; ils font toujours évoluer leurs personnages dans un espace assez abstrait, qu'ils ne décrivent guère en détail et dont les dehors, si possible, les intéressent moins encore. Le rousseauisme diffus de la fin du siècle amène sans doute un peu plus souvent à professer certaine admiration pour les beautés de la nature ; elle se limite généralement à des déclarations qu'on dirait quasiment de principe, trop convenues et surtout trop sommaires pour qu'on y reconnaisse un intérêt vraiment senti pour les sites évoqués.

Mme de Souza[1] aime, comme bon nombre de ses contemporain(e)s, situer tout ou partie de ses intrigues à la campagne. Ses premiers romans se contentent à cet effet d'une vie de château et de sites d'accent plutôt traditionnel. Le Neuilly d'*Adèle de Senange* (1793) est toujours, fût-ce aux portes de Paris, un simple village. *Charles et Marie* (1801) évoque, sans aucun nom propre, une campagne anglaise générique, qui ne devait pas dépayser les habitués du genre. Les épisodes décisifs d'*Émilie et Alphonse* (1799) se déroulent de façon plus inattendue dans un recoin perdu des Pyrénées, qui laisse entrevoir, autour d'un château délabré[2], un décor sauvage. Les émigrés d'*Eugénie et Mathilde* (1811) prolongent d'abord leur train de vie coutumier, et donc plutôt mondain, à Bruxelles et à La Haye. Ils échouent, pour la partie pour de bon misérable de leur odyssée, dans un village de pêcheurs près de Cuxhaven, puis dans « une très petite maison » de la banlieue de Kiel, où « les fenêtres du salon donnaient [...] sur la campagne » (p. 174).

---

1   Je renvoie dans le texte aux œuvres de Mme de Souza. Références, pour *Adèle de Senange*, au texte fourni dans *Romans de femmes du XVIIIe siècle*, éd. R. Trousson, Paris, Laffont, 1996, p. 565–672 ; les citations d'*Eugénie et Mathilde* renvoient à la belle édition critique de Kirsty Carpenter, London, MHRA, 2014. *Charles et Marie*, *Eugène de Rothelin* et *Émilie et Alphonse* n'ont plus été réédités depuis le XIXe siècle ; je renvoie aux *Œuvres de Mme de Souza*, Paris, Garnier Frères, 1865.

2   Le texte parle deux fois du « château de Foix » (p. 478 et 485), mais les aîtres évoqués n'ont de toute évidence rien à voir avec la ville de l'Ariège du même nom ; le château et le village qui l'entoure sont aussi génériques que la campagne de *Charles et Marie*.

© KONINKLIJKE BRILL NV, LEIDEN, 2019 | DOI:10.1163/9789004382152_014

Ces lieux tant soit peu inattendus se caractérisent toujours, sous la plume de notre romancière, par ce qu'Henri Lafon appelle, dans une étude qui a fait date, la foncière « instrumentalité[3] » des espaces romanesques de l'Ancien Régime. Pour Mme de Souza aussi, « l'essentiel est dans le cœur, dans ses passions bonnes ou mauvaises, toujours plus nobles en essence que ce qu'offre l'étendue matérielle[4] ». La présente étude alignera donc d'abord quelques exemples qui reconduisent une fois de plus cette essentielle instrumentalité. J'essaierai ensuite de montrer que les quelques épisodes qui semblent attester un regard un peu plus attentif sur la nature se trouvent appréhender aussi à chaque fois certaine insuffisance secrète des attachements humains. Ce qui les fait rejoindre, je crois, une hantise fondamentale du genre, mais confirme aussi que c'est bien l'interaction des personnages qui est, beaucoup plus que leur rapport à la nature, l'enjeu central de ces romans.

Les jeunes premiers de Mme de Souza disent volontiers qu'ils aiment se promener, mais se soucient peu de décrire avec quelque détail les paysages ainsi parcourus. Les promenades concrètement évoquées leur valent surtout quelques premières rencontres, qui ne sauraient guère être le résultat d'un quelconque rendez-vous et pour lesquelles il fallait donc, d'une manière ou d'une autre, les faire sortir de chez eux *au hasard*. Le jeune Charles « aime à errer dans la campagne » et « préfère » alors « une belle nuit à l'éclat du jour » (p. 182) ; son bref roman n'évoque jamais qu'une seule promenade « sans projet, sans réflexion » (p. 182), qui l'amène à point nommé à une clairière d'où il entend chanter une belle inconnue. Émilie préfère, à l'orée de son roman, se promener de « très bonne heure » ; là aussi, ses lettres évoquent un seul exercice, où elle rencontre presque aussitôt « un jeune homme qui descendait lentement par [l]e même chemin » (p. 374)...

L'idylle n'a pas la suite qu'on attendait puisqu'Émilie, quelques semaines plus tard, consent à un mariage très voulu par sa mère mourante, qui sera si désastreux que son mari finit par la reléguer dans un lointain château pyrénéen. Elle se flatte d'abord qu'elle n'y sera même pas malheureuse :

> Je ne sais ce que la solitude des Pyrénées peut avoir de redoutable pour moi qui aime la campagne et qui ai fait une si triste expérience du monde. (p. 484)

---

3   H. Lafon, *Espaces romanesques du XVIIIᵉ siècle*, Paris, PUF, 1997, p. 154.
4   *Ibid.*, p. 157.

L'exil aurait pu lui faire découvrir une magnifique nature ; je ne vois, dans les lettres censées partir du château de Foix, que deux propos admiratifs, dont le premier, qui date du jour de son arrivée, relève de la crânerie :

> J'ai affecté même de la gaieté, nommant agreste ce qui était sauvage, sauvage ce qui était inculte : les plus affreux précipices n'étaient selon moi que des jeux de la nature, bien préférables à la symétrie et aux vains efforts de l'art. Mon amie, je sentais une secrète mais dernière satisfaction à me montrer inaccessible aux chagrins qu'on m'avait préparés. (p. 488)

La seconde note admirative salue un « fort joli feu d'artifice, suivi d'une illumination assez bien ordonnée, et qui, éclairant la montagne, produisit un effet enchanteur » (p. 558). Émilie y savoure surtout la reconnaissance des villageois dont elle est devenue la bienfaitrice et qui lui fêtent ainsi son anniversaire. Elle ajoute que « la nuit était superbe » ; elle « la pass[e] presque tout entière à [s]e promener avec Alphonse » (p. 558), qui a subi de son côté de terribles malheurs et qu'elle a retrouvé inopinément, et à demi fou de chagrin, dans une masure à quelques pas de son village.

Émilie ne dirait plus, comme Célimène conviée à suivre Alceste dans son désert, que « la solitude effraie une âme de vingt ans[5] ». Pareil cri du cœur messiérait dans la Romancie sensible, où les héroïnes sont tenues d'apprécier les refuges campagnards. Cette ferveur peu ou prou obligatoire ne correspond pas forcément à leur prédilection spontanée, qui affleure, à la faveur d'un quasi lapsus, quand Émilie, après ses retrouvailles avec Alphonse, craint un moment que son tyran de mari ne la rappelle trop tôt auprès de lui :

> Que je suis habile à me tourmenter ! Lorsque je suis arrivée ici, je voyais avec horreur cette retraite sauvage et je craignais d'y finir ma vie ; à présent que j'ai trouvé Alphonse, que son amitié me console... (p. 548)

L'intérêt de nos personnages pour la nature reste, en profondeur, assez limité. Cela ne les empêche pas, puisqu'il faut ce qu'il faut, de s'y attarder parfois un peu longuement. Adèle de Senange est assez de son époque pour demander à Lord Sydenham de lui aménager un jardin anglais : il la changerait de « l'ancien genre français » (p. 584) qui domine dans les propriétés de son vieux mari. On imagine d'abord de l'établir dans le jardin de son hôtel parisien ; Adèle y

---

5   *Le Misanthrope*, v. 1774.

renonce de fort bonne grâce quand M. de Senange lui fait comprendre qu'il regretterait de devoir couper quelques vieux arbres qu'il a côtoyés sa vie durant et qu'elle pourra disposer plutôt d'« une île de quarante arpents » (p. 586) qui dépend de son domaine de Neuilly. Sydenham commence par apprécier la belle déférence d'Adèle pour son vieux mari et admire aussi qu'elle déchire aussitôt, « sans penser seulement » (p. 586) à remercier ou à s'excuser, les plans que lui-même avait ébauchés pour les travaux parisiens :

> Son cœur l'avertissait, j'espère, qu'elle pouvait disposer de moi. (p. 586)

Adèle, du vivant de son mari, ne doit même pas se douter de ses vrais sentiments pour Sydenham, que l'intéressé peut donc seulement entrevoir à travers ce genre de gestes irréfléchis. Il n'en est que plus significatif qu'au moment d'écrire sa lettre son enthousiasme semble bien refroidi :

> Il y a déjà trois jours de passés, et peut-être a-t-elle quitté, repris et changé vingt fois sa détermination. Elle a si vite renoncé à mon jardin anglais que cela m'inspire un peu de défiance. (p. 586)

Adèle gardant sa « détermination », Sydenham l'accompagne le lendemain à Neuilly pour une première visite des lieux. La jeune femme, toute à sa curiosité, se montre cette fois moins soucieuse de ne pas bousculer son mari :

> Au lieu d'aider sa marche affaiblie, elle l'entraînait plutôt qu'elle ne le soutenait. [...] Elle traversa les cours, les appartements, sans s'arrêter, et comme elle aurait fait un grand chemin. Ce qui était à eux deux ne lui paraissait plus suffisamment à elle. C'était à son île qu'elle allait ; c'était là seulement qu'elle se croirait arrivée. (p. 587)

Le commentaire paraît bien grave pour ce qui n'est après tout qu'une étourderie de très jeune fille. Adèle s'en repent d'ailleurs aussitôt qu'on la lui fait remarquer et s'en punit même en décidant que, « pour [s]e racommoder avec [elle]-même » (p. 588), elle n'ira voir son île que le lendemain. Le châtiment semble à son tour un peu excessif ; cela aussi donne à penser que sa faute, pour nous vénielle, touche secrètement à un point pour de bon névralgique. Le lendemain, Adèle « tâch[e] de ne montrer aucun empressement » et y réussit assez bien tant qu'il s'agit d'accompagner le « fauteuil roulant » (p. 589) qui doit amener M. de Senange du château aux rives de la Seine. Elle s'échappe à nouveau dès qu'elle a enfin débarqué sur son île :

Alors elle nous quitta et se mit à courir, sans que ni la voix de son mari ni la mienne pussent la faire revenir. Je la voyais à travers les arbres, tantôt se rapprochant du rivage, tantôt rentrant dans les jardins ; mais en quelque lieu qu'elle s'arrêtât, c'était toujours pour en chercher un plus éloigné. (p. 589)

Les « travaux dans l'île » (p. 600) semblent commencer aussitôt. Le roman ne précise pas le détail concret des plans qu'on cherche à réaliser et indique tout au plus que M. de Senange suggère un jour qu'on lui prépare un tombeau « à la pointe de l'île », qui est « terminée par une centaine de peupliers, très rapprochés les uns des autres » ; ils cachent si bien les entours que « dans cet endroit sauvage on se croit au bout du monde » (p. 600). C'est retoucher discrètement le modèle canonique d'Ermenonville, où la tombe de Jean-Jacques est bien en vue. M. de Senange préfère cacher la sienne et explique dans son testament qu'il apprécie de reposer

dans cet endroit [...] où le hasard ne pouvant conduire personne, le regret seul viendra me chercher, ou l'oubli m'y laisser inconnu. (p. 655)

Ce qui, sans incriminer personne, ne laisse pas de traduire certaine appréhension. Il n'a en l'occurrence pas trop à craindre : la toute dernière lettre du recueil évoque une visite de Sydenham à ce tombeau, où Adèle, à ce moment, a déjà « fait élever [...] un obélisque très simple » avec l'inscription bien connue « Il ne me répond pas, mais peut-être il m'entend » (p. 669). La formule semble très apaisée, mais suscite aussitôt une suite plus angoissante. Sydenham enchaîne en se demandant ce que lui-même, le cas échéant, pourrait bien dire au cher disparu et a bien raison de se le demander : il doute à ce moment de l'affection d'Adèle et se reproche de son côté de l'avoir tourmentée par ses accès de jalousie ...

Très peu décrite, l'île de Neuilly donne lieu à quelques instantanés qui n'ont, à les soupeser de près, rien de très idyllique[6]. Le décor anglais de *Charles et Marie* est, si possible, plus allusif encore. Ce bref roman comporte en effet *un seul* paragraphe où la nature se fait tant soit peu concrète. Charles vient alors de découvrir la « voix céleste » (p. 182) de sa voisine et se rend compte, en retournant chez lui, qu'il avait emporté une rose qu'il avait cueillie sur « un rosier couvert de fleurs » et qu'il avait « sans [s]'en apercevoir » pris plaisir à

---

6   Voir cependant une lecture plus souriante dans Br. Louichon, *Romancières sentimentales* (*1789–1825*), Saint-Denis, Presses Universitaires de Vincennes, 2009, p. 86.

respirer « toutes les fois que des sons plus touchants rendaient [s]on émotion plus vive » (p. 185).

Pareille fleur semblerait prédestinée à devenir l'icône de son amour naissant. Nous lisons au contraire qu'au moment du retour la rose « ne [lui] plaisait plus » et qu'il se contente de « la jet[er] sur [s]a table », où, le lendemain, il la retrouve « fanée » (p. 183). On est du coup un peu surpris qu'il la « regrette » aussitôt et qu'il cherche donc à la remplacer ; cela aussi s'avère assez laborieux :

> Je suis descendu dans le jardin de mon père ; il y a beaucoup de rosiers ; je ne sais pourquoi ce grand nombre de fleurs réunies m'a donné aussi de l'humeur. Enfin j'ai découvert une rose isolée, solitaire ; elle m'a paru plus belle. Je l'ai cueillie ; je recherchais les sensations que celle de la veille m'avait fait éprouver ; elle me les a rappelés sans me les rendre. Il faisait grand jour ; j'étais seul ; ce n'était plus qu'une rose. (p. 183)

Le mot de la fin confirme que, comme on s'en doutait, les fleurs n'intéressent pas Charles telles qu'en elles-mêmes. Le symbolisme qu'elles doivent bien véhiculer – sans quoi la romancière n'aurait guère noté ces va-et-vient – est plus difficile à cerner. Le désintérêt du retour a quelques chances de prolonger la déception première de Charles devant les applaudissements qui avaient salué le chant de l'inconnue : les « notes sensibles » (p. 183) qui l'avaient si puissamment ému pouvaient n'avoir quêté qu'un succès de vanité ! La première rose lui déplaît donc quand il la voit à « l'éclat de la lumière » (p. 183) de sa chambre ; la notation semble assez incongrue puisqu'un tel éclat conviendrait mieux à quelque brillant salon où l'on recevrait un monde chamarré. Le lendemain, Charles commence de même par dédaigner des rosiers trop abondamment garnis pour se mettre plutôt à la recherche d'une rose « isolée » ; sa réaction, que lui-même ne comprend pas trop (« je ne sais pourquoi »), dit d'abord le refus instinctif de tout coude-à-coude encombré.

Où nous retrouvons en somme un réflexe de repli très caractéristique des âmes sensibles ; les atermoiements de Charles y mettent certaine sauvagerie et le montrent porté à ne tolérer que le seul tête-à-tête avec sa chanteuse inconnue. Et il ne semble même pas évident qu'il y trouvera un bonheur durable : la dernière ligne du paragraphe indique que le « grand jour » suffit à couper court au charme. Cet effet délétère-là n'est pas explicité ; on admettra au moins que, le grand jour étant difficile à éviter constamment, les rêves qui le supportent mal ont toutes chances d'être très fragiles.

Émilie et Alphonse se rencontrent, au début de leur roman, au hasard d'une promenade. Émilie ne manque pas, les jours suivants, de retourner quelquefois au même « petit sentier » (p. 394) et y jette un dernier regard au moment où le carrosse qui la ramène de sa villégiature se trouve passer devant ce qu'elle appelle désormais « le rocher d'Alphonse » (p. 402). La beauté du site, rapidement décrit la première fois[7], est une fois de plus moins importante que le souvenir qui s'y rattache.

La nature a droit à une attention plus soutenue quand Émilie se retrouve toute seule dans sa « sinistre retraite pyrénéenne[8] ». Comme les quelques villageois qui habitent près de son château ne sont pas de son monde, elle ne peut guère, avant les retrouvailles avec Alphonse, que s'intéresser aux seuls paysages. Même alors, ses notations restent sommaires. Nous lisons surtout qu'Émilie passe une journée presque entière à « contempler » (p. 489) un terrible orage, qui l'effraie d'abord, mais dont elle se dit qu'elle finira peut-être par le regretter : le « calme » et l'« éternel silence » (p. 489) qui suivront risquent de paraître plus terribles encore. Cela se vérifie en effet dès le lendemain. Sa première promenade, qu'elle entreprend seulement une quinzaine de jours plus tard, finit par l'amener à un endroit où elle n'aperçoit « plus [...] aucune trace d'habitation » ; elle pourrait admirer l'allure sublime ou l'innocence préservée d'un coin de nature resté intact, mais n'y ressent qu'« une horreur secrète à [s]e trouver ainsi séparée du reste du monde » (p. 494). Le chemin du retour lui vaut enfin une surprise plus positive : elle découvre alors dans « une espèce de caverne », quelques « vers gravés sur un rocher » (p. 494), qui lui donnent un instant le sentiment d'être moins seule :

> C'est une société que j'ai trouvée, lorsque tout m'abandonnait. [...] J'éprouvais une sorte de douceur à regarder ces vers ; et je me sentais moins isolée après les avoir lus. (p. 494–495)

Que ces vers qui la consolent un instant présentent un sens fort triste est à peine surprenant : il faut bien que l'ermite qui a dû les « graver » un jour ait eu quelque raison de tourner le dos au monde et on imagine aussi qu'Émilie aurait eu du mal à sympathiser avec de quelconques cris de joie. Toujours est-il que cet épisode solitaire montre mieux que jamais que le roman sentimental ne s'intéresse pour de bon qu'à l'interhumain. Seule dans la montagne, Émilie ne se montre sensible qu'à ce qui semble suggérer certaine présence humaine : « le rocher sur lequel on avait écrit » fait à sa façon, et bien sûr faute de mieux, figure de « nouvel ami » (p. 495).

---

7 Voir p. 374.
8 Caractéristique de L. Versini, *Le Roman épistolaire*, Paris, PUF, 1979, p. 190.

La suite montre que même une amitié à ce point réduite à son niveau le plus élémentaire est sujette à quelque fléchissement. Émilie se promet de « revenir souvent dans cette caverne » et en prend congé en « disant tout haut : *à demain* » ; comme le mot lui échappe et qu'elle-même y voit aussitôt une « folie » (p. 495), on conçoit que la romancière s'est bien gardée de raconter une deuxième visite trop précipitée, qui paraîtrait surtout extravagante. Il est plus curieux qu'elle n'en reste pas là. Lors d'une autre promenade, de nouveau une quinzaine de jours plus tard, Émilie hésite à aller revoir les « vers mélancoliques », qui ne feraient que « réveiller [s]es souvenirs et [s]es chagrins » (p. 498). Les âmes sensibles, d'habitude, sont plutôt portées à savourer leurs douleurs ; Émilie se reproche donc presque aussitôt cette manière de dérobade :

> Je trouvais une espèce d'ingratitude à ne point retourner vers ce rocher consolateur qui m'avait parlé, qui m'avait entendue, lorsque je me croyais seule dans la nature. De la reconnaissance pour une pierre, direz-vous ? Oui, mon amie ; dans la solitude on anime tout. (p. 498)

Émilie, qui se laisse cette fois piloter par deux petites filles du village, décide pour finir de s'abandonner à leur guidage ; la chose ne semble pas tout à fait anodine puisqu'Émilie dit curieusement qu'elle suit ses guides « sans oser déranger leur marche » (p. 498) et qu'elle « avoue » constater « avec plaisir » (p. 499) que le chemin qu'elles indiquent l'amène ailleurs. Comme quoi la séquence la plus solitaire du roman retrouve, à la faveur de quelques mots de toute évidence trop graves pour la circonstance, les inquiétudes qui sont l'ombre portée habituelle du genre sentimental.

Eugène de Rothelin est le roman le plus parisien de Mme de Souza et passe seulement par la campagne pour deux brefs chapitres initiaux. L'épisode évoque entre autres deux jardinets identiques que le jeune Eugène et la tout aussi jeune paysanne Agathe cultivent chacun de son côté et qui sont un symbole touchant de leurs naïves amours enfantines :

> J'aimais à me faire un jardin semblable en tout à celui d'Agathe. Un églantier était chez Agathe, un églantier fut près du château, un lilas au château, un lilas chez Agathe … (p. 245)

Cette copie scrupuleuse risque d'être la seule référence attendrie à la nature de toute l'œuvre à ne comporter aucune fausse note. L'exception ne laisse pas de confirmer plutôt notre règle. Que le parallélisme des deux jardins soit

indiqué plutôt que vraiment décrit n'est plus pour nous surprendre ; le sentiment qu'il atteste est cette fois prédestiné à n'avoir pas de lendemain et Eugène
prouve justement sa vertu en s'effaçant très vite quand son père s'empresse de
marier Agathe au « fils de son fermier » (p. 248). Les doutes qu'on rencontre
ailleurs n'ont donc pas lieu de se profiler : l'idylle se doit de rester brève. Ce
qui n'empêche pas d'en garder religieusement le souvenir ; Eugène se promet
donc de conserver, dans un coin écarté de son domaine, une nouvelle copie du
jardin d'Agathe :

> Jours de bonheur, d'innocence ! jours paisibles ! Ni la fortune, ni l'ambi-
> tion, ni même un amour partagé ne pourront vous faire oublier. Jardin
> d'Agathe, vous ne serez plus si près du château ; mais vous aurez encore
> une place dans le parc : un sentier détourné, solitaire, me conduira vers
> vous ; ce n'est point avec des regrets que j'irai vous chercher. Amour pour
> Agathe, vous n'eussiez pas rempli ma vie ; mais j'irai penser à vous avec
> charme... (p. 245–246)

La suite ne reparle jamais de cette deuxième copie, qui prouve surtout
qu'Eugène tient, comme la plupart des protagonistes du roman sentimental, à
souligner que son cœur est capable de bien des délicatesses. Il faut être un peu
méchant pour ajouter qu'il vient aussi à noter que le sacrifice de ces premiers
émois n'avait pas « été trop pénible » (p. 249).

Éduquée dans le couvent où les siens espèrent qu'elle prendra le voile, Eugénie s'y contente d'abord, en guise de « jardin », de « quelques belles fleurs
sur sa fenêtre » (p. 53). Elle s'y aménage ensuite un réduit personnel autour
d'un banc où elle a eu une conversation mémorable avec sa sœur Mathilde et
qu'elle « fait entourer d'arbres verts et de fleurs » (p. 54). Les conifères, qui ne
perdent jamais leurs feuilles, sont censés symboliser le souvenir ineffaçable
qu'elle veut garder de ce moment intense, où Mathilde, que sa famille destinait
à un brillant mariage, avait proposé d'y renoncer pour la rejoindre et où elle
s'était trouvée de son côté assez forte pour décliner ce sacrifice trop généreux.

Ce souci de consacrer « un souvenir si vif et si cher » (p. 54) aurait pu être
uniment émouvant. On s'attendrit un peu moins quand Mathilde, son dévoue-
ment à peine refusé, tombe presque aussitôt amoureuse ; elle découvre ainsi
le mémorial nouvellement aménagé au moment où elle revient voir sa sœur
pour lui annoncer son mariage. Les symboles se font du coup mois souriants :

> Mathilde rougit en se rappelant combien le désir de se dévouer avait
> été peu durable. « Les arbres verts seront pour vous, répondit-elle, pour
> moi les fleurs les plus passagères ». « Ne parle pas ainsi, bonne Mathilde,

reprit Eugénie d'un air doux et tendre : je te connais mieux ; et je sais que, si j'avais abusé de ta générosité, tu serais ici pour la vie. Mais j'adopte ta pensée ; après la saison des fleurs, ces arbres verts resteront pour moi qui resterai toujours dans cette maison, sans plaisirs, sans peines trop vives. » (p. 54–55)

Les plantes vertes finissent par symboliser un avenir monotone auquel Eugénie se résigne de bonne grâce ; elle se reproche même sa très brève surprise devant la rapide détermination de Mathilde comme « un sentiment trop personnel » (p. 54). Mᵐᵉ de Souza prétend y découvrir « la première, la plus grande faute d'une vie si pure » (p. 54) ; le lecteur se dit aussi que la bénéficiaire du sacrifice, aurait pu avoir besoin d'un peu plus de temps et de scrupules pour revenir sur son offre première, qui aura donc été pour de bon une fleur passagère. La formule, dans notre paragraphe, désigne plutôt le bonheur que Mathilde aura hésité si brièvement à préférer au couvent et dont elle souligne ainsi qu'il n'aura jamais qu'un temps : elle a décidément vite fait de retrouver la rhétorique assez perfide des siens, qui s'étaient toujours empressés à faire entendre à Eugénie qu'elle ne perdrait pas grand-chose à renoncer au monde.

La Révolution, quelques mois plus tard, la ramène chez ses parents et la jette ensuite avec eux sur les routes de l'exil. L'émigrée découvre forcément quelques nouveaux paysages. Le texte indique qu'elle les regarde d'autant plus curieusement qu'elle n'avait jamais quitté son couvent, mais n'entre guère dans le détail des rêveries et des réflexions qu'ils peuvent lui inspirer. Ici aussi, les rares passages un peu plus précis semblent généralement appréhender certaine carence sentimentale. La situation est cette fois d'autant plus ambiguë qu'Eugénie, qui n'a quitté son couvent qu'après avoir renouvelé ses vœux, se croit toujours tenue de les respecter ; elle a donc un motif éminemment respectable pour éconduire le comte Ladislas, qui a toutes les qualités et qu'elle aime elle aussi mais dont elle ne pourrait accepter la main qu'en se parjurant.

Ce noble scrupule, que le roman admire et déplore du même mouvement, lui coûte d'infinis tourments ; quand ils finissent par lui valoir une maladie mortelle, cette fin tragique devrait mettre la profondeur des sentiments au-dessus de tout soupçon. Elle ne les en préserve pas tout à fait. Nous lisons ainsi un curieux épisode où l'entente profonde entre les amants semble rester un moment en défaut ; le moment, par malheur, aurait pu être décisif... Ladislas vient alors de quitter Émilie de peur de la compromettre par un séjour prolongé dans leur village écarté. Le navire qui l'emmène se trouve en butte, en vue de la rade, à un terrible orage, manque de faire naufrage sur « le rocher d'Helgoland » et revient au port pour éviter la « nouvelle tempête » (p. 171) qui s'annonce. Ce retour obligé pourrait être un signe ; Ladislas cherche donc à

« persuader [Eugénie] que le ciel même s'oppos[e] à leur séparation », mais ne devine pas assez, devant le silence de son amie, que qui ne dit mot est bien près de consentir. Eugénie

> osait presque le croire ; car son âme douce et tendre avait besoin d'espé-rer qu'un Dieu bon et indulgent ne condamnait pas l'amour de Ladislas. Malheureux qu'il était de ne pas lire dans sa pensée ! Peut-être eût-il obte-nu de rester près d'elle [...]. Mais il n'interpréta pas son silence, et repartit à l'heure qu'il avait marquée pour son retour. (p. 171–172)

Après ce départ qui la déçoit secrètement, Émilie s'avise d'espérer un second signe :

> S'il revient encore une fois, je croirai, comme lui, que la puissance céleste le ramène [...]. Elle dit adieu à Ladislas avec moins de regret : une secrète confiance lui ôtait la crainte de ne plus le revoir ; elle ne s'effrayait plus des dangers de la mer ; elle attendait, elle espérait. (p. 172)

Espoir presque forcément trompeur : il va de soi que ce navire, qui avait rebroussé chemin devant la tempête, repart seulement quand le danger a complètement cessé ; Eugénie s'incline devant le verdict, dont quelques tour-nures assez déconcertantes donnent même à penser qu'elle en serait un peu la fautrice :

> Cet espoir qui s'était emparé de son âme devint son tourment ; cette vo-lonté suprême qui semblait s'être manifestée, se montrait terrible depuis qu'elle en avait fait un présage et un guide. [...] Elle tomba à genoux, en s'écriant : Ô mon Dieu ! vous m'avez sauvée, mais faites qu'il soit heureux ! (p. 172)

Émilie se croit « sauvée » en apprenant qu'elle ne doit plus espérer de jamais épouser Ladislas[9]. Cela ne l'empêche pas de souffrir atrocement de cette né-cessité ni de se sentir plus malheureuse encore quand elle doit craindre pour la vie du bien-aimé. Nous apprenons pourtant aussi que ces tourments com-portent au moins leurs intermittences consenties ; il lui arrive, devant un

---

9   Peu importe bien sûr que sa prière demande aussi que Ladislas devienne « heureux » sans elle. Un tel bonheur contrevient trop aux normes du roman sentimental pour pouvoir s'envisager seulement. Mme de Souza aura tenu à créditer son héroïne d'un bel altruisme et a dû se dire aussi que, tant qu'à implorer le Ciel, elle pouvait bien lui demander l'impossible.

paysage paisible, de s'abandonner à une torpeur qui semble bien la détacher un instant de ses chagrins :

> La verdure, dans les climats du Nord, a une teinte particulière dont la couleur égale et tendre peu à peu vous repose et vous calme. Sur la côte de Kiel, la pente des montagnes, les sinuosités du rivage, et en général tous les objets qui s'offrent à la vue n'ont rien de brusque ni de heurté. Cet aspect ne produisant aucune surprise laisse l'âme dans la même situation ; état qui a ses charmes, et peut-être plus encore lorsqu'on est malheureux. Assises dans la campagne, [Eugénie et sa sœur Mathilde] s'abandonnaient à de longues rêveries, se perdaient dans de vagues pensées et sans avoir été distraites revenaient moins agitées. (p. 180)

Mme de Souza, disions-nous, mentionne quelquefois les décors naturels de ses intrigues et défère ainsi à un rousseauisme diffus qui ne permet plus de les passer complètement sous silence. Les rares instantanés où le propos se fait moins expéditif se trouvent connoter presque tous certain fléchissement momentané des sentiments de ses protagonistes.

Il va sans dire que pareille quasi constante ne saurait correspondre à aucun dessein concerté. Les paragraphes que nous venons de gloser restent assez incidents ; on ne risque pas grand-chose à supposer que Mme de Souza ne s'est jamais avisée de les rapprocher les uns des autres. N'empêche qu'une telle récurrence, que rien n'imposait *a priori*, peut difficilement tenir au seul hasard ; c'est d'ailleurs le propre de la méthode topique de construire des séries que les œuvres étudiées ont peu de chances d'avoir programmées, mais qui ne laissent toujours pas, d'une manière ou d'une autre, de faire sens.

L'espèce d'affinité entre les instantanés de la nature et les dissonances de la sensibilité ne signifie pas forcément que Mme de Souza se faisait au fond une image plutôt sombre de la première. La nature telle qu'en elle-même l'intéressait sans doute trop peu pour faire l'objet d'une quelconque appréciation suivie. Le seul paragraphe de toute son œuvre où elle s'intéresse un peu à la nature sans indiquer, pour une fois, aucune dérive sentimentale relate une promenade dominicale de ses émigrés. Ruinés, partant forcés à travailler de leurs mains, ils se plaisent, le dimanche, à

> admirer les riches pâturages du Holstein, les beaux arbres qui bordent la Baltique, cette mer dont les eaux pâles ne diffèrent point de celles des lacs nombreux dont le pays est embelli, et ces gazons toujours verts qui se perdent sous les vagues. [...] Ne possédant rien à eux, ils apprirent, comme le pauvre, à faire leur délassement d'une promenade, leur récompense d'un beau jour, enfin à jouir des biens accordés à tous. (p. 183)

Les beautés de la nature sont décidément un délassement du pauvre, que la romancière, en femme du monde qu'elle est, salue à l'occasion parce que cela fait désormais partie de l'air du temps, mais qu'elle ne tient pas vraiment à pratiquer pour sa part.

Ces passages obligés sont aussi, secrètement, des passages à vide. Les à-côté douteux de la sensibilité s'y inscrivent d'autant plus facilement qu'ils correspondent à une hantise constante du genre : le roman sentimental chante sans doute les délices des émois, mais reste aussi obsédé par leur fragilité secrète, que les protestations emphatiques qu'il n'en finit pas de prodiguer cherchent désespérément à occulter. La place nous manque pour développer dûment cette perspective, qui s'écarterait trop de celles du présent colloque. Je me contente donc de conclure que les évocations convenues, et à vrai dire peu ou prou insignifiantes, de la nature ont pu fonctionner dans les romans de Mme de Souza comme autant de taches de Rorschach, où la romancière, parce qu'elle ne savait pas trop quoi en dire, a pu projeter l'obsession secrète de son genre[10].

Bibliographie

Œuvres

Molière, *Le Misanthrope*, éd. Jacques Chupeau, Paris, Gallimard, 1996.

Mme de Souza, *Adèle de Senange, Romans de femmes du XVIIIe siècle*, éd. Raymond Trousson, Paris, Laffont, 1996, p. 565–672.

Mme de Souza, *Eugénie et Mathilde ou Mémoires de la famille du Comte de Revel*, éd. Kirsty Carpenter, London, MHRA, 2014.

Œuvres de Mme de Souza, Paris, Garnier Frères, 1865.

Études

Lafon, Henri, *Espaces romanesques du XVIIIe siècle*, Paris, PUF, 1997.

Louichon, Brigitte, *Romancières sentimentales (1789–1825)*, Saint-Denis, Presses Universitaires de Vincennes, 2009.

Pelckmans, Paul, *La Sociabilité des cœurs. Pour une anthropologie du roman sentimental*, Amsterdam, Rodopi, 2013.

Versini, Laurent, *Le Roman épistolaire*, Paris, PUF, 1979.

---

10   Ce qui ne signifie pas bien sûr que cette obsession n'affleurerait nulle part ailleurs dans son œuvre, qui, pour peu qu'on y regarde de près, se caractériserait même par une présence assez exceptionnellement insistante de ce genre d'appréhensions. Je me permets de renvoyer à ce sujet à mon étude « "Un amour si faiblement partagé". *Adèle de Senange* », P. Pelckmans, *La Sociabilité des cœurs. Pour une anthropologie du roman sentimental*, Amsterdam, Rodopi, 2013, p. 231–245.

Étangs et marais dans les *Voyages Extraordinaires* de Jules Verne : quel traitement littéraire pour des espaces géographiques en mutation au siècle de l'hygiénisme ?

Nicolas Maughan

Écrivain francophone le plus traduit au monde, Jules Verne (1828–1905) a, grâce à ses *Voyages extraordinaires*, marqué la littérature française de la fin du XIXᵉ siècle. Ses soixante-deux *Voyages* forment un ensemble de romans d'aventures et d'anticipation facilement reconnaissables à leurs célèbres cartonnages polychromes.

Cependant, malgré le succès de ses ouvrages au moment de leur parution, Jules Verne a bien souvent été perçu dans l'esprit du grand public, à tort, comme un auteur s'adressant principalement à la jeunesse. Mais les études sur l'auteur ont fleuri : le temps où on le cantonnait au secteur de la littérature enfantine est oublié. Le rapport privilégié de l'auteur aux sciences et techniques a déjà été longuement étudié[1], mais l'aspect qui retient ici notre attention concerne la dimension éminemment géographique de son œuvre, bien que rares soient les études réalisées par des géographes[2]. En effet, si les *Voyages* sont de formidables romans scientifiques d'anticipation, ils participent surtout d'un genre que nous pouvons qualifier de « roman géographique », et parmi tous les espaces qu'aborda le romancier ce sont sûrement ceux liés à l'eau qui furent les éléments centraux de son univers littéraire. Mais, si fleuves et océans ont déjà donné lieu à plusieurs réflexions, la place et les représentations des zones humides, qui apparaissent à de nombreuses reprises au fil des romans, n'ont pas encore été analysées.

Dans ce cadre, plusieurs questions se posent. Tout d'abord, en ce qui concerne la construction des ouvrages, les milieux humides sont-ils juste des espaces utilisés comme éléments descriptifs obligatoires pour représenter de manière réaliste un environnement géographique romanesque ou bien les

---

1 Voir M. Serres et J.-P. Dekiss 2003, *Jules Verne : la science et l'homme contemporain. Conservations avec Jean-Paul Dekiss*, Paris, Le Pommier, 2003.

2 Voir E.-P. Géhu, « La géographie polaire dans l'œuvre de Jules Verne » (1ᵉ partie), *Bulletin de la Société Jules Verne*, n°9, 1937, p. 181–198 ; B. Giblin, « Jules Verne, la géographie et "L'Île Mystérieuse" », *Hérodote*, n°10, 1978, p. 76–90.

lieux privilégiés de l'action ? L'auteur choisit-il une mise en valeur de certaines de leurs particularités physiques ou écologiques par rapport aux autres éléments du paysage et, si oui, pourquoi ? Ensuite, d'un point de vue idéologique, quelle est l'influence du contexte historique général, en particulier du mouvement hygiéniste, sur la représentation faite des zones humides ? Une approche technique et scientiste se superpose-t-elle à l'approche géographique ? Jules Verne défend-il une vision conforme à celle du XIXe siècle, prônant l'assèchement de ces espaces[3] ? Une prise de position contraire à cette tendance est-elle décelable, peut-on percevoir les prémices d'une approche « écologique » des marais telle qu'elle a pu être décrite pour le monde marin dans *Vingt mille lieues sous les mers*[4] ?

Pour tenter de répondre à ces interrogations, nous présentons, dans un premier temps, un panorama du rôle tenu par les zones humides dans les *Voyages* puis une analyse de deux des plus célèbres récits : *Cinq semaines en ballon* et *L'île Mystérieuse*, étangs et marais étant des éléments omniprésents de la trame de ces romans qui ont comme cadre, pour le premier, une géographie réelle, celle d'un continent africain en pleine exploration, et, pour le second, une île vierge à la géographie imaginaire.

Jules Verne, son œuvre et ses influences

Des frères Arago à Élisée Reclus : une œuvre entre science et géographie

Durant sa vie, l'écrivain vouera une grande admiration aux plus illustres de ses contemporains qu'ils soient romanciers, géographes, explorateurs ou scientifiques. Dans sa jeunesse, il lit avec passion les divers *Robinsons*, les romans de Victor Hugo et Alexandre Dumas puis, plus tard, les œuvres d'Edgar Allan Poe[5].

Tous ces auteurs l'influenceront fortement lorsqu'il commencera l'écriture de ses premiers textes. Mais, ce furent sûrement deux des quatre frères Arago, qu'il rencontra au début des années 1850, Jacques (1790–1854), romancier et explorateur, et François (1786–1853), astronome, physicien et homme politique,

---

3   Voir J.-M. Derex, « L'histoire des zones humides. État des lieux », *Études rurales*, n°177 (1), 2006, p. 167–178.

4   Voir L. Sudret, « Jules Verne, un écologiste avant l'heure », *Bulletin de la Société Jules Verne*, n°158, 2006, p. 25–36.

5   Voir J.-M. Seillan, « Histoire d'une révolution épistémologique au XIXe siècle : la captation de l'héritage d'Alexandre Dumas par Jules Verne », C. Saminadayar-Perrin (dir.), *Qu'est-ce qu'un événement littéraire au XIXe siècle ?*, Saint-Étienne, Publications de l'Université de Saint-Étienne, 2008, p. 199–249.

amis vénérés de Jules Verne et surtout le géographe Jacques Élisée Reclus (1830–1905) qui furent ses principales sources d'inspiration. En effet, la géographie, sous toutes ses formes, demeure l'un de ses centres d'intérêts principaux. En 1866, il travaille à la demande de son éditeur Hetzel à une *Géographie illustrée de la France et de ses colonies* qu'il publie en 1868 mais également, entre autres, à une *Histoire des grands voyages et des grands voyageurs* (1870–1880).

L'intérêt qu'il portait à la postérité de ses romans trouve réponse dans ceux qui les lisent. Pourquoi, aujourd'hui encore, alors que les découvertes décrites par Jules Verne sont dépassées, ses romans nous font-ils toujours rêver? En réalité, avant de voir en lui le chantre de la science et de la technique, il ne faut pas oublier que fondamentalement ce qui fait la force de son œuvre, c'est sa dimension géographique mais aussi imaginaire. Pour construire et développer cet « imaginaire géographique[6] », il utilise un instrument privilégié qui permet de faire le lien entre ces deux mondes : le merveilleux. Et, grâce à ce merveilleux géographique, Jules Verne écrit des romans géographiques[7]. Il est parfaitement légitime de penser que Jacques Arago, atteint de cécité, a dû développer un puissant imaginaire qu'il a puisé dans ses souvenirs et les lectures qui lui étaient alors faites. Jules Verne rencontre ainsi un Arago qui ne peut plus dire le monde autrement que par l'imaginaire, par ses propres représentations et souvenirs. Certes, Jules Verne n'est pas un géographe professionnel au sens où nous l'entendons aujourd'hui mais le recours systématique de l'auteur à l'imaginaire a considérablement enrichi la matière géographique et scientifique qu'il a utilisée, souvent de « seconde main », pour reprendre l'expression de Jean-Louis Tissier[8] ; c'est dans cette perspective qu'il est alors possible de « transmettre des représentations convaincantes des territoires ». Et, au sein de ce vaste imaginaire géographique, l'eau tient une place de tout premier ordre.

Océans, mers, fleuves, lacs… une « aquosité » omniprésente

Si dans les « romans de l'eau[9] » mers et océans occupent une place très importante, les autres milieux aquatiques, en particulier les fleuves et les rivières, inspireront souvent l'auteur qui en a fait les lieux centraux de l'action de plusieurs

---

6 Terme utilisé par le géographe Lionel Dupuy : voir la note suivante.

7 Voir L. Dupuy, « Jules Verne et la géographie française de la deuxième moitié du XIXe siècle », *Annales de Géographie*, 679 (3), 2011, p. 225–245.

8 Voir J.-L. Tissier, « L'île mystérieuse - Jules Verne - 1874 - hydrographie et orographie. L'île est-elle habitée? Baptême des baies, caps, golfes, rivières… », *Cybergeo*, 2 (25), 1996, http://cyber geo.revues.org/219.

9 Les *Voyages* sont souvent regroupés en fonction des quatre éléments : l'eau, l'air, la terre, le feu.

de ses ouvrages. Ces espaces, lorsqu'ils concernent une géographique réelle, sont souvent évoqués en lien avec des événements historiques du XIXe siècle, tels que la recherche des sources du Nil qui motive les héros de *Cinq semaines en ballon* ou les débuts de l'exploration de l'Amazonie présentée dans le voyage du radeau de la *Jangada* sur le fleuve Amazone[10].

D'autres romans tels que *Le Village aérien* ou *Nord contre Sud*, dont l'action se situe, pour le premier, dans la forêt équatoriale du Congo français au milieu du dédale des affluents du fleuve Oubangui et, pour le second, dans la région marécageuse des Everglades en Floride, font également la part belle aux environnements humides[11].

Le principal rôle que Verne attribue aux cours d'eau est de servir d'axe moteur pour les déplacements physiques de ses héros mais aussi pour l'ensemble du récit alors que les zones humides ont, comme nous le verrons, des rôles très différents voire inverses, obstacles horizontaux dressés sur la route du voyageur. En effet, si certains romans ont les milieux aquatiques marins ou dulçaquicoles pour unique décor, d'autres sont parsemés de fréquentes apparitions de marais, de lacs ou d'étangs, mis en scène de manières variées, et qui, même s'ils sont situés dans des « périphéries », contraignent souvent le déroulement de la trame romanesque.

Panorama des milieux humides dans les *Voyages*

Lieux privilégiés de l'action ou simples éléments du décor ?

Il me semble en effet que vous n'avez jamais vu en ce genre d'ouvrages le but auquel il tend : l'enseignement de la géographie. Pour chaque pays nouveau il m'a fallu imaginer une fable nouvelle. Les caractères ne sont que secondaires... Le but que je poursuis est de peindre sous cette forme romanesque tout notre sphéroïde et c'est à cela que je me suis appliqué surtout[12].

---

10   Voir R. Tettamanzi, « Jules Verne et l'Amazonie du XIXe siècle », C. Reffait et A. Schaffner (dir.), *Jules Verne ou les inventions romanesques*, Amiens, Encrage, Centre d'Études du Roman et du Romanesque de l'Université de Picardie-Jules Verne, 2007, p. 145–146.

11   La présence dans les romans de cinquante-six cartes détaillées, dont plusieurs élaborées par Verne lui-même, permet de suivre les itinéraires empruntés par les héros ; les réseaux hydrographiques sont les éléments les plus visibles.

12   Lettre de Jules Verne au journaliste Mario Turiello, 10 avril 1895, O. Dumas, V. Dehs et P. Gondolo Della Riva, *Correspondance inédite de Jules Verne avec l'éditeur Pierre-Jules Hetzel (1863–1886)*, Genève, Slatkine, t. I, 2000, t. II, 2001, t. III, 2002.

Partant de cette réflexion, il semble évident que l'ensemble des espaces géographiques, si l'auteur a décidé d'en faire la présentation et la description, pourront être le théâtre de l'action d'un roman. Comme il s'agit de « voyage », le niveau narratif (le récit) et le niveau descriptif (le géographique) sont inséparables. Chaque roman redistribue dans un ordre qui lui est propre (le récit) un état de la connaissance géographique. Ce redoublement est systématique et les héros verniens visitent un monde largement connu ou en cours de découverte, à la nomenclature fixée[13]. Cependant, il est possible d'utiliser l'environnement de deux manières, d'abord comme un simple décor, un support dans lequel évoluent des personnages (son rôle est essentiellement secondaire), ou alors comme un lieu privilégié de l'action, l'observateur interagit alors fortement avec lui. Dans les *Voyages*, c'est de cette seconde manière que la majorité des milieux humides sont traités, ils interagissent toujours fortement avec les héros aussi bien dans des romans comme *Nord contre sud*, dont l'action se déroule uniquement dans un environnement marécageux, que lorsqu'ils ne sont évoqués que d'une manière fugace. Une même constatation peut être faite concernant la dichotomie entre espaces géographiques réels et imaginaires qui, comme nous l'avons dit précédemment, structure également les romans. Dans des récits à la géographie imaginaire où le merveilleux prédomine tels que le *Voyage au centre de la Terre, Les Indes Noires* ou *L'île mystérieuse*, mais aussi dans ceux ou la géographie réelle prime, comme *Maître du Monde* ou *Michel Strogoff*, lacs et étangs sont des éléments centraux aussi bien dans les mondes hypogés qu'épigés où Jules Verne les utilise et les modèle comme bon lui semble (fig. 1).

La présence des milieux humides se révèle donc obligatoire, non seulement pour assurer la crédibilité géographique et le rôle didactique de ses romans, mais aussi pour montrer les interactions entre l'homme et la nature : il apparaît donc intéressant d'analyser la manière dont Jules Verne assigne différents rôles à ces milieux en fonction de leurs spécificités et de l'action des récits.

De l'obstacle au refuge : analyse d'une hétérogénéité des fonctions
Comme nous venons de le voir, les milieux humides sont, au même titre que d'autres éléments hydrographiques, des espaces très présents dans la géographie des *Voyages* auxquels Jules Verne choisit d'assigner des fonctions très variées. Au fil des récits, placées sur la route des voyageurs, les zones humides sont nombreuses et font principalement office d'obstacles[14], à l'explorateur ou

---

13   Voir J.-L. Tissier, art. cit.

14   Voir *Un Capitaine de quinze ans*, Paris, Hetzel, 1878, II, chap. IV, p. 220 : « D'ailleurs, cousin Bénédict avait assez mal choisi cette fondrière pour s'y enfoncer. Lorsqu'on le retira

FIGURE 1   a) Le lac Malcolm au centre des houillères de la Nouvelle-Aberfoyle en Écosse
(*Les Indes Noires*).
b) La mystérieuse étendue d'eau au centre du globe terrestre (*Voyage au centre de la Terre*).

au naufragé et plus globalement à la civilisation (aux colons) et ce, quelle que soit la région ou le continent traversé[15]. Aux difficultés de franchissement dues

de ce sol boueux, une grande quantité de bulles monta à la surface, et en crevant, elles laissèrent échapper des gaz d'une odeur suffocante. Livingstone, qui eut quelquefois de cette vase jusqu'à la poitrine, comparait ces terrains à un ensemble d'énormes éponges faites d'une terre noire et poreuse, d'où le pied faisait jaillir de nombreux filets d'eau. Ces passages étaient toujours fort dangereux. Pendant l'espace d'un demi-mille, Dick Sand et ses compagnons durent marcher sur ce sol spongieux. [...] [L]'on s'occupa de traverser au plus vite ce marécage pestilentiel. »

15   Voir *Mistress Branican*, chap. IX, p. 340 : « Aujourd'hui, nous traversons une longue plaine marécageuse pendant l'étape du matin. Il s'y rencontre quelques flaques d'eau, une eau saumâtre, presque salée. [...] On trouve, paraît-il, plusieurs de ces lagunes, non seulement dans les parties déprimées du sol, mais aussi au milieu des régions plus élevées. Le terrain est humide ; le pied des montures y fait apparaître une boue visqueuse, après avoir écrasé la couche saline qui recouvre les flaques. Quelquefois la croûte résiste davantage à la pression, et, lorsque le pied s'y enfonce brusquement, il jaillit une éclaboussure de vase liquide. Nous avons eu grand-peine à franchir ces marécages, qui s'étendent sur une

FIGURE 2   a) Anti-esclavagistes et esclaves refugiés dans les marécages des Everglades
                 (*Nord contre Sud*).
              b) Esclave s'enfuyant dans les marécages (*Nord contre sud*).
              c) Michel Strogoff, courrier du Tsar, chevauchant à travers les marais de la steppe
                 russe de Baraba (*Michel Strogoff*).

aux caractéristiques physiques et climatiques se superpose souvent la présence
d'une faune terrestre et amphibie qui harcèle, épuise ou mutile l'aventurier :
insectes (fig. 2c), hippopotames et serpents, tels de grouillants fossoyeurs[16],
sont prêts à stopper l'imprudent ou l'inconscient qui a osé défier le marais[17].
Au-delà de cette fonction principale et récurrente (somme toute relativement
classique), les zones humides font tour à tour office de lieux de refuges pour les

---

dizaine de milles vers le nord-ouest. Rencontré déjà des serpents depuis notre départ
d'Adélaïde. Ils sont assez répandus en Australie, et en plus grand nombre à la surface de
ces lagunes, semées d'arbrisseaux et d'arbustes. »

16   Voir *Michel Strogoff*, Paris, Hetzel, 1876, chap. XV, p. 151 : « Michel Strogoff, lui, [...] cou-
rait toujours sans s'arrêter ; mais, si vite qu'ils allassent, le cheval et le cavalier ne purent
échapper aux piqûres de ces insectes diptères, qui infestent ce pays marécageux. Les
voyageurs obligés de traverser la Baraba, pendant l'été, ont le soin de se munir de masques
de crins, auxquels se rattache une cotte de mailles en fil de fer très ténu, qui leur couvre
les épaules [...]. L'atmosphère semble y être hérissée de fines aiguilles, et on serait fondé à
croire qu'une armure de chevalier ne suffirait pas à protéger contre le dard de ces diptères.
C'est là une funeste région, que l'homme dispute chèrement aux tipules, aux cousins, aux
maringouins, aux taons, et même à des milliards d'insectes microscopiques, qui ne sont
pas visibles à l'œil nu ; mais, si on ne les voit pas, on les sent à leurs intolérables piqûres ».

17   Voir C. Giton, *Jules Verne, le bestiaire extraordinaire*, Bègles, Le Castor Astral, 2011.

fuyards[18] (fig. 2a et b), esclaves ou opprimés mais aussi tyrans et renégats qui pourront trouver un abri en ces espaces difficilement pénétrables[19], de lieux du mystère et de l'étrange aux limites et aux êtres insaisissables, mais aussi de lieux d'abondance[20] et d'espaces productifs qui portent en eux les promesses d'une richesse agricole que les progrès techniques permettront un jour d'exploiter aisément.

Les milieux humides comme forces centripètes structurantes du récit : exemples

Les milieux humides sont donc présents à de nombreuses reprises dans les *Voyages* avec différentes fonctions et il nous a semblé intéressant, pour parfaire notre analyse, de comparer le traitement littéraire de ces espaces et leurs représentations en fonction du type de géographie mise en œuvre, réelle ou imaginaire. Pour cela nous avons choisi deux des ouvrages parmi les plus aboutis dans lesquels marais et étangs sont omniprésents : *Cinq semaines en ballon* (1863) et *L'Île mystérieuse* (1874).

Cinq Semaines en ballon *et l'omniprésence des paysages lacustres d'une Afrique en pleine mutation*

Publié en 1863, *Cinq semaines en ballon* fut le premier succès littéraire de Jules Verne. Cette traversée de l'Afrique en montgolfière par trois aventuriers anglais lui permet de mettre en scène les multiples régions et paysages d'un continent décrit de plus en plus précisément par les explorateurs qui s'y pressent. Dans ce voyage qui est caractéristique du « paradigme du monde sur des lignes », à l'inverse du « paradigme des monde clos[21] », les aérostiers croisent à de nombreuses reprises divers milieux humides, lacs ou marais, vers lesquels ils sont irrésistiblement attirés et qui, bien que n'étant que survolés, dressent néanmoins

---

18 Voir *Les Enfants du capitaine Grant*, Paris, Hetzel, 1868, chap. VIII, p. 495 : « Quatre cents Maoris enfermés dans la forteresse d'Orakan, [...] refusèrent de se rendre. Puis, un jour, en plein midi, ils se frayèrent un chemin à travers le 40ᵉ régiment décimé, et se sauvèrent dans les marais. »

19 Voir S. Vierne, « Les refuges dans les romans de Jules Verne », *Le Refuge*, 1, CIRCÉ, *Cahiers du Centre de recherche sur l'imaginaire*, 2, 1970, p. 53–106.

20 Voir *L'Île mystérieuse*, Paris, Hetzel, 1874, chap. XXI, p. 196 : « Top concourut adroitement à la capture de ces volatiles, dont le nom fut donné à cette partie marécageuse de l'île. Les colons avaient donc là une abondante réserve de gibier aquatique. Le temps venu, il ne s'agirait plus que de l'exploiter convenablement ».

21 M. Roux, « *Moby Dick et Vingt mille lieues sous les mers* : les géographies de l'imaginaire au cœur de la complexité », *Cahiers de géographie du Québec*, 44 (121), 2000, p. 65–85.

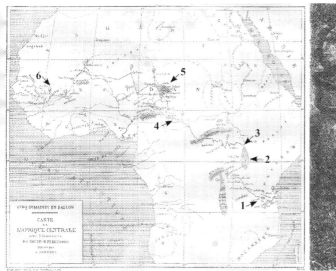

FIGURE 3   a) Carte de « l'Afrique Centrale » et parcours des aérostiers. Principaux milieux
            humides rencontrés par les héros : 1. Région de Zungomero, 2. Lac Victoria,
            3. Sources du Nil, 4. Oasis dans le désert, 5. Lac Tchad. 6. Cataractes de Gouina.
            b) Un des aérostiers aux prises avec l'herpétofaune des marécages du lac Tchad
            (*Cinq semaines en Ballon*).

des barrières verticales invisibles, dont les principales sont les « miasmes » qui
s'en dégagent[22] (fig. 3a et b). Si les milieux aquatiques peuvent apporter de
grandes joies aux voyageurs, comme lors de la découverte des sources du Nil
ou d'une oasis après la traversée d'un désert[23], ils sont presque tout le temps
présentés comme des lieux répulsifs. Par exemple, lors de la chute acciden-
telle d'un des aérostiers celui-ci ne tombe pas dans la savane ou sur une dune
de sable mais bel et bien au milieu du lac Tchad d'où il gagne les marais ri-
verains pour tomber immédiatement aux prises avec la faune sauvage locale,

22   Voir *Cinq semaines en ballon*, Paris, Hetzel, 1863, chap. XII, p. 61 : « Les aéronautes mar-
      chaient avec une vitesse de douze milles à l'heure, et se trouvèrent bientôt par 38° 20' de
      longitude au-dessus du village de Tounda. "C'est là, dit le docteur, que Burton et Speke
      furent pris de fièvres violentes et crurent un instant leur expédition compromise. Et ce-
      pendant ils étaient encore peu éloignés de la côte, mais déjà la fatigue et les privations se
      faisaient rudement sentir." En effet, dans cette contrée règne une malaria perpétuelle ; le
      docteur n'en put même éviter les atteintes qu'en élevant le ballon au-dessus des miasmes
      de cette terre humide, dont un soleil ardent pompait les émanations. »
23   Voir Z. Benaissa, « La traversée du désert dans *Cinq semaines en ballon* », I. Marzouki et
      J.-P. Picot (dir.), *Jules Verne, l'Afrique et la Méditerranée*, Paris, Maisonneuve et Larose,
      Tunis, Sud éditions, 2005, p. 155–163.

affrontant milles souffrances avant d'être secouru ; en témoignent de manière explicite les thèmes du chapitre concerné (chap. XXXV) :

> *L'histoire de Joé – L'île des Biddiomhas – L'adoration – L'île engloutie – Les rives du lac – L'arbre aux serpents – Voyage à pied – Souffrances – Moustiques et fourmis – La faim – Passage du « Victoria » – Disparition du « Victoria » – Désespoir – Le marais – Un dernier cri*

Finalement, les principales difficultés du voyage aérien ne sont, paradoxalement, ni liées à l'équipement ou à la préparation des aventuriers, ni aux « peuplades hostiles » qui parsèment le trajet, mais simplement à l'environnement physique et climatique lui-même, dont le désert – le *sec* – mais surtout les marais – l'*humide* – sont des acteurs si prégnants que même la voie des airs et les progrès techniques ne permettent pas à l'homme de s'en affranchir totalement.

L'Île Mystérieuse : *le lac comme centre de gravité d'une géographie imaginaire*

Avec la publication de *L'Île mystérieuse* en 1874 Jules Verne clôt le triptyque commencé en 1868 avec *Les Enfants du Capitaine Grant* et poursuivi en 1869 par *Vingt mille Lieues sous les mers*. Cette robinsonnade, dans laquelle des naufragés arrivent sur une île déserte inconnue, l'*île Lincoln* (fig. 4a), où se produisent des phénomènes étranges, a été présentée comme un exemple de géographie imaginaire, « symbolique et mythique » à la circularité notable : géographiquement par la présence d'un volcan, littérairement par la métaphore[24]. Mais, si ce volcan occasionne la métaphore de la circularité, la présence d'un lac comme élément hydrographique central, le *lac Grant*[25] à la force attractive quasi magnétique, peut se voir comme la métaphore de l'esprit de l'île, en quelque sorte l'œil du paysage insulaire ne renvoyant de sa surface plane et réfléchissante que leurs images à des naufragés cherchant à sonder ses profondeurs[26]. Le lac concentre en son sein toutes les eaux mais aussi tous

---

24   Voir L. Dupuy, « Une métaphore de la démarche géographique et de l'histoire du XIXe siècle : *L'Île Mystérieuse* de Jules Verne (1874–1875) », 2011, *Cybergeo*, http://cybergeo.revues.org/24646.

25   Voir *L'Île Mystérieuse, op. cit.*, chap. XI, p. 95 : « Entre le volcan et la côte est, Cyrus Smith et ses compagnons furent assez surpris de voir un lac, encadré dans sa bordure d'arbres verts, dont ils ne soupçonnaient pas l'existence. »

26   On retrouve cette disposition centrale dans la topographie de l'*île Chairman* du roman *Deux Ans de vacances*, autre robinsonnade de Jules Verne très semblable à l'*Ile mystérieuse* (fig. 4b).

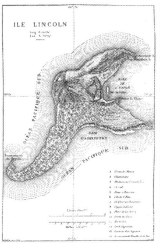

FIGURE 4 a) La carte de l'île Lincoln avec le lac Grant et les marais des Tadornes
(*L'Île mystérieuse*).
b) La carte de l'île Chairman avec le Family-Lake et les marais de Sooth-moors
(*Deux Ans de vacances*).
c) Le chien des naufragés aux prises avec un mystérieux animal amphibie dans le
lac Grant (*L'Île mystérieuse*).

les mystères de l'île (fig. 4c), mais également de multiples ressources (il cache
un refuge troglodyte et fournit l'eau potable), et ramène perpétuellement
les naufragés sur ses rives. Il se révèle être le point de convergence de tous
les événements du récit qui cristallisent les interrogations et les peurs mais
aussi le seul point de convergence géographique identifié. En effet, si les héros
accomplissent souvent des périples circulaires pour découvrir leur nouveau
territoire, ils retombent systématiquement sur lui[27]. Notons que bien que des
marais existent sur l'île, les *marais des Tadornes*, ils sont relégués dans sa périphérie, considérés comme des éléments répulsifs mais néanmoins traités avec
bienveillance car nécessaires à la richesse géographique et « écologique » ainsi
qu'au réalisme de ce lieu unique construit tel un continent miniature.

L'espace lacustre volontairement placé au centre de la géographie imaginaire de l'île, véritable « modèle symbolique d'organisation de l'espace[28] »,
est un des éléments essentiels qui agit comme le centre de gravité du récit au
même titre que les cours d'eau, axes centraux d'autres romans à la géographie
réelle.

---

27 B. Giblin, art. cit.
28 C. Morhange, « *Le Lys dans la vallée* : modèle d'organisation et de signification de
l'espace », *Mappemonde*, 3, 1991, p. 46–48.

Marais et étangs : quelles images pour des espaces en mutation, une vision conforme à celle du XIXᵉ siècle ?

Jules Verne a souvent placé les milieux humides au centre de la géographie littéraire de ses romans et, dans un souci didactique permanent, il s'emploie à les décrire de manière très précise lorsqu'il les met en scène. Est-il donc possible à partir de ces descriptions et de la terminologie employée, de percevoir une ou plusieurs visions spécifiques véhiculées par l'auteur, le côté répulsif et la notion de « malsain » prédominent-t-ils systématiquement ? Quelle valeur ont pour Verne ces espaces et les populations qui y vivent, sont-ils classés ou hiérarchisés ? Ont-ils pour unique destin d'être asséchés ?

Plurielle et complexe au cœur des *Voyages Extraordinaires*, la nature constitue un personnage à part entière que Jules Verne sait faire vivre, évoluer. Il sera fortement influencé par les Romantiques et lorsqu'il parle de cette nature, lorsqu'il l'écrit, la décrit, il emprunte souvent au vocabulaire poétique et lyrique. La relation de l'homme à la nature procède d'une évolution rapide des connaissances scientifiques, techniques et médicales en cette fin de XIXᵉ siècle mais également par certains aspects d'une écologie alors naissante. C'est dans cette perspective qu'il est intéressant d'analyser de quelle manière Jules Verne décrit les milieux humides.

Plusieurs particularités apparaissent lors d'une lecture approfondie des nombreux chapitres dans lesquels ces espaces sont évoqués. Tout d'abord, les milieux humides et leurs habitants sont presque toujours présentés et décrits de manière très dure, voire péjorative, lieux inhospitaliers et funestes aux populations misérables quand ils ne sont pas tout simplement inhabitables. En témoignent les très précises descriptions faites dans *Michel Strogoff* de la steppe marécageuse russe de la Baraba[29] et des marais des Everglades pour lesquels Verne se demande comment des hommes arrivent à survivre dans de tels environnements, mais également les nombreux passages qui mettent en avant les conséquences sanitaires locales engendrées par la présence de zones

---

29   Voir *Michel Strogoff, op. cit.*, chap. XV, p. 151 : « Qui croirait que cette contrée de la Baraba, si malsaine pendant les chaleurs, pût donner asile à une population quelconque ? [...] Le pays avait changé. Cette petite bourgade de Kamsk est comme une île, habitable et saine, située au milieu de l'inhabitable contrée. Elle occupe le centre même de la Baraba. Là, grâce aux assainissements obtenus par la canalisation du Tom, affluent de l'Irtyche qui passe à Kamsk, les marécages pestilentiels se sont transformés en pâturages de la plus grande richesse. Cependant, ces améliorations n'ont pas encore tout à fait triomphé des fièvres qui, pendant l'automne, rendent dangereux le séjour de cette ville. Mais c'est encore là que les indigènes de la Baraba cherchent un refuge, lorsque les miasmes paludéens les chassent des autres parties de la province. »

marécageuses[30]. Cette constatation est renforcée par la lecture de sa *Géographie illustrée*[31] qui confirme qu'il tenait réellement ces milieux comme absolument malsains dans toutes les régions françaises, peuplés d'habitants maladifs et paresseux, n'ayant d'avenir qu'asséchés dans un but agricole (bien que le rôle nourricier de certains étangs ne soit jamais occulté). On note aussi l'expression régulière d'une dichotomie sociale et éthologique, voire médicale, pour classer les populations des régions marécageuses et celles des bocages ou des villes, tendance que l'on retrouve d'ailleurs assez souvent à cette époque.

Une deuxième spécificité du discours de Jules Verne concerne l'emploi d'un vocabulaire caractéristique liée au « malsain » et au « miasme[32] » pour qualifier l'ambiance sanitaire et olfactive unique des milieux humides[33], si spéciale qu'elle en imprègne même la nourriture[34] et que seul le froid réussit à la « condens[er] ». Les termes « marécage », « foyer », « odeur » ou « brouillard pestilentiel », « vapeurs malsaines », « miasmes paludéens », « émanations » sont récurrents et conduisent à faire le rapprochement avec ces doctrines d'aération et de ventilation, apparues avec la naissance de l'hygiénisme au XVIIIe siècle et soulignant l'obsession de la libre circulation de l'air, qui revient en effet dans les écrits des médecins et des scientifiques préoccupés de la salubrité[35].

---

30   Voir les *Aventures de trois Russes et des trois Anglais dans l'Afrique australe*, Paris, Hetzel, 1872, chap. XXIII, p. 196 : « Le 1er avril, les Européens durent traverser de vastes marécages qui retardèrent un peu leur marche. À ces plaines humides succédèrent des étangs nombreux, dont les eaux répandaient une odeur pestilentielle. Le colonel Everest et ses compagnons se hâtèrent [...] de quitter cette région malsaine. »

31   Voir J. Verne & T.-S. Lavallée, *Géographie illustrée de la France et de ses colonies*, Paris, J. Hetzel, coll. « Bibliothèque d'éducation », 1868.

32   Voir A. Corbin, *Le Miasme et la jonquille : l'odorat et l'imaginaire social. XVIIIe–XIXe siècles*, Paris, Aubier-Montaigne, 1982.

33   Voir *Les naufragés du Jonathan*, Paris, Hetzel, 1909, chap. XII, p. 432 : « La nature du Kawdjer était trop haute pour connaître la rancune. Mais, quand bien même il en eût été capable, l'aspect des colons eût suffi à la dissiper. Ils revenaient déchus, dans un état de misère et d'épuisement lamentables. Dans cette population nomade, qui avait ramassé les germes morbides de tous les ciels, et qui grouillait sur les placers, presque sans abri, exposée aux intempéries d'un climat souvent orageux en été, respirant l'air des marécages dont elle remuait les boues malsaines, la maladie s'était déchaînée avec rage. Les Libériens regagnaient leur ville, amaigris, tremblants de fièvre [...]. »

34   Voir *Seconde Patrie*, Paris, Hetzel, 1900, chap. XXI, p. 87 : « Des rats ?... répondit François. Mais le rat est un gibier, quand il appartient au genre ondatras ... Te rappelles-tu, Fritz, ceux que nous avons tués par centaines pendant notre expédition à la recherche du boa ? – Parfaitement, François, répondit Fritz, et je me rappelle aussi que nous fûmes très peu régalés de cette chair qui sent trop le marécage. »

35   Voir P. Bourdelais, *Les Hygiénistes: enjeux, modèles, pratiques. XVIIIe–XIXe siècles*. Paris, Belin, 2001.

Au premier abord, le choix de telles représentations pourrait être justifié et s'inscrire dans la continuité des idées du milieu du XVIIIe siècle où s'esquissaient les définitions du sain et du malsain et de l'insalubrité des zones marécageuses. En effet, pour de nombreux scientifiques du siècle des Lumières, une grande partie des exhalaisons qui souillent l'atmosphère est issue du sol : ils pensaient que cet air avait des conséquences sur la santé des hommes et des bêtes et que les marais étaient des réservoirs de maladies endémiques et épidémiques[36]. Cependant, au cours du XIXe siècle, les zones humides perdent une part de leur caractère néfaste avec une approche plus scientifique de la notion de contagion et l'identification de nouvelles maladies qui met fin à la confusion régnant sous le terme de fièvres : elles sont associées de façon de plus en plus étroite à la malaria, maladie au rôle non contagieux mais épidémique. En réalité, l'écrivain, qui nous montre clairement dans toute son œuvre qu'il est favorable au dessèchement[37], comme beaucoup d'autres à son époque, récupère une partie du discours médical à l'appui de son argumentation mais en réduisant volontairement celui-ci à des principes simplifiés alors même que les progrès de la médecine et de la chimie permettent déjà de les dépasser. En effet, comme l'a montré l'historien de l'environnement Patrick Fournier[38], les idées de l'influence du climat sur la santé des populations humaines ont conduit à des « glissements de sens mal contrôlés » qui aboutissent à l'assimilation des théories du climat à l'« aérisme » en oubliant la complexité du milieu et qu'elles ne se résument pas à une mise en cause des qualités de l'air.

Cette lutte prônée contre les marais et la nécessité de leur dessèchement correspond à l'idée que Jules Verne a de la nature sauvage, subie et vécue, qui conduit inexorablement l'homme vers un dépérissement de l'être : l'homme régresse. Les marais mettent, plus que tout autre milieu naturel, l'homme face à la solitude et à la déchéance et constituent un matériau de choix pour exprimer cette volonté de dominer la nature et mettre en pratique ses idées sur le travail et sur le rôle important des progrès techniques. En effet, ces espaces marécageux ou stagnustres ne se révèlent valables que lorsqu'ils sont mis en valeur par le travail de l'homme, convertis en terres agricoles voire, le cas échéant, en

---

36   Voir J.-M. Derex, « Pour une histoire des zones humides en France (XVIIe–XIXe siècle). Des paysages oubliés, une histoire à écrire », *Histoire et Sociétés Rurales*, 1, n°15, 2001, p. 11–36.

37   Voir *Cinq Semaines en ballon, op. cit.*, chap. XVI, p. 88 : « Alors l'Afrique offrira aux races nouvelles les trésors accumulés depuis des siècles dans son sein. Ces climats fatals aux étrangers s'épureront par les assolements et les drainages ; ces eaux éparses se réuniront dans un lit commun pour former une artère navigable. »

38   Voir P. Fournier, « Zones humides et "aérisme" à l'époque moderne », *Zones humides et santé*, Actes de la journée d'étude du GHZH, Éditions GHZH, 2009, p. 9–23.

marais salants[39]. Finalement, les images des milieux humides véhiculées dans les *Voyages* sont relativement conformes à celles répandues dans la société dans la seconde moitié du XIXe siècle, en lien avec la considérable extension des assèchements facilités par des progrès scientifiques et techniques, comme l'amélioration des méthodes de drainage, la découverte du charbon et le développement de l'hygiénisme, qui bannit la stagnation des eaux et toute activité liée à la putréfaction.

Sans prétendre à l'exhaustivité, notre analyse des milieux humides dans les *Voyages extraordinaires*, qui couvrent quasiment toute la période d'écriture de Jules Verne, nous a permis de déterminer avec précision les représentations véhiculées. Mais l'image donnée de ces espaces n'est que l'expression d'une vision du monde qui va bien au-delà du marais, reflet de l'influence d'idées qui trouvent leur genèse au XVIIIe siècle mais surtout de théories scientifiques et de courants de pensée répandus à la fin du XIXe siècle, principalement l'hygiénisme. En effet, d'une manière générale, Jules Verne s'est emparé des théories hygiénistes, qui certes bannissent l'humide mais dépassent largement les seules questions du dessèchement, et les a appliquées aux lointaines contrées sauvages comme l'Afrique, aux zones rurales européennes mais surtout aux villes qu'il met régulièrement en scène dans les *Voyages* publiés dans la deuxième partie de sa vie. C'est à la fin de ce siècle que la nécessité de l'assainissement des milieux urbains et péri-urbains apparaît réellement, principalement grâce à la place plus importante prise par les médecins[40]. Très attentif à la portée sociale de ses romans, il ne pouvait pas rester indifférent aux problèmes urbains et à l'obligation d'améliorer l'hygiène et l'assainissement principalement dans les villes.

En conclusion, si Jules Verne a pu laisser transparaître dans ses romans certains de ses positionnements politiques et idéologiques, novateurs pour l'époque, comme la dénonciation d'une traite négrière persistante[41], l'acceptation du darwinisme (seulement en partie) ou bien l'affirmation d'un anticolonialisme naissant[42] qui préfigure le mouvement des peuples à

---

39   Voir *Bourses de voyage*, Paris, Hetzel, 1903, chap. XV, p. 291 : « Cette ville occupe l'étroite plage que sépare une baie semi-circulaire d'une saline d'assez grande étendue, siège d'une exploitation très importante. Les marais salants, principale richesse de l'île, sont tellement productifs qu'on n'estime pas à moins de trois millions six cent mille hectolitres leur rapport annuel. »

40   Voir P. Fournier, « La ville au milieu des marais aux XVIIe et XVIIIe siècles. Discours théoriques et pratiques de l'espace », *Histoire urbaine*, 1, n°18, 2007, p. 23–40.

41   *Nord contre sud* et *Un Capitaine de quinze ans* ont pour thème principal la dénonciation de l'esclavage.

42   En filigrane de son dernier roman, *L'Invasion de la mer*, Jules Verne interpelle la France et les grandes puissances coloniales sur le sort des populations indigènes, dans ce cas les Touaregs au Sahara.

l'autodétermination[43] ainsi que d'une écologie embryonnaire[44], il garde une vision assez conservatrice du monde qui ne diffère finalement que très peu de celle de ses contemporains[45]. Malgré son génie, il subit le poids des stéréotypes de l'époque qu'ils soient en lien avec le regard occidental porté sur les peuples « primitifs » (les Africains sont souvent décrits comme une race inférieure[46]) face à la supériorité de l'homme blanc ou sur l'environnement et ici plus particulièrement sur les milieux humides dont le seul avenir est d'être asséché au profit de l'agriculture et d'un environnement plus sain.

Notre analyse de la représentation des milieux humides, espaces aux forts enjeux économiques, sanitaires et politiques, placés au centre de la trame de bon nombre de ses romans, nous donne la preuve que son œuvre constitue également un très utile témoignage historique, pas seulement de la pensée géographique, comme le dit avec pertinence Dao Humeau[47], mais comme reflétant avec justesse certains aspects de la vision de l'environnement et de la santé des sociétés européennes de la fin du XIXᵉ siècle.

Bibliographie

Œuvres et sources

Verne, Jules, *Cinq semaines en ballon*, Paris, Hetzel, 1863.

Verne, Jules, *Les Enfants du Capitaine Grant*, Paris, Hetzel, 1868.

Verne, Jules, *Vingt mille lieues sous les mers*, Paris, Hetzel, 1869–1870.

Verne, Jules, *Aventures de trois Russes et des trois Anglais dans l'Afrique australe*, Paris, Hetzel, 1872.

Verne, Jules, *L'Île mystérieuse*, Paris, Hetzel, 1874.

---

43   Voir J.-L. Marçot, « Jules Verne, la géographie militante et le Maghreb », *Jules Verne, l'Afrique et la Méditerranée, op. cit.*, p. 97–117.

44   Voir Ch. Chelebourg, *La Réception des idées darwiniennes dans l'œuvre de Jules Verne*, mémoire de DEA, Université de Dijon, 1985 ; J. Chesneaux, *Jules Verne. Un regard sur le monde. Nouvelles lectures politiques*, Paris, Bayard, 2001.

45   Voir Ch. Chelebourg, « Jules Verne, conservateur républicain. Éloge de la politique oxymorique », *Bulletin de la Société Jules Verne*, n°128, 1998, p. 45–51.

46   Voir *Le Village aérien*, Paris, Hetzel, 1911, chap. II, p. 27 : « On serait tenté de classer ces êtres, fauves à face humaine, au rang des animaux, en cette Afrique équatoriale où la faiblesse est un crime, où la force est tout ! Et de fait, même à l'âge d'homme, combien de ces noirs ne possèdent pas les notions premières d'un enfant de cinq à six ans. »

47   « Le temps s'est chargé de ses romans et désormais les *Voyages extraordinaires* appartiennent au passé, en un sens à l'histoire de la géographie en qualité de document reflétant l'évolution de cette discipline », dans D. Humeau, « Les dimensions géographiques dans l'œuvre de Jules Verne » (D. Humeau, *Géographie et Cultures*, 1995, n°15, p. 21–44).

Verne, Jules, *Michel Strogoff*, Paris, Hetzel, 1876.

Verne, Jules, *Les Indes noires*, Paris, Hetzel, 1877.

Verne, Jules, *Un Capitaine de quinze ans*, Paris, Hetzel, 1878.

Verne, Jules, *La Jangada*, Paris, Hetzel, 1881.

Verne, Jules, *Nord contre sud*, Paris, Hetzel, 1887.

Verne, Jules, *Deux Ans de vacances*, Paris, Hetzel, 1888.

Verne, Jules, *Mistress Branican*, Paris, Hetzel, 1891.

Verne, Jules, *Face au drapeau*, Paris, Hetzel, 1896.

Verne, Jules, *Seconde Patrie*, Paris, Hetzel, 1900.

Verne, Jules, *Le Village aérien*, Paris, Hetzel, 1901.

Verne, Jules, *Bourses de Voyage*, Paris, Hetzel, 1903.

Verne, Jules, *Maître du Monde*, Paris, Hetzel, 1904.

Verne, Jules, *L'Invasion de la mer*, Paris, Hetzel, 1905.

Verne, Jules, *Les Naufragés du Jonathan*, Paris, Hetzel, 1909 [posthume].

Études

Benaissa, Zinelabidine, « La traversée du désert dans *Cinq semaines en ballon* », Marzouki, Issam et Picot, Jean-Pierre (dir.), *Jules Verne, l'Afrique et la Méditerranée*, Paris, Maisonneuve et Larose, Tunis, Sud éditions, 2005, p. 155–163.

Bourdelais, Patrice, *Les Hygiénistes : enjeux, modèles, pratiques. XVIIIe–XIXe siècles*. Paris, Belin, 2001.

Corbin, Alain, *Le Miasme et la jonquille : l'odorat et l'imaginaire social. XVIIIe–XIXe siècles*, Paris, Aubier-Montaigne, 1982.

Chelebourg, Christian, *La Réception des idées darwiniennes dans l'œuvre de Jules Verne*, mémoire de DEA, Université de Dijon, 1985.

Chelebourg, Christian, « Jules Verne, conservateur républicain. Éloge de la politique oxymorique », *Bulletin de la Société Jules Verne*, n°128, 1998, p. 45–51.

Chesneaux, Jean, *Jules Verne. Un regard sur le monde. Nouvelles lectures politiques*, Paris, Bayard, 2001.

Correspondance inédite de Jules Verne avec l'éditeur Pierre-Jules Hetzel (1863–1886), éd. O. Dumas, V. Dehs et P. Gondolo Della Riva, Genève, Slatkine, t. I, 2000, t. II, 2001, t. III, 2002.

Derex, Jean-Michel, « Pour une histoire des zones humides en France (XVIIe–XIXe siècles). Des paysages oubliés, une histoire à écrire », *Histoire et Sociétés Rurales*, 1, n°15, 2001, p. 11–36.

Derex, Jean-Michel, « L'histoire des zones humides. État des lieux », *Études rurales*, n°177 (1), 2006, p. 167–178.

Dupuy, Lionel, « Jules Verne et la géographie française de la deuxième moitié du XIXe siècle », *Annales de Géographie*, n°679 (3), 2011, p. 225–245.

Dupuy, Lionel, « Une métaphore de la démarche géographique et de l'histoire du XIXᵉ siècle : *L'Île Mystéri*euse de Jules Verne (1874–1875) », 2011, *Cybergeo*, http://cybergeo.revues.org/24646

Fournier, Patrick, « La ville au milieu des marais aux XVIIᵉ et XVIIIᵉ siècles. Discours théoriques et pratiques de l'espace », *Histoire urbaine*, 1, n°18, 2007, p. 23–40.

Fournier, Patrick, « Zones humides et "aérisme" à l'époque moderne », *Zones humides et santé*, Actes de la journée d'étude du GHZH, Éditions GHZH, 2009, p. 9–23.

Géhu, Edmond P., « La géographie polaire dans l'œuvre de Jules Verne » (1ᵉʳᵉ partie), *Bulletin de la Société Jules Verne*, n°9, 1937, p. 181–198.

Giblin, Béatrice, « Jules Verne, la géographie et "L'Île Mystérieuse" ». *Hérodote*, n°10, 1978, p. 76–90.

Giton, Céline, *Jules Verne, le bestiaire extraordinaire*, Bègles, Le Castor Astral, 2011.

Humeau, Dao, « Les dimensions géographiques dans l'œuvre de Jules Verne », *Géographie et Cultures*, 1995, n°15, p. 21–44.

Marçot, Jean-Louis, « Jules Verne, la géographie militante et le Maghreb », Marzouki, Issam et Picot, Jean-Pierre (dir.), *Jules Verne, l'Afrique et la Méditerranée*, Paris, Maisonneuve et Larose, Tunis, Sud éditions, 2005, p. 97–117.

Morhange, Christophe, « *Le Lys dans la vallée* : modèle d'organisation et de signification de l'espace », *Mappemonde*, 3, 1991, p. 46–48.

Roux, Michel, « *Moby Dick* et *Vingt mille lieues sous les mers* : les géographies de l'imaginaire au cœur de la complexité », *Cahiers de géographie du Québec*, 44 (121), 2000, p. 65–85.

Seillan, Jean-Marie, « Histoire d'une révolution épistémologique au XIXᵉ siècle : la captation de l'héritage d'Alexandre Dumas par Jules Verne », C. Saminadayar-Perrin (dir.), *Qu'est-ce qu'un événement littéraire au XIXᵉ siècle ?* Saint-Étienne, Publications de l'Université de Saint-Étienne, 2008, p. 199–249.

Serres, Michel et Dekiss, Jean-Paul 2003, *Jules Verne : la science et l'homme contemporain. Conservations avec Jean-Paul Dekiss*, Paris, Le Pommier, 2003.

Sudret, Laurence, « Jules Verne, un écologiste avant l'heure », *Bulletin de la Société Jules Verne*, n°158, 2006, p. 25–36.

Tettamanzi, Régis, « Jules Verne et l'Amazonie du XIXᵉ siècle », Reffait, Christophe et Schaffner, Alain (dir.), *Jules Verne ou les inventions romanesques*, Amiens, Encrage, Centre d'Études du Roman et du Romanesque de l'Université de Picardie-Jules Verne, 2007, p. 145–156.

Tissier, Jean-Louis, « L'île mystérieuse – Jules Verne – 1874 – hydrographie et orographie. L'île est-elle habitée ? Baptême des baies, caps, golfes, rivières … », *Cybergeo*, 2 (25), 1996, http://cybergeo.revues.org/219

Verne, Jules et Lavallée, Théophile-Sébastien, *Géographie illustrée de la France et de ses colonies*, Paris, J. Hetzel, coll. « Bibliothèque d'éducation », 1868.

Vierne, Simone, « Les refuges dans les romans de Jules Verne », *Le Refuge*, 1, CIRCÉ, *Cahiers du Centre de recherche sur l'imaginaire*, 2, 1970, p. 53–106.

TROISIÈME PARTIE

Écologiques.
L'homme dans la nature

..

Yahoo ! L'homme-singe comme topique philosophico-satirique

Nicolas Correard

L'intérêt pour l'animal en littérature semble avoir grandi ces dernières années, plus ou moins en relation avec le mouvement de l'« écocritique », initialement centré sur le paradigme végétal et des préoccupations environnementalistes modernes. La naissance annoncée d'une zoopoétique accompagne la certitude d'une « fin de l'exception humaine », pour reprendre le titre de l'ouvrage de Jean-Marie Schaeffer[1], dont la littérature aurait pris acte au XXᵉ siècle. Ainsi du *Rapport pour une académie* de Kafka (*Ein Bericht für eine Akademie*, 1917), dans lequel Peter-le-Rouge (Rotpeter), un chimpanzé acculturé, livre une analyse du processus d'hominisation qui l'a conduit en cinq ans, depuis le moment de sa capture, à imiter l'homme par pure contrainte, donc à apprendre comment bourrer des pipes, vider des bouteilles de schnaps, ou donner sa parole en spectacle devant une académie savante[2]. Les métamorphoses des personnages kafkaïens nous étonnent, car elles ne sont pas seulement des métaphores, des fables ou des confessions déguisées d'un artiste juif : elles sont un raccourci fulgurant du trajet de l'animalité à l'homme, réversible imaginairement lorsqu'on se retrouve métamorphosé en cafard un beau matin. Ce que Deleuze avait appelé le « devenir-animal[3] » kafkaïen s'apparente ainsi à la nécessité de penser l'animalité, au sens propre, de la condition humaine, envers du « devenir-humain » de Peter-le-Rouge.

Dans *Elizabeth Costello* de J. M. Coetzee (1999), le personnage éponyme, conférencière engagée au service de la cause animale, se compare elle-même à Peter-le-Rouge, suggérant une hypothèse intéressante à propos de la nouvelle satirique de Kafka : elle serait une réaction directe à la parution, la même année, de l'étude de l'éthologue Wolfgang Köhler sur *La Mentalité des singes*, qui établissait le phénomène de l'apprentissage intuitif soudain, ou « *insight* », chez les singes de Ténériffe[4]. Elizabeth Costello évoque aussi la parabole swiftienne des Houyhnhnms et des Yahoos, contenue dans le quatrième voyage

---

1 Voir J.-M. Schaeffer, *La Fin de l'exception humaine*, Paris, Gallimard, coll. « NRF Essais », 2007.

2 Voir F. Kafka, *Œuvres complètes II*, trad. M. Robert, Cl. David et A. Vialatte, Paris, Gallimard, coll. « Bibliothèque de la Pléiade », 1980, p. 510–519.

3 G. Deleuze et F. Guattari, *Kafka : pour une littérature mineure*, Paris, Les Éditions de Minuit, 1975, p. 63–69.

4 Voir J. M. Coetzee, *Elizabeth Costello*, trad. C. Lauga du Plessis, Paris, Seuil, 2004, p. 87–113.

© KONINKLIJKE BRILL NV, LEIDEN, 2019 | DOI:10.1163/9789004382152_016

de Gulliver : tout en regrettant son caractère relativement abstrait, désincarné et « anhistorique » (*a-historical*), elle en propose une interprétation classiquement anti-anthropocentrique – Swift contestait déjà le privilège de la raison que s'arroge un bipède carnivore. Mais la conférencière hésite sur son sens ultime, ne sachant trop si la parabole étaye sa « philosophie écologique », ou si elle menace de la tourner en dérision[5]. En réalité, c'est bien avant *The Descent of Man* de Darwin (1871) et les innombrables formes de fictions inspirées par la théorie de l'évolution moderne[6] que la topique de l'homme-singe – l'homme en singe, le singe hominisé, l'hybride, le Yahoo – a acquis son potentiel perturbateur. Plaidons ici pour un autre décentrement, contre un moderno-centrisme qui nous ferait croire à une rupture radicale entre l'avant et l'après Darwin. Plaidons même en faveur de l'évolutionnisme culturel : Kafka descend bel et bien de Swift, « son grand Témoin » comme il l'appelle dans sa correspondance[7], qu'on pourrait tout aussi bien considérer comme son grand frère dans l'art de satiriser l'*espèce* humaine, ou une certaine conception que l'espèce humaine se fait d'elle-même.

Au carrefour de plusieurs topiques de la première modernité (fictions de parole animale, romans comiques, récits de voyage), les *Voyages de Gulliver* (1727) établissent un topos de l'homme-singe ironique et maïeutique : Swift ne se contente pas d'un *mundus inversus* où des chevaux rationnels (les Houyhnhnms) asserviraient des sous-hommes abrutis (les Yahoos) ; au grand dam de Gulliver, il fait glisser l'humanité tout entière dans la catégorie des Yahoos, à une époque où le trouble était grand. L'anthropocentrisme restait hégémonique[8], mais commençait à être ébranlé par la découverte des grands singes et l'intérêt pour les enfants sauvages[9]. Ce topos repose sur une double

---

5   Voir *ibid.*, p. 139–183.

6   Voir J. Nevins, « Apes in Literature », R. Klaw (dir.), *The Apes of Wrath*, San Francisco, Tachyon Publications, 2013, p. 73–82.

7   Voir F. Kafka, *Œuvres complètes III, op. cit.*, p. 1096 (à Elli Hermann, été 1921). Voir également H. W. Desai, « Kafka and his "Great Witness", Jonathan Swift », *Journal of the Kafka Society of America*, n°13, 1989, p. 28–34 ; J. Meyers, « Swift and Kafka », *Papers on Language and Literature*, n°40, 2004, p. 329–336.

8   Voir K. Thomas, *Dans le jardin de la nature. La mutation des sensibilités en Angleterre à l'époque moderne (1500–1800)*, trad. Ch. Malamoud, Paris, Gallimard, coll. « NRF » , 1985, chap. 1, « La suprématie de l'homme », p. 11–62.

9   Voir F. Tinland, *L'Homme sauvage. Homo ferus et Homo sylvestris de l'animal à l'homme*, Paris, Payot, 1968 ; A. Mothu, « Rêves de singes au XVIIIe siècle », dans *Tintinnabulum Naturae*, éd. S. Matton, Paris, Séha / Milan, Arché, 2002, p. 79–117 ; R. Nash, *Wild Enlightenment. The Border of Human Identity in the Eighteenth Century*, Charlottesville, The University of Virginia Press, 2003, notamment chap. 1, p. 15–41 ; L. Brown, *Homeless Dogs and Melancholy Apes : Humans and Other Animals in the Modern Literary Imagination*, Ithaca (NY), Cornell University Press, 2010, chap. 2, « Mirror Scene : The Orangutan, the Ancients, and the Cult of Sensibility », p. 127–164.

modalité comique et philosophique par laquelle l'assimilation de l'homme à un singe (ou l'inverse) est perçue comme une vérité à la fois dégradante et indéniable : jouant massivement et classiquement dans le sens d'une satire spécifique (telle ou telle société), mais aussi générale (l'espèce humaine), il questionne inévitablement l'anthropocentrisme. Les fréquentes mises en scène utopiques ou les quiproquos romanesques inspirés par Swift, dans la deuxième moitié du XVIIIe siècle et la première moitié du XIXe siècle, témoignent de sa fécondité dans la période qui a vu l'affirmation des premières théories de l'évolution, avec lesquelles la dialectique est constante. Au-delà d'un usage satirique conventionnel du singe, inévitablement lié au rire et à la laideur, la figure de l'homme-singe devient l'incarnation de la dualité sério-comique de ces textes.

Formation d'une topique au temps de la découverte des grands singes

Tout d'abord, rappelons que Swift s'inscrivait dans le prolongement d'une tradition « thériophile » ayant valorisé l'animal et contesté le primat de l'homme au sein de la création[10]. La redécouverte humaniste de sources antiques telles que Plutarque avait alimenté le relativisme de l'« Apologie de Raymond Sebond » de Montaigne, l'une des grandes sources du satiriste anglais[11] ; mieux, elle avait inspiré la création de nombreuses fictions où l'être humain est dénoncé comme la pire des bêtes par la voix des animaux, comme dans la *Circe* de Gelli (1548), retraduite en anglais par un contemporain de Swift, le satiriste Tom Browne (*The Circe of Signior Giovanni Battista Gelli*, 1702). Mais le singe y est rare. Bien que reconnu comme l'animal imitateur par excellence, il ne pouvait être considéré comme le parangon de l'intelligence animale au même titre que l'éléphant, le chien ou la grue, *exempla* classiques. Encore peu observé en Europe en dehors des macaques, ou « magots » de compagnie, le singe, chargé d'un symbolisme négatif depuis le Moyen Âge, restait cantonné à la représentation allégorique de vices tels que la luxure, la gloutonnerie ou la vanité[12].

Les représentations changent avec la diffusion des témoignages des voyageurs au cours du XVIIe siècle : Marcgrave sur les macaques du Brésil ; Battel et Dapper sur les chimpanzés ou gorilles (« pongos ») du Congo ; Bontius et Le

10   Voir G. Boas, *The Happy Beast in French Thought of the Seventeenth Century*, Baltimore, The Johns Hopkins University Press, 1933.

11   Voir A. Ball, « Swift and the Animal Myth », *Transactions of the Wisconsin Academy of Sciences, Arts and Letters*, vol. XLVIII, 1959, p. 239–248.

12   Voir H. W. Janson, *Apes and Ape Lore in the Middle Ages and the Renaissance*, Londres, Warburg Institute, 1952.

Compte sur les orangs-outans d'Indonésie, etc. Souvent confondus par leurs lecteurs, y compris par les naturalistes établissant les taxinomies, ces comptes rendus abondent en anecdotes humanisant les comportements des grands singes, ou en descriptions corroborant leur apparence anthropomorphe. Parallèlement, la présence du singe facétieux devient un topos des romans comiques, qui jouent sur la confusion troublante entre humains et primates[13] : ainsi du « maistre Singe » qui barbouille Francion dans son enfance chez Sorel[14] ; de « maître Robert », le singe ivrogne qui jette des écus à la cantonade, à l'instar d'un philosophe cynique se moquant de la foule, chez Tristan l'Hermite[15] ; ou encore, dans un registre moins libertin que burlesque, du « singe en cornette » de Préchac, pris pour son amante par un poète quichottesque, Roquebrune, à la faveur d'une mascarade qui les conduit dans le même lit[16].

Une première rencontre entre ce topos comique, les anecdotes des récits de voyage et la contestation philosophique de l'anthropocentrisme se produit dans les *États et empires* de Cyrano : les « bêtes-hommes » quadrupèdes qui peuplent la Lune tiennent la bipédie du narrateur pour une infirmité contre-nature[17] ; on veut faire de Dyrcona la femelle du « petit animal de la reine », le voyageur espagnol Domingo Gonzales, manifestement tenu pour un singe avec lequel il est prévu qu'il s'accouple[18]. Les Sélénites privent alors Dyrcona du titre d'homme, qu'ils s'attribuent, et le traitent de « bête », reproduisant spontanément l'anthropomorphisme qui sévit sur la Terre. Cet exercice comico-philosophique sur la relativité du signifiant suggère quelque idée audacieuse concernant le signifié : l'être humain n'est-il pas un « quadrupède contrarié[19] » ? L'idée cadre parfaitement avec les hypothèses libertines distribuées dans le livre, et Vanini l'avait avancée parmi ses intuitions proto-

---

13   Voir F. Tinguely, « Singeries romanesques et anthropologie libertine au XVIIe siècle », *Littérature*, n°143, 2006 / 3, p. 79–93.

14   Voir Ch. Sorel, *Histoire comique de Francion* (1623), éd. Y. Giraud, Paris, Flammarion, coll. « GF », 1979, l. III, p. 162–165.

15   Voir T. L'Hermite, *Le Page disgracié* (1643), éd. J. Prévot, Paris, Gallimard, coll. « Folio », 1994, II, chap. XLI, p. 233–236.

16   Voir J. de Préchac, *Suite de la Troisième partie du Roman comique* (1679), Paris, Michel-Étienne David, 1730, chap. IV–V, p. 244–256.

17   Voir S. Cyrano de Bergerac, *Les États et empires de la Lune et du Soleil* [1657–1661], éd. M. Alcover, Paris, Champion, 2004, p. 51–52.

18   Voir *ibid.*, p. 76.

19   Voir A. Mothu, « L'Homme est-il un quadrupède contrarié ? », *Tintinnabulum naturae*, *op. cit.*, p. 118–146.

évolutionnistes[20]. Dans le Soleil, le fameux procès de l'être humain par les oiseaux impose pareillement l'assimilation de l'homme au singe, ou plutôt à une sorte de singe « immonde[21] », auquel est attribuée une singularité monstrueuse en raison de son « orgueil » : la « fantastique monarchie » de l'homme se trouve ainsi doublement contestée par une fiction qui hésite à abolir la hiérarchie des êtres ou à la renverser, puisqu'on peut « tomber » jusqu'à l'humanité selon les oiseaux.

À la suite de Cyrano, le coup de force de Swift consiste à avoir organisé le voyage de Gulliver au pays des Houyhnhnms comme une énigme portant sur la nature humaine. Alors que le lecteur croit avoir affaire à une parabole sur la double postulation spirituelle et matérielle de l'homme, l'allégorie se déconstruit : l'incarnation de la rationalité dans une république de chevaux, les Houyhnhnms, a quelque chose d'un attelage trop burlesque pour être pris au sérieux ; les traits physiques et comportementaux des Yahoos, évoquant dans un premier temps des êtres simiesques ou des hommes dégénérés, sont peu à peu identifiés à ceux de l'homme, voire à ceux des Anglais. Gulliver lui-même ne peut rester en équilibre entre ces deux extrêmes : cachant honteusement son corps sous la peau artificielle des vêtements, tandis qu'il aspire à la condition de Houyhnhnm qui l'exclut pourtant par nature, il est inexorablement promis à une douloureuse *anagnorisis* par les faits romanesques. Enlevé par un singe reconnaissant en lui sa progéniture lors d'une première aventure malheureuse à Brobdingnag (II, 5), Gulliver est cette fois-ci agressé sexuellement par une femelle Yahoo qui l'oblige à une étreinte répugnante lors d'une baignade (IV, 8), inversant le topos du singe violeur fréquent dans les récits de voyage. Passé de la dénégation à l'aveu (« je ne pouvais davantage nier que j'étais un vrai Yahoo dans tous mes traits, puisque les femelles venaient naturellement vers moi comme à un membre de leur espèce[22] »), Gulliver termine dans la misanthropie, tenant ses congénères pour des animaux impossibles à réformer, incapables d'évolution.

L'u-topie swiftienne ébranle les topiques, secouant l'échelle des êtres : l'homme ne tient plus en équilibre entre l'ange et la bête, il tombe du côté du singe. Le vêtement de la fable est tombé pour laisser place à une vérité littérale, trop affreuse pour ne pas être signifiée par une onomatopée (censée imiter le

---

20   Voir le dialogue « La generazione del primo uomo » (1617), *Giulio Cesare Vanini. Tutte le opere*, éd. F. P. Raimondi et M. Carparelli, Milan, Bompiani, 2010, p. 1163–1167.

21   S. Cyrano de Bergerac, *op. cit.*, p. 256*sq.* : « Et quant à ce qui concernait mon espèce, que je n'étais point homme comme ils se le figuraient, mais singe ».

22   J. Swift, *Les Voyages de Gulliver*, trad. A. Tadié, Paris, Flammarion, coll. « GF », 1997, p. 352.

hurlement de ces êtres) : les « Yahoos » ne sont pas une image des hommes, ils sont les hommes. La surprise, l'effroi, puis le dégoût du personnage miment les sentiments des contemporains face au progrès de la connaissance sur les grands singes : si la description initiale des traits physiques et comportementaux des Yahoos parodie l'intertexte des récits de voyage, en insistant avec emphase sur les aspects repoussants, la démarche du maître Houyhnhnm de Gulliver, qui compare systématiquement ses traits à ceux de l'odieuse créature (IV, 3), parodie le traité d'anatomie comparée d'Edward Tyson, qui avait démontré la très grande proximité entre l'être humain et une espèce de primate encore mal connue (en fait le chimpanzé, pris par l'anatomiste pour l'orang-outang, ou « pygmée[23] »). Swift avait matière à se moquer des confusions taxinomiques du savant, et de ses contradictions idéologiques, puisque Tyson, hypocrite ou pusillanime, se refusait à renoncer au dogme de la destinée métaphysique de l'homme, assuré d'une singularité absolue par son lien avec Dieu[24]. Quitte à se mettre en contradiction avec son christianisme officiel, Swift a le courage philosophique de forcer le lecteur à une reconnaissance pleine et entière, aussi humiliante soit-elle. Tout au plus Gulliver est-il un « merveilleux Yahoo » (*a wonderful* Yahoo), doué de parole, accorde le maître Houyhnhnm[25], c'est-à-dire un monstre de monstre. Une décennie plus tard, Linné proposera, non sans scandale, la catégorie d'*anthropomorpha* pour subsumer l'homme et le singe dans la première édition de son *Systema naturae* (1735), avant de forger la notion de *primates* pour ce nouvel ordre de mammifères (dixième édition, 1758). Autre manière de le dire.

Théories de l'évolution et déplacements utopiques

L'histoire littéraire, comme l'histoire des idées, est elle-même faite d'évolutions, non de créations pures, ni de révolutions brutales. Entre Swift et Kafka, il y a eu l'appropriation du singe par la littérature utopique, qui interroge les limites de l'humain d'une manière plus concrète qu'auparavant. Dans l'*Iter subterraneum* du Danois Holberg (1741), émule de Swift, le narrateur Niels Klim

23   E. Tyson, *Orang-Outang, sive Homo Sylvestris : or the Anatomy of a Pygmie compared with that of a Monkey, an Ape and a Man*, Londres, Thomas Bennet, 1699.

24   Le traité scientifique de Tyson a été l'objet d'une autre parodie satirique de la part de Swift et de ses associés scribleriens, intitulée *An Essay of the Learned Martinus Scriblerus concerning the Origin of Sciences* (1731), voir *Miscellanies in Prose, by Mr Pope, Dr Arbuthnot, Mr Gay &c. collected by Dr Swift and Mr Pope. The Works of Jonathan Swift*, vol. XIII, Edinbourg, Archibald Constable & Co., 1824, p. 113–125.

25   J. Swift, *Les Voyages de Gulliver, op. cit.*, IV, 3, p. 314.

est lui aussi tenu pour un singe lorsqu'il tombe sur le territoire de Potu, à l'intérieur d'une Terre conçue comme creuse, et il y sera nommé *Pikel Emi* (« singe extraordinaire[26] ») ; alors qu'il est conduit dans la capitale, une bande de sapajous (*Cercopotheci*) s'attroupe joyeusement autour de lui comme autour d'un frère, à son grand déplaisir[27] ; et Klim de se retrouver au lit avec un singe qui lui veut du bien[28] ... En l'occurrence, les Potuans sont des arbres intellectuellement supérieurs en raison de leur lenteur d'esprit, là où le comportement et les pensées agitées de l'homme, sources d'erreurs, trahissent sa nature imparfaite. Autre décentrement, qui situe dans le végétal une forme de perfection encore plus lointaine que l'instinct animal. Évincé de ce paradis sylvestre, Klim se retrouve presque chez lui chez les Martiniens, singes dans lesquels on a pu voir une satire des Parisiens, épris d'apparences, de modes, d'idées éphémères : il triomphe dans cette dystopie en apprenant aux autochtones l'usage de la perruque, que les aristocrates martiniens décident de se réserver ! Contrairement à Potu, qui représente une forme d'altérité proprement utopique, antithétique du réel, Martinia se lit comme une allégorie de la France contemporaine. Les sapajous ne règnent pas dans un monde à l'envers, mais ici et maintenant : l'homme est-il autre chose qu'un singe dominant et vaniteux, qui s'affuble de perruques, comme le suggère la gravure de l'édition *princeps*[29], parue quelques années avant que La Mettrie, Maupertuis et Diderot ne hasardent l'idée qu'il suffirait d'un peu d'éducation pour rendre un orang-outang capable de tenir une conversation ordinaire ?

Redoublant celle de Swift, l'influence de Holberg a favorisé la diffusion d'une topique de l'homme-singe dans la fiction utopico-satirique. Ainsi des singes républicains, éminemment raisonnables, entrevus dans un bref songe des *Songes du Chevalier de la Marmotte*[30] (1ère éd. 1744). Ou des *Viaggi di Enrico Wanton* du Vénitien Zaccaria Seriman[31] (1ère éd. 1749), dont le narrateur éponyme, accompagné de son ami Roberto, séjourne dans le pays des Singes (*paese delle scimmie*), probable allégorie de la cité des Doges. Le travestissement simiesque est l'opérateur d'une dégradation satirique, mais la nature humaine est interrogée par le relativisme philosophique de Seriman. Ce sont les singes qui tiennent

---

26 L. Holberg, *Voyage de Nicolas Klimius dans le monde souterrain*, trad. Ch. de Mauvillon, Copenhague, Jacques Preuss, 1741, chap. 2, p. 20.

27 Voir *ibid.*, chap. 3, p. 57–58.

28 Voir *ibid.*, chap. 4, p. 74–75.

29 Voir *ibid.*, chap. 10.

30 Voir *Les Songes du Chevalier de la Marmotte* (pseudonyme), Au Palais de Morphée, 1745, « Second Songe », p. 14–30.

31 Voir Z. Seriman, *Viaggi di Enrico Wanton alle Terre australi ed al paese delle scimie*, Naples, Alesso Pellechia, 1756.

cette fois-ci les voyageurs pour des créatures inférieures (ou pour des sorciers), avant de reconnaître leur nature quasi-simiesque, et de leur faire une place dans leur société ; la réussite des voyageurs, au fil des intrigues amoureuses et politiques, confirme une identité de nature ... Les vices des singes, notamment l'hypocrisie, s'avèrent banals en comparaison du rigorisme moral caractérisant le pays des Chiens, ou Cynocéphales voisins (peut-être une allégorie de l'Angleterre), ou des sciences dystopiques du pays des Philosophes. Nostalgique de la loi de nature, Seriman s'applique à démasquer l'anthropocentrisme : ses voyageurs méditent sur leur expérience en lisant et relisant l'« Apologie de Raymond Sebond », car ils ont emporté avec eux les *Essais* de Montaigne en lieu et place de la Bible des robinsonnades[32] ; Enrico reconnaît en conséquence l'intelligence animale, tout comme la difficulté de comprendre les œuvres de la nature[33] ; et par-dessus tout la difficulté à identifier le propre de l'homme, objet d'un procès burlesque qui lui est intenté par les Cynocéphales[34].

Quant à mettre des hypothèses évolutionnistes dans la bouche d'un singe, le pas a été franchi, secrètement, dans le *Tintannabulum naturae*, texte manuscrit récemment retrouvé par les spécialistes de la littérature clandestine des Lumières, qui l'attribuent à un auteur énigmatique et sulfureux, le Solitaire de Champagne[35]. Il ne s'agit pas d'un roman, mais d'une esquisse de système matérialiste et évolutionniste datée de « l'An I de l'abolition des préjugés », soit 1772, une série de « rêveries » énoncées, d'après le sous-titre, par un « individu semi homme, semi bête engendré d'une négresse et d'un orang-outang ». Les légendes anciennes concernant les hybrides, pourtant en voie d'être discréditées par le savoir zoologique contemporain sur les grands singes, y reviennent pour servir la thèse continuiste. On ne se débarrasse pas si facilement des topiques, mêmes dans les pensées de rupture, d'autant que la littérarité de ce texte, présenté comme une « Métaphysique affricaine », ou comme un « Grelot de la Folie[36] », pourrait être un peu plus qu'une couverture, et valoir hommage aux audaces de pensée des romans utopiques, qui s'affirment comme un espace de libre-pensée, de conjecture, au moment où les sciences contemporaines, avec Hoppius ou Maupertuis, accordent un regain de crédibilité au fantasme ancien d'une possible hybridation entre l'homme et le singe.

---

32   Voir *ibid.*, t. 1, chap. III, p. 57–58.

33   Voir *ibid.*, chap. XIII, p. 124–131.

34   Voir *ibid.*, t. 3, Berne, 1764, chap. XIV–XVI, p. 207–247. Le texte et l'iconographie ne laissent pas de doute concernant la nature de ces personnages mi-hommes, mi-chiens, mais notons que le terme de *Cynocéphale* désigne aussi couramment, dans la langue de l'époque, les espèces de singes dont le museau ressemble à celui du chien (babouins, mandrills).

35   *Tintinnabulum naturae, op. cit.*, présenté par S. Matton dans l' « Introduction », p. 40–50.

36   *Ibid.*, « Avant propos », p. 163.

Transgressive et influente entre toutes, la *Lettre d'un Singe aux Êtres de son espèce*, appendice et complément nécessaire de *Découverte de la Terre australe* de Rétif de la Bretonne (1781) : hybride d'orang-outang et de femme qui rappelle les créatures du récit[37], l'épistolier César adresse à tous les primates un avertissement contre les humains, qu'ils sont spontanément tentés d'« imiter[38] » – comme s'il était entendu que les primates emboîtent naturellement le pas à l'homme dans ses prétendus progrès. La lettre tourne à la diatribe contre les vices du « roi de la nature », « monstre cruel & vorace », à qui César rappelle tout ce qui s'est dit sur la *miseria hominis*, et plus accablant encore[39]. On reste dans la satire morale, mais celle-ci est jugée « vraisemblable » par le paratexte et l'annotation savante, remplie par les discours des voyageurs et naturalistes sur les singes ; elle est articulée aux discours transformistes tenus dans la fiction de la *Découverte australe* par le personnage du philosophe Noffub (*alias* Buffon[40]), lequel esquisse les idées que Rétif développera plus tard, sur un mode tout à fait sérieux, dans une *Physique* (1796) qui pourrait avoir influencé Lamarck lui-même[41].

L'audace n'exclut pas l'ambiguïté, ou l'hésitation concernant la validité de thèses évolutionnistes encore incertaines. Ainsi des *Monikins* de Fenimore Cooper (1835), qui les place dans la bouche d'êtres simiesques se prétendant plus évolués que l'homme, avec lesquels ils sont jumelés par leur nom conçu comme un mot valise[42]. Rencontrés en Antarctique par le narrateur Goldencalf, ces êtres adhèrent à une conception matérialiste et évolutionniste de l'échelle des êtres, qui part des éponges pour aller vers « les huîtres, les crabes, les esturgeons, les palourdes, les crapauds, les lézards, les putois, les opossums, les fourmiliers, les babouins, les nègres, les marmottes, les lions, les esquimaux, les paresseux, les sangliers, les Hottentots, les orang-outangs,

---

37   Les voyageurs ont découvert, entre autres îles peuplées d'hybrides, celle des hommes-singes. Voir *La Découverte australe par un homme volant, ou le Dédale français*, t. II, Leipzig, 1781, p. 274–277.

38   *Ibid.*, t. III, p. 20 : « à tous les Singes sans queue, ou Cercopithèques, qui ont le malheur de vouloir imiter l'Homme, & auxquels il donne le nom de *Singes* ou d'*Imitateurs* ».

39   Voir *ibid.*, p. 61.

40   La fiction semble radicaliser ce qui chez Buffon constitue tout au plus une intuition évolutionniste. Voir P. J. Bowler, *Evolution : the History of an Idea*, Berkeley, University of California Press, 2003, p. 75–80. Buffon émet par ailleurs de nombreuses réserves quant à la continuité entre l'homme et les singes (voir *Histoire naturelle*, t. XIV, Paris, Imprimerie royale, 1766, « Nomemclature des singes », p. 1–42).

41   Voir L. Loty, « L'invention du transformisme par Rétif de la Bretonne (1781 & 1796) », *Alliage*, n°70 – Juillet 2012, mis en ligne le 26 septembre 2012, URL : http://revel.unice.fr/alliage/index.html?id=4055.

42   *Monikins* évoque *man, mankind* ou *manikins* (« petits hommes ») aussi bien que *monkeys*.

les hommes, et enfin les monikins[43] », selon leur philosophe Reasono. Outre cette hiérarchie douteuse, ce dernier soutient que les singes muets de notre monde sont quant à eux des monikins abrutis, car l'évolution serait réversible, tandis que la supériorité des monikins serait prouvée par leur queue, laquelle contient un cerveau plus long et droit que celui de l'homme, comprimé et tordu dans la boîte crânienne. L'inspiration swiftienne ne fait pas de doute, tant ce roman satirique, par-delà l'allégorie politique de l'Angleterre et des États-Unis contemporains, vise à humilier l'humanité tout entière. Mais Cooper met sens dessus dessous, comme pour les ridiculiser, les idées évolutionnistes de Buffon, du philosophe écossais James Burnett, dit Lord Monboddo (*Origins and progress of Language*, 1774), et de Lamarck (*Philosophie zoologique*, 1809).

Devenir romanesque de la topique : la scène de quiproquo

La même ambiguïté se retrouve dans les romans non utopiques, néanmoins marqués par l'empreinte swiftienne. Dans son *Melincourt* (1817), Thomas Love Peacock met en scène l'un des singes les plus célèbres de la littérature anglaise, Sir Oran Haut-Ton, fait baronet puis élu député à la chambre des Communes en marge d'une intrigue amoureuse conduite par son maître Forester. Protagoniste muet, Sir Oran est paradoxalement la vedette de ce roman satirique fondé sur la conversation : c'est à peu près la seule chose qui manque à cet « homme naturel et originel » (*natural and original man*) d'après Forester, qui estime que l'évolution n'en a pas laissé le temps à son espèce, pas plus qu'elle ne l'y encourageait, le langage étant inutile à la vie en forêt menée par les singes en Angola. Le discours de Forester est abondamment annoté en bas de page par l'auteur, qui renvoie à Buffon, à Linné, à Rousseau, à Delisle de Sales (dit le « Singe de Diderot »), et surtout aux œuvres de Lord Monboddo, citant lui-même Tyson et les anecdotes des voyageurs[44] … Penseur controversé, Monboddo avait soutenu la thèse de l'humanité du singe, conçu comme homme non-évolué, à un moment où, à la fin du XVIIIe siècle, elle semblait plus difficile à accepter dans les milieux scientifiques. Il existe un débat critique pour savoir si le roman de Peacock constitue une mise en scène parodique de cette théorie proto-évolutionniste, une *reductio ad absurdum*, ou au contraire une

---

43   F. Cooper, *The Monikins*, New York, Stringer and Townsend, 1855, p. 162 [notre traduction].
44   Voir *Mélincourt*, Th. L. Peacock, *The Complete Novels 1*, éd. D. Garnett, Londres, Rupert Hart-Davis, 1963, chap. VI, « Sir Oran Haut-Ton », p. 127–139.

défense et apologie humoristique[45]. Il pourrait très bien être les deux, tant le traitement des idées de Monboddo dans ce roman rappelle le traitement ambivalent des découvertes de Tyson par Swift, le maître littéraire de Peacock. Ce dernier se moque volontiers des philosophes bavards, mais les faits romanesques ne cessent d'entretenir l'impression que Sir Oran est le plus humain de tous les protagonistes, en même temps que le plus silencieux, certainement le moins corrompu : méditatif, généreux, à l'occasion jovial – conformément au portrait type de l'orang-outang chez les naturalistes –, il apparaît au premier abord comme un homme de qualité, occasionnant plusieurs scènes de quiproquos troublants avec ceux qu'il rencontre[46].

Chez Peacock, l'orang-outang reste un être comique, mais loin d'être monstrueux ou ridicule, il est aussi un être sensible, ému par la beauté féminine et par la musique. *Melincourt* esquisse ainsi des possibilités d'exploitations encore plus paradoxales de la topique de l'homme-singe. Dans le *Jocko* de Charles Pougens (1824), largement inspiré par Buffon comme son titre le suggère[47], un narrateur portugais relate son idylle avec une femelle orang-outang : le portrait physique et moral de la belle animale, qu'il recueille blessée – entrevoyant à travers les branchages « deux charmants yeux taillés en amande » dirigeant vers lui « des regards caressants[48] » – entretient constamment le trouble, tout comme les nombreuses scènes d'échanges et d'imitations réciproques. Chaque détail de la fiction exemplifie les anecdotes des voyageurs ou les réflexions des philosophes et des naturalistes, mentionnées dans les notes rassemblées en fin de volume sous le titre de « preuves », plus volumineuses dans la première édition que la « narration » proprement dite. L'auteur revendique la fantaisie d'une « anecdote » censée illustrer une théorie personnelle sur l'instinct animal (qui restera inédite). Il n'oublie pas la part de la satire : la pureté des sentiments de Jocko s'oppose à la cupidité du narrateur, qui, en encourageant la femelle orang-outang à lui livrer des diamants, contribue accidentellement à sa mort. Mais le romantisme sérieux de cette bluette rousseauiste, tout comme son didactisme scientifique, l'éloignent de la tradition swiftienne et se prêteront à la parodie. Difficile de ne pas en voir une dans le viol sauvage

---

45   Voir S. Domsch, « Language and the Edges of Humanity : Orang-Utans and Wild Girls in Monboddo and Peacock », *Zeitschrift für Anglistik und Humanistik*, vol. 56 /1, 2008, p. 1–11.

46   Ainsi de la rencontre avec Sir Telegraph Paraxet (*Melincourt, op. cit.*, chap. V), p. 120–121, ou avec l'héroïne Anthelia (chap. X, p. 158–159).

47   Buffon avait confusément érigé le terme de *jocko* en catégorie zoologique relevant de la même espèce que les « pongos » (ou chimpanzés) et les orang-outangs.

48   Ch. Pougens, *Jocko. Anecdote détachée des Lettres inédites sur l'instinct des animaux*, Paris, P. Persan, 1924, p. 11.

du « *Quidquid volueris* » de Flaubert[49] (1837), qui confond atrocement en Djalioh, hybride d'orang-outang et de négresse, le stéréotype naissant du singe sensible et artiste avec celui, éprouvé par la tradition des récits de voyage, du singe lubrique. Être satyrique dont la seule présence dénonce les conventions de l'amour bourgeois, Djalioh donne naissance à un autre topos, celui du singe assassin, consacré par E. A. Poe dans *Double assassinat dans la rue Morgue* (*The Murders in the rue Morgue*, 1841), qui fait du quiproquo l'occasion d'une énigme policière.

À l'extrême, les théories évolutionnistes, de même que les spéculations et les expériences sur la possibilité d'éduquer les primates, ont pu susciter l'identification de l'écrivain à l'animal imitateur. Présenté comme un jeune homme tout à fait fréquentable, le Milo d'E. T. A. Hoffmann relate à son amie Pipi le processus d'hominisation qui l'a vu, une fois chaussées les bottes de l'homme, s'ériger progressivement en maître de la composition musicale et en censeur des modes[50] (« Lettre de Milo, ci-devant singe, aujourd'hui artiste et savant, à son amie Pipi », 1813). Non sans gloriole, il se donne en spectacle, et en exemple admirable-grotesque d'un être « évolué » – pour ne pas dire en modèle littéraire, car à travers lui comme à travers le César de Rétif s'établit une nouvelle topique, annonçant Kafka, qui consiste à faire le portrait de l'écrivain en singe[51]. L'ironie romantique d'Hoffmann, passionné par les thèses sur l'intelligence animale dans le roman du *Chat Murr* (*Lebens-Ansichten des Katers Murr*, 1819–1821), consiste dans l'inscription de cette allégorie au sein d'un nouveau paradigme concernant l'espèce humaine. L'artiste ou l'intellectuel, après tout, ne fait que pousser un degré plus loin, à l'échelle individuelle, le processus de dénaturation qui se joue à l'échelle collective dans l'histoire de l'hominisation. Différant toujours de son espèce, n'est-il pas à la pointe de l'évolution ?

Certes, le singe hominisé reste avant tout un révélateur satirique avant Darwin. Dans la nouvelle du « Jeune anglais[52] » de Wilhelm Hauff (*Der junge*

---

49   G. Flaubert, « *Quidquid volueris* », *Œuvres complètes*, t. 1, éd. C. Gothot-Mersch et G. Sagnes, Paris, Gallimard, coll. « Bibliothèque de la Pléiade », 2001, p. 241–272.

50   Le texte est inclus dans la « Nouvelle d'un jeune homme cultivé » (« Nachricht von einem gebildeten Mann »), parue dans les *Fantaisies à la manière de Callot* (*Fantasiestücke in Callots Manier*, 1815). Voir M. Alexandre (dir.), *Romantiques allemands I*, Paris, Gallimard, coll. « Bibliothèque de la Pléiade », 1963, p. 941–950.

51   Voir P. Bridgewater, *The Learned Ape*, Durham, The University of Durham, 1978, qui donne de nombreux éléments sur la topique en Allemagne et montre la polysémie du texte de Hoffmann, interprétable par ailleurs comme une satire de la philosophie de l'éducation (*Bildung*) de Schiller.

52   Voir W. Hauff, « Le Jeune Anglais », *Contes merveilleux*, trad. L. de Hessem, Tours, Alfred Mame et fils, 1840, p. 205–225. La nouvelle est aussi connue sous le titre *Der Affe als Mensch*.

Engländer, paru dans le *Märchenalmanach auf das Jach 1827*), qui s'inspire de Swift et de Peacock autant que de Hoffmann, l'hésitation identitaire est de nouveau source d'un quiproquo : venu d'ailleurs, un « jeune anglais » provoque la fascination de tout un village alors qu'il prend, sous la contrainte du bâton, de grossières leçons de savoir-vivre de la part de son « oncle », personnage louche faisant office de philosophe, de charlatan et de double du narrateur. Rapidement, le jeune anglais devient le parti convoité par toutes les jeunes femmes, et le modèle à imiter pour tous les jeunes gens. Lorsque s'écroule ce phénomène de mode, avec la révélation de son identité d'orang-outang, l'oncle invite les badauds, et le lecteur, à méditer sur une leçon ambiguë : si l'homme est une fois de plus dénoncé comme un animal sot, grégaire et aveuglément imitateur – un singe qui s'ignore et se fait peur à lui-même –, la fascination contemporaine pour les orang-outangs semble aussi sujette à l'ironie de l'auteur, tout comme l'astuce littéraire de la reconnaissance du singe, employée sur un mode parodique.

La fiction romanesque semble avoir largement contribué, dans le sillage de Swift, à la reconnaissance d'une parenté intensément débattue dans les milieux scientifiques. Les auteurs n'adhèrent pas toujours, ou pas toujours sans réserve, aux thèses continuistes éventuellement satirisées, tandis que le statut du personnage simiesque, muet ou volubile, oscille entre la franche négativité (en raison de l'identité avec l'homme) et la revalorisation (par différence avec l'homme). Ce trouble esthétique reflète le trouble épistémologique prévalant entre la publication de l'*Orang-outang* de Tyson et l'avènement de la théorie darwinienne, qui instaure un nouveau paradigme, comme en témoigne la multiplication des images culturelles du singe dès la deuxième moitié du XIXᵉ siècle[53].

Étayée par une théorie maintenant dominante dans le champ scientifique, la topique de l'homme-singe est devenue courante. Le modèle utopico-philoso-phico-satirique de Swift reste néanmoins séminal : en témoignent les textes de Kafka et Coetzee, mais aussi *Les Animaux dénaturés* de Vercors (1951), qui joue remarquablement de l'argument du sorite (ou de l'indiscernable), en relatant la découverte fictive du chaînon manquant entre l'homme et le singe, le *paranthropus greamaiensis* ou « tropi », que la science et le droit échouent à classer plutôt d'un côté ou de l'autre, tandis que le capitalisme sait leur trouver une utilisation immédiate[54] ; ou encore le récent *Mémoires de la jungle* de Tristan Garcia, qui continue de penser avec nostalgie l'évolution comme un processus

---

53 Voir E. Stead, *Le Monstre, le singe et le fœtus. Tératogonie et Décadence dans l'Europe fin-de-siècle*, Genève, Droz, 2004, p. 292–418.

54 Voir Vercors, *Les Animaux dénaturés* [1952], Paris, Le Livre de Poche, 2014.

de perte à laquelle est voué l'hominidé, même à travers le langage[55]. Alors que de nouveaux genres, tels que la science-fiction, se sont emparés depuis longtemps de la figure de l'homme-singe, et que les primates sont *a priori* débarrassés des stéréotypes négatifs encore prégnants aux XVIIIe et XIXe siècles, ces romans montrent que penser la parenté de l'homme et du singe reste un effort coûteux, rapidement confronté à des cas limites et à l'inquiétude du devenir humain. Un effort qui requiert peut-être une modalité d'énonciation non sérieuse, un dépassement des normes du roman réaliste par la fictionnalité pure et l'humour. La reconnaissance occasionne toujours une surprise, de sorte que l'exclamation reste de mise : Yahoo !

Plus généralement il y a quelque chose qui appelle à penser l'animalité humaine dans l'art de la satire, qui prétend défendre les normes et même contribuer à civiliser les hommes en dénonçant leur bestialité résiduelle, mais qui ne peut jamais tout à fait cacher sa nature féroce, ni renier son origine sauvage, liée dans l'imaginaire aux satyres (auxquels les grands singes ont euxmêmes été assimilés[56]). Il y a aussi quelque chose dans la fiction romanesque qui, depuis Apulée, appelle à transgresser les limites imaginaires de l'humanité : prolixe, l'art romanesque peut nous placer devant l'évidence muette du personnage animal pour en faire un facteur de trouble philosophique, plutôt que le vecteur d'une fable dont la morale serait donnée à l'avance, à usage anthropocentrique. Comme la théorie scientifique, la fiction romanesque est capable de faire violence au sens commun, de le forcer à penser, même si elle le fait par jeu, un impensable.

Bibliographie

Sources

Buffon, George-Louis Leclerc (comte de), *Histoire naturelle*, t. XIV, Paris, Imprimerie royale, 1766.

Coetzee, John Maxwell, *Elizabeth Costello*, trad. C. Lauga du Plessis, Paris, Seuil, 2004.

Cooper, Fenimore, *The Monikins*, New York, Stringer and Townsend, 1855.

Cyrano de Bergerac, Savinien de, *Les États et empires de la Lune et du Soleil* [1657–1661], éd. M. Alcover, Paris, Champion, 2004.

Flaubert, Gustave, « *Quidquid volueris* », *Œuvres complètes*, t. 1, éd. C. Gothot-Mersch et G. Sagnes, Paris, Gallimard, coll. « Bibliothèque de la Pléiade », 2001, p. 241–272.

---

55   Voir T. Garcia, *Mémoires de la jungle*, Paris, Gallimard, coll. « Folio », 2010.

56   Sur cette confusion ancienne, voir F. Lavocat, *La Syrinx au bûcher. Pan et les satyres à la Renaissance et à l'âge baroque*, Genève, Droz, 2005, p. 234–280.

Garcia, Tristan, *Mémoires de la jungle*, Paris, Gallimard, coll. « Folio », 2010.

Hauff, Wilhelm, *Contes merveilleux*, trad. L. de Hessem, Tours, Alfred Mame et fils, 1840.

Hoffmann, Ernst Theodor Amadeus, « Nouvelle d'un jeune homme cultivé », M. Alexandre (dir.), *Romantiques allemands I*, Paris, Gallimard, coll. « Bibliothèque de la Pléiade », 1963, p. 941–950.

Holberg, Ludvig, *Voyage de Nicolas Klimius dans le monde souterrain*, trad. Mauvillon, Copenhague, Jacques Preuss, 1741.

Kafka, Franz, *Rapport pour une académie*, *Œuvres complètes II*, trad. M. Robert, Cl. David et A. Vialatte, Paris, Gallimard, coll. « Bibliothèque de la Pléiade », 1980, p. 510–519.

Kafka, Franz, *Œuvres complètes III*, trad. M. Robert, C. David et J.-P. Danès, Paris, Gallimard, coll. « Bibliothèque de la Pléiade », 1984.

L'Hermite, Tristan, *Le Page disgracié*, éd. J. Prévot, Paris, Gallimard, coll. « Folio », 1994.

Peacock, Thomas Love, *Melincourt, The Complete Novels 1*, éd. D. Garnett, Londres, Rupert Hart-Davis, 1963.

Pougens, Charles, *Jocko. Anecdote détachée des Lettres inédites sur l'instinct des animaux*, Paris, P. Persan, 1924.

Préchac, Jean de, *Suite de la Troisième partie du Roman comique*, Paris, Michel-Étienne David, 1730.

Rétif de la Bretonne, Nicolas, *La Découverte australe par un homme volant, ou le Dédale français*, t. II et III, Leipzig, 1781.

Seriman, Zaccaria, *Viaggi di Enrico Wanton alle Terre australi ed al paese delle scimie*, t. 1, Naples, Alesso Pellechia, 1756.

Seriman, Zaccaria, *Viaggi di Enrico Wanton*, t. 3, Berne, 1764.

Solitaire de Champagne (le), *Tintinnabulum naturae*, éd. S. Matton, Paris, Séha / Milan, Arché, 2002.

Les Songes du Chevalier de la Marmotte (pseudonyme), Au Palais de Morphée, 1745.

Sorel, Charles, *Histoire comique de Francion*, éd. Y. Giraud, Paris, Flammarion, coll. « GF », 1979.

Swift, Jonathan, *Les Voyages de Gulliver*, trad. A. Tadié, Paris, Flammarion, coll. « GF », 1997.

Swift, Jonathan, *An Essay of the Learned Martinus Scriblerus concerning the Origin of Sciences* (1731), *Miscellanies in Prose, by Mr Pope, Dr Arbuthnot, Mr Gay &c. collected by Dr Swift and Mr Pope. The Works of Jonathan Swift*, VOL. XIII, Edinbourg, Archibald Constable & Co., 1824, p. 113–125.

Tyson, Edward, *Orang-Outang, sive Homo Sylvestris : or the Anatomy of a Pygmie compared with that of a Monkey, an Ape and a Man*, Londres, Thomas Bennet, 1699.

Vanini, Giulio Cesare, *Giulio Cesare Vanini. Tutte le opere*, éd. F. P. Raimondi et M. Carparelli, Milan, Bompiani, 2010.

Vercors, *Les Animaux dénaturés* [1952], Paris, Le Livre de Poche, 2014.

Études

Ball, Albert, « Swift and the Animal Myth », *Transactions of the Wisconsin Academy of Sciences, Arts and Letters*, vol. XLVIII, 1959, p. 239–248.

Boas, George, *The Happy Beast in French Thought of the Seventeenth Century*, Baltimore, The Johns Hopkins University Press, 1933.

Bowler, Peter G., *Evolution : the History of an Idea*, Berkeley, University of California Press, 2003.

Bridgewater, Patrick, *The Learned Ape*, Durham, The University of Durham, 1978.

Brown, Laura, *Homeless Dogs and Melancholy Apes : Humans and Other Animals in the Modern Literary Imagination*, Ithaca (NY), Cornell University Press, 2010.

Desai, H. W., « Kafka and his "Great Witness", Jonathan Swift », *Journal of the Kafka Society of America*, n°13, 1989, p. 28–34.

Deleuze, Gilles, et Guattari, Félix, *Kafka : pour une littérature mineure*, Paris, Les Éditions de Minuit, 1975.

Domsch, Sebastian, « Language and the Edges of Humanity : Orang-Utans and Wild Girls in Monboddo and Peacock », *Zeitschrift für Anglistik und Humanistik*, vol. 56 /1, 2008, p. 1–11.

Janson, Horst Woldemar, *Apes and Ape Lore in the Middle Ages and the Renaissance*, Londres, Warburg Institute, 1952.

Lavocat, Françoise, *La Syrinx au bûcher. Pan et les satyres à la Renaissance et à l'âge baroque*, Genève, Droz, 2005.

Loty, Laurent, « L'invention du transformisme par Rétif de la Bretonne (1781 & 1796) », *Alliage*, n°70 – Juillet 2012, mis en ligne le 26 septembre 2012, URL : http://revel.unice.fr/alliage/index.html?id=4055.

Meyers, Jeffrey, « Swift and Kafka », *Papers on Language and Literature*, n°40, 2004, p. 329–336.

Mothu, Alain, « Rêves de singes au XVIIIe siècle », *Tintinnabulum Naturae*, éd. S. Matton, Paris, Séha / Milan, Arché, 2002, p. 79–117.

Mothu, Alain, « L'Homme est-il un quadrupède contrarié ? », *Tintinnabulum naturae*, éd. S. Matton, Paris, Séha / Milan, Arché, 2002, p. 118–146.

Nash, Richard, *Wild Enlightenment. The Border of Human Identity in the Eighteenth Century*, Charlottesville, The University of Virginia Press, 2003.

Nevins, Jess, « Apes in Literature », R. Klaw (dir.), *The Apes of Wrath*, San Francisco, Tachyon Publications, 2013, p. 73–82.

Schaeffer, Jean-Marie, *La Fin de l'exception humaine*, Paris, Gallimard, coll. « NRF Essais », 2007.

Stead, Evanghélia, *Le Monstre, le singe et le fœtus. Tératogonie et Décadence dans l'Europe fin-de-siècle*, Genève, Droz, 2004.

Tinguely, Frédéric, « Singeries romanesques et anthropologie libertine au XVIIᵉ siècle », *Littérature*, n°143, 2006 /3, p. 79–93.

Tinland, Frank, *L'Homme sauvage*. Homo ferus *et* Homo sylvestris *de l'animal à l'homme*, Paris, Payot, 1968.

Thomas, Keith, *Dans le jardin de la nature. La mutation des sensibilités en Angleterre à l'époque moderne (1500–1800)*, trad. Ch. Malamoud, Paris, Gallimard, coll. « NRF », 1985.

Poétique post-darwinienne du retour à la nature au XXᵉ siècle

Marie Cazaban-Mazerolles

Lorsqu'en 1871 Charles Darwin publie *The Descent of Man*, il ajoute encore au scandale de sa théorie sur l'origine des espèces rendue publique douze ans plus tôt en l'étendant pour la première fois explicitement à l'humanité elle-même. Devenu objet d'étude des sciences de la nature au même titre que les autres organismes vivants, animal parmi les animaux ne méritant plus d'être classé dans un règne séparé, l'humain est ainsi contraint de réintégrer ce monde naturel dont tant de pensées philosophiques et religieuses l'avaient auparavant extrait. Fondamentalement, le geste anthropologique de l'évolutionnisme darwinien est ainsi celui d'une in-discretion et d'une inclusion : ce qui était séparé est réuni, ce qui prétendait se tenir hors ou au-dessus est ramené au-dedans et l'humain, tout paré soit-il de ses capacités logiques, morales et émotionnelles complexes, n'apparaît plus comme un principe hétérogène à la nature mais comme l'un de ses produits émergents et aléatoires. Il s'agit, selon Daniel C. Dennett, de « l'idée dangereuse de Darwin », qui fait de la théorie de l'évolution « un acide universel [qui] dévore absolument tous les concepts traditionnels et laisse dans son sillage une vision du monde révolutionnée ; où presque tous les anciens jalons sont toujours reconnaissables, mais transformés de fond en comble[1] ». Cet article entend montrer que la littérature n'échappe pas à cette opération de transfiguration de ses « anciens jalons », au rang desquels il faut compter l'un de ses vieux topoï narratifs : celui du retour à la nature.

Before Adam, de Jack London (1906), *The Inheritors* de William Golding (1955) et *Galápagos* de Kurt Vonnegut (1985) constituent trois récits ayant fait le choix de travailler ce motif dans le cadre d'un dialogue explicite avec l'évolutionnisme darwinien. Dans le court texte de London, un narrateur anonyme revit en rêve les aventures d'un de ses lointains ancêtres, hominidé encore proche du singe, tandis que, dans le roman de Golding, le lecteur assiste

---

1   D. C. Dennett, *Darwin est-il dangereux ?*, traduction de Pascal Engel, Paris, Odile Jacob, 2000, p. 71. D. C. Dennett, *Darwin's Dangerous Idea: Evolution and the Meaning of Life*, New York, Simon & Schuster Paperbacks, 1995, p. 63 : « a universal acid [that] eats through just about every traditional concept, and leaves in its wake a revolutionized word-view, with most of the old landmarks still recognizable, but transformed in fundamental ways. »

à l'extinction d'un clan d'hommes de Néandertal décimé par une tribu Cro-Magnon. *Galápagos*, à l'inverse, projette une image de l'humanité non pas passée mais à venir, dans la mesure où un groupe de naufragés destiné à assurer le devenir de l'espèce s'y révèle, à la fin du million d'années que couvre le récit, plus proche du phoque que de l'humain tel que nous le connaissons aujourd'hui.

Chacune de ses fictions, profondément influencées par les propositions théoriques darwiniennes et dont d'éminents évolutionnistes reconnurent la pertinence[2], figurent ainsi une humanité – balbutiante ou finissante – plongée dans des espaces naturels sauvages mais aussi elle-même dénuée de toute sur-naturalité. Ce faisant, ils se distinguent des traditions narratives passées ayant investi le thème du retour à la nature en réduisant à néant l'*hiatus* toujours ailleurs perceptible entre le personnage et l'environnement dans lequel il est placé, d'un point de vue spatial mais aussi ontologique. Dans la pastorale, le romantisme ou encore le corpus des robinsonnades, les personnages ne cessaient, tout entourés de nature soient-ils, de faire la démonstration de ce qui les en éloignait en manifestant des caractéristiques considérées comme le signe de l'échappée de l'Homme hors de la naturalité : logos méditatif, recul contemplatif, ou encore *maestria* technique. Les récits étudiés, au contraire, développent une poétique continuiste du retour à la nature selon laquelle cette dernière apparaît comme le lieu auquel l'humain appartient et dans lequel il revient sans recul ni réflexivité. Le retour dont il est question obéit ainsi à un régime de réciprocité dans la mesure où si l'humain fait bien retour dans la nature, la nature fait elle aussi retour dans l'humain naturalisé jusqu'à l'animalisation, et bien plus agi par l'environnement que susceptible d'agir sur lui. Les poétiques de l'espace, celle du personnage et celle de leur interaction s'en trouvent dès lors profondément modifiées, et la topique narrative du retour à la nature entièrement remodelée par la corrosive révolution darwinienne.

---

2   Le paléontologue et biologiste Stephen Jay Gould a ainsi reconnu la qualité et la pertinence scientifique du roman de Golding, puis plus tard de celui de Vonnegut (voir S. J. Gould, « Les fructueuses rencontres de la science et de la fiction », *Alliage* 18, 1993, p. 63–67 ; et Hank Nuwer, « A skull session with Kurt Vonnegut », *Conversations with Kurt Vonnegut*, ed. W. Rodney Allen, Jackson, University Press of Mississippi, 1988, p. 240–264) ; tandis que Loren Eiseley, paléoanthropologue lui aussi, rédigea une postface enthousiaste au roman de London après l'avoir découvert (voir J. London, *Before Adam*, epilogue by L. Eiseley, New York, Macmillan, 1962).

Une inclusion superlative : le retour sans le recul

Freud qualifiait l'évolutionnisme darwinien d'« humiliation biologique[3] ». Au sens propre du terme, l'humain s'est vu en effet ramené vers le sol, et rappelé en cela à sa vérité étymologique : comme créature de l'*humus*, appartenant à la terre plutôt qu'aux cieux. Le retour à la nature, conséquemment, ne relève pas dans cette perspective d'un quelconque exotisme mais au contraire d'une forme de « rapatriement[4] », comme en témoignent les textes étudiés s'attachant à souligner cette appartenance de l'humain à un espace naturel lui-même re-naturalisé par l'évacuation de toute référence transcendante. L'incipit du roman de Golding a à ce titre valeur de manifeste :

> Lok was running as fast as he could. *His head was down* and he carried his thorn bush *horizontally* for balance and smacked the drifts of vivid buds aside with his free hand. [...] *Lok's feet* were clever. They saw. They threw him round the displayed roots of beeches, leapt when *a puddle of water* lay across the trail. [...] His *feet* stabbed, he swerved and slowed. [...] The beeches opened, the bush went away and they were in *the little patch of flat mud* where the log was[5].

> *Lok courait aussi vite qu'il le pouvait. La tête basse, il portait son buisson d'épines horizontalement, pour ne pas être déséquilibré, et il écartait du plat de sa main libre les branches aux bourgeons éclatants. [...] Les pieds de Lok étaient intelligents. Ils voyaient. Ils lui faisaient contourner les racines étalées des hêtres, bondissaient lorsqu'une mare d'eau interrompait la piste. [...] Les pieds de Lok butèrent, firent un écart et ralentirent. [...] Les hêtres s'écartèrent, les buissons disparurent. Ils atteignirent la petite plage de boue où se trouvait le tronc d'arbre[6].*

La focalisation adoptée, centrée sur les pieds du personnage, entraîne un déploiement exclusivement horizontal de l'espace tandis que s'opère une forme de conversion du regard désormais toujours dirigé vers le sol plutôt que vers le ciel ou même l'horizon. La course de Lok, en outre, s'achève dans la boue selon un motif récurrent dans les trois œuvres, et par lequel la solidarité de l'humain

---

3   S. Freud, « Introduction à la psychanalyse » (1917), *L'Inquiétante Étrangeté et autres essais*, trad. F. Cambon, Paris, Gallimard, 1985, p. 181.
4   J. B. Callicott, *Éthique de la terre*, Marseille, Wildproject, 2010, p. 245.
5   W. Golding, *The Inheritors*, London, Faber & Faber, 1955, p. 11. C'est moi qui souligne.
6   *Id.*, *Les Héritiers*, trad. M.-L. Marlière, Paris, Gallimard, 1968, p. 11.

avec un sol qu'il ne se contente pas de fouler mais auquel il apparaît ancré se voit réaffirmée. Au paysage vertical de la montagne, dont Rousseau faisait dans *Julie ou la Nouvelle Héloïse* un lieu d'élévation tant physique que spirituelle[7], se substituent des étendues marécageuses qui attachent les personnages au sol, incarnant le destin d'horizontalité, le *fatum* d'immanence de la nouvelle humanité. Ainsi les héros de Golding sont-ils sans cesse décrits enlisés dans la vase, tandis que sur la carte dessinée par London et placée avant le récit dans l'édition de 1906, le marécage apparaît comme l'élément le plus étendu du territoire de la fiction.

Galápagos, de même, s'ouvre sur l'image du marais guayaquilénien :

> One million years ago, back in AD 1986, Guayaquil was the chief seaport of the little South American democracy of Ecuador, whose capital was Quito, high in the Andes Moutains. [...] It was always very hot there, and humid, too, for the city was built in doldrums – on a springy marsh through which the mingled waters of several rivers draining the mountains flowed. This seaport was several kilometers from the open sea. Rafts of vegetable matter often clogged the soupy waters, engulfing pilings and anchor lines[8].

> *Il y a un million d'années de ça, en 1986, Guayaquil était le plus grand port de la petite démocratie sud-américaine de l'Équateur, capitale : Quito, tout là-haut dans les Andes. [...] Il y faisait toujours très chaud, et humide. La ville aussi, avait été construite dans le Pot au noir, dans un marécage spongieux où coulaient les eaux mêlées des divers fleuves qui drainaient les montagnes environnantes. Le port et la haute mer étaient distants de plusieurs kilomètres. Souvent, de grands bancs de végétation à la dérive encrassaient les eaux comme de soupe, engloutissant ici un pilotis, là un câble d'ancre[9].*

Loin des sommets andins, le récit exhibe ainsi en première page une nature horizontale et susceptible d'engloutir les infrastructures humaines.

Par ces éléments qui hyperbolisent la figuration de la reconnexion d'avec le monde naturel, la nature devient véritablement environnement : ce qui

---

7 Voir J.-J. Rousseau, *Julie ou la Nouvelle Héloïse, Œuvres Complètes*, t. 2, Paris, Furne, 1835, p. 57 : « Il semble qu'en s'élevant au-dessus du séjour des hommes, on y laisse tous les sentiments bas et terrestres, et qu'à mesure qu'on approche les régions éthérées l'âme contracte quelque chose de leur inaltérable pureté. » Le livre de Rousseau, sur ce point encore, annonce la sensibilité romantique à venir.

8 K. Vonnegut, *Galápagos*, London, Paladin, 1990, p. 11.

9 *Id.*, *Galápagos*, trad. R. Pépin, Paris, Grasset, 1987, p. 13.

entoure, enserre, plutôt que ce que l'on surplombe. L'espace naturel ne déploie plus son étendue sous un regard capable d'embrasser l'horizon, mais se révèle plutôt sous formes de vignettes myopes, capturées depuis un point de vue humilié lui aussi. La vision du sujet englobé est raccourcie, toujours bouchée, dans une absence de spectacularité que souligne par contraste l'importance accordée aux autres sens. Aussi l'ouïe et l'odorat relaient-ils fréquemment le regard dans la perception de la nature. Si le narrateur de Golding décrit son héros « search[ing] the forest with ears and nose for intruders[10] », les paysages de *Before Adam* se révèlent très largement auditifs :

> Now and again we could hear the crashing of heavy bodies in the thickets and underbrush [...]. In the distance we heard a lion roar, and from far off came the scream of some stricken animal[11].

> *De temps à autre, nous entendions le craquement des branches sous le poids de corps massifs [...]. Au loin, un rugissement de lion se répercuta, et, beaucoup plus faible, le cri d'un animal blessé[12].*

La vue, dont Pierre Schoentjes notait qu'elle était « si souvent le sens privilégié par les œuvres [romantiques parce qu']elle permet à l'écrivain de garder ses distances avec l'environnement[13] », est ici minorée. Or si la nature ne s'étend plus sous les yeux d'un observateur surplombant, c'est que l'humain qui y fait retour n'est plus au-dessus, mais fait l'objet d'une inclusion superlative traduisant poétiquement l'absence désormais irrévocable de toute sur-naturalité de l'être humain. Le retour à la nature post-darwinien est un retour sans recul, qui abolit toute distance entre le sujet et l'environnement. De là, et à la différence du paysage dont Michel Collot notait qu'il offrait à l'observateur la possibilité, grâce à son caractère étendu, « de donner libre cours à [un] mouvement proprement ex-tatique, qui définit [le sujet] comme ek-sistant toujours à distance de soi[14] », le retour à la nature post-darwinienne ne saura non plus se constituer en expérience réflexive.

---

10   W. Golding, *The Inheritors*, *op. cit.*, p. 13. Traduction : « Il tendit l'oreille vers la forêt, il huma l'air à la recherche d'éventuels intrus » (*id.*, *Les Héritiers*, *op. cit.*, p. 13).

11   J. London, *Before Adam*, *op. cit.*, p. 51.

12   *Id.*, *Avant Adam*, *op. cit.*, p. 995–996.

13   P. Schoentjes, *Ce qui a lieu*, Marseille, Wildproject, 2015, p. 25.

14   M. Collot, « L'horizon du paysage », *Lire le paysage – lire les paysages*, CIEREC, 1984, p. 121–129, p. 123.

Des mondes animaux : un retour non réflexif

L'inversion du motif de la gratuité

Dans *Le Génie du lieu. Des paysages en littérature*, Arlette Bouloumié et Isabelle Trivisani-Moreau notent qu'en régime narratif, le paysage implique « une idée de gratuité, liée à une pause dans l'action ou les préoccupations utilitaires, et permettant de jouir esthétiquement d'un lieu[15] ». Dans les récits étudiés au contraire, la nature n'accède plus qu'à une présence intéressée. Le narrateur de *Before Adam*, mesurant la distance qui sépare son ancêtre préhistorique de ses contemporains concernant les rapports entretenus avec le monde naturel, a ainsi cette formule lapidaire :

We made no collections of eggs. We ate them[16].

Nous ne faisions point collection d'œufs, nous les gobions[17].

À ce titre, le paradigme post-darwinien de la représentation de la nature substitue au modèle paysager celui du monde animal, au sens que donnait Jacob von Uexküll à cette formule. Pour le biologiste et éthologue, chaque espèce vivante a son propre monde perceptif, son *Umwelt*, constitué d'éléments toujours appréhendés en tant que signes déclencheurs, suscitant chez le sujet des réactions de désir ou de crainte. Dans cette perspective, un objet neutre du point de vue des intérêts vitaux du sujet percevant ne peut intégrer le monde de l'animal : « un animal ne peut entrer en relation avec un objet comme tel[18] », écrit von Uexküll. Dans les romans étudiés, l'environnement n'accède de fait jamais au récit sous le régime de la neutralité mais est toujours polarisé selon les ressources ou périls qu'il représente pour les personnages. Ainsi la carte de *Before Adam* signale-t-elle les lieux de nourriture, les espaces dangereux, les territoires amis et ennemis. Au sein du texte même, la conscience de la nature est exacerbée par la conscience des risques vitaux qu'elle présente ou dont elle permet de se garantir :

---

15   A. Bouloumié et I. Trivisani-Moreau (dir.), *Le Génie du lieu. Des paysages en littérature*, Paris, Imago, 2005, p. 12.

16   J. London, *Before Adam, op. cit.*, p. 14.

17   *Id., Avant Adam, op. cit.*, p. 958.

18   J. von Uexküll, *Mondes animaux et monde humain*, suivi de *Théorie de la signification*, trad. Ph. Muller, Paris, Denoël, 1965, p. 94.

I calculated always the distance between myself and the nearest tree[19].

Je calculais toujours la distance entre moi et l'arbre le plus proche[20].

Là où le danger ou le besoin s'arrêtent, se trouvent les limites de la perception de la nature. Ainsi peut-on lire dans *The Inheritors* :

He frowned at the island and the dark water that slid towards the lip, then yawned. He could not hold a new thought when there seemed no danger in it[21].

Lok regarda l'île, les sourcils froncés, et l'eau sombre qui glissait vers le bord de la chute, puis il bâilla. Il ne pouvait retenir une pensée nouvelle si elle ne lui paraissait contenir aucune notion de danger[22].

Dans *Galápagos* de même, une fois la colonie échouée sur Santa-Rosalia, ne sont décrits que les éléments participant d'un rapport proie-prédateurs, les humains ayant réintégré une place médiane au sein de la chaîne alimentaire. Les relations des personnages à la nature obéissent à une quête non pas spirituelle, mais de nourriture :

When you get right down to it, food is practically the whole story every time[23].

Y a pas besoin de creuser loin pour découvrir que c'est la bouffe qui, neuf fois sur dix, mène la danse[24].

La nature, dont les beautés ont été figées sur papier glacé lors de la promotion de la croisière qui conduira les protagonistes au naufrage, n'apparaît plus comme une image susceptible de provoquer une expérience esthétique mais redevient une niche biotique, les personnages n'entretenant plus avec elle que des rapports médiatisés par les impératifs de la survie.

---

19   J. London, *Before Adam, op. cit.*, p. 25.
20   *Id., Avant Adam, op. cit.*, p. 968.
21   W. Golding, *The Inheritors, op. cit.*, p. 42.
22   *Id., Les Héritiers, op. cit.*, p. 45.
23   K. Vonnegut, *Galápagos, op. cit.*, p. 144.
24   *Id., Galápagos, op. cit.*, p. 172.

Une mobilité incessante : l'impossibilité de la pause réflexive

Dans le paradigme post-darwinien, en outre, la nature se parcourt, se traverse, mais ne se contemple pas. La mobilité permanente des personnages ne laisse aucune place à la pause réflexive. Nous sommes alors bien loin à nouveau du modèle romantique dans lequel, comme le notait Richard Kerridge, les moments de rencontre avec la nature, quand bien même ils se donnent comme des expériences de fusion, sont en réalité profondément disjonctifs :

> [It] is a moment of pausing and self-consciousness that disengages the individual from process and movement. The watcher is held at the edge of the natural landscape, unable to re-enter it, and resumes his walk, without relinquishing the self constituted by the act of watching[25].

> *Il s'agit d'une pause, durant laquelle la conscience réflexive du personnage le désengage de l'action et du mouvement. L'observateur se tient au bord du paysage naturel, incapable de le réintégrer, puis reprend sa marche, sans abandonner pour autant le moi qui s'est constitué dans l'acte de regarder[26].*

Dans les promenades romantiques, le flâneur interrompt sa marche, devenant conscient de sa position au sein de la nature, et s'en désengageant par ce mouvement réflexif même. À l'inverse, les personnages des romans de Golding et London sont perpétuellement en mouvement :

> I gave no thought as to where I was going. [...] I climbed into the trees and wandered on amongst them for hours, passing from tree to tree and never touching the ground[27].

> *J'avançais sans m'inquiéter du but [...]. Je grimpai dans les arbres et pendant des heures entières, je passai d'un arbre à un autre sans toucher terre[28].*

Dans *The Inheritors*, semblable rythme contraint le narrateur à abandonner la focalisation interne largement majoritaire dans le récit dès lors qu'il souhaite prendre en charge une description de l'environnement que les personnages, eux, ne s'arrêtent pas pour regarder :

---

25   R. Kerridge, « Nature in the English novel », P. D. Murphy, T. Gifford, K. Yamazato (dir.), *Literature of Nature : An International Sourcebook*, Chicago et Londres, Fitzroy Dearborn publishers, 1998, p. 149–157, p. 150.

26   C'est moi qui traduis.

27   J. London, *Before Adam, op. cit.*, p. 15–16.

28   *Id., Avant Adam, op. cit.*, p. 960.

Almost on a level with their eyes was the clear curve where the water turned down over the sill, water so clear that they could see into it. They were weeds, no moving with slow rhythm but shivering madly as though anxious to be gone. Near the fall the rocks were wet with spray and ferns hung out over space. The people hardly glanced at the fall but pressed on quickly[29].

Presque au niveau de leurs yeux se trouvait la courbe claire, à l'endroit où l'eau glissait en franchissant le seuil de la chute, une eau si claire qu'ils pouvaient la pénétrer du regard. Il y avait des herbes qui ne bougeaient pas à un rythme lent, mais qui tremblaient follement, comme pressées d'être arrachées. Près de la cascade, les rochers étaient humides d'écume et des fougères surplombaient le vide. À peine le petit groupe jetait-il un regard sur la chute tant il se hâtait[30].

Le désintérêt dont le panorama fait l'objet chez les personnages pressés est ici patent. Pourtant, Golding charge ici symboliquement sa description : les herbes, dont l'affolement reprend celui des personnages, menacent d'être emportées par le torrent et de chuter dans la cascade. Les personnages de Golding, à leur image, courent à leur perte. Mais la nature n'est pas pour eux une « forêt[t] de symboles[31] », et le signe ne sera pas lu.

Un logos défaillant : l'impossibilité de la réflexion

La nature, dont la perception est exclusivement médiatisée par le besoin ou les dangers, et qui ne donne jamais lieu à des instants de pause méditative, apparaît donc bel et bien comme un monde « animal » au sens d'Uexküll. Telle représentation, qui exprime selon Giorgio Agamben « la radicale déshumanisation de l'image de la nature[32] », signe aussi la naturalisation et l'animalisation des sujets percevant eux-mêmes, c'est-à-dire des personnages chez qui le logos – par lequel l'humain est précisément censé échapper à sa naturalité et par lequel après Descartes la culture occidentale justifiait l'exception humaine – se montre de fait défaillant.

---

29 W. Golding, *The Inheritors, op. cit.*, p. 28.
30 *Id., Les Héritiers, op. cit.*, p. 30.
31 Ch. Baudelaire, « Correspondances », *Les Fleurs du mal, Œuvres Complètes*, Paris, Gallimard, coll. « Bibliothèque de la Pléiade », t. 1, 1961, p. 11.
32 G. Agamben, *L'Ouvert. De l'homme et de l'animal*, trad. J. Gayraud, Paris, Payot et Rivages, 2002, p. 63.

Chez Golding, l'absence de capacité d'abstraction empêche les personnages d'embrasser la nature comme un ensemble panoramique :

> This part of the country with its confusion of rocks that seemed to be arrested at the most tempestuous moment of swirling, and that river down there spilt among the forest were too complicated for his head to grasp, though his senses could find a devious path across them. He abandoned thought with relief[33].

> *Cette partie du pays, avec son chaos de rochers qui semblait s'être arrêté en plein tourbillon et cette rivière, en contrebas, répandue au milieu de la forêt, étaient trop compliquées à saisir pour son esprit, bien que ses sens pussent découvrir un chemin tortueux à travers la contrée. Il cessa de penser avec soulagement[34].*

Le caractère balbutiant, troué, de la pensée des personnages, fait obstacle à toute scène de méditation :

> I am by the sea and I have a picture. This is a picture of a picture. I am[35]...

> *Je suis près de la mer et j'ai une image. C'est l'image d'une image. Je[36]...*

Ce qui se donnait comme une possibilité de scène romantique (immobilité du personnage face à la mer, capable de saisir picturalement l'environnement) est ici avorté du fait de la pensée lacunaire du personnage, traduite par l'inachèvement de la phrase.

Dans *Before Adam* et *Galápagos*, les limites cognitives et spéculatives des personnages sont de même en permanence soulignées. La modalité épistémique négative prédomine dans le récit de London, tandis que celui de Vonnegut est sans cesse ponctué par des commentaires du narrateur insistant sur l'ignorance de ses personnages. De fait, l'humanité que nous suivons sur un million d'années dans *Galápagos* voit son cerveau diminuer considérablement, jusqu'à supprimer la possibilité de toute sensibilité artistique et de toute réflexion existentielle :

---

33   W. Golding, *The Inheritors*, op. cit., p. 41.
34   *Id.*, *Les Héritiers*, op. cit., p. 44.
35   *Id.*, *The Inheritors*, op. cit., p. 62.
36   *Id.*, *Les Heritiers*, op. cit., p. 67.

The Captain looked up the stars, and his big brain told him that his planet was an insignificant speck of dust in the cosmos [...]. That was what those big brains used to do with their excess capacity : blather like that. To what purpose ? You won't catch anybody thinking thoughts like that today[37].

Le Capitaine leva la tête vers les étoiles. Aussitôt son gros cerveau lui raconta que la planète où il errait n'était que grain de poussière insignifiant perdu dans le cosmos [...]. Parce qu'avec leur surplus de facultés, c'était bien ça qu'ils faisaient toujours, ces gros cerveaux : bavasser ce genre de baratin à n'en plus finir. À quel propos ? Ce n'est pas aujourd'hui qu'on prendrait des gens à nourrir ce genre de pensées[38].

Le retour à la nature est ainsi opéré par un sujet lui-même naturalisé : il est à ce titre moins réflexif que réciproque, dans une configuration selon laquelle l'agentivité[39] est aussi bien, si ce n'est davantage, du côté de la nature que du côté des personnages.

La nature agissante : un ultime retournement

Dans son article « Imaginer l'environnement aujourd'hui », Lambert Barthélémy affirme que le retour contemporain de la nature sur la scène littéraire et artistique s'effectue selon un régime dynamique inédit :

La nature ne nous revient pas de la même façon : là où elle était principalement cantonnée dans une fonction de décor, dans un rôle d'arrière-plan plus ou moins détaillé selon le degré de bienveillance descriptive de l'auteur, sur le fond duquel pouvait se déployer une narrativité toute puissante, elle se fait soudain elle-même personnage, concurrence avec vigueur l'activisme humain, organise largement le développement de la fiction, en devient le *sujet dynamique*[40].

---

37 K. Vonnegut, *Galápagos*, *op. cit.*, p. 160–161.
38 *Id.*, *Galápagos* (trad.), *op. cit.*, p. 191.
39 Nous traduisons ici le concept anglophone d'*agency*, utilisé par l'*ecocriticism* et le *new materialism* pour promouvoir contre l'ancienne partition binaire sujet-objet l'idée d'une capacité d'action non nécessairement intentionnelle ni humaine.
40 L. Barthélémy, « Imaginer l'environnement aujourd'hui », *Raison publique*, n°17.

De fait, la nature devient dans les trois récits étudiés un actant à part entière. Parfois adjuvant, plus souvent encore opposant, la nature intègre le régime de causalité de la narration et provoque par exemple dans chacun des récits la mort de plusieurs personnages. Force omnipotente, elle sculpte non seulement les destinées mais aussi les identités des personnages. Dans *Galápagos*, ceux-ci apparaissent ainsi moins comme des psychologies individuelles que des « expériences de la nature » :

> If Selena was Nature's experiment with blindness, then her father was Nature's experiment with heartlessness. Yes, and Jesús Ortiz was Nature's experiment with admiration for the rich, and I was Nature's experiment with insatiable voyeurism, and my father was Nature's experiment with cynicism [...] and on and on[41].

> *À supposer que Séléna eût été expérience sur la cécité menée par la Nature, son père ne pouvait être, lui, qu'expérience sur le manque de cœur. Oui, et Jesús Ortiz était une expérience menée par la Nature sur l'admiration des riches – et moi une expérience sur le voyeurisme effréné, mon père l'expérience de la Nature sur le cynisme [...] etc., etc[42].*

La nature se substitue à la rationalité psychologique et apparaît comme le principe déterminant les caractères de l'ensemble du personnel romanesque.

Dans son ensemble, le texte se présente à ce titre comme une anti-robinsonnade. En effet, tel que pratiqué durant les XVIIIe et XIXe siècles chez Defoe, Wys ou Verne, le genre se caractérise par le déploiement systématique d'une action de l'homme sur la nature sauvage qu'il s'agit de dominer, de domestiquer, de rationaliser : bref, d'humaniser. Or, dans les textes que nous étudions, la direction de l'*agentivité* s'inverse. Ainsi, lorsque Vonnegut nous décrit le capitaine du navire obsédé par l'idée de réguler le flot d'une source présente sur l'île afin de l'optimiser, le scénario fait écho à une scène de *Seconde Patrie* de Jules Verne, dans laquelle Mr Wolston et son fils Jack s'opposent quant au bien-fondé du projet consistant en la création d'un réseau d'irrigation. Une fois celui-ci créé, le fils se range finalement du côté du père, reconnaissant le profit de son action. Analysant le texte, Jean-Paul Engélibert résume ainsi la « philosophie » de la robinsonnade vernienne :

---

41   K. Vonnegut, *Galápagos*, *op. cit.*, p. 71.
42   *Id.*, *Galápagos* (trad.), *op. cit.*, p. 84.

L'œuvre de l'homme embellit la nature, elle la rend plus fertile, ce dont même les enfants qui craignent de la « fatiguer » se rendent compte à l'usage. On pourrait même dire que la tâche propre de l'homme au siècle du progrès est de se faire l'agent le plus efficace de cette amélioration du monde par la science[43].

Or, chez Vonnegut, le capitaine engagé dans un projet tout à fait similaire essuie seulement l'ironie du narrateur, qui insiste sur l'autonomie de la nature et son indifférence à l'action humaine : alors que le capitaine se considère comme « the master of the spring, its assistant and conservator[44] », le narrateur rabat la vanité de ses prétentions :

> There was no way in which the Captain, with so much time on his hands, might have improved the spring. [...] That basin, with or without encouragement from the Captain, would in twenty-three minutes and eleven seconds [...] be brimming full again[45].

> *L'améliorer ? Jamais le capitaine n'y serait arrivé malgré tout le temps dont il disposait. [...] Encouragements du Capitaine ou pas, il lui aurait fallu, une fois vidé, vingt-trois minutes et onze secondes exactement pour se remplir à ras-bord[46].*

Incapable d'action conséquente sur la nature, l'humain est en revanche dans le récit de Vonnegut profondément agi, « ensauvageonné » par elle. C'est ainsi que le processus d'adaptation qui transforme l'humanité en une espèce pisciforme inscrit l'action de la nature jusque dans les corps des personnages, dont le *design* se voit renouvelé par « the Law of Natural selection[47] ». Chez London, l'environnement assumera également ce rôle de sculpteur des corps :

---

43   J.-P. Engélibert, « L'empreinte de l'Homme. Robinson et le désir de l'île déserte », *Écologie & politique*, 3/2008, n° 37, p. 181–194, en ligne : http://www.cairn.info/revue-ecologie-et-politique1-2008-3-page-181.htm.

44   K. Vonnegut, *Galápagos*, *op. cit.*, p. 216. Traduction : « le maître de la source, son assistant et le responsable de sa conservation » (*Galápagos* (trad.), *op. cit.*, p. 259).

45   *Id.*, *Galápagos*, *op. cit.*, p. 216.

46   *Id.*, *Galápagos* (trad.), *op. cit.*, p. 259.

47   *Id.*, *Galápagos*, *op. cit.*, p. 234. Traduction : « la Loi de la sélection naturelle » (*Galápagos* (trad.), *op. cit.*, p. 279).

We were in the process of changing our tree-life to life in the ground. For many generations we had been going through this change, and our bodies and carriage had likewise changed[48].

Nous étions alors en pleine évolution, passant de la vie arboricole à la vie terrestre. Depuis plusieurs générations nous subissions une transformation dans notre corps et notre démarche[49].

Ainsi, la fusion entre l'humain et l'espace naturel se parachève-t-elle dans la mise en scène d'identités profondément relatives, subordonnées aux relations entretenues avec l'environnement. Ce faisant, le récit épouse une ontologie écologique héritée de Darwin plutôt que de Newton et Descartes. Pour le philosophe Anthony Quinton, le monde tel que compris et appréhendé par la science classique consiste en effet en « une collection de choses ou de substances individuelles délimitées avec précision, conservant leur identité à travers le temps, occupant une position bien définie de l'espace, possédant leur propre nature essentielle, indépendamment de leur relation avec quoique ce soit d'autre[50] ». Or comme le remarque très justement le philosophe américain John B. Callicott :

La primauté ontologique des objets et la subordination ontologique des relations caractéristiques de la science occidentale classique sont en fait inversées par l'écologie. Les relations écologiques déterminent plus la nature des organismes que tout autre chose[51].

Les identités, désormais, sont subordonnées à l'environnement naturel. C'est ainsi que le narrateur de *Before Adam* donne de son ancêtre un portrait tout entier déterminé par les interactions qu'il entretient avec son environnement :

What was this personality ? [...] He fell from the trees but did not strike bottom. He gibbered with fear at the roaring of the lions. He was pursued by beasts of prey, struck by the deadly snakes[52].

---

48   J. London, *Before Adam, op. cit.*, p. 19.
49   *Id., Avant Adam, op. cit.*, p. 963.
50   A. Quiton, « The right stuff », traduit et cité dans J. B. Callicott, *op. cit.*, p. 90.
51   J. B. Callicott, *ibid.*, p. 67.
52   J. London, *Before Adam, op. cit.*, p. 6.

Quelle était cette personnalité ? [...] Elle dégringola des arbres sans toutefois s'écraser sur le sol. Elle poussa des cris de terreur en entendant le rugissement du lion. Elle fut poursuivie par les fauves et mordue par les reptiles au venin mortel[53].

Les limites entre le « moi » et la nature s'effacent, le premier étant désormais perçu comme le résultat des relations entretenues par un organisme avec la seconde. La nature, plus que jamais, pénètre le sujet humain :

I was on terms of practiced intimacy with [the trees[54]].

Je vivais dans [l']intimité [des arbres[55]].

La nature devient l'*intimus* du personnage, ce qui se trouve en son cœur. Territoire et personnages se confondent alors, comme dans *The Inheritors* où l'odeur de l'un et celle des autres sont désormais indiscernables :

There were the smells of the people too, individual but each engaged to the smell of the muddy path where they had been[56].

Il y avait aussi l'odeur de chaque membre du clan, particulière chacune et pourtant liée à la senteur du chemin boueux qu'ils avaient parcouru[57].

Le retour à la nature tel que dramatisé dans le cadre de la perspective post-darwinienne pousse ainsi l'immersion et la réciprocité jusqu'à la fusion. Humain et nature retournent l'un au sein de l'autre, et *vice versa*.

    « Darwin did not change the islands, but only people's opinion of them[58] », écrit Vonnegut dans *Galápagos*. Après Darwin, la représentation de la nature et de la place qu'y tient l'humain se modifie de fait profondément – révolution qui inaugure aussi de nouvelles modalités d'écriture du topos narratif du retour à la nature. Dans la pastorale, une nature idyllique accueillait généralement les débats et ébats raffinés d'hommes et de femmes de bonne société, et ne

---

53   *Id., Avant Adam, op. cit.*, p. 950.
54   *Id., Before Adam, op. cit.*, p. 2.
55   *Id., Avant Adam, op. cit.*, p. 946.
56   W. Golding, *The Inheritors, op. cit.*, p. 25–26.
57   *Id., Les Héritiers, op. cit.*, p. 27.
58   K. Vonnegut, *Galápagos, op. cit.*, p. 22. Traduction : « Ce n'étaient pas les îles qu[e Darwin] avait changées, mais seulement l'opinion qu'on s'en faisait. » (*Galápagos* (trad.), *op. cit.*, p. 24).

servait finalement très largement que de décor champêtre à une culture s'étant déplacée de la cour à la campagne. La nature romantique, manifestation du sublime et reflet de l'âme, servait quant à elle un retour de l'humain sur lui-même ou vers Dieu plus qu'à la nature elle-même, tandis que la robinsonnade relatait les efforts de domestication et d'humanisation d'une nature sauvage sur laquelle il s'agissait d'imprimer sa marque plutôt que l'inverse. En dramatisant non seulement le retour de l'homme au sein de la nature comme le lieu auquel il appartient, mais encore celui de la nature au sein de l'humain, dont l'image est profondément naturalisée, la poétique du retour à la nature telle qu'elle se déploie durant le XXᵉ siècle met en scène un retour plus réciproque que réflexif, hyperbolisant la fusion de l'homme et de son environnement et mettant ce faisant définitivement fin au mythe de la séparation humaine que dénonçait Darwin dès 1871 :

> If man had not been his own classifier, he would never have thought of founding a separate order for his own reception. Consequently there is no justification for placing man in a distinct order[59].

> *Si l'homme n'avait pas été l'artisan de sa propre classification, il n'aurait jamais eu l'idée de fonder un Ordre séparé pour sa propre réception[60].*

Bibliographie

Œuvres et sources

Darwin, Charles, *The Descent of man*, vol. 1, London, John Murray, 1871.

Darwin, Charles, *La Filiation de l'homme et la sélection liée au sexe*, traduction coordonnée par Michel Prum, sous la direction de Patrick Tort, Paris, Honoré Champion, 2013.

Golding, William, *The Inheritors*, London, Faber & Faber, 1955.

Golding, William, *Les Héritiers*, traduction de Marie-Lise Marlière, Paris, Gallimard, 1968.

London, Jack, *Before Adam*, New York et Berlin, Mondial, 2006. ·

London, Jack, *Avant Adam*, traduction de Louis Postif, *Du possible à l'impossible*, Paris, Robert Laffont, 1987.

---

59   C. Darwin, *The Descent of man*, vol. 1, London, John Murray, 1871, p. 191.

60   *Id.*, *La Filiation de l'homme et la sélection liée au sexe*, traduction coordonnée par M. Prum, sous la direction de P. Tort, Paris, Honoré Champion, 2013, p. 304.

Vonnegut, Kurt, *Galápagos*, London, Paladin, 1990 [1ère éd. 1985].

Vonnegut, Kurt, *Galápagos*, traduction de Robert Pépin, Paris, Grasset, 1987.

Études

Agamben, Giorgio, *L'Ouvert. De l'homme et de l'animal*, traduction de Joël Gayraud, Paris, Payot et Rivages, 2002.

Barthélémy, Lambert, « Imaginer l'environnement aujourd'hui », *Raison publique*, n°17, 2012, p. 9–14.

Bouloumié, Arlette et Trivisani-Moreau, Isabelle, (dir.), *Le Génie du lieu, Des paysages en littérature*, Paris, Imago, 2005.

Callicott, John Baird, *Éthique de la terre*, Marseille, Wildproject, 2010.

Collot, Michel, « L'horizon du paysage », *Lire le paysage – lire les paysages*, CIEREC, 1984, p. 121–129.

Dennett, Daniel Clement, *Darwin's Dangerous Idea: Evolution and the Meaning of Life*, New York, Simon & Schuster Paperbacks, 1995.

Dennett, Daniel Clement, *Darwin est-il dangereux ?*, traduction de Pascal Engel, Paris, Odile Jacob, 2000.

Engélibert, Jean-Paul, « L'empreinte de l'Homme. Robinson et le désir de l'île déserte », *Écologie & politique*, 32008, n° 37, p. 181–194.

Freud, Sigmund, « Introduction à la psychanalyse » (1917), *L'Inquiétante Étrangeté et autres essais*, traduction de Fernand Cambon, Paris, Gallimard, 1985.

Kerridge, Richard, « Nature in the English novel », Patrick D. Murphy, Terry Gifford, Katsunori Yamazato (dir.), *Literature of Nature: An International Sourcebook*, Chicago et Londres, Fitzroy Dearborn publishers, 1998, p. 149–157.

Schoentjes, Pierre, *Ce qui a lieu*, Marseille, Wildproject, 2015.

Uexküll, Jakob von, *Mondes animaux et monde humain*, suivi de *Théorie de la significa-tion*, traduction de Philippe Muller, Paris, Denoël, 1965.

« Le grand Pan n'est pas mort » : la vision de la nature dans les romans de Marguerite Yourcenar

Cécile Brochard

Marguerite Yourcenar condamne fermement dans ses textes non romanesques ou ses discours l'action de l'homme moderne envers la Nature. Pour cette introduction, je m'appuierai simplement sur un exemple, tant est importante la production de Yourcenar à ce sujet, en choisissant un thème qui lui est cher : la protection des animaux. Dans sa conférence du 8 avril 1981 intitulée, d'après l'*Ecclésiaste*, « Qui sait si l'âme des bêtes va en bas[1] ? » Yourcenar dénonce l'inconscience, l'ignorance des hommes et condamne les conditions d'exploitation des animaux, l'abattage notamment. Les derniers mots de l'article suffisent à résumer l'engagement fort et profond dont la vie comme l'œuvre de Marguerite Yourcenar portent témoignage, au travers ici de parallèles entre l'exploitation des animaux et les crimes concentrationnaires :

> Révoltons-nous contre l'ignorance, l'indifférence, la cruauté, qui d'ailleurs ne s'exercent si souvent contre l'homme que parce qu'elles se sont fait la main sur les bêtes. Rappelons-nous, puisqu'il faut toujours tout ramener à nous-mêmes, qu'il y aurait moins d'enfants martyrs s'il y avait moins d'animaux torturés, moins de wagons plombés amenant à la mort les victimes de quelconques dictatures, si nous n'avions pas pris l'habitude de

---

1   Voir M. Yourcenar, « Qui sait si l'âme des bêtes va en bas ? » (1981), *Le Temps, ce grand sculpteur, Essais et mémoires*, Paris, Gallimard, coll. « Bibliothèque de la Pléiade », 1991, p. 370–376. Conférence intitulée d'après l'*Ecclésiaste*, III, 21, cité en exergue : « Qui sait si l'âme du fils d'Adam va en haut, et si l'âme des bêtes va en bas ? ». Dans « Bêtes à fourrure », Yourcenar dénonce l'emploi de fourrure animale pour la création de manteaux féminins. Elle parle de « scalps » pour désigner ces manteaux et s'en prend à tout « un peuple de femmes » qui possèdent ou veulent posséder une fourrure. Les « bêtes à fourrure », ce ne sont pas les animaux, mais ces femmes comparées aux « rombières de la préhistoire ». Yourcenar s'en prend également aux hommes, qui sont les « trappeurs », les « chasseurs », les « fourreurs », et termine son texte sur cette phrase : « Dans ce domaine comme dans tant d'autres, les sexes sont à égalité ». Voir « Bêtes à fourrure » (1976), *Le Temps, ce grand sculpteur, Essais et mémoires, op. cit.*, p. 331–333. Sur la question de la défense de l'environnement, voir notamment F. Bonali Fiquet, « Yourcenar et la défense de l'environnement à travers les entretiens », *Marguerite Yourcenar essayiste*, édition de C. Biondi, F. Bonali Fiquet, M. Cavazutti, E. Pessini, Tours, Société internationale d'études yourcenariennes (SIEY), 2000, p. 245–254, et É. Cliche, « Réception au jardin : une éthique environnementaliste chez Marguerite Yourcenar », *La Réception critique dans l'œuvre de Marguerite Yourcenar*, Clermont-Ferrand, SIEY, 2010, p. 405–421.

fourgons où des bêtes agonisent sans nourriture et sans eau en route vers
l'abattoir, moins de gibier humain descendu d'un coup de feu si le goût et
l'habitude de tuer n'étaient l'apanage des chasseurs. Et dans l'humble mesure du possible, changeons (c'est-à-dire améliorons s'il se peut) la vie[2].

Nous ne rappellerons pas la participation active de Yourcenar à ces combats en
faveur des droits des animaux et de la protection de la nature (dons d'argent,
lettres et prises de paroles, acquisition d'espaces vierges pour créer des réserves
impolluées, participation à des associations…), elle que l'on voyait, jusqu'à la
publication de *L'Œuvre au Noir* en 1968, comme une érudite détachée de son
siècle. En réalité, son œuvre romanesque contenait déjà cette interrogation sur
notre temps.

  Face à cet homme moderne exerçant sa tyrannie criminelle sur les animaux et la nature, Hadrien, Zénon et Nathanaël font au contraire l'expérience
d'une communion avec ceux-ci au travers du sentiment d'appartenance au
même monde. Par ces personnages, mais aussi plus profondément par la démarche même qui préside à son écriture, Yourcenar témoigne que « Tout »
est encore présent à qui sait le reconnaître. *Mémoires d'Hadrien, L'Œuvre au
Noir, Un homme obscur* : ces romans aux héros voyageurs sont porteurs d'une
conscience de la nature mue par le principe de la communion et ouverte à une
approche philosophique du monde. Nous percevrons alors combien la vision
de la nature chez Yourcenar, au-delà de la préoccupation ou de l'engagement
écologiste, ouvre la voie à une interrogation sur le temps, sur l'existence humaine et sur la possibilité qu'a l'homme de faire partie intégrante du monde.

Animalisation de l'homme et humanisation des bêtes

Dans ses *Essais* intitulés *En Pèlerin et en étranger*, Yourcenar dresse un bilan des
liens unissant l'art et la nature depuis l'Antiquité jusqu'à l'époque contemporaine. Voici ce qu'elle écrit :

> Art grec, où l'homme *est* la nature, et l'enclot en lui tout entière. Art
> du Moyen Âge, où l'homme est *dans* la nature comme l'oiseau dans la
> forêt, comme le poisson dans la rivière, objets placés et soutenus dans
> le temps par la main du Créateur. Art de l'Extrême-Orient, où l'homme
> et la nature, inextricablement mêlés l'un à l'autre, fuient, changent et se

---

2 M. Yourcenar, « Qui sait si l'âme des bêtes va en bas ? », *Le Temps, ce grand sculpteur, Essais et
mémoires, op. cit.*, p. 376.

dissipent, apparences mouvantes, flot qui bouge, jeu d'ombres prome-
nées sur la toile éternelle. Art baroque où l'homme fait de la nature l'objet de sa tyrannie ou de sa méditation, invente les parterres de Versailles
ou les solitudes ordonnancées de Poussin. Art romantique où l'homme
se rue dans la nature, y porte sa peine et ses cris de bête blessée. Art du
XXe siècle, où l'homme fait exploser la nature, arrête ou précipite l'évolution des formes[3] ...

Ce bref tableau retient notre attention parce qu'il met en jeu nombre d'éléments essentiels contenus dans les romans, mais également parce qu'il révèle
la vision yourcenarienne basée sur un lent délitement de cette communion
première entre l'homme et la nature : de l'identité essentielle, l'homme passe à
une inscription dans la nature, ce qui implique une première séparation, puis
à un assujettissement de celle-ci, et enfin à sa destruction. De l'identité à l'altérité, pour aboutir à la destruction, soit un parcours radicalement inverse de
celui construit par la romancière non seulement dans son appréhension de la
nature et du monde, mais aussi dans sa démarche d'écriture : pour Yourcenar,
la création naît du passage de l'altérité à l'identité et de l'effacement des frontières entre soi et l'autre. Avant d'analyser la manière dont s'opère ce passage
de l'altérité à l'identité entre les personnages et la romancière, observons comment se construit le rapport d'Hadrien, Nathanaël et Zénon à la nature.

Tandis qu'au IIe siècle après Jésus-Christ, Plutarque annonce, dans un passage énigmatique de son traité *Sur la disparition des oracles*, la mort du « grand
Pan », Hadrien incarne au contraire la possibilité pour l'individu de se savoir
partie d'un Tout qui lui demeure accessible. Si l'humain se définit pour une part
dans son rapport au divin, il ne trouve son exacte place qu'en s'inscrivant dans
le monde naturel, et c'est surtout dans son rapport au règne animal qu'Hadrien
s'avère capable de franchir les limites de l'humain. Il exerce par exemple dans
la chasse une violence instinctive qui traduit son amour d'une faune qu'il res-
pecte et divinise. Tuer une proie n'est pas, dans l'esprit du chasseur, le moyen
d'affirmer la suprématie des hommes sur les bêtes, mais au contraire une manière de s'égaler à elles, en réintégrant le cycle naturel des vies et des morts.
Ainsi Hadrien renoue-t-il avec d'ancestrales représentations du chasseur lorsqu'il détaille l'émotion qui le saisit au passage d'un cerf : « Même ici, à Tibur,
l'ébrouement soudain d'un cerf sous les feuilles suffit [...] à faire tressaillir en
moi un instinct plus ancien que tous les autres, et par la grâce duquel je me
sens guépard aussi bien qu'empereur[4]. » Cette vision de la chasse inscrite dans

---

3   *Id.*, « Carnets de notes, 1942–1948 », *En Pèlerin et en étranger, Essais et mémoires, op. cit.*, p. 527.
4   *Id.*, *Mémoires d'Hadrien*, Paris, Gallimard, coll. « Folio », 2013, p. 14.

le cycle naturel est en complète opposition avec l'abattage organisé des bêtes dénoncé par Marguerite Yourcenar.

Les comparaisons et métaphores choisies par Hadrien traduisent également sa perception d'un monde où les frontières sont ténues entre l'humain et l'animal : la silhouette de Pan, en qui se rejoignent animalité et humanité, se profile alors. C'est sous le signe de cette divinité qu'est placée la rencontre avec Antinoüs : Hadrien remarque pour la première fois le jeune homme lors d'une réunion qui se déroule « au bord d'une source consacrée à Pan[5] ». Sous de tels auspices, Antinoüs ne cesse d'être lui-même dépeint comme une créature mi-humaine mi-animale, jusqu'au suicide final qui l'assimile à un animal sacrifié[6]. Dans le regard d'Hadrien, dans le geste d'Antinoüs, dans l'écriture de Yourcenar, l'animal, l'homme et le dieu parfois se confondent, unissant l'individuel et l'universel[7].

Une telle union s'exprime sur le mode de l'empathie avec Nathanaël, à la fois en marge de la société humaine et en communion avec la vie naturelle, jusqu'à sa propre dissolution. Pour le héros d'*Un homme obscur*, « [m]ême les âges, les sexes, et jusqu'aux espèces, lui paraissaient plus proches qu'on ne le croit les uns des autres : enfant ou vieillard, homme ou femme, animal ou bipède qui parle et travaille de ses mains, tous communient dans l'infortune et la douceur d'exister[8] ». Le début du roman nous présente déjà un héros en désaccord avec le monde des hommes violents :

> La poudre étant rare, on tuait le plus souvent les grands animaux des bois en creusant des fosses couvertes de branchages où la bête agonisait les jambes parfois brisées par sa chute, ou empalée à des pieux disposés au fond, jusqu'à ce qu'on vînt l'achever au couteau. Nathanaël se chargea une fois de cet office, et le fit si mal qu'on ne lui délégua plus. Dans l'eau presque toujours calme de la crique, on construisait à l'aide de haies d'épines ou de roseaux une sorte de labyrinthe dans lequel les poissons se trouvaient pris ; on les traînait à terre dans une nasse, tressautants et suffoqués, à moins qu'on ne les assommât à coups de rames. Nathanaël préférait à la pêche le ramassage des baies, si abondantes en saison que

---

5 *Id.*, *Mémoires d'Hadrien*, op. cit., p. 169.

6 Sur la dimension métaphorique de l'animal dans l'œuvre de Marguerite Yourcenar, voir P. Doré, *Yourcenar ou le féminin insoutenable*, Genève, Droz, 1999.

7 Pour une analyse plus complète du lien entre Hadrien et les bêtes, voir C. Brochard et E. Pinon, *L'Extase lucide. Étude de* Mémoires d'Hadrien, Mont-Saint-Aignan, Presses Universitaires de Rouen et du Havre, 2014.

8 M. Yourcenar, *Un homme obscur*, Paris, Gallimard, coll. « Folio », 1998, p. 165.

la couleur des landes en était changée ; ses mains et celles de Foy étaient rougies par le jus des fraises, bleuies par celui des myrtilles trop mûres. Bien que les ours fussent rares dans l'île, où ils ne s'aventuraient guère qu'en hiver, soutenus par la glace, Nathanaël en vit un, en pleine solitude, ramassant dans sa large patte toutes les framboises d'un buisson et les portant à sa gueule avec un plaisir si délicat qu'il le ressentit comme sien. Ces puissantes bêtes gavées de fruits et de miel n'étaient pas à craindre tant qu'elles ne se sentaient pas menacées. Il ne parla à personne de cette rencontre, comme s'il y avait eu entre l'animal et lui un pacte.

Il ne parla pas non plus du renardeau rencontré dans une clairière, qui le regarda avec une curiosité quasi amicale, sans bouger, les oreilles dressées comme celles d'un chien. Il garda le secret de la partie du bois où il avait vu des couleuvres, de peur que le vieux s'avisât de tuer ce qu'il appelait « cette varmine ». Le garçon chérissait de même les arbres ; il les plaignait, si grands et si majestueux qu'ils fussent, d'être incapables de fuir ou de se défendre, livrés à la hache du plus chétif bûcheron. Il n'avait personne à qui confier ces sentiments-là, pas même à Foy[9].

Le sémantisme du pacte, du secret, unissant Nathanaël au monde naturel, contribue à faire de lui un personnage emblématique d'une opposition irréductible entre le monde naturel et la société humaine, deux univers entre lesquels la réunion paraît vouée à l'échec. C'est d'ailleurs dans la plus parfaite solitude que Zénon et Nathanaël réalisent cette union avec la nature, dans le choix solitaire d'une mort qui les transcende. La mort devient l'aboutissement de la contemplation, l'acceptation de la dissolution dans la nature, dans une forme d'union presque mystique, une extase lucide telle qu'Hadrien la décrit et sur laquelle nous reviendrons.

Mais c'est avec Zénon que s'exprime sur un mode critique l'action de l'homme dans la nature et, plus particulièrement, sur les bêtes. Zénon possède en effet une conscience aiguë de la violence humaine : « il avait cessé de trouver utile d'employer deux termes différents pour désigner la bête qu'on abat et l'homme qu'on tue, l'animal qui crève et l'homme qui meurt[10] » et il parvient à retrouver cette violence dans le monde qui l'entoure, comme la marque de sa perception exacerbée :

---

9   *Ibid.*, p. 31–32.
10   M. Yourcenar, *L'Œuvre au Noir*, Paris, Gallimard, coll. « Folio », 1991, p. 240.

Cette couverture et cette défroque pendue à un clou sentaient le suint, le lait et le sang. Ces chaussures qui bâillaient au bord du lit avaient bougé au souffle d'un bœuf étendu sur l'herbe, et un porc saigné à blanc piaillait dans la graisse dont le savetier les avait enduites. La mort violente était partout, comme dans une boucherie ou dans un enclos patibulaire. Une oie égorgée criaillait dans la plume qui allait servir à tracer sur de vieux chiffons des idées qu'on croyait dignes de durer toujours[11].

Ainsi Yourcenar construit-elle son univers romanesque de la Nature en opposition avec ce qu'elle rejette et condamne dans le monde réel, sans pour autant que ses personnages deviennent de simples prétextes à véhiculer les idées de l'auteur. Mais si l'animal et l'homme font partie d'un Tout, si Hadrien et Zénon touchent à l'universel, c'est aussi parce qu'ils se livrent à une contemplation de la nature ouvrant la voie à l'immersion, parfois même à l'extase.

L'immersion de l'être dans le monde

Ce que ces personnages découvrent de leur contemplation méditative de la nature, c'est l'expérience du temps et de l'universel. Cette méditation passe par le voyage : les héros de Marguerite Yourcenar sont des personnages en mouvement, car pour elle « on voyage pour contempler ; tout voyage est une contemplation mouvante[12] ». Au même titre que ses personnages voyageurs, Yourcenar affirme très clairement sa passion pour le voyage dans ses entretiens, intitulant d'ailleurs ses essais *En pèlerin et en étranger*.

Le voyage offre tout d'abord à l'esprit de Zénon une méditation *via* la perception et les sens :

Il fut seul pendant un long moment sur une route qui serpentait entre deux pâtures. Le monde tout entier semblait composé de ciel pâle et d'herbe verte, saturée de sève, bougeant sans cesse à ras du sol comme une onde. Un instant, il évoqua le concept alchimiste de la *viriditas*, l'innocente percée de l'être poussant tranquillement à même la nature des choses, brin de vie à l'état pur, puis renonça à toute notion pour se livrer sans plus à la simplicité du matin[13].

---

11   *Ibid.*, p. 235.

12   *Id., Les Yeux ouverts, entretiens avec Matthieu Galey*, Paris, Le Livre de Poche, 1981, p. 304.

13   *Id., L'Œuvre au Noir, op. cit.*, p. 318.

Cette communion sensible et pure avec la nature relève d'une opération tout aussi philosophique que sensorielle ; Yourcenar écrit d'ailleurs, dans les *Carnets de notes de* L'Œuvre au Noir, que

> Gide a touché, par exception, à quelque chose de profond dans *Les Nourritures terrestres*, et sans doute a-t-il cru qu'il ne s'agissait que d'un paradoxe, quand il a dit : « Le sage est celui qui s'émeut pour des prunes. » Avoir le courage de montrer un personnage qui s'absorbe dans une contemplation épuisante et sacrée des prunes ou leurs équivalents. Montrer combien lentement et irréversiblement un esprit s'aperçoit de l'étrangeté des choses[14].

Cette remarque qui clôt les *Carnets de notes de* L'Œuvre au Noir témoigne parfaitement du lien profond entre le sacré et la nature.

Le voyage des personnages et leur contemplation mouvante de la nature permet ensuite une perception différente du temps et un accès à l'éternité. La promenade contemplative est courante dans *L'Œuvre au Noir* :

> [L]e plus souvent Zénon partait seul, à l'aube, ses tablettes à la main, et s'éloignait dans la campagne, à la recherche d'on ne sait quel savoir qui vient directement des choses. Il ne se lassait pas de soupeser et d'étudier curieusement les pierres dont les contours polis ou rugueux, les tons de rouille ou de moisissure racontent une histoire, témoignent des métaux qui les ont formées, des feux ou des eaux qui ont jadis précipité leur matière ou coagulé leur forme. Des insectes s'échappaient d'en dessous, étranges bêtes d'un animal enfer. Assis sur un tertre, regardant houler sous le ciel gris les plaines renflées çà et là par les longues collines sablonneuses, il songeait aux temps révolus durant lesquels la mer avait occupé ces grands espaces où poussait maintenant du blé, leur laissant dans son retrait la conformité et la signature des vagues. Car tout change, et la forme du monde, et les productions de cette nature qui bouge et dont chaque moment prend des siècles[15].

---

14 *Id.*, *Carnets de notes de* L'Œuvre au Noir, *L'Œuvre au Noir, op. cit.*, p. 486. Sur les liens entre Yourcenar et la philosophie, voir notamment A.-Y. Julien, *Marguerite Yourcenar ou la signature de l'arbre*, Paris, Presses Universitaires de France, 2002.

15 M. Yourcenar, *L'Œuvre au Noir, op. cit.*, p. 48–49.

Cette réflexion sur la coexistence de la permanence et de la mutabilité du monde rejoint la méthode d'immersion sympathique qu'utilise Yourcenar pour créer son univers romanesque, qu'il s'agisse de la nature ou de la création d'une conscience, immersion précisément décrite dans les *Carnets de notes de Mémoires d'Hadrien* mais aussi dans les *Essais*. En effet, pour voyager dans le temps par l'imagination, l'auteur propose de voyager dans l'espace et voit dans la nature, dans les éléments naturels primitifs, cette voie grâce à laquelle l'homme peut voyager dans le passé :

> Arrête plutôt ta contemplation sur ces grands objets toujours semblables à eux-mêmes : la mer pareille à ce qu'elle fut avant la première pirogue, avant la première barque ; le sable, calcul infini qui date d'avant les nombres ; et ce nuage plus ancien que les profils de la terre ; et ce plissement silencieux de la neige sur la neige qui fut avant que la forêt, la bête ou l'homme aient été, et qui continuera sans changement quand toute vie sera dissipée ou tuée... Que ce voyage dans le temps aboutisse à l'extrême bord de l'éternel[16].

Ainsi la contemplation de la nature permise par le voyage spatial ouvre-t-elle la voie à un voyage temporel permettant d'accéder à une forme d'universalité et d'éternité où se perdent les frontières entre soi et le monde :

> Ce Zénon qui marchait d'un pas précipité sur le pavé gras de Bruges sentait passer à travers lui, comme à travers ses vêtements usés le vent venu du large, le flot des milliers d'êtres qui s'étaient déjà tenus sur ce point de la sphère, ou y viendraient jusqu'à cette catastrophe que nous appelons la fin du monde [...]. Le temps, le lieu, la substance perdaient ces attributs qui sont pour nous leurs frontières ; la forme n'était plus que l'écorce déchiquetée de la substance ; la substance s'égouttait dans un vide qui n'était pas son contraire ; le temps et l'éternité n'étaient qu'une même chose, comme une eau noire qui coule dans une immuable nappe d'eau noire. Zénon s'abîmait dans ces visions comme un chrétien dans une méditation sur Dieu[17].

Cet accès à l'éternité aboutit littéralement à l'expérience mystique de l'extase dans les romans. L'extase d'Hadrien procède d'une contemplation des nuits,

---

16   *Id.*, « Carnets de notes. 1942–1948 », *En Pèlerin et en étranger, Essais et mémoires, op. cit.*, p. 531–532.

17   *Id.*, *L'Œuvre au Noir, op. cit.*, p. 212–213.

extraordinairement lumineuses. Dans l'une des grandes méditations poétiques du roman, il se les remémore ainsi :

> Depuis les nuits de mon enfance, où le bras levé de Marullinus m'indi-
> quait les constellations, la curiosité des choses du ciel ne m'a pas quitté.
> Durant les veilles forcées des camps, j'ai contemplé la lune courant à tra-
> vers les nuages des cieux barbares ; plus tard, par de claires nuits atti-
> ques, j'ai écouté l'astronome Théron de Rhodes m'expliquer le système
> du monde ; étendu sur le pont d'un navire, en pleine mer Égée, j'ai regar-
> dé la lente oscillation du mât se déplacer parmi les étoiles, aller de l'œil
> rouge du Taureau au pleur des Pléiades, de Pégase au Cygne : j'ai répon-
> du de mon mieux aux questions naïves et graves du jeune homme qui
> contemplait avec moi ce même ciel. Ici, à la Villa, j'ai fait construire un
> observatoire, dont la maladie m'empêche de gravir les marches. Une fois
> dans ma vie, j'ai fait plus : j'ai offert aux constellations le sacrifice d'une
> nuit tout entière. Ce fut après ma visite à Osroès, durant la traversée du
> désert syrien. Couché sur le dos, les yeux bien ouverts, abandonnant pour
> quelques heures tout souci humain, je me suis livré du soir à l'aube à ce
> monde de flamme et de cristal. Ce fut le plus beau de mes voyages [...].
> La nuit, jamais tout à fait aussi complète que le croient ceux qui vivent
> et qui dorment dans les chambres, se fit plus obscure, puis plus claire[18].

Lire les cieux, c'est se lire soi-même, jusqu'à ces « yeux grand ouverts » qui
entrent dans l'infini du ciel nocturne comme ils entreront dans la mort. Dans
cette transparente nuit du désert, Hadrien sort de lui-même pour être lui-
même plus pleinement que jamais ; il s'agit explicitement d'une extase, dans
laquelle l'être ne se perd pas en contemplation, mais au contraire voit clair en
soi, expérimente sa propre complétude :

> J'ai essayé de m'unir au divin sous bien des formes ; j'ai connu plus d'une
> extase ; il en est d'atroces ; et d'autres d'une bouleversante douceur. Celle
> de la nuit syrienne fut étrangement lucide. Elle inscrivit en moi les mouve-
> ments célestes avec une précision à laquelle aucune observation partielle
> ne m'aurait jamais permis d'atteindre. [...] Quelques années plus tard, la
> mort allait devenir l'objet de ma contemplation constante, la pensée à
> laquelle je donnais toutes celles des forces de mon esprit que n'absorbait
> pas l'État. Et qui dit mort dit aussi le monde mystérieux auquel il se peut
> qu'on accède par elle. Après tant de réflexions et d'expériences parfois

---

18   *Id., Mémoires d'Hadrien, op. cit.*, p. 164.

condamnables, j'ignore encore ce qui se passe derrière cette tenture noire. Mais la nuit syrienne représente ma part consciente d'immortalité[19].

Ainsi cette contemplation nocturne rejoint-elle la contemplation de la mort, qui trouve sa pleine réalisation dans les suicides de Nathanaël et Zénon.

Alors qu'il fuit « vers l'Angleterre, sa seule chance de salut », selon les mots de Yourcenar dans *Les Yeux ouverts*,

> [Zénon] se décourage en pensant que là comme ailleurs la vie aura ses compromis, ses mensonges. Puis il passe la nuit d'été au bord de la mer, il s'y baigne à l'aube ; il pense à ce bruit de la mer qui dure depuis le commencement du monde, et il se résigne à ce passage qu'est la mort, qui ne le sortira pas de l'univers. C'est l'apaisement par la contemplation[20].

Dès lors qu'elle a lieu dans la nature, en pleine immersion dans celle-ci, la mort de l'homme est perçue comme une communion ultime et totale avec la nature : pour Zénon,

> [d]ans ce monde sans fantômes, la férocité même était pure : le poisson qui frétillait sous la vague ne serait dans un instant qu'un sanglant bon morceau sous le bec de l'oiseau pêcheur, mais l'oiseau ne donnait pas de mauvais prétextes à sa faim. Le renard et le lièvre, la ruse et la peur, habitaient la dune où il avait dormi, mais le tueur ne se réclamait pas de lois promulguées jadis par un renard sagace ou reçues d'un renard-dieu ; la victime ne se croyait pas châtiée pour ses crimes et ne protestait pas en mourant de sa fidélité à son prince. La violence du flot était sans colère. La mort, toujours obscène chez les hommes, était propre dans cette solitude. Un pas de plus sur cette frontière entre le fluide et le liquide, entre le sable et l'eau, et la poussée d'une vague plus forte que les autres lui ferait perdre pied ; cette agonie si brève et sans témoin serait un peu moins la mort[21].

La solitude de Nathanaël dans l'île, symbole de cet isolement volontaire, permet une réunion entre l'homme et la nature : « Il y avait autour de lui la mer, la brume, le soleil et la pluie, les bêtes de l'air, de l'eau et de la lande ; il vivait

---

19   *Ibid.*, p. 164–165.
20   *Id., Les Yeux ouverts, op. cit.*, p. 227.
21   *Id., L'Œuvre au Noir, op. cit.*, p. 337–338.

et mourrait comme ces bêtes le font. Cela suffisait. Personne ne se souvien-
drait de lui pas plus qu'on ne se souvenait des bestioles de l'autre été[22]. » Mais
l'isolement ne signifie pas la désolation ; la mort acceptée et cherchée par
Nathanaël n'est pas traitée dans le roman sur un mode dramatique, mais
symbolise davantage l'acceptation d'une ultime harmonie :

> Il se dirigea vers l'intérieur de l'île. [...] Il savait, mais sans se sentir obligé
> de se le dire, qu'il faisait en ce moment ce que font les animaux malades
> ou blessés : il cherchait un asile où finir seul [...].
>
> Enfin, il parvint dans le creux qu'il cherchait. [...]
>
> Entre-temps, le ciel tout entier était devenu rose, non seulement à
> l'orient, comme il s'y attendait, mais de toutes parts, les nuages bas reflé-
> tant l'aurore. On ne s'orientait pas bien : tout semblait orient. Debout au
> fond de ce creux aux rebords doucement inclinés, il apercevait de tous
> côtés les dunes moutonnant vers la mer. Mais le grand bruit des vagues ne
> s'entendait plus à cette distance. On était bien là. Il se coucha précaution-
> neusement sur l'herbe courte, près d'un bosquet d'arbousiers qui le pro-
> tégeait d'un reste de vent. [...]
>
> L'heure du ciel rose était passée ; couché sur le dos, il regardait les gros
> nuages se faire et se défaire là-haut. Puis, brusquement, sa toux le reprit.
> Il tenta de ne pas tousser, ne trouvant plus utile de dégager sa poitrine
> prise. Il avait mal au-dedans des côtes. Il se souleva un peu, pour obtenir
> quelque soulagement ; un liquide chaud bien connu lui emplit la bouche ;
> il cracha faiblement et vit le mince filet écumeux disparaître entre les
> brins d'herbe qui cachaient le sable. Il étouffait un peu, à peine plus qu'il
> ne faisait d'habitude. Il reposa la tête sur un bourrelet herbu et se cala
> comme pour dormir[23].

La symbolique de l'orient et de l'aurore permet une inversion, la mort de Nathanaël prenant la forme d'une naissance non plus dans le corps d'une femme,
mais dans le creux matriciel de la nature : cette symbolique de la gestation fait
d'ailleurs écho à la démarche scripturaire de Yourcenar, cherchant à atteindre
l'humanité en soi-même.

---

22   *Id., Un homme obscur, op. cit.*, p. 166.
23   *Ibid.*, p. 173–175.

L'immersion dans le Tout, une démarche d'écriture

Chercher des parallèles entre Yourcenar et ses personnages constitue une entreprise vaine, quand bien même le refus de manger de la viande rapproche par exemple Zénon de sa créatrice[24]. Marguerite Yourcenar elle-même juge inutile toute lecture autobiographique et l'on sait qu'elle a fortement encadré la réception critique de ses œuvres, orientant ainsi les lectures et les interprétations. C'est qu'au-delà des singularités et des particularismes, « [t]out être qui a vécu l'aventure humaine est moi[25] » : c'est là que réside la singularité de l'écriture yourcenarienne, dans cette intégration d'une individualité à la sienne propre pour mieux toucher l'universalité de l'expérience humaine. Cette démarche qui vise à saisir l'humanité en soi n'est d'ailleurs pas propre à la fiction romanesque et informe également l'écriture de soi : « Toute l'humanité et toute la vie passent en nous, et si elles ont pris ce chemin d'une famille et d'un milieu en particulier qui fut celui de notre enfance, ce n'est qu'un hasard parmi tous nos hasards[26] », affirme-t-elle à propos du *Labyrinthe du monde*. La présence de Yourcenar dans ses romans ne se situe pas dans des détails autobiographiques mais dans une traversée de soi pour toucher l'humain.

C'est dans cette tentative d'appréhender ce qui nous fait hommes par-delà les siècles et les cultures que naît la démarche autobiographique de Yourcenar. En regardant en elle-même les traces de l'humanité, elle entend

> prendre seulement ce qu'il y a de plus durable, de plus essentiel en nous, dans les émotions des sens ou dans les opérations de l'esprit, comme point de contact avec ces hommes qui comme nous croquèrent des olives, burent du vin, s'englurent les doigts de miel, luttèrent contre le vent aigre et la pluie aveuglante et cherchèrent en été l'ombre d'un platane, et jouirent, et pensèrent, et vieillirent, et moururent[27].

Absence de détails anecdotiques dans cette perception de soi, mais volonté d'être un instrument traversé par le sentiment de l'humanité. À cet égard, la romancière se perçoit comme un intermédiaire destiné à susciter ou à redonner vie à des personnages inventés ou morts. Marguerite Yourcenar explique ainsi son manque d'intérêt pour elle-même : « je n'ai au fond qu'un intérêt limité

---

24   Voir *id., Les Yeux ouverts, op. cit.,* p. 288 : « En ce qui me concerne, je suis végétarienne
      à quatre-vingt-quinze pour cent. [...] Tout comme Zénon, il me déplaît de "digérer des
      agonies" ».
25   *Id., Carnets de notes de* Mémoires d'Hadrien, *Mémoires d'Hadrien, op. cit.,* p. 342.
26   *Id., Les Yeux ouverts, op. cit.,* p. 209.
27   *Id., Carnets de notes de* Mémoires d'Hadrien, *Mémoires d'Hadrien, op. cit.,* p. 332.

pour moi-même. J'ai l'impression d'être un instrument à travers lequel des courants, des vibrations sont passés. Et cela vaut pour tous mes livres, et je dirais
même pour toute ma vie[28]. » Dans cette perspective où l'auteur est un intermédiaire dont le rôle consiste à insuffler la vie, se dessine un processus de création
proche de la gestation, Marguerite Yourcenar employant systématiquement le
lexique de la vie, du mouvement, voire de la chair, pour évoquer le processus
de création à l'œuvre[29].

L'auteur doit savoir se taire et n'être qu'un réceptacle à la voix du personnage : comme une matrice nourrirait un être à venir sans pour autant lui imposer sa propre forme,

> [o]n doit tâcher d'entendre, de faire silence en soi pour entendre ce
> qu'Hadrien pourrait dire, ou ce que Zénon pourrait dire dans telle ou telle
> circonstance. Ne jamais y mettre du sien, ou alors inconsciemment, en
> nourrissant les êtres de sa substance, comme on les nourrirait de sa chair,
> ce qui n'est pas du tout la même chose que de les nourrir de sa propre
> petite personnalité, de ces tics qui nous font nous[30].

Ici se donne clairement à lire la métaphore de la gestation : récusant absolument l'identité entre elle-même et ses personnages, Marguerite Yourcenar se
place comme l'être pourvoyeur d'une substance vivante nécessaire à la création. Sa présence ne vaut donc, à ses yeux, que dans la stricte mesure où elle
existe en tant que membre de l'humanité : tout particularisme, toute communauté de personnalité semble dérisoire tant la vision de soi atteint alors
l'universalité.

Ainsi la vision de la nature dans les romans de Marguerite Yourcenar nous
renseigne-t-elle aussi bien sur les combats écologiques de l'auteur, sur sa vision
de l'homme et du Tout, mais aussi sur sa démarche d'écriture. Une profonde
cohérence marque l'existence de Marguerite Yourcenar, dans sa recherche
de l'universel en soi-même, recherche dont témoignent ses personnages. Les

---

28   *Id., Les Yeux ouverts, op. cit.*, p. 309.
29   Ainsi écrit-elle avoir « tâch[é] de rendre leur mobilité, leur souplesse vivante, à ces visages
      de pierre » dans *Mémoires d'Hadrien* (*Carnets de notes, op. cit.*, p. 332), et avoir cherché
      à rendre l'empereur vivant : « On a le *curriculum vitae* d'Hadrien, c'est-à-dire qu'on sait,
      année après année, les différents emplois, les différents dignités dont il a été revêtu. Mais
      on ne sait pas grand-chose de plus. On sait le nom de quelques-uns de ses amis ; on con-
      naît un peu son groupe à Rome, sa vie personnelle. Alors j'ai tâché de reconstituer tout
      cela, à partir des documents, mais en m'efforçant de les revivifier ; tant qu'on ne fait pas
      entrer toute sa propre intensité dans un document, il est mort, quel qu'il soit » (*id., Les
      Yeux ouverts, op. cit.*, p. 146).
30   *Ibid.*, p. 69.

frontières entre soi et la nature sont effacées, comme les contours entre soi et l'autre. Marguerite Yourcenar donne plusieurs noms à cette communion : « extase lucide », « magie sympathique », « visitation[31] », tous reflets d'un même désir de ne faire plus qu'un, désir qui s'apparente à l'amour ou à l'amitié. Or Yourcenar ne fait pas de ces sentiments l'exclusivité des hommes : « On peut d'ailleurs », affirme-t-elle, « quand on le veut, avoir pour amis des animaux, des plantes ou des pierres, et alors la réciprocité devient différente[32]. »

Bibliographie

Œuvres et sources

Yourcenar, Marguerite, *Mémoires d'Hadrien* [1951], Paris, Gallimard, coll. « Folio », 2013.

Yourcenar, Marguerite, *L'Œuvre au noir* [1968], Paris, Gallimard, coll. « Folio », 1991.

Yourcenar, Marguerite, *Un homme obscur* suivi de *Une belle matinée* [1982], Paris, Gallimard, coll. « Folio », 1998.

Yourcenar, Marguerite, *Les Yeux ouverts, entretiens avec Matthieu Galey*, Paris, Le Livre de Poche, 1981.

Yourcenar, Marguerite, *Essais et mémoires*, Paris, Gallimard, coll. « Bibliothèque de la Pléiade », 1991.

Études

Bonali Fiquet, Françoise, « Yourcenar et la défense de l'environnement à travers les entretiens », *Marguerite Yourcenar essayiste*, Carminella Biondi, Françoise Bonali Fiquet, Maria Cavazutti, Elena Pessini (éd.), Tours, Société internationale d'études yourcenarienne (SIEY), 2000, p. 245–254.

Brochard, Cécile, Pinon Esther, *L'Extase lucide. Étude de Mémoires d'Hadrien*, Mont-Saint-Aignan, Presses Universitaires de Rouen et du Havre, 2014.

Cliche, Élène, « Réception au jardin : une éthique environnementaliste chez Marguerite Yourcenar », *La Réception critique dans l'œuvre de Marguerite Yourcenar*, Clermont-Ferrand, SIEY, 2010, p. 405–421.

Doré, Pascale, *Yourcenar ou le féminin insoutenable*, Genève, Droz, 1999.

Julien, Anne-Yvonne, *Marguerite Yourcenar ou la signature de l'arbre*, Paris, Presses Universitaires de France, 2002.

---

31   *Ibid.*, p. 239.
32   *Ibid.*, p. 322.

Les trois topographies dans *Les Illustrations de Gaule et singularitez de Troye* de Jean Lemaire de Belges

Chantal Liaroutzos

Une géographie de l'origine

Publiées à un moment où la féodalité connaît des mutations décisives, *Les Illustrations de Gaule* de Jean Lemaire de Belges[1] (1511, 1512, 1513), dédiées successivement à Marguerite d'Autriche, Claude de France et Anne de Bretagne, femme de Louis XII, sont explicitement présentées par leur auteur comme une entreprise d'ordre politique : les « Princes du temps present », c'est-à-dire au premier chef ceux de la Maison d'Autriche et de la monarchie française, auxquels dans la suite du récit Lemaire ajoute les Princes espagnols, italiens et anglais, sont invités par Mercure, auteur supposé du prologue, à se reconnaître une origine commune qui les rend « vrays Gaulois et vrays Troyens la plus noble nation du monde[2] ». Cette noblesse originelle doit les inciter à s'unir de nouveau pour poursuivre un but unique : restaurer leur honneur bafoué par les Turcs « qui [...] se vanteront estre yssus dextraction Troyenne : et usurperont les regnes de Priam en Asie, et passeront en Europe[3] ». On se souvient que ce rêve de croisade se poursuivra jusqu'au cœur du XVIIe siècle[4]. La thèse, censée constituer la ligne directrice du récit mais présente surtout dans le premier livre, vise à démontrer que la Gaule belgique et bourguignonne, d'une part, la Gaule celtique et française d'autre part, constituent une même entité de par leur prestigieuse origine commune : c'est que les Gaulois, descendants directs

---

1 Voir *Œuvres de Jean Lemaire de Belges*, publiées par A. J. Stécher, Louvain, Académie royale de Belgique, 4 t., 1882–1891. Réimpr. Genève, Slatkine Reprints, 1969–1970 et 2011. Sur la composition (complexe) de l'œuvre, voir J. Abélard, *Les Illustrations de Gaule et singularitez de Troye de Jean Lemaire de Belges : étude des éditions, genèse de l'œuvre*, Genève, Droz, Publications romanes et françaises, 140, 1976.

2 *Les Illustrations de Gaule…*, *Œuvres de Jean Lemaire de Belges*, op. cit., liv. I, t. 1, p. 15.

3 *Ibid.*, liv. 1, t. 1, p. 266.

4 Voir par exemple R. Sauzet, « Guerre sainte ou croisade en nouvelle France », *Mélanges de l'École française de Rome. Italie et Méditerranée modernes et contemporaines* [En ligne], 124–1 | 2012, mis en ligne le 19 décembre 2012. URL : http://mefrim.revues.org/181.

de Noé, sont en fait les ancêtres des Troyens. Francus, fils d'Hector[5], s'établit en Gaule après avoir échappé au sac de Troie et fonde une nouvelle dynastie en épousant la fille d'un roi gaulois[6].

Sur cette base le livre I est conçu comme une remontée vers un temps et un espace premiers. Les *Illustrations de Gaule et singularitez de Troye* constituent de ce fait une réalisation singulière de ce qu'on peut appeler le chronotope de l'origine, à la fois généalogie et récit de fondation de la monarchie française, dont diverses versions sont élaborées par les chroniqueurs depuis le VIIe siècle.

En combinant ces récits d'origine avec la Bible d'une part, les textes antiques de l'autre, Lemaire compose une œuvre qui est à la fois une généalogie royale, une chronique historique, un roman fondé sur la matière troyenne, et une description géographique du monde méditerranéen. Ce dernier aspect n'a guère été étudié par les commentateurs. L'une des originalités de l'ouvrage de Lemaire de Belges est pourtant qu'il constitue véritablement un récit d'espace, c'est-à-dire que la dimension généalogique du propos est inséparable d'une géographie. C'est le rapport entre l'espace et le temps qui constitue et organise le récit.

Trois types de paysages coexistent dans le récit : un paysage cosmographique évoquant les premiers temps du monde ; un paysage pastoral et idyllique, cadre des amours du berger Pâris avant le jugement fatidique ; enfin un paysage géographique, organisé lui-même autour de deux axes principaux, qui sont la description des Gaules et l'évocation de la guerre de Troie. Je me propose d'envisager ici les données de cette géographie des origines suivant les trois modalités qui la régissent, et qui ne coïncident pas, nous le verrons, avec les trois types de paysage que je viens de mentionner. La première est celle du mythe, et emprunte ses données aussi bien à la Bible qu'à l'Antiquité. Son statut n'en est pas moins pour Lemaire celui d'un discours de vérité, et c'est

---

5   Précisons que pour Lemaire il ne s'agit pas d'Astyanax, contrairement à ce que j'ai écrit par erreur dans mon article « Fable et allégorie dans *Les Illustrations de Gaule et singularitez de Troye*, de Lemaire de Belges », F. Wild (dir.), *Le Sens caché. Usages de l'allégorie du Moyen Âge au XVIIe siècle*, Arras, Artois Presses Université, 2013, p. 39–52.

6   Pour un résumé de la thèse, voir C. Beaune, *Naissance de la nation France*, Paris, Gallimard, 1985, p. 29, et J. Abélard (qui en donne une version différente), « *Les Illustrations de Gaule* de Jean Lemaire de Belges. Quelle Gaule ? Quelle France ? Quelle nation ? », *Nouvelle Revue du XVIe siècle*, 13, 1995, p. 7–27. Voir aussi M. Rothstein, *Jean Lemaire de Belges's Illustrations de Gaule et singularitez de Troye: politics and unity*, Genève, Droz, coll. « Bibliothèque d'Humanisme et Renaissance », t. 52, n° 3, 1990, et J. Kem, *Jean Lemaire de Belges's Les Illustrations de Gaule et singularitez de Troye: The Trojan Legend in the Late Middle Ages and Early Renaissance*, New York, Peter Lang, coll. « Currents in Comparative Romance Languages and Literatures », 15, 1994.

pourquoi elle peut être aussi une géographie encyclopédique. Enfin, l'épisode central des amours de Pâris est l'occasion d'un traitement idyllique et pastoral du paysage, qui relève fréquemment de l'allégorie. Sur ces bases l'on se demandera dans quelle mesure les descriptions topographiques et les paysages ainsi constitués engagent des relations problématiques entre nature, culture et genre, car nous verrons que la différenciation sexuelle joue un rôle dans la géographie poétique de Lemaire.

Le lieu présent

L'espace présent du locuteur (rappelons que c'est Mercure qui parle) est double : il est hors de la réalité sensible des humains, et intemporel. C'est ce qu'affirme le prologue du livre II, adressé à « la noblesse feminine gallicane et françoise », qui dit avoir été « escrit aux champs Élyséens, là où sont Priam, Hector, Francus, Brutus et Bavo vos progeniteurs [...] le premier jour de May, Lan de grace, Mille cinq cens et douze[7] ». Le lieu d'origine du discours – les Champs Élysées, donc – assure dans le récit la présence d'une action qui s'est déroulée quarante siècles avant le moment de l'élocution, et réalise sur le mode onirique l'unité initiale des Princes issus de Troie. Le présent de l'historien, lui, est évoqué dans le Prologue du livre I, publié en 1511. L'Europe actuelle y apparaît marquée par l'éloignement et la division : la Gaule et Troie « sont noms de regions si très distantes lune de l'autre, et qui nont proximite ne voisinage aucun[8] ». Effectuer le retour à l'origine, c'est abolir ces distances en même temps qu'instaurer une nouvelle historiographie, qui permette d'éclairer le présent – la reconnaissance et le recouvrement de l'unité perdue – en même temps qu'elle fonde un futur, celui de la reconquête de cet espace originel « usurpé » par les Turcs. Depuis les Champs Élysées la vue est unifiante, les frontières spatiales et temporelles, créatrices de discorde, sont appelées à disparaître.

Cette dynamique à la fois rétrospective et prospective procède elle-même d'une double origine et s'oriente dans deux directions que Lemaire s'efforce de faire converger, comme je l'ai déjà laissé entendre. L'une est biblique, l'autre mythologique. En ce qui concerne la Bible, c'est d'abord à partir du Déluge que s'organise le chronotope des *Illustrations de Gaule*. Si les Champs Élysées sont le lieu de naissance du récit, l'Arménie, dont le territoire procède du Paradis terrestre grâce au Tigre et à l'Euphrate, est le lieu de naissance de l'histoire :

---

7 J. Lemaire de Belges, *Les Illustrations de Gaule ...*, *op. cit.*, liv. II, t. 2, p. 5.

8 *Ibid.*, liv. I, t. 1, p. 11.

[Noé] descendit du mont Gordieus en Armenie [...] et vint en la plaine qui estoit toute jonchee de corps morts, et illecques grava en une grande pierre toute lhistoire de deluge. [...] Quand donques le bon père Noë, Sem, Cam, et Japhet, et leurs femmes [...] se veirent estre tous seulets au monde, ilz furent ententifz aux œuvres de mariage, à fin de reparer la perte du genre humain : Et tant labourerent que dedans peu de temps ilz peuplerent Armenie[9].

Noé et ses descendants se déplacent vers la Mer Noire, et en ce lieu la partition des territoires entre les fils de Noé s'effectue par un geste de monstration.

Noe, pour monstrer la cosmographie, cesta dire la description de la terre, à ses enfans [...] monta premierement sur la mer Pontique [...] et vint environner toute la mer mediterrane, comme il avoit veu paravant le deluge. Si monstra à son filz aisné, Sem Melchisedech, tout le rivage Asiatique, depuis le fleuve Tanaïs, qui est en Tartarie, jusques au Nil, qui est en Egypte. A Cam il monstra toute la rive de la mer d'Afrique, depuis le fleuve du Nil jusques au destroit de Gybraltar. Et à Japhet, tout le rivage d'Europe depuis le destroit de Gybraltar en passant par devant les terres d'Espaigne, Gaule, et Italie. En laquelle Italie, il entra premierement par le fleuve de Tymbre, et laissa illec une certaine quantité de peuple, au lieu ou depuis fut fondee Rome, du costé de Toscane, l'an CVIII apres le déluge, au temps de laage doré[10].

Le regard pédagogique et fondateur du patriarche, en instaurant un point de vue dominant, constitue la terre en paysage. Le voyage du regard, ce que Lemaire appelle la cosmographie, précède la prise de possession effective des pays par Noé et ses descendants. Cette scène joue en fait le rôle d'une cartographie sommaire du Bassin Méditerranéen, elle ancre le récit des origines dans un savoir géographique dont elle rappelle les données fondamentales, en même temps que ce rapide survol permet au lecteur de situer le cadre général de l'action.

Après cette vision d'ensemble, la description se focalise sur le territoire des Gaules, plus particulièrement la Gaule celtique. Lemaire cite soigneusement ses sources : ce sont des auteurs de la génération précédente (Alain Chartier,

---

9   *Ibid.*, liv. I, t. 1, p. 21.
10   *Ibid.*, liv. I, t. 1, p. 26. Pour ceux qui seraient surpris par cette mention chronologique, précisons que Noé, selon les chroniques compilées par Lemaire, est âgé de 600 ans au moment du Déluge, et meurt à près de 900 ans.

Robert Gaguin, Raymond Marliani). En l'absence de carte, la description procède par énumération. Le territoire est d'abord délimité puis quadrillé par les fleuves. À l'intérieur de ce tracé, la description se limite à une liste des villes :

> La Gaule Celtique est situee entre quatre grans fleuves renommez : cest asavoir Rhone, Seine et Garonne, et Marne [...]. Les principales citez d'icelle sont Lyon, Authun, Mascon [...]. Il est bon de savoir les limites de ladite Gaule Celtique, pour la remembrance dudit Roy Celte[11].

Le parcours des dieux

Cette géographie énumérative et urbaine, qui signale la visée encyclopédique de Lemaire, est indissociable d'une historiographie conçue comme une suite de conquêtes et de dépossessions. Les lieux conquis par le prince sont autant de trophées à sa gloire, et la géographie, sans perdre sa visée didactique, peut ainsi contribuer à l'« illustration » des familles princières. Les récits mythiques de fondation de villes qui occupent l'essentiel du livre III relèvent de la même démarche : il s'agit à la fois de conférer à la cité une origine héroïque qui la rattache aux familles princières contemporaines, et d'esquisser une géographie unificatrice des Gaules.

Cette célébration de la généalogie des Princes s'autorise également, outre des saintes Écritures, des récits mythologiques de l'Antiquité. Ayant posé que les Gaulois, descendants de Noé, sont les ancêtres des Troyens, Lemaire reprend logiquement (chronologiquement) dans la suite du livre I ce que j'ai appelé la matière de Troie. Le célèbre épisode des noces de Thétis et Pélée[12], exercice de virtuosité rhétorique et poétique qui est le point culminant du livre et inclut le jugement de Pâris, s'ouvre par un tableau de géographie mythologique. Lemaire décrit avec exubérance le voyage des dieux depuis leur lieu d'origine jusqu'à celui du banquet, et c'est encore un panorama de l'espace méditerranéen, présenté cette fois sur un mode dynamique, qui se déroule aux yeux du lecteur :

---

11   *Ibid.*, liv. I, t. 1, p. 60. La citation omet volontairement l'énumération des affluents des fleuves mentionnés, ainsi que l'énumération de 34 villes françaises ; par ailleurs, le « roy Celte » est roi « Jupiter Celte », père d'Hercule de Lybie.

12   L'épisode occupe les chapitres 28 à 35 du livre I.

Premierement y alla de la grand mer Oceane Thetis Deesse des eaues : et entra par les detroits de Maloch, en la mer Mediterrane. Icelle grand dame Thetys fut fille du Ciel et de Vesta, c'est-à-dire la Terre[13] [...]

Consequemment des isles qui sont en la mer Mediterrane, y alla pour le premier Eolus seigneur de lisle de Liparos et des autres isles Vulcanes qui sont à lendroit de Sicile[14].

De la region de la terre ferme, outre la mer Hellesponte, cest asavoir de Phrygie, qui est en Asie la mineure, et du mont Berecynte environ Troye vint dame Cybele la grand mere des Dieux, femme de l'ancien Saturne, et fille du Ciel et de Vesta. Laquelle est nommee Vesta, pource quelle est revestue de fleurs[15].

On voit que là encore, pour Lemaire, la géographie est inséparable de la généalogie, comme du reste de l'étymologie, et que ce passage, qui occupe plusieurs pages du récit, n'est en aucun cas une digression. Certes, il s'agit ici de la généalogie des dieux, et non plus des héros fondateurs, comme c'était le cas au début du livre I. Mais, pour Lemaire, il n'y a pas de solution de continuité entre ceux-ci et ceux-là puisqu'en vertu de la conception evhémérienne qui est la sienne, et suivant Boccace dont il s'inspire directement, les dieux antiques sont des héros divinisés après leur mort[16]. Cela n'empêche pas que dans tout cet épisode ils apparaissent essentiellement comme incarnation des éléments naturels, dont la généalogie construit et surtout donne à voir une représentation à la fois cohérente et euphorique de l'univers. Cet épisode du voyage des dieux permet à Lemaire d'ancrer la géographie dans une cosmographie dynamique et mythologique. Loin de composer un système, il constitue un ensemble de scènes dont chacune est chargée d'illustrer non pas un des quatre éléments de la philosophie médiévale, mais un élément concret du cosmos tel que la mer, le vent, les astres... Le concours des divinités invitées au banquet fait de la nature un vaste tableau vivant dont la fonction principale est de susciter l'émerveillement et de solliciter l'imagination.

L'épisode suivant témoigne du même souci de concilier la description du monde réel et la célébration d'un univers encore proche de son origine. Une évocation du paysage enchanteur du Mont Pélion, où a lieu le festin, évocation dont le modèle explicite est celui de la tapisserie, permet grâce au procédé

---

13   *Ibid.*, liv. I, t. 1, p. 205.
14   *Ibid.*
15   *Ibid.*, liv. I, t. 1, p. 207–208.
16   Voir G. Doutrepont, *Jean Lemaire de Belges et la Renaissance*, Bruxelles, Académie royale de Belgique, Mémoires, 1934, l. Réimpr. Genève, Slatkine, 1974, p. 26–33. Cet ouvrage comporte en annexe une liste des sources de Lemaire.

de l'énumération à la fois de constituer un savoir botanique et de signifier la richesse inépuisable de ce jardin des délices :

> Car alors Flora la gracieuse Nymphe compaigne au doux vent Zephyrus, sentremit de tapisser la noble montaigne de fresche verdure, et de plantes aromatiques et flairans violettes dyaprees de maintes couleurs, dont son mary le gentil Zephyrus filz d'Astreus et de la belle Aurora luy faisoit fourniture. Si comme de mariolaines, poliot, cypres, spic, romarin, euroine, menthe, basilique, marguerites, coqueletz, percelles, soucies, ancolies, iennettes, giroflees, coqueletz, percelles, bacinetz, passeroses, passeveloux, glays, noyelles, liz, pensees, muguetz, roses, et oeilletz herbuz[17].

Les parfums ne sont pas oubliés, non plus que la « douce noise » des ruisseaux, si bien que la description de ce paysage conçu pour ravir les cinq sens s'achève sur une conclusion attendue : « tellement que ce pouvoit sembler un paradis terrestre[18] ». La comparaison réunit sur un mode plus poétique que philosophique les deux univers originaires de la Bible et de la mythologie païenne. Mais c'est cette dernière qui inspire la séquence suivante, celle d'une danse panique exécutée par « le Dieu des pastoureaux d'Arcadie, qui signifie, le tout universel »,

> ayant le front cornu, comme le croissant de la Lune : la face rouge et enflambée, comme le Soleil : la barbe longue jusques au pis, signifiant la vertu active des quatre elements, descendant en terre : les espaules couvertes et aornees dune peau de diverses couleurs [...] representant le ciel stellifere [...], les cuisses et les jambes lourdes et velues, denotans la superficialite de la terre. Et tenoit en la main une houlette pastorale, servant au regime et substentacle de la nature naturee[19].

Cette allégorie de la nature est bien éloignée de celle que proposait le *Roman de la Rose*, qui est pourtant une source d'inspiration de tout l'épisode consacré aux enfances de Pâris. Du reste c'est à Jean de Meun que Lemaire emprunte le personnage de Genius, chapelain et confesseur de Natura, présent au banquet des dieux[20]. Mais Nature a disparu dans les *Illustrations*, elle est remplacée

---

17 J. Lemaire de Belges, *Les Illustrations de Gaule...*, *op. cit.*, liv. I, t. 1, p. 215.
18 *Ibid.*, liv. I, t. 1, p. 216.
19 *Ibid.*, liv. I, t. 1, p. 219.
20 Voir G. Raynaud de Lage, « Natura et Genius chez Jean de Meung et Jean Lemaire de Belges », *Le Moyen Âge*, 58, Bruxelles, La Renaissance du livre, 1952, p. 125–143.

par le dieu « fils de Demogorgon et de Chaos[21] », c'est-à-dire Pan. Au lieu d'une allégorie philosophique et morale, chargée de proclamer la permanence du principe d'ordre et de génération, telle que la concevait Jean de Meun, la danse des nymphes « avec les Satyres, Pans, Egypans et Tityres[22] », prend en charge la représentation de la « nature naturee ».

On aura compris que, dans ce roman des origines, la mythologie fonde le savoir sur le monde parce qu'elle permet, grâce à l'allégorie, d'ancrer ce savoir dans une *vision*, c'est-à-dire une image euphorique du monde. Le chronotope de l'épisode troyen procède également de cette conception mythologique de la nature. C'est encore par le biais d'un déplacement aérien, celui de Mercure chargé par Jupiter d'aller chercher Pâris pour qu'il départage les trois déesses, que Lemaire localise le site de Troie dans l'espace méditerranéen[23]. La géographie physique du théâtre de la guerre à venir a déjà été présentée auparavant, « afin que lhistoire soit mieux entendue[24] ». Il s'agit de montrer que le site promis au ravage et à la destruction était un lieu favorisé par la nature. La précision de la topographie témoigne du souci de construire une image visuelle en l'absence d'une cartographie suffisamment fiable et précise.

Nature et genre

Mais le site de Troie n'existe pas seulement en tant que lieu épique, théâtre mythique des opérations guerrières. L'espace qui environne la ville est également très présent dans le livre I. C'est le lieu idyllique par excellence puisqu'il abrite les enfances, l'éducation et l'initiation amoureuse de Pâris. Plusieurs chapitres, après l'histoire de l'occupation de la terre par les descendants de Noé, sont consacrés aux activités agrestes du jeune Pâris, et la description s'appuie alors sur les *realia* ruraux contemporains de Lemaire[25] : il n'y a là aucun hiatus, mais le désir de marquer la pérennité des gestes ancestraux de la vie rustique, dont on découvre à nouveau les vertus au début de la Renaissance. L'épisode des amours du jeune berger avec la Nymphe Pegasis Oenone est l'occasion d'une célébration de la vie pastorale, activité originelle et pacifique : « anciennement

---

21   J. Lemaire de Belges, *Les Illustrations de Gaule…*, *op. cit.*, liv. I, t. 1, p. 219.

22   *Ibid.*, liv. I, t. 1, p. 219.

23   *Ibid.*, liv. I, t. 1, p. 227.

24   *Ibid.*, liv. I, t. 1, p. 135.

25   Par exemple : « Paris […] sesvertuoit à toutes bonnes choses sans estre nullement oiseux : Cest asavoir à charpenter logettes ou maisonnettes, quon appelle Bordes portables, qui sont de fust, assises sur quatre roues pour les mener là où on veult. » (*Ibid.*, liv. I, t. 1, p. 146).

l'avoir des Princes consistoit plus en nourriture de bestail, qu'en or, et en argent[26] ».

Cette thèse est exposée au chapitre 9, avant le récit des enfances de Pâris, à propos de la généalogie des rois gaulois. Lemaire y appuie cette théorie par l'insertion d'une géologie et d'une économie monétaire fabuleuses dans la description du territoire de la Gaule celtique :

> Les pasteurs dudit Roy Jupiter Celte, repairans parmy les montaignes, quon dit maintenant Pyrenees, lesquelles separent le Royaume de France davec Espaigne, bouterent le feu es bois desdites montaignes : tellement quelles bruslerent par une merveilleuse inflammation et longue espace de temps. Et furent cuites par la force du feu les forges et les mynes, tellement que grans ruisseaux dargent pur couloient jusques aux valees. Dont les rudes pasteurs de ce temps là, non sachans que cestoit, ne faisoient autre conte, sinon quilz sen esmervelloient. Mais daventure aucuns marchans de Phenice [...] passerent par là, et cognurent tantost la valeur du métal[27].

La pédagogie de l'émerveillement fonde toute la représentation de la nature dans le récit. Le père adoptif de Pâris développe la même conception dans la leçon de « science Rurale » qu'il adresse à ses enfants. La véritable richesse, source d'une noblesse primitive, est celle des bergers : « Je soustiens que ce labeur cy n'est pas seulement Royal, mais plustost une occupation deïfique[28] ». Aussi Pâris et la Nymphe y vivent-ils « en une haute tranquillité, parfonde paix, et amour incredible, contents des simples mets de la nature[29] ». Se met alors en place une tension éthique et poétique entre ce que nous appellerions aujourd'hui nature et culture, qui se manifeste sur le plan de la topographie par le contraste entre la vallée du Mésaulon, lieu agreste, et l'espace urbain, où Pâris corrompra son bon naturel. Il serait abusif de considérer que Lemaire valorise l'un au détriment de l'autre. Les richesses urbaines ne sont pas moins « émerveillables » que celles de la nature, mais on notera que Lemaire développe bien davantage la description de celles-ci que de celles-là. Ce n'est pas la reconnaissance de son origine royale et son accueil à la cour de Priam qui pervertissent le jeune Pâris, c'est le choix qu'il fait de Vénus, « la tres mondaine deesse[30] ».

---

26 *Ibid.*, liv. I, t. 1, p. 58.
27 *Ibid.*
28 *Ibid.*, liv. I, t. 1, p. 147.
29 *Ibid.*, liv. I, t. 1, p. 196.
30 *Ibid.*, liv. I, t. 1, p. 255.

Dans l'épisode du jugement, Lemaire développe non sans complaisance ce que j'appellerai le motif du *strip-tease* des déesses, contraintes de se mettre nues devant le jeune berger. Chacune garde cependant une parure. Celle de Vénus est la plus « artificielle », en ce qu'elle utilise un élément de la nature (une guirlande de roses) pour dévoiler en le voilant « son noble sexe[31] », et ainsi susciter le désir de Pâris, donc orienter son jugement. Ce détail vestimentaire révèle en fait l'ambiguïté de la relation de Vénus avec la nature : Vénus, c'est le plaisir, donc la fécondité, elle est à la source de la vie des êtres et du monde ; mais elle incarne aussi la coquetterie, qui dévoie l'homme de sa vertu originelle. Par la suite, au cours du livre II, Lemaire tente de rendre compte de cette ambiguïté en précisant sa conception de l'amour et le rapport qu'il entretient avec la nature. Il est ainsi conduit à postuler l'existence de deux Vénus : « Non pas celle Venus qui fut mariee à Vulcan [...] car celle deesse est trop gaye, et trop mignote et lascive : et pour ceste cause suspecte à toute honnesteté matronale [...], mais lautre bonne Deesse, laquelle ne preside sinon aux saints mariages legitimes, est sans tache et sans macule[32] ». C'est cette seconde Vénus qui incarne la permanence de la nature et la pérennité de la loi divine. Elle est vouée « à la fecondité et procreation, et belle nourriture de bonne lignée, par laquelle la chose publique est gardee et preservee de decadence, le service divin continué, et plusieurs glorieuses ames en volent au ciel, pour remplir sieges de Paradis[33] ».

Dans le discours injurieux qu'adresse Junon à Pâris après le jugement, la déesse qualifie le jeune berger de « chose dénaturée[34] », en ce qu'il a préféré « la vie voluptueuse et inutile » à la vie active (Junon) et contemplative (Pallas). Le résultat de cette « dénaturation » est que Pâris, préférant les joies de l'amour aux ardeurs de la guerre, devient un « efféminé », qualificatif dont il sera affublé tout au long du XVIe siècle. Le choix de s'éloigner de la nature peut faire d'un berger hardi un être efféminé, que le luxe de la vie à la cour ne fera qu'amollir davantage. La première épouse de Pâris en revanche, la Nymphe Pegasis Oenone, incarne les vertus naturelles. Son mariage avec Pâris scelle son alliance avec la vie pastorale, dont nous avons vu qu'elle est caractéristique de l'âge d'or. Or, si Pâris « se dévirilise » en choisissant la coquette Vénus, la Nymphe Oenone au contraire a acquis au contact de la vie pastorale une force toute masculine :

---

31   *Ibid.*
32   *Ibid.*, liv. II, t. 2, p. 2–3.
33   *Ibid.*, liv. II, t. 2, p. 4.
34   *Ibid.*, liv. I, t. 1, p. 258 : « Mal sont assignez les biens de Dieu et de Nature en chose si desnaturee. »

> [Q]uelle dame ou damoiselle se trouva jamais si franche et si hardie, quen postposant toute tendresse et imbecilité feminine, de suivre son espoux à la chasse parmy les hauts rochers, luy monstrer les repaires des bestes sauvages, tendre les filez, mener les chiens en queste : et faire toutes choses laborieuses, et viriles, par grand affection, sinon moy[35].

Que la Nymphe se virilise est évidemment signe de sa force d'âme, mais que Pâris devienne efféminé est une preuve de décadence. Est-ce à dire que le paysage pastoral serait placé sous le signe de la virilité, de la *virtus* primitive tandis que l'espace urbain, et particulièrement curial, serait celui de la féminisation dénaturante ? Trop adonnés aux délices de la civilisation, les Troyens ont perdu la vigueur primitive, nécessaire à leur survie.

Le futur Charles Quint, que les *Illustrations* doivent contribuer à éduquer, devra retenir la leçon du choix malheureux de Pâris : le Prince qui a entrepris de vivre en accord avec la nature, source de force, se montrera capable de défendre et préserver le territoire dont il a la charge. Francus le fondateur réparera la faute de son cousin. C'est à lui qu'il revient d'incarner la *virtus* originelle, dont les « Princes chrestiens » contemporains de Lemaire doivent se montrer héritiers. Il serait souhaitable que le voyage mental auquel ont été conviés « noz Princes Troyens, c'est-à-dire Chrestiens[36] » devienne un pèlerinage réel en même temps qu'une expédition guerrière, et qu'un jour « par effect ilz desirassent et sessfforçassent de recouvrer leur patrimoine hereditaire d'Asie la Mineure, quon dit maintenant Natalie ou Turquie : et daller voir le païs Natal, jadis du grand Roy Priam de Troye, et du Prince Hector, qui furent les vrays surgeons de toute noblesse[37] ». La concorde des Princes, seule capable de maintenir l'intégrité des territoires de l'Europe chrétienne face au péril turc, dépend de la connaissance, de la reconnaissance et de la prise en charge de cet héritage « naturel » dont Lemaire a fait miroiter les splendeurs.

Cet impératif engage dans *Les Illustrations* une pédagogie fondée sur une représentation à la fois syncrétique et euphorique de la nature, qui n'est plus seulement l'instance régulatrice mandatée par Dieu pour régir l'univers, mais un principe vital toujours en effervescence, générateur de merveilles dont l'homme, faute de les reconnaître et de les admirer, ne se montre pas digne. C'est à cette reconnaissance que tend la poétique de Lemaire, prise en charge

---

35   *Ibid.*, liv. II, t. 2, p. 120–121.
36   *Ibid.*, liv. I, t. 1, p. 139.
37   *Ibid.*, liv. I, t. 1, p. 139.

du chronotope des origines par une éloquence exubérante qui veut être une réplique aux angoisses du temps[38].

Bibliographie

Œuvres et sources

Œuvres de Jean Lemaire de Belges, publiées par A. J. Stécher, Louvain, Académie royale de Belgique, 4 t., 1882–1891. Réimpr. Genève, Slatkine Reprints, 1969–1970 et 2011.

Études

Abélard, Jacques, « *Les Illustrations de Gaule* de Jean Lemaire de Belges. Quelle Gaule ? Quelle France ? Quelle nation ? », *Nouvelle Revue du XVIᵉ siècle*, 13, 1995, p. 7–27.

Abélard, Jacques, Les Illustrations de Gaule et singularitez de Troye *de Jean Lemaire de Belges : étude des éditions, genèse de l'œuvre*, Genève, Droz, coll. « Publications romanes et françaises », 140, 1976.

Beaune, Colette, *Naissance de la nation France*, Paris, Gallimard, 1985.

Desbois-Ientile, Adeline, « Récits des origines et sens du passé au début du XVᵉ siècle », *Camenulae* 11, octobre 2014, p. 1–13.

Doutrepont, Georges, *Jean Lemaire de Belges et la Renaissance*, Bruxelles, Académie royale de Belgique, Mémoires, 1934, l. Réimpr. Genève, Slatkine, 1974, p. 26–33.

Kem, Judy, *Jean Lemaire de Belges's* Les Illustrations de Gaule et singularitez de Troye: *The Trojan Legend in the Late Middle Ages and Early Renaissance*, New York, Peter Lang, coll. « Currents in Comparative Romance Languages and Literatures », 15, 1994.

Liaroutzos, Chantal, « Fable et allégorie dans *Les Illustrations de Gaule et singularitez de Troye*, de Lemaire de Belges », Francine Wild (dir.), *Le Sens caché. Usages de l'allégorie du Moyen Âge au XVIIᵉ siècle*, Arras, Artois Presses Université, 2013, p. 39–52.

Raynaud de Lage, Guy, « Natura et Genius chez Jean de Meung et Jean Lemaire de Belges », *Le Moyen Âge*, 58, Bruxelles, La Renaissance du livre, 1952, p. 125–143.

Rothstein, Marian, *Jean Lemaire de Belges's* Illustrations de Gaule et singularitez de Troye: *politics and unity*, Genève, Droz, coll. « Bibliothèque d'Humanisme et Renaissance », t. 52, n° 3, 1990.

Sauzet, Robert, « Guerre sainte ou croisade en nouvelle France », *Mélanges de l'École française de Rome. Italie et Méditerranée modernes et contemporaines* [En ligne], 124–1 | 2012, mis en ligne le 19 décembre 2012, consulté le 14 septembre 2015. URL : http://mefrim.revues.org/181.

---

38   Voir A. Desbois-Ientile, « Récits des origines et sens du passé au début du XVᵉ siècle », *Camenulae* 11, octobre 2014, p. 1–13, en particulier p. 5, pour l'étude de la récurrence du préfixe *re-* exprimant le retour dans les *Illustrations*.

Quelques itinéraires savants au XVIIe siècle

Judith Sribnai

> *Il s'agit du ciel, du monde, de la nature des choses, dans la contempla-*
> *tion de laquelle nous vivons et qui ne permet à personne de s'enrichir*
> *et de s'accroître sinon pour le profit de tous, et d'un droit commun.*

PIERRE GASSENDI, à Godefroy Wendelin, 19 mai 1636

∴

À propos du rapport entre l'homme et sa connaissance de la nature, Hans Blumenberg proposait de suivre les différentes incarnations de la métaphore de la « lisibilité du monde[1] ». La simplicité de la formule cache en réalité une arborescence complexe d'images et de sens : le monde comme livre, le déchiffrement des phénomènes, l'artificialité de l'écriture et l'authenticité de la nature. Dans les multiples facettes de cette métaphore, H. Blumenberg ne reconnaissait pas la question kantienne du « que pouvons-nous savoir ? ». Il entendait plutôt une déception qu'il formule en ces termes : « que voulions-nous savoir ? ».

Le « chemin de la connaissance » est une expression métaphorique elle aussi très ancienne et dont les mésaventures sémantiques et syntaxiques sont multiples – on parle de « chemin(s) », de « route droite », de « sentiers », etc. Dans les discours religieux, fictionnels ou encore biographiques, elle donne lieu à bien des variations narratives représentant chacune des situations épistémologiques particulières. De façon générale, le protagoniste emprunte un chemin qui doit le conduire à la découverte et au savoir. Sur cette route, les transformations et les peines qu'il éprouve sont aussi – et parfois plus – essentielles que les vérités qui se révèlent à lui au terme du voyage. Il existe, par exemple, un versant religieux à ce récit : c'est sur le chemin de Damas que saint Paul se convertit et Thérèse d'Avila partage avec les carmélites le « chemin de la perfection » (*Camino de perfección*). Il existe, par ailleurs, un versant philosophique ou savant : on peut évoquer, bien sûr, la route qui, chez Platon, conduit

---

1 Voir H. Blumenberg, *La Lisibilité du monde*, Paris, Les éditions du Cerf, 2007.

les hommes de l'obscurité à la lumière[2] ; ou encore, le moment de la révélation de Rousseau sur le chemin de la prison de Vincennes, ce jour malheureux où il décida de répondre à la question proposée par l'Académie de Dijon[3]. Le plus souvent, le chemin est le lieu d'une conversion, c'est-à-dire à la fois d'un retour sur soi et d'une transformation profonde, d'un renouveau[4]. C'est cette image ou cette histoire de nos rapports à la connaissance qui m'intéresse ici. À bien des égards, il me semble qu'elle pourrait aussi bien s'élucider sous la question du « que voulions-nous savoir[5] ? ».

Si l'on s'en tient, dans cette catégorie très vaste, à une configuration narrative récurrente, elle pourrait se formuler comme suit : « un personnage marche sur un chemin, ce qui l'amène à faire une découverte d'ordre intellectuel[6] ». Ce topos connaît un certain succès dans les discours savants du XVIIe siècle où il est couramment associé à deux « nouveautés » : une nouveauté épistémologique, d'une part, qui consiste à promouvoir l'expérience, c'est-à-dire qui encourage, littéralement, à sortir de chez soi, à prendre la route et à aller voir de ses propres yeux – véritable *leitmotiv* des défenses et illustrations de la nouvelle science ; une nouveauté politique, d'autre part, qui est celle des expansions territoriales vers le « Nouveau Monde ». Bacon, entre autres, aime à souligner cette analogie entre le téméraire explorateur de l'Amérique et l'audacieux savant moderne[7]. En somme, on peut considérer que le XVIIe siècle revitalise ce topos ancien. Or, l'un des éléments qui introduit une variation dans la récurrence de cette configuration topique, c'est le rôle qui y est accordé à la nature. Selon ces rôles, ce sont différentes représentations du savoir et de l'accès à la connaissance qui se dessinent.

---

2   Accéder au savoir, c'est remonter vers la lumière, imposer à son corps et à son esprit un mouvement douloureux mais nécessaire. Voir Platon, *République*, VII, 514a–518c, Paris, Gallimard, 1950, p. 1101–1107.

3   Voir la seconde lettre à Malesherbes (12 janvier 1762, *Correspondance*, Paris, Flammarion, 1991, p. 168–171) et *Les Confessions*, VIII, Paris, Flammarion, 2012, p. 92 *sqq.* L'expérience de Rousseau est singulière puisqu'elle mêle, dans un même moment, révélation (celle de l'origine des inégalités sociales) et chute (dans le monde de l'écriture).

4   Voir P. Hadot, *Exercices spirituels et philosophie antique*, Paris, Albin Michel, 2002.

5   H. Blumenberg remarque : « L'expérience devient ainsi un vaste processus, qui veut être parcouru dans son intégralité et n'admet aucun raccourci. Face à ce qu'est maintenant le monde, on peut dire que le voyage, comme attitude fondamentale, fournit le type et le modèle sous lequel "la vie" tout entière se laisse subsumer. Ce voyage à travers le monde ne s'apparente qu'extérieurement à la *perigrinatio* médiévale. » (*La Lisibilité du monde, op. cit.*, p. 115).

6   Je laisse donc de côté tout ce qui a trait aux découvertes spirituelles ou même personnelles pour m'en tenir à la question de l'accès au savoir tel qu'il s'est notamment distingué du discours religieux au cours du XVIIe siècle.

7   Voir F. Bacon, *Du progrès et de la promotion des savoirs*, trad. M. Le Dœuf, Paris, Gallimard, 1991, p. 102–103.

Pour le montrer, je m'appuierai sur quatre exemples. Le premier, tiré du *Discours de la méthode* (1637) de Descartes, est un exemple ambigu puisque la route qui permet de sortir de la forêt joue dans la démonstration le rôle d'une illustration par analogie et n'appartient pas au récit autobiographique. Si l'on s'éloigne donc du topos romanesque, le passage me semble malgré tout révélateur des liens qui se nouent entre savoir, chemin et nature[8]. Il importe, dans ce premier cas, de sortir de la forêt et d'une nature qu'il faudrait pouvoir dominer. Le deuxième exemple vient de l'incipit du *Gascon extravagant* (1639) où le chemin représente un risque pris justement parce qu'il mène à l'extérieur et à des découvertes inattendues. La nature, cependant, y fait surtout figure de décor. Chez Gassendi, en revanche, elle est un personnage à part entière avec lequel et dans lequel il faut apprendre à vivre (lettre à Peiresc, 1635). Enfin, dans les *États et Empires du Soleil* (1662) de Cyrano de Bergerac, le chemin est un véritable moment de transformation, c'est-à-dire, cette fois, de profonde et intime expérience d'une participation à ce qui nous environne. Dans chacun de ces cas, et malgré la permanence du topos, se profilent une définition du savoir différente, une nature qui ne signifie pas et ne dit pas la même chose, et, par conséquent, une compréhension singulière de ce que veut dire *habiter* la nature.

La forêt cartésienne

Descartes, on le sait, n'aime pas tourner en rond. Dès le début du *Discours de la méthode*, il s'agit de trouver le « droit chemin », c'est-à-dire la « méthode » et le philosophe use abondamment de l'analogie, que permet l'étymologie du mot lui-même[9], entre vie du promeneur et vie de l'esprit. Ainsi la « diversité de nos opinions » vient-elle de ce que « nous conduisons nos pensées par diverses voies[10] ». Tandis que, et tel est bien le projet cartésien, « ceux qui ne marchent que fort lentement, peuvent avancer beaucoup davantage, s'ils suivent toujours le droit chemin, que ne font ceux qui courent, et s'en éloignent[11] ». Il est vrai que, pour ce qui est des affaires publiques, sinuosités et détours sont parfois nécessaires :

---

8   L'exemple du *Discours* est d'autant plus important à intégrer dans ce parcours que les autres auteurs sont en dialogue avec Descartes sur la double question de l'accès au savoir et de la relation de l'homme à la nature.

9   Étymologiquement, la *méthode* (ὁδός), c'est d'abord le « chemin », la « voie empruntée ».

10   R. Descartes, *Discours de la méthode, Œuvres philosophiques*, éd. F. Alquié, Paris, Classiques Garnier, 1994, t. 1, p. 568.

11   *Ibid.*

[les moindres choses qui touchent le public] sont toujours quasi plus
supportables que ne serait leur changement : en même façon que les
grands chemins, qui tournoient entre des montagnes, deviennent peu à
peu si unis et si commodes, à force d'être fréquentés, qu'il est beaucoup
meilleur de les suivre que d'entreprendre d'aller plus droit, en grimpant
au-dessus des rochers, et descendant jusques au bas des précipices[12].

Dans ce domaine il vaut mieux suivre la coutume (le sentier battu) quitte à
aller moins droitement. Car le philosophe a deux pas, celui collectif et réglé du
politique, celui solitaire et inédit de la pensée. Dans le premier cas, la nature
n'est jamais très bonne : « rochers », « précipices », « montagnes » menacent
celui qui voudrait s'éloigner des coutumes de son pays[13]. Le risque de l'indé-
cision et de l'immobilité est le lot de celui qui s'égare dans la nature : ce lieu
sans règle, sans route que celle tracée de force et par l'usage, sans loi et sans
convention. Dans l'analogie entre existence et itinéraire, la forêt incarne l'isolement de celui qui, sur le plan éthique et politique, a définitivement quitté les
« grands chemins » de ses prédécesseurs. Mais Descartes reconduit la même
opposition axiologique quand il est question de son esprit. Avant d'entreprendre de se défaire « librement » de ses opinions, il propose « trois ou quatre
maximes » d'une « morale par provision » dont la deuxième consiste à « être le
plus ferme et le plus résolu en mes actions que je pourrais », ce qu'il comprend
en ces termes :

Imitant en cela les voyageurs qui, se trouvant égarés en quelque forêt, ne
doivent pas errer en tournoyant, tantôt d'un côté, tantôt d'un autre, ni
encore moins s'arrêter en une place, mais marcher toujours le plus droit
qu'ils peuvent vers un même côté, et ne le changer point pour de faibles
raisons, encore que ce n'ait peut-être été au commencement que le hasard seul qui les ait déterminés à le choisir : car, par ce moyen, s'ils ne vont
justement où ils désirent, ils arriveront au moins à la fin quelque part, où
vraisemblablement ils seront mieux que dans le milieu d'une forêt[14].

Le passage est bien connu et je laisse de côté les interprétations dont il a été
l'objet[15]. Plus intéressant pour nous est le fait que, là encore, le chemin doit

---

12   *Ibid.*, p. 582.
13   Comme le signale F. Alquié, Descartes est proche ici de Montaigne, *Essais*, III, 9 et de
      Charron, *De la sagesse*, II, 8, 9.
14   R. Descartes, *op. cit.*, p. 595.
15   Voir, entre autres, G. Rodis-Lewis, *La Morale de Descartes*, Paris, PUF, 1970 ; V. Carraud,
      « Morale par provision et probabilité », J. Biard et R. Rashed (dir.), *Descartes et le Moyen-
      Âge*, Paris, Vrin, 1997, p. 259–279 ; J.-M. Beyssade, « Sur les "trois ou quatre maximes" de la

conduire hors de la forêt. Il ne faut pas rester dans la nature dont les connotations sont clairement péjoratives : obscurité, aveuglement, errance, piétine-
ment – calamité suprême d'une philosophie qui veut et pense pouvoir aller
« le plus droit ». Il vaut mieux arriver « quelque part » que d'être condamné à
rester « dans le milieu d'une forêt », forêt qui figure un ailleurs, voire un « nulle
part ». Fermé contre ouvert, immobilisme contre mouvement de sortie, malaise contre bien-être : la raison et la méthode ne sont définitivement pas du
côté de la forêt[16]. Dans le récit cartésien la connaissance est à l'extérieur, au
bout du chemin : le philosophe marche sur une route jusqu'à en sortir, jusqu'à
y voir clair. Ainsi faudra-t-il « déraciner » les erreurs de l'esprit, cet esprit qui
prend ses aises et son envol en ville, une ville de Hollande que, se réjouit Descartes, les armées rendent dociles et où il peut « vivre aussi solitaire et retiré
que dans les déserts les plus écartés[17] ».

L'utilisation que Descartes fait de ce topos me semble intéressante pour au
moins deux raisons. En premier lieu, depuis l'Antiquité, il convient de trouver
le chemin qui conduit à la vérité ou au savoir mais il est toujours et souvent
plus important de trouver « son chemin », qui peut être indirect, chemin de
traverse, sentier mal dégagé[18]. Il y a donc rarement *un* chemin, *une* méthode.
Descartes lui-même se garde d'une telle présomption : « Ainsi mon dessein
n'est pas d'enseigner ici la méthode que chacun doit suivre pour bien conduire
sa raison, mais seulement de faire voir en quelle sorte j'ai tâché de conduire la
mienne[19]. » La métaphore viatique permet à la fois de rendre compte de cette
diversité et, dans le même temps, de la difficulté qu'il y a à articuler expérience
personnelle et savoir commun.

D'autre part, dans plusieurs récits d'itinéraires savants, il est moins question de s'éloigner de la nature que d'y revenir[20]. Or, chez Descartes, il faut s'en

---

morale par provision », *Descartes au fil de l'ordre*, Paris, PUF, 2001, p. 237–257 ; D. Moreau,
Dans le milieu d'une forêt. Essai sur Descartes et le sens de la vie, Paris, Bayard, 2012.

16   De ce point de vue, Descartes poursuit peut-être une tradition, notamment de textes à
visée symbolique, qui fait de la forêt un *locus terribilis*. Voir I. Trivisani-Moreau, « Bois
et forêts dans l'univers romanesque de la seconde moitié du XVIIe siècle », *XVIIᵉ siècle*,
n°226, 2005, p. 29–39. Dans ce cas, l'isolement qu'elle procure est funeste et engendre la
folie – ou l'égarement comme chez Descartes.

17   R. Descartes, *op. cit.*, p. 601.

18   Voir Platon, *Parménide*, 136e-137a, trad. L. Brisson, Paris, Flammarion, 2011, p. 113 ; Th.
d'Avila, *Le Chemin de la perfection* [1598], chap. XVII, 2, trad. M. Auclair, Paris, Desclée de
Brower, 1964, p. 418.

19   R. Descartes, p. 571.

20   Voir à ce sujet P. Hadot, *Le Voile d'Isis. Essai sur l'histoire de l'idée de Nature*, Paris,
Gallimard, 2004. L'auteur oppose attitude prométhéenne et attitude orphique de l'homme
face aux secrets de la nature. Descartes appartient à la première famille, lui qui veut savoir
« reproduire tel ou tel effet » de la mécanique naturelle (*ibid.*, p. 181). Mais, on le voit dans
les exemples cités, sur le plan symbolique, la nature est chargée de menaces. En cela, elle

écarter, la laisser derrière nous. Lorsqu'il évoque, un peu plus loin, le projet du *Monde* qui comprend tout ce qu'il pense savoir « sur la nature des choses matérielles[21] », Descartes rappelle que l'homme est le « spectateur » du monde. Lorsqu'il s'émerveille des possibilités pratiques qu'offrent les lois de la physique, il a cette formule, restée célèbre, qu'elles pourront « nous rendre comme maître et possesseur de la nature[22] ». Aussi, ce qu'illustre cette réappropriation du topos, c'est moins l'ivresse de la technique ou de la mécanique[23] qui nous permettrait d'être dans la nature, d'y bien vivre en imitant artificiellement ses ressorts, qu'une manière, justement, de n'y être pas. La méthode fait sortir du bois[24].

Quitter la grande route

Le *Gascon extravagant* d'Onésime de Claireville, roman paru en 1637, s'inscrit lui aussi dans une réflexion sur la nouvelle science. Il s'ouvre, de façon à la fois ludique et évocatrice, sur le départ du narrateur :

> A pène le soleil paroissoit sur nôtre horison, et les premieres vapeurs de la terre commençoient à s'élever dans les nues, quand j'ouvris les fenêtres de ma chambre, pour recevoir l'agréable frécheur de la matinée[25] [...].

Suit une description des beautés du printemps qui fait « amirer les effets de la Nature », description en forme de parodie topique du grand roman. Cette fois la nature est accueillante et charme les sens du narrateur : il y a des couleurs, on y entend la « melodie des oyzeaux qui prenoient plaisir de dégoiser dans un

---

reste toujours associée au mystère et au secret. Voir également, William Eamon, *Science and the Secrets of Nature*, Princeton University Press, 1996.

21   R. Descartes, *op. cit.*, p. 614. C'est-à-dire tout ce qui relève du domaine physique, de sorte que ciel, étoiles, planètes, comètes sont étudiés avec l'homme. Chez Descartes, la nature est l'action divine sur la matière, la matière elle-même ou l'ensemble des lois établies par Dieu sur la matière (voir P. Hadot, *Le Voile d'Isis, op. cit.*, p. 187).

22   R. Descartes, *op. cit.*, p. 634.

23   P. Hadot rappelle que « mécanique » vient de *méchané*, la ruse (voir *Le Voile d'Isis, op. cit.*, p. 133).

24   Robert Lenoble, dans *Esquisse d'une histoire de l'idée de nature*, Paris, A. Michel, 1969, définit la science moderne comme le lieu où « l'art de fabriquer est devenu le prototype de la science » – ce qui commencerait avec Galilée. L'usage cartésien du topos montre que la technique peut également être une manière de ne pas être dans la nature, ce qui soulève, à terme, le problème de la technologie.

25   O. de Claireville, *Le Gascon extravagant*, éd. F. Robello, Abano Terme, Piovan, 1984, p. 55.

petit bocage prochain », rien ne « travaille l'esprit[26] ». Lieu charmant s'il en est, qui met le narrateur dans « un ravissement incroyable[27] ». Mais, justement, la contemplation ne suffit pas, ni sur le plan narratologique (il faut que l'action commence), ni sur le plan intellectuel (l'observation passive, même plaisante, est imparfaite) :

> je n'avois pas encores pris mes premieres hardes pour m'habiller, que j'ouis le cry de certaines personnes, qui sembloient devoir estre assaillies par quelques gens qui ne les vouloient point épargner, ce qui me fit bien vîte changer de dessein, et preferant l'assistance que j'esperois leur rendre, aux divertissemens qui ne m'avoient pas endormy tout à fait, je descendis de ma chambre pour courir au lieu où je pensois devoir rencontrer ces peuples. Je franchis sans m'arrester une grande allée, qui separe le jardin du bois, et comme je continuois à marcher je vis une femme toute éperdue, et qui par ses courses vagabondes me rendoit des témoignages asseurez de ses transports. Quittant ma routte, je m'en allé vers elle, pour l'enquerir sur le sujet de son infortune[28] [...].

Le narrateur superpose plusieurs événements. Parce qu'un cri se fait entendre, il faut quitter la chambre, cet espace qui permet la contemplation, mais qui reste à l'écart du monde, pour « courir au lieu » où le bruit se fait entendre. Le déplacement spatial (de l'intérieur à l'extérieur) se double d'un déplacement de l'apprivoisé (le jardin, le bocage, le parterre) à l'inconnu (cette allée qu'on traverse pour quitter le jardin et s'en aller vers le « bois »). Le confort fait place à l'imprévu puisqu'il faut même quitter sa route. À la contemplation, associée ici au « divertissement » qui risque d'endormir, se substitue l'action qui consiste à sortir de chez soi, à quitter son jardin pour la route et aller voir de ses propres yeux de quoi il retourne. C'est exactement le récit de la nouvelle science, encore une fois ramené à cette petite séquence narrative : un homme sort de chez lui et fait ainsi une découverte. Celle-ci n'est possible que de façon directe : il faut en être le témoin oculaire. Ce qui fait l'ingéniosité de cet incipit, c'est que cette transition spatiale, doublée d'une transition épistémologique (de l'ancienne science qui observe son jardin à la nouvelle qui va dans le bois), se combine à une transition esthétique : finis les vieux romans et leurs ouvertures invraisemblables, le roman moderne et comique descend dans la rue. Comme la science sort du cabinet du savant, l'écrivain sort de ses

---

26   *Ibid.*
27   *Ibid.*
28   *Ibid.*, p. 55–56.

vieux papiers. Et si l'argument est connu, il prend chez Claireville un tour remarquable car extrêmement condensé dans la reprise du topos : le roman comique est celui qui sort au grand air, va voir ce qu'il y a dans le bois et au-delà.
De sorte que le lecteur adhère à tout cela à la fois : nouveau roman, nouvelle
science, nouvel espace. La nature, quand elle est *vue* et *racontée* directement,
s'associe au vrai parce qu'elle devient une expérience individuelle (et non héritée, comme ce beau jardin que je vois sous ma fenêtre), ce dont rend compte
le chemin, ce chemin qui est mien, qui me transforme nécessairement en me
sortant de ma torpeur.

Chemin faisant

Cependant, dans le *Gascon extravagant* la nature reste le décor d'une réflexion
épistémologique : elle n'est pas en soi la fin du savoir. Chez Gassendi, en revanche, elle devient l'objet d'une attention et d'un attachement particuliers.
J'en donnerai un exemple tiré de la correspondance de l'auteur avec Peiresc.
Avant cela, il faut rappeler que Gassendi, philosophe et érudit du premier
XVIIᵉ siècle (1592–1655), a connu moins de succès que son contemporain Descartes, avec lequel il s'est opposé sur à peu près tout. Et de fait, si Descartes
marche droit et ne perd pas son temps (après tout, les *Méditations* ne devraient
prendre que six jours), Gassendi reconnaît une très forte valeur heuristique à
l'égarement et au détour. En cela, il se rattache à une tradition qui envisage la
recherche comme une « divagation ». De plus, il blâme dans ses lettres les éru-
dits « qui s'enferment entre quatre murs par un muet dégoût de la nature[29] ».
Attaché à réhabiliter Épicure parmi les grands philosophes, il en hérite une
certaine compréhension de la physique et déclare que « le nom de nature em-
brasse donc non seulement tout ce qui naît, mais encore tout ce qui en est
la cause, et donc tout ce qui existe dans l'univers[30] ». La nature s'apparente
alors à la *phusis* grecque, c'est-à-dire à l'idée d'un processus d'engendrement,
de naissance et d'accroissement, et ce sont ses lois ou principes de génération
qui fascinent et guident le savant. Parce qu'elle s'origine, pour Gassendi, en
Dieu[31], son observation suscite deux sentiments : l'émerveillement et le désir
de connaissance. Dans une lettre au prince de Valois datée du 28 juin 1641,
Gassendi, en effet, parle de « stupeur » devant la richesse des phénomènes qui

---

29   P. Gassendi, *Lettres Latines*, éd. S. Taussig, Turnhout, Brepols, 2004, vol. 1, p. 4.
30   *Ibid.*, p. 238.
31   La nature comprend à la fois l'ensemble des phénomènes ainsi que l'étude de leur prin-
      cipe et de leur mouvement.

nous échappent et dont nous ne connaîtrons jamais les secrets intimes[32]. Le monde est plus grand que nous et le philosophe, s'il déplore la « débilité de la nature humaine », ne remet jamais en doute la générosité de l'ouvrage divin. Gassendi évoque, par ailleurs, le besoin de participer à cette nature par la connaissance que nous en avons. Le savoir ici n'éloigne pas, il fait *entrer dans*. Ainsi reprend-il l'expression de Lucrèce : « *Natura dædala rerum* », la nature architecte des choses. Dans la même lettre, il souligne que, si nous ne pouvons venir à bout de la connaissance des choses, il est heureux déjà que le créateur nous laisse voir son ouvrage, quand bien même il ne révèle pas les ressorts intérieurs des automates de Dédale :

> Nous sommes heureux puisque la bonté divine ne nous refuse pas le spectacle de tant d'admirables ouvrages. L'auteur de la nature semble se conduire comme un artisan qui, après avoir fabriqué les automates de Dédale et d'autres merveilles de ce genre digne de stupeur, les met à disposition de tout le monde, sans pour autant révéler leurs ressorts intérieurs. Aussi, les spectateurs doivent-ils se contenter de repaître agréablement leurs yeux, sans s'enquérir de l'artisan ni se tenir pour malheureux de ne pas concevoir dans leur cœur son habileté. De même, pour nous qui sommes admis dans ce beau théâtre de la nature, la très exquise contemplation de tant de choses qu'il recèle doit nous suffire ; et nous avons tort d'adresser des réclamations à Dieu ou d'attribuer à un quelconque malheur notre incapacité à comprendre le talent qu'il a mis à les créer[33].

À la fois sacrée, désirable, objet d'imparfaite connaissance et d'expérience, la nature, dont l'homme n'est qu'un phénomène, peut bien être admirée et habitée comme un théâtre mais jamais fuie ni possédée.

---

32   Il affirme : « Même si je peux saisir quelque bribe de la science que j'appelle d'habitude de τα φαινόμενα, c'est-à-dire « historique », cependant je ne me promets pas même un atome de cette très célèbre science qui permet de connaître la nature intime des choses et leurs propriétés. Cette science je la réserve entièrement à Dieu qui, comme artisan de la nature, peut seul concevoir nettement le fonctionnement de son œuvre. Parmi les éléments de la nature, considère le premier qui viendra à l'esprit, animal, plante ou n'importe quoi d'autre : tous les philosophes n'expliqueront jamais à l'unisson toutes ses causes vraies et prochains, son mode ni le système de sa structure. Seul Celui qui l'a fait peut le dire : pour nous autres homoncules, il ne nous reste que la stupeur. » (P. Gassendi, *Lettres latines, op. cit.*, p. 199).

33   *Ibid.*, p. 200.

Dans une lettre qu'il adresse à l'érudit Peiresc en mai 1635, Gassendi s'excuse d'être passé si près des terres de son ami sans lui rendre visite. Il entreprend alors de lui décrire son voyage et c'est ainsi qu'il commence :

> Je ne m'estoys proprement destiné qu'à voir Nostre-Dame-de-Grace avec la cascade d'eau de Sillans, qui en est à une lieue [...] et me trouvant si proche de Fréjus et de St Honoré de Lerins que j'avois autresfois bien désiré de voir, je me résolus d'aller visiter des lieux si considérables ; estant à St Honoré je creus que je devois aller à Antibe et m'en revenir par Grasse. En partant de Grasse, au lieu de suivre le droict chemin, je pris une guide pour aller voir l'origine de l'aqueduc de Fréjus avec cet admirable ouvrage qu'on appelle Roquetaillade. Parvenu à Castellane, je m'apperceus que j'aurois encore justement du temps pour aller voir la fontaine de Colmars. Je le fis donc ainsi, et tousjours par la grâce de Dieu avec un succès le plus heureux du monde ; je l'appelle heureux tant par ce que ça esté tousjours en bonne santé, que parce que je n'ay point eu de mauvais temps, voire quand j'ay eu besoin d'un jour serain parmy cinq ou six nuageux, je l'ay eu, et quand j'ay voulu estre sur la mer, le calme y est arrivé tout à point après de tres grands orages[34].

Le chemin est constamment dévié, c'est bien ce qui rend la découverte possible. L'occasion joue un rôle essentiel dans l'expérience et l'imprévisibilité est le lot du savant. Le détour est ici la chance du savoir car il permet la visite de Colmar, dont Gassendi offre à son ami une longue description. De même, il décrit la fontaine de Sillans, les montagnes qui l'entourent, la chute d'eau, la formation du lac. La description a moins valeur poétique qu'informative car elle vise notamment à donner une interprétation possible du double arc-en-ciel qu'on y observe. Gassendi regarde de « divers endroitz », il s'approche et se fait mouiller par « une poussiere d'eau, ou comme un leger nuage et pluye très deliee »[35]. Il descend « un peu plus bas » et l'homme qui l'accompagne « grimpa sur un arbre, dont il s'estonna de la voir [la portion d'arc] si hault eslevée à travers la face du rocher et entièrement hors du lac ». Gassendi poursuit :

---

34 *Lettres de Peiresc*, éd. Ph. Tamizey de Laroque, Paris, Imprimerie Nationale, 1893, vol. 4, p. 486. La fascination pour la nature n'exclut pas l'intérêt pour les ouvrages de la main de l'homme, comme l'aqueduc de Fréjus.

35 *Ibid.*, p. 489.

j'y montay aussy pour la voir de mesme et après encore plus hault sur le terrain par lequel on peult descendre du hault du rocher du costé du Levant, dont je le vys sur le milieu du rocher mais tousjours au dessoubz de mon niveau et avec un peu de biaisement en bas du costé de ma main droicte[36].

À quarante-trois ans, Gassendi grimpe aux arbres et décrit avec autant de minutie qu'il le fera pour le passage des étoiles, ce qu'il observe sur le terrain. La nature est un « dédale », artifice d'un grand créateur, on s'y perd, on ne peut en sortir, mais on peut l'habiter. C'est une architecture dont on ignore les secrets mais, sur le chemin, on s'égare et on observe. Et plus on observe, plus on participe à la nature : parce que la connaissance des phénomènes nous rapproche des éléments qui, ainsi, ne nous effraient plus[37] ; parce que sa fugacité, ses lois inconnues permettent de nous reconnaître en elle ; enfin parce que nous sommes aussi cette nature : composés d'atomes soumis aux lois de la physique, nous participons aux choses qui participent à notre être. De ce dernier point, Cyrano propose une mise en scène poétique.

Entre deux mondes

À plus d'un titre, les deux romans de Cyrano, la *Lune* et le *Soleil*, récits de voyage et romans épistémologiques, sont construits sur cette structure du chemin de la connaissance. Je n'évoque ici qu'un seul exemple, tiré du *Soleil,* mais on pourrait décliner, à l'intérieur de ces deux textes, une variation extrêmement riche du topos. Gassendi se levait chaque matin à quatre heures pour observer les étoiles et en noter minutieusement les mouvements dans son diaire. Le personnage des *États et Empires* décide quant à lui de prendre le chemin de la Lune, puis du Soleil et découvre, par les vertus de la fiction, des lois naturelles et physiques encore indémontrables ou inimaginables en son temps[38].

---

36 *Ibid.*, p. 490.

37 Gassendi suit ici Épicure : la connaissance des phénomènes et la pratique de la physique jouent un rôle central dans la quête d'une vie heureuse. Voir *Sentimens sur l'Eclipse qui doit arriver le 12 du mois d'Aoust prochain. Pour servir de refutation aux faussetez qui ont esté publiées sous le nom du Docteur Andreas*, Paris, Antoine Vitré, 1654. Par ailleurs, la physique éveille un véritable plaisir, voir *Lettres latines, op. cit.*, p. 66, p. 77.

38 Sur la place de la nature dans l'œuvre de Cyrano, notamment dans ses rapports avec le matérialisme antique, voir, entre autres, A. Torero Ibad, « Les représentations de la nature chez Cyrano de Bergerac », *Libertinage et philosophie au XVIIᵉ siècle. Les libertins et la*

Lorsqu'il s'envole vers le soleil, le narrateur observe depuis sa machine le monde qu'il quitte :

> La sphère de notre monde ne me paraissait plus qu'un astre à peu près de la grandeur dont nous paraît la lune ; encore il s'étrécissait, à mesure que je montais, jusqu'à devenir une étoile, puis une bluette, puis plus rien, d'autant que ce point lumineux s'aiguisa si fort pour s'égaler à celui qui termine le dernier rayon de ma vue qu'enfin elle le laissa s'unir à la couleur des cieux[39].

À l'œil du voyageur, la terre se confond avec les étoiles, l'espace devient homogène et les perceptions très relatives : à partir d'une certaine distance, la terre disparaît dans la « couleur des cieux ». Le chemin est lui-même le lieu de l'expérimentation de la science nouvelle. L'épisode, d'ailleurs, se reproduit à plusieurs reprises : pour se rendre sur le paradis terrestre, sur la Lune, la macule. Chaque fois, c'est le fait de prendre la route qui permet de vérifier ou de découvrir des réalités physiques. Surtout, le chemin est le lieu d'une transformation chez le voyageur lui-même :

> Quelqu'un peut-être s'étonnera que, pendant un si long voyage, le sommeil ne m'ait point accablé : mais comme le sommeil n'est produit que par la douce exhalaison des viandes qui s'évaporent de l'estomac au cerveau, ou par un besoin que sent Nature de lier notre âme, pour réparer pendant le repos autant d'esprits que le travail en a consommé, je n'avais garde de dormir, vu que je ne mangeais pas, et que le soleil me restituait beaucoup plus de chaleur radicale que je n'en dissipais[40].

Comme très souvent dans les deux romans, le personnage se déplace, change d'endroit et se trouve soumis à des lois qui modifient son corps et provoquent une métamorphose physiologique. Plus proche du soleil, sa « chaleur radicale » dissipe la faim et, l'estomac libéré des vapeurs de digestion, plus n'est besoin de dormir. « Nature », ici personnifiée, englobe dans un même geste homme, soleil, vapeurs. Le personnage expérimente physiquement son déplacement de sorte qu'aller vers l'inconnu et la découverte savante (découvrir le

---

science, Saint-Étienne, Presses universitaire de Saint-Étienne, 2005, p. 163–194 ; J.-Ch. Darmon, « Cyrano de Bergerac et les images de la nature », *Littératures classiques*, n°17, 1992, p. 153–175.

39   S. de Cyrano de Bergerac, *Les États et Empires de la Lune et du Soleil*, éd. M. Alcover, Paris, H. Champion, 2004, p. 226.

40   *Ibid.*, p. 227.

soleil, les lois de l'univers, le petit homme de la macule) nécessite une transformation fondamentale et constante parce que le personnage obéit, comme
chez Gassendi, aux mêmes lois que les phénomènes naturels qui l'entourent.
Le narrateur visite des mondes divers, la terre, le ciel, la lune, le soleil. Avec la
fierté d'un dieu, il marche sur les terres transparentes du soleil[41] dont la chaleur ne le consume pas : « ce n'est point à proprement parler, le feu même qui
brûle, mais une matière plus grosse que le feu pousse çà et là par les élans de sa
nature mobile ; et cette poudre de bluettes que je nomme *feu*, par elle-même
mouvante, tient possible toute son action de la rondeur de ses atomes, car ils
chatouillent, échauffent ou brûlent, selon la figure des corps qu'ils traînent
avec eux[42] ». Parce qu'il *est* la nature, le personnage se métamorphose avec
elle, il se soumet à ses principes et à ses mutations. Savoir, c'est se transformer. Connaître la *phusis*, c'est voyager en elle, suivre son rythme, accepter
l'inconsistance de l'être qui existe parce qu'il se modifie. C'est aussi pourquoi,
dans les descriptions cyraniennes de la nature, il y a toujours quelque chose
d'à la fois absolument vital et d'étrangement mortifère : la beauté du paradis
réveille « d'agréables douleurs[43] », cheminant quinze jours dans le soleil,
« ému de joie », le narrateur retourne dans les provinces plus ténébreuses où
il peut s'endormir[44], de même les ruisseaux des cinq sens s'épuisent dans un
grand lac et ont besoin de passer par la cave du Sommeil[45].

Dans sa constance, le topos du chemin du savoir varie donc considérablement et ne raconte pas la même chose. Dans chacun des passages cités, on le
voit, *on ne voulait pas savoir la même chose*. Il s'agit de compréhensions différentes de la nature, visibles dans le rôle narratif ou discursif qui lui est dévolu :
analogie, décor signifiant, objet de description savante, principe de génération
de l'être ou de la fiction.

Dans ces différents textes, savoir et contemplation de la nature restent souvent inséparables et la connaissance se pense en termes de regard ou d'observation de la merveille. Mais les auteurs représentent la connaissance de façons
bien distinctes : comme pouvoir et affirmation de soi, ou comme forme de re-
noncement à soi. Ce sont là deux modes de conversion à la vérité ou au savoir.
Ce retour sur soi et cette transformation peuvent consister en une séparation
d'avec la nature, ou, à l'inverse, en un retour à la nature. Ce dernier mouvement, qui suppose un abandon de l'être, est présent chez Cyrano ou Gassendi

---

41   *Ibid.*, p. 234.
42   *Ibid.*, p. 210.
43   *Ibid.*, p. 33.
44   *Ibid.*, p. 249–250.
45   *Ibid.*, p. 320.

mais il est impossible chez Descartes. C'est pourquoi la fiction cyranienne laisse beaucoup plus de place à une réflexion sur le mystère, sur ce qui nous dépasse mais auquel nous appartenons, une nature qui n'est pas surnaturelle.

Bibliographie

Œuvres et sources

Avila, Thérèse d', *Le Chemin de la perfection*, traduction de Marcelle Auclair, Paris, Desclée de Brower, 1964.

Bacon, Francis, *Du progrès et de la promotion des savoirs*, traduction de Michèle Le Dœuf, Paris, Gallimard, 1991.

Claireville, Onésime de, *Le Gascon extravagant*, édition de Felicita Robello, Abano Terme, Piovan, 1984.

Cyrano de Bergerac, Savinien de, *Les États et Empires de la Lune et du Soleil*, édition de Madeleine Alcover, Paris, H. Champion, 2004.

Descartes, René *Discours de la méthode*, *Œuvres philosophiques*, édition de Ferdinand Alquié, Paris, Classiques Garnier, t. 1, 1994.

Gassendi, Pierre, *Lettres Latines*, édition de Sylvie Taussig, Turnhout, Brepols, 2004.

Gassendi, Pierre, *Sentimens sur l'Eclipse qui doit arriver le 12 du mois d'Aoust prochain. Pour servir de refutation aux faussetez qui ont esté publiées sous le nom du Docteur Andreas*, Paris, Antoine Vitré, 1654.

Peiresc, Claude Fabri de, *Lettres de Peiresc*, édition de Philippe Tamizey de Laroque, Paris, Imprimerie Nationale, 1893, vol. 4.

Platon, *République*, traduction de Louis Robin, Gallimard, 1950.

Platon, *Parménide*, traduction de Luc Brisson, Paris, Flammarion, 2011.

Rousseau, Jean-Jacques, *Les Confessions*, édition d'Alain Grosrichard, Paris, Flammarion, 2012.

Rousseau, Jean-Jacques et Lamoignon de Malesherbes, Chrétien-Guillaume de, *Correspondance*, édition de Barbara de Negroni, Paris, Flammarion, 1991.

Études

Beyssade, Jean-Marie, « Sur les "trois ou quatre maximes" de la morale par provision », *Descartes au fil de l'ordre*, Paris, PUF, 2001, p. 237–257.

Blumenberg, Hans, *La Lisibilité du monde*, Paris, Les éditions du Cerf, 2007.

Carraud, Vincent, « Morale par provision et probabilité », J. Biard et R. Rashed (dir.), *Descartes et le Moyen-Âge*, Paris, Vrin, 1997, p. 259–279.

Darmon, Jean-Charles, « Cyrano de Bergerac et les images de la nature », *Littératures classiques*, n°17, 1992, p. 153–175.

Eamon, William, *Science and the Secrets of Nature*, Princeton University Press, 1996.

Hadot, Pierre, *Exercices spirituels et philosophie antique*, Paris, Albin Michel, 2002.

Hadot, Pierre, *Le Voile d'Isis. Essai sur l'histoire de l'idée de Nature*, Paris, Gallimard, 2004.

Lenoble, Robert, *Esquisse d'une histoire de l'idée de nature*, Paris, Albin Michel, 1969.

Moreau, Denis, *Dans le milieu d'une forêt. Essai sur Descartes et le sens de la vie*, Paris, Bayard, 2012.

Rodis-Lewis, Geneviève, *La Morale de Descartes*, Paris, PUF, 1970.

Torero Ibad, Alexandra, « Les représentations de la nature chez Cyrano de Bergerac », *Libertinage et philosophie au XVIIe siècle. Les libertins et la science*, Saint-Étienne, Presses universitaire de Saint-Étienne, 2005, p. 163–194.

Trivisani-Moreau, Isabelle « Bois et forêts dans l'univers romanesque de la seconde moitié du XVIIe siècle », *XVIIe siècle*, n°226, 2005, p. 29–39.

Au cœur ténébreux d'une éco-randonnée littéraire entre la Laponie et la Tasmanie : *Oiseau de Malheur* de Johanna Sinisalo

Taïna Tuhkunen

Après la parution du roman *Oiseau de Malheur* de Johanna Sinisalo, en 2008, certains critiques littéraires y détectèrent des traces d'une future éco-catastrophe, ainsi qu'une illustration des points de cécité marquant la conscience des Finlandais.

Ce n'était pas la première fois que Sinisalo, née en Laponie finlandaise[1] en 1958, surprit ses lecteurs, et, pour mieux cerner les lieux topiques de cet éco-roman nordique, il faudra commencer par un bref rappel de ses autres romans, avant de s'embarquer dans les pas de Heidi et Jyrki, les deux éco-randonneurs au cœur d'un périple romanesque qui débute dans les marges territoriales de l'Europe, pour se poursuivre en Nouvelle-Zélande, puis en Tasmanie, deux autres territoires marginaux de notre planète bleue.

Dans son ouvrage, qui n'est jamais un pamphlet simplificateur dénonçant l'abus de la nature, Sinisalo nous conduit dans des espaces alambiqués où le faux côtoie le vrai, tant elle a l'habitude de s'appuyer sur des références faussement authentiques, ou bien authentiquement fausses lors de ses explorations dans un monde en crise. Alors que la Laponie, point de départ de cette étrange excursion, s'efface sous les topoï narratifs issus des ailleurs géographiques et littéraires, l'arrière-plan septentrional ne cesse de réémerger pour dresser une sorte de contre-histoire par rapport au romantisme national[2] qui, au tournant des XIXe et XXe siècles, offrait une image épurée et sublimée du territoire finlandais. Se demander dans quelle mesure les éco-randonneurs contemporains d'*Oiseau de Malheur* déconstruisent l'iconographie idéalisante qui se

---

1 Par la Laponie finlandaise, on entend la partie du territoire finlandais qui, bien que faisant partie d'un ensemble linguistique et culturel plus large, demeure sans pouvoir politique. Elle s'étend sur des parties septentrionales de la Norvège, de la Suède, de la Finlande et de la péninsule de Kola, en Russie. Les 70 000 « Lapons » de nationalité finlandaise préfèrent se désigner par le terme de leur propre langue « Same ».

2 Version finlandaise du mythe de l'âge d'or, le romantisme national finlandais (qui concerne les arts visuels, la littérature et la musique) est analogue aux autres mouvements ethno-artistiques et romantiques d'inspiration nationale en Europe. Voir O. Aho, H. Hawkins, P. Vallisaari, (dir.), *La Finlande, une approche culturelle*, traduit de l'anglais par M. et M. Crouzet, J.-P. Frigo, T. Tuhkunen, Helsinki, Société de Littérature Finnoise, 1999, p. 208.

voudrait représentative des spécificités nationales, pour la pousser vers de nouveaux imaginaires et symboliques post-nationaux, est une question qui dépasse le cadre du présent article, mais celle-ci vaut la peine d'être gardée à l'esprit face à la progression des protagonistes de Sinisalo dans un monde éclaté qui se termine dans le *locus terribilis* de la Tasmanie.

Le parcours d'un éco-auteur finlandais

L'un des auteurs finlandais contemporains les mieux connus, y compris à l'extérieur des frontières finlandaises, Johanna Sinisalo est surtout connue comme un auteur du genre fantastique. Il faudrait néanmoins nuancer cette étiquette générique, car ses ouvrages ne se déconnectent jamais totalement de la longue tradition réaliste de la littérature finnoise, pour se positionner, sans se stabiliser, à la lisière du fantastique, souvent de manière à prendre en compte les préoccupations écologiques et environnementales actuelles. Dépouillé de pathos et de toute trace de sentimentalisme écologique exacerbé, son style reste sobre et d'apparence factuelle, au point de paraître austère, parfois même glacial. Malgré ce style sciemment frisquet – à l'image des nombreuses images-clichés sur son pays d'origine –, l'écriture de Sinisalo ne reste pas moins piquante, et, en dépit des sujets plutôt sombres, son œuvre n'est pas sinistre.

Évitons donc de prendre les clichés chromatiques et autres bleus de l'âme d'*Oiseau de malheur* pour de nouvelles preuves de la « mélancolie nordique », et essayons de comprendre la manière dont le *nature writing* de Sinisalo, animé par le désir de l'hybride et du lointain, recrée la Tasmanie, lorsque, bien que soumis à des dénaturations et viciations diverses, ses personnages, porteurs d'une nouvelle conscience, conduits à de périlleux retours à la nature, nous invitent à revisiter « Le Corbeau » d'Edgar Poe, poème cité en exergue du roman. À l'inverse de l'oiseau d'ébène de Poe, voyageur parti des rivages plutoniens de la nuit, répétant les mots « Jamais plus ! » (« Nevermore ! »), celui de Sinisalo combat le spleen de l'homme contemporain, en suggérant que la vérité ne saurait se trouver dans une « solitude inviolée[3] ».

Oiseau de malheur est le cinquième roman de Sinisalo par rapport à qui on hésite à employer le mot « écrivaine » car, outre les accentuations plurielles de ses romans, la question des auteurs femmes ne semble pas se poser de

---

3   Voir J. Sinisalo, *Oiseau de malheur* [2008], traduit du finnois par P. et Ch. Nabais, Arles, Actes Sud, série « Lettres Scandinaves », 2011, p. 9. Nous renverrons désormais à cet ouvrage dans le corps du texte, directement après la citation, sous une forme abrégée.

manière traditionnelle en Finlande, vue la présence précoce des femmes dans le monde politique, et dans l'espace de la création littéraire. Dans quelle mesure cette entrée plutôt précoce fut facilitée par l'ignorance de la langue finnoise[4] à l'égard des articles masculins et féminins, étant donné que les articles n'y existent pas (pas plus que les différences pronominales, l'unique pronom désignant « il » ou « elle » étant « *hän*[5] ») est difficile à dire. Ce point compte toutefois pour le récit de Sinisalo qui oscille entre regards masculin et féminin, et où, précisément pour éviter la confusion entre perspectives dans ce récit clivé d'une même éco-randonnée, les distinctions sont facilitées par l'indication systématique, en début de chaque chapitre, du locuteur (Jyrki) et de la locutrice (Heidi). Or, nous le verrons, une fois entamée la randonnée, cette structuration se trouve perturbée dès l'apparition d'une mystérieuse voix tierce : un curieux sur-narrateur dont l'identité constitue, à bien des égards, le « cœur des ténèbres » de ce récit.

Tout ceci ne revient pas à dire que le texte de Sinisalo serait immunisé contre toute sensibilité « féminine » ou « féministe ». Car, bien que les questions de genre ne constituent pas le point focal, on les trouve tissées à d'autres problématiques, de manière à faire vibrer un canevas plus vaste où l'homme, en tant qu'espèce, se voit, texte après texte, confronté à des dilemmes dont la gravité incite à scruter au-delà des seules distinctions sexuelles, afin de capter la biodiversité humanoïde déjà là : une variété qui ne chercherait qu'à être perçue, pourvu que l'on soit suffisamment clairvoyant.

Avant *Oiseau de Malheur*, Sinisalo avait publié quatre autres romans, et on lui doit aussi une quarantaine de nouvelles, des livres pour la jeunesse, et quelques scénarios pour la radio et la télévision. Avant de devenir auteur indépendant, elle avait travaillé, pendant quinze ans, dans la publicité, univers dont on trouve des traces dans sa littérature. Sinisalo a remporté sept fois le principal prix littéraire de science-fiction finlandaise, le Prix Atorox[6], ainsi que le prix littéraire américain James Tiptree, Jr., en 2004. Comme le précise le site dédié à ce prix américain, il récompense les « meilleurs ouvrages de science-fiction qui explorent et élargissent la compréhension de la sexuation[7] ».

Dès son premier roman, *Jamais avant le coucher du soleil* (2000), lauréat du prestigieux prix Finlandia, Sinisalo élabore des récits autour de rencontres et de confrontations insolites. Ce premier long récit, inspiré de la mythologie

---

4   Rappelons qu'il s'agit de l'une des seules langues non-indo-européennes parlées en Europe.
5   Comme le veut cette langue finno-ougrienne, lorsqu'il désigne un homme générique.
6   Ce prix doit son nom au robot Atorox dans les romans de l'écrivain finlandais Aarne Haapakoski (1904–1961).
7   Site « James Tiptree, Jr. Literary Award », http://tiptree.org, consulté le 10 août 2015.

finlandaise, se construit autour d'un *peikko* qui, en se perdant dans une ville finlandaise, semble s'être totalement trompé d'époque. Rien à voir avec la peluche inoffensive qu'est devenu le *troll* scandinave, le *peikko* nommé Pessi de Sinisalo revendique ses vieux liens avec la créature païenne du même nom que les pères de l'Église luthérienne avaient du mal à extirper de l'imaginaire et des rituels des Finlandais. Comme plus tard dans *Oiseau de Malheur*, les forces préchrétiennes envahissent l'espace d'écriture. En effet, par cette histoire hybride mettant en scène un photographe de publicité gay, prénommé Ange, qui entame une relation déconcertante avec l'incarnation des mythes du pays forestier dénichée dans l'ombre des poubelles et autres déchets d'une société fière de son bien-être nordique, ces forces préchrétiennes pénètrent *Nokialand*[8], la Finlande victorieuse, aveuglée par son *success story* technologique au début de ce millénaire.

Si, à la fin de ce premier roman qui brouille déjà maintes pistes entre mythe et science, fantasmes et faits réels, Sinisalo laisse ses lecteurs devant plusieurs interrogations dont celle de la capacité de la nature à nous mettre en garde contre les effets néfastes de ce que nous avons l'habitude d'appeler « culture » (pas seulement nordique), ses ouvrages ultérieurs nous conduisent vers d'autres espaces intergénériques où se croisent mythes et fantasmes, faits réels et fantastiques.

Dans son roman plus récent *Le Sang des fleurs* (2011), Sinisalo évoque, à sa manière toujours aussi interdisciplinaire, les relations entre l'homme et la nature. Cette fois-ci à travers un topos narratif apicole pour aborder le problème écologique actuel de la mortalité inexpliquée de colonies entières d'abeilles domestiques. Déclin des abeilles, déclin de l'homme : c'est ce que tente de comprendre Orvo, un amateur apiculteur qui navigue dans les pages internet et le blog de son fils éco-terroriste disparu en même temps que les abeilles en raison d'un phénomène peu naturel, encore en cours de définition, appelé, faute de mieux, « Colony Collapse Disorder » (CDD), autrement dit le « syndrome d'effondrement des colonies [d'abeilles] ».

En route vers le Down Under

Traduit en plusieurs langues, *Oiseau de Malheur* se construit autour d'un couple de jeunes *packpackers* finlandais parti en randonnée dans les régions sauvages

---

8 L'image du groupe finlandais Nokia, géant de la téléphonie mobile, fut si étroitement associée à celle de la Finlande que le pays était, jusqu'à récemment, surnommé « Nokialand » par les médias étrangers.

de la Nouvelle-Zélande et de l'Australie, avant de découvrir l'île de la Tasmanie, également appelée « Natural State » et « Island of Inspiration », surnoms qui résonnent, parfois de manière ironique, à travers ce récit qui teste bon nombre des éco-fantasmes qui animent les randonneurs en quête de l'authenticité.

L'île de Tasmanie, dont le tiers du territoire est classé réserve naturelle, doit son nom à l'explorateur néerlandais Abel Tasman, le premier Européen à l'avoir aperçue lors d'une expédition au XVIIᵉ siècle. Pourtant, de son histoire et de ses premiers habitants nous n'apprenons quasiment rien dans l'éco-récit d'anticipation de Sinisalo, pas plus que du passé des Sames, minorité finno-ougrienne de la partie septentrionale du continent européen où débute le récit. On reste frappé par la manière dont ce texte qui englobe le local et le global fait abstraction des populations aborigènes, absence d'autant plus significative que le texte cherche à consigner les cogitations des explorateurs *New Age* qui rencontrent surtout d'autres Occidentaux au cours de leur périple à l'autre bout du monde.

Plus que le retour dans le passé, ce qui importe, c'est l'élaboration d'un cadre naturel post-romantique susceptible de faire résonner la voix de l'homme du XXIᵉ siècle, celui qui, bien qu'ayant perdu la foi en toute autorité supérieure, poursuit obstinément sa quête, moins vers un hypothétique monde meilleur que pour renouer avec la terre – désir trahi dès les premières pages du roman qui mettent en évidence la déchéance de la Laponie.

Une chose est sûre : la relation à la terre ne saurait plus se lire dans le contexte d'un seul pays ou une seule culture, ni à la lumière d'un seul texte, comme le souligne l'intense intertextualité qui imprègne *Oiseau de malheur*. Dès l'ouverture apparaît une carte qui renforce la véracité géographique de l'expérience. L'ancrage cartographique du Sud de la Tasmanie permet au lecteur de visualiser l'itinéraire précis du « wilderness walk » emprunté. Indiqué en pointillés depuis Cockle Creek, à l'est, jusqu'à Scott's Peak dans le nord de l'île tasmane, le parcours s'ouvre sur un territoire où, au dire d'Heidi : « il n'y a aucun bétail, aucune exploitation agricole, ni industrie ou circulation automobile qui pourraient polluer cette eau » (p. 35), et où les randonneurs ont l'impression de se trouver « somptueusement seuls » (p. 85).

Outre cet effet de réel, Sinisalo s'applique, d'entrée de jeu, à créer sa propre cartographie parallèle. On pense aux insertions du type encyclopédique qui renseignent le lecteur sur la faune observée, souvent exotique, mais également à des tournures linguistiques, à commencer par sa réappropriation de l'expression « Down under » désignant l'Australie et la Nouvelle-Zélande, et dans un sens plus large, l'hémisphère Sud. En prenant en charge cette locution dont le premier sens est « en bas, en dessous », le texte travaille les étymologies et acceptions sous-jacentes, notamment les différentes formes de descentes et d'incursions verticales.

L'accent de la géo-esthétique ainsi créée reste sur la pluralité des ailleurs, y compris littéraires, rendus possibles grâce aux croisements des récits existants. Parmi les irruptions palimpsestiques des « écritures autres », on retient surtout « Le Corbeau » déjà mentionné de Poe, et le roman *Au cœur des ténèbres* de Joseph Conrad dont les extraits sont placés, en règle générale, en début de chapitre, pour orienter ainsi l'esprit du contenu fictif.

Au niveau explicite de cette fabulation romanesque ancrée dans une chaîne d'événements, racontée partiellement à rebours, entre avril 2006 et mars 2007, nous trouvons une assistante de marketing blasée par son travail de *branding* dans une agence de relations publiques à Helsinki. Excédée par un frère au comportement inquiétant, et un poste de jeune cadre dynamique infligé par son père, Heidi vient d'emporter un succès de *marketing* pour une importante société chargée de l'approvisionnement énergétique de la Finlande[9]. Ce succès est cependant terni par le fait que cette même société a versé une importante subvention à Greenpeace pour faire oublier qu'elle s'était, par ailleurs, procuré du pétrole auprès d'un fournisseur américain qui n'hésitait pas à effectuer des forages dans le Parc naturel de Yosemite en Californie (voir p. 24).

Venue fêter, le temps d'un week-end, l'image de marque commerciale ainsi « préservée » dans un hôtel lapon nommé « Hullu Poro » (littéralement « Au Renne Fou[10] ») pendant lequel Heidi doit s'occuper des clients, tous des hommes, la jeune femme croise le regard, puis le lit, d'un jeune barman néo-nomade nommé Jyrki qui préfère le travail intérimaire à tout poste fixe, et qui s'apprête à tout larguer pour réaliser son projet baptisé « l'opération *Antipodes* » (p. 72). Jyrki n'a qu'une idée en tête : laisser derrière lui la Laponie et ses hôtels, ses pistes de ski pseudo-alpins, et ses centres commerciaux et thermaux dévoreurs d'énergie et producteurs du merveilleux mercantile[11]. L'exploitation effrénée de la nature et des ressources laponnes est soulignée de manière volontairement hyperbolique, notamment par l'évocation du gaspillage autour des buffets pantagruéliques destinés aux visiteurs du pays des aurores boréales désormais déserté par la magie du père Noël :

---

9   La dépendance énergétique de la Finlande reste d'actualité, et continue à surgir dans les médias, la Russie étant le pays fournisseur de 50 % des besoins du pays en énergie.

10   Il s'agit du nom d'un hôtel-restaurant réel à Kittilä, dans la plus grande station de sports d'hiver de Finlande.

11   On perçoit dans ce passage une critique de la manière dont la Finlande a commercialisé l'esprit de Noël, en installant un « merveilleux » village du père Noël, le *Santa Claus Holiday Village*, non loin du « magique » Cercle polaire.

Au *Renne Fou*, on proposait chaque jour des buffets gargantuesques à la clientèle. La majeure partie des produits était acheminée par camion ou par avion. Chaque soir, les restes – une quantité astronomique – finissaient à la poubelle. [...] En ce moment même, tout cela produisait du méthane quelque part. (p. 206).

Le passage caractérisé par l'excès se termine par des mots prémonitoires, laissant planer une menace : « À un moment donné, le cercle se refermerait. » (p. 206)

Un an après, on trouve Jyrki, accompagné d'Heidi, randonneuse novice, au début de leur *bushwalk*[12] dans la nature néo-zélandaise, puis australienne et tasmane. Entamé en Laponie, le récit à structure éclatée continue à raconter, à travers deux monologues alternés à la première personne, les péripéties d'une expérience résultant de la nécessité de tourner le dos à la société de « corruption » autant que de « consommation ». Or, le retour à la nature sauvage ne va pas de soi, et le couple rencontrera bien des problèmes imprévus auxquels aucun livre-guide n'aurait pu les préparer. La Tasmanie a beau être l'un des endroits les plus immaculés de la terre, à l'instar de la relation amoureuse entre les éco-randonneurs, elle ne s'avère édénique que de façon provisoire. En même temps, l'époustouflante nature tasmane et sa forêt subtropicale fournissent un miroir de la Laponie, et ainsi, en dépit des différences, rendent momentanément visible la forêt primaire que l'on ne parvenait plus à voir dans le pays d'origine, dont la nature avait été soumise aux lois du commerce. Au dire d'Heidi : « La côte sud de la Tasmanie est belle à la manière d'un coteau rocheux en Laponie [...]. Elle n'a rien d'attrayant, ni d'aguicheur, c'est une paysage conscient de sa propre valeur qui n'a besoin de plaire à personne, qui peut se permettre d'être revêche. » (p. 31)

L'oiseau des ténèbres néo-poesque

L'anthropomorphisme et la personnification des topoï naturels, perceptibles dans l'extrait précédent qui dote l'île tasmane d'une conscience, se confirment lorsque la recherche du primitif et du magique dégagés des logiques marchandes s'élargit vers le domaine sonore. Ce qui aurait pu n'être qu'un bruit d'opossum ou d'un wéka évoluera alors en un génie sans nom, générant autant de métamorphoses que d'interrogations. Et, à l'instar de l'univers conradien, la

---

12   Comme cela est précisé dans le « Glossaire » (p. 381–383) à la fin du roman, il s'agit d'une « randonnée dans la nature australienne ».

« chose » monstrueusement grande (p. 18) se montre capable de poursuivre les personnages du regard d'un air peu rassurant : « C'était l'immobilisme d'une force implacable nourrissant un projet impénétrable. Cela vous regardait avec un air vengeur. » (p. 101)

Peu à peu, on voit s'installer, dans *Oiseau de malheur*, une curieuse éco-logique qui n'épargne pas les randonneurs, lesquels révèlent, sous leur attachement au parfait comportement écologique, une mentalité curieusement auto-flagellante, de nature puritaine. De même, devant le « radeau d'immondices » (p. 242) charrié par l'océan, Jyrki laisse éclater sa colère, comme si le bric-à-brac flottant dans la baie tasmane traduisait sa frustration face à ses propres ambivalences et défaillances. Laconique, puis de plus en plus autoritaire vis-à-vis de Heidi dans sa façon de gérer le périple, Jyrki reste certes « civilisé », comme Kurtz chez Conrad, mais, une fois les repères de la culture perdus de vue, on découvre la part animale oubliée, comme tapie dans son propre inconscient.

Capable de troubler les rapports entre l'homme et la nature, l'île de la Tasmanie prend alors, peu à peu, la forme d'un animal dont on perçoit la présence à travers l'esthétique littéraire environnementale de Sinisalo : « De manière incompréhensible, la Tasmanie se montre à la fois très ancienne et d'une fraîcheur de nouveau-né. Assez âgée et expérimentée pour savoir comment jouer avec nos nerfs, mais en même temps si jeune que nous avons l'impression de déranger la tranquillité d'un animal qui vient de voir le jour et aspire à cette paix qu'il suppose être légitimement sienne » (p. 61). Sans percer le mystère, le texte révèle sa difficulté à circonscrire les contours cartographiques, en consignant les contrées traversées comme des espaces habités par un « ça » qui « craque » et qui « crisse », « comme si la Tasmanie elle-même [nous] suivait à la trace, invisible, suffisamment intelligente pour inventer des farces continuelles et assez puérile pour les concrétiser » (p. 61).

Parallèlement à ces phénomènes surnaturels, le lecteur suit la progression, laborieuse et réaliste des randonneurs. Après l'euphorie du début, tout est compliqué par l'intense chaleur, les pluies diluviennes, la boue, la crasse, les sangsues et autres bestioles marquant un périple qui est autant une grande randonnée à travers un paysage réel qu'une démarche mentale avec sa propre géo-psychologie. À mesure que l'on avance, resurgit une troisième voix, un « autre » polymorphe dont les paroles sont différenciées, par la mise en italiques, des voix humaines et de la logique anthropocentrique.

La version française de l'ouvrage porte le titre *Oiseau de malheur*, mais il s'agit moins d'un oiseau de « mauvais augure » que des « cogitations d'un oiseau », comme le souligne le titre finnois *Linnunaivot*, qui évoque, littéralement, un « cerveau d'oiseau ». La traduction anglaise, *Birdbrain*, capte un

peu mieux cette idée première d'une nature capable d'intelligence et de spéculation, tout en y ajoutant une touche d'affabulation, le mot anglais *birdbrain*
pouvant renvoyer aux « écervelés » de tous genres, au même titre que les substantifs *rattle-brains, scatter-brains,* et surtout *feather-brains,* expressions qui
laissent entendre qu'il y aurait quelque chose d'essentiellement irréfléchi chez
toutes les bêtes à plumes.

Vu de l'extérieur, il est question des kéas, certes unique espèce dans
son genre : perroquets montagnards dégourdis qui taquinent les touristes,
détruisent leurs tentes, ou endommagent les voitures des humains qui
s'aventurent dans leur univers. Mais, dans ce récit, la bête à plumes en cache
bien d'autres, plus fabuleuses encore que le kéa néo-zélandais, surnommé le
« clown des montagnes ». En inventant un oiseau farceur, Sinisalo a recours à
un *trickster*, figure transhistorique de « décepteur » ou « archi-fripon », connue
pour jouer des tours malicieux plus ou moins bien intentionnés aux humains.
Dans *Oiseau de malheur*, cette figure de métamorphoses, symbole d'un stade
archaïque et indifférencié de la conscience, encore en évolution, devient un
signe de l'altérité capable de mettre à l'épreuve la randonnée planifiée de manière minutieuse, presque maniaque, tout en permettant, grâce à la présence
volatile, de fouiller dans le passé et les rêves des protagonistes.

L'oiseau kéa met à l'épreuve les « touristes » : un vocable qui, dans le lexique
du roman, sonne de façon quasi-blasphématoire, tant il a tendance à présenter
la nature éco-touristique comme un espace se prêtant à la falsification, un espace transformable en un objet consommable. Qu'il s'agisse de la Laponie ou
de la Tasmanie, la même logique de dissolution et de corruption est à l'œuvre,
et si la périphérie européenne s'avère déjà conquise par la logique mercantile,
la marchandisation plus récente de la Tasmanie, semble, dans le présent du
roman, responsable de la transformation du pays en « un endroit civilisé grimé
en nature sauvage » (p. 33), avec ses luxueux refuges réservés aux randonnées
organisées dans la *wilderness* australienne et ses sentiers parallèles dotés de
« W.-C. intérieurs, caves à vin et service de petit-déjeuner » (p. 33).

Lorsque Sinisalo fait du malicieux perroquet sauvage l'observateur-taqui-
neur des visiteurs européens, en même temps qu'un malin porte-parole de la
nature, en le dotant d'une cervelle et d'une voix, ce médiateur reste, certes, un
oiseau de « mauvais augure », car il annonce une fin inquiétante. C'est aussi
ce que suggèrent les références aux illustrations en noir et blanc de Gustave
Doré[13], « ce type, en Europe, qui faisait jadis des dessins sur l'enfer », comme
le pense Heidi, jugeant les tableaux de Doré « plutôt fadasses » (p. 204) par

---

13   Gustave Doré est également connu pour avoir illustré le poème « Le Corbeau »
      d'Edgar Poe.

rapport au paysage « incroyable, un mélange surréaliste de noir et d'un vert si intense qu'il heurtait les yeux » (p. 203), résultant des incendies qui ont ravagé les forêts d'eucalyptus tasmanes. Toujours est-il que, étant donné sa façon d'intervenir, sans motivation apparente, comme dans le célèbre film d'épouvante d'Alfred Hitchcock *Les Oiseaux* (1963), le kéa alerte, mais n'explique rien. Car, à l'instar de la fiction filmique du maître du suspense cinématographique qui s'intéresse, tout d'abord, à deux tourtereaux (les « inséparables », littéralement *lovebirds*), *Oiseau de malheur* se garde d'évoquer les causes réelles ayant motivé le comportement prédateur des oiseaux, en nous proposant une menace qui relève à la fois de l'intime et du collectif. Chez Hitchcock, l'oiseau se multiplie, à partir d'un cas isolé, avant de prendre la forme d'une invasion de plus en plus destructrice, jusqu'à ce que des milliers d'oiseaux noirs envahissent la paisible ville californienne de Bodega Bay, transformée en un lieu apocalyptique. Dans l'éco-thriller de Sinisalo, le seul indice explicite fourni aux lecteurs concerne l'alimentation des kéas. À en croire le *ranger* néo-zélandais qui intercepte la main de Heidi au moment où elle s'apprête à nourrir l'oiseau au plumage brillant, au bec crochu et aux grandes griffes, si les kéas sont devenus si violents, c'est à cause de la nourriture de l'homme, contenant « trop de glucides raffinés » (p. 124). Une explication ornithologique d'un genre différent est, toutefois, offerte par les multiples citations du poème « Le Corbeau » d'Edgar Poe qui, en ponctuant *Oiseau de malheur*, renforce l'effet onirique et métaphysique du roman.

Au bout du trajet romanesque ainsi esquissé, et plutôt que d'annoncer simplement une catastrophe, le kéa de Sinisalo met le lecteur en garde en privilégiant un rapport dialogique grâce au langage émaillé de signes d'altérités. D'autant plus que les paroles d'oiseaux émanent non seulement de la nature tasmane, mais aussi des lointains « néo-punk[s] », « pouilleux », « merdeux » (p. 81) et autres paumés, marginaux et exclus du bien-être finlandais : taggers, traficoteurs et pyromanes (voir p. 159) qui, à l'inverse de Heidi et Jyrki, munis de mille précautions pour éviter de polluer l'écosystème tasman, font tout pour laisser une trace, la plus noire possible, dans la nature environnante.

Espaces et espèces de croisement

Sans perdre de vue les nombreux hypotextes et « hypo-paysages » d'*Oiseau de malheur*, les choses se compliquent encore davantage, lorsqu'on cherche à comprendre le rapport dialogique instauré entre le texte de Conrad et l'éco-roman de Sinisalo. Cela est dû à la densité même des pistes proposées par les topiques romanesques du roman qui se donne à lire à la fois comme un récit de randonnée, un éco-roman, un *thriller*, une histoire d'horreur écologique, ainsi qu'une histoire d'amour contrarié.

Dès la sombre carte de la Tasmanie, présentée en exergue graphique, la singulière « rando » (p. 92) littéraire de Sinisalo doit beaucoup au texte d'*Au cœur des ténèbres* (1899), mais également à sa toute aussi célèbre relecture, par le cinéaste américain Francis Ford Coppola, dans *Apocalypse Now* (1979), un film qui transforme l'horreur de l'occupation coloniale menée par les Européens dans le Congo belge à la fin du XIXᵉ siècle en terreur militaire sous la direction des Américains au cœur des ténèbres des jungles du Viêt Nam. En s'emparant à son tour du récit de Conrad, pour le transposer dans un nouveau présent apocalyptique, Sinisalo revisite le roman de la fin du XIXᵉ siècle, en incitant le lecteur à compléter les pièces manquantes, comme cela fut déjà le cas dans *Jamais avant le coucher du soleil*. Bien que présentée comme une coïncidence (Heidi tombe, par hasard, sur un livre laissé derrière lui par un randonneur l'ayant précédée), la présence du récit-cadre de la fin du XIXᵉ siècle est évidemment loin d'être fortuite. Face au texte ultérieur où les citations sont aussi souvent amenées à condenser et / ou à approfondir le propos, le lecteur a néanmoins davantage de mal à élaborer des liens entre ces différents univers, plus synergétiques qu'antinomiques.

Malgré les motifs topologiques et animaliers, l'enchevêtrement des récits engendre bien des questions, notamment lorsqu'il s'agit de cerner la nature profonde de l'« héritage maudit » (p. 197) et l'horreur finale évoqués par Conrad. Un constat similaire s'applique aux liens problématiques entre Jyrki et Marlow qui, chez Conrad, remonte jusqu'au cœur de l'Afrique noire pour tenter d'établir le contact avec un négociant d'ivoire devenu fou. Relue à la sombre lumière du récit conradien, l'expérience initiatique de Jyrki vers un centre hasardeux, mais potentiellement révélateur, devrait-elle être interprétée comme un acte aussi insensé et périlleux, jusqu'à mettre en danger la vie du jeune homme et celle d'autrui, comme le suggèrent les visions apocalyptiques peu avant la fin ? Ou, pour poser la question autrement, la Finlande, pays sans passé colonial, mais critiquable pour ses modes d'exploitation, finit-elle par engendrer son propre imaginaire apocalyptique, en créant une néo-*wilderness* nordique emblématisée par le frère d'Heidi dont la voix s'entremêle avec le perroquet kéa, en même temps qu'avec l'augural oiseau d'Edgar Poe ?

Quelles que soient les réponses, en interdisant toute osmose pastorale avec la nature, l'éco-roman de Sinisalo finit par s'intéresser à la question de la survie lorsque, depuis les ténèbres de la jungle tasmane, la terre est progressivement gagnée par un énorme feu de brousse. Il s'agit bien d'un feu allégorique, comme le laissent entendre les allusions à « Dame Nature », qui, chatouillée, irritée, griffée, n'eut « plus d'autre choix que de se purifier » (p. 205). Le conte écologique plurivocal de Sinisalo reprend ainsi à son compte l'idée agricole de brûler dans le but de faire germer, dans le sens biologique et métaphorique du terme. Bien que Sinisalo ne le précise pas, il s'agit d'une méthode traditionnelle appelée ordinairement « agriculture sur brûlis », permettant à la terre de se refaire, procédé utilisé dès les temps préhistoriques par les premiers agriculteurs finlandais qui eurent recours à la pratique archaïque appelée *kulotus* (« écobuage »), fertilisant leurs futures terres agricoles avec des cendres. Les aborigènes australiens utilisaient cette technique agricole de « brûlage contrôlé » il y a déjà plus de 20 000 ans.

Faut-il donc s'étonner qu'après un crescendo de lumières orangeâtres, et des bruits de plus en plus menaçants, ce voyage vers « le terrifiant Nulle Part » (p. 69) se termine en apothéose par un gigantesque incendie dans un abominable décor d'immolation et de mort, par milliers, d'oiseaux, de wallabys, et de wombats ? Non sans ironie, les ardents éco-randonneurs doivent leur vie à une invention technologique, un hélicoptère, qui les sauve *in extremis* des flammes d'un infernal feu de brousse digne des *bushfires* qui ravagent quelquefois la Tasmanie. Or, si les protagonistes humains survivent, le *trickster* aussi, afin de poursuivre le dialogue, malgré les signes d'une apocalypse annoncée.

Au terme de ce récit composite qui n'a cessé d'emprunter à des sources littéraires, bibliques, historiques, picturales, cinématographiques et encyclopédiques, le *finale* du roman fait ainsi l'effet d'un film d'action, mais les dernières paroles appartiennent à l'oiseau kéa. Celui-ci a gardé son calme, mais aussi sa sauvagerie et son affinité avec le corbeau poesque, pour clore le récit avant l'ultime renvoi à Conrad. En donnant une dernière fois la parole à l'oiseau-narrateur, à la fois « oiseau de malheur » et oiseau-phénix, réel et spectral, Sinisalo nous confronte avec une dernière énigme qui, en prenant la forme d'une empreinte noire, ressemble à une curieuse signature. À l'instar du kéa, l'étrange porte-parole de cet éco-conte, dont l'âme en feu et la voix bousculent la réalité objective, l'auteur finlandais semble finalement en effet signer son récit aux multiples avatars lorsqu'elle prononce les mots de la fin : « Je vire paresseusement, porté par le tourbillon d'air chaud, contemplant la trace que j'ai laissée dans ce monde. » (378)

Bien que la tradition d'inspiration romantique ne disparaisse jamais entièrement du récit de Sinisalo, qui continue à s'appuyer, d'une façon volontairement volatile, sur l'exploitation métaphorique des polarités fondatrices entre la nature et la culture, entre l'animal et l'homme, son esthétique littéraire, tirée vers le conte fantastique, ouvre toutefois la voie vers des ailleurs textuels. En raison des décentrements, des ruptures d'oppositions binaires et des croisements des pistes de lecture, le concept même de la « nature » finit par être bousculé, et peut-être même celui de l'«auteur» dont les craintes et les doutes se mêlent à ceux des locuteurs de Conrad et de Poe. De ce fait, Sinisalo fait indéniablement partie de ces auteurs d'éco-fiction qui, pour utiliser les mots de Nathalie Blanc, Denis Chartier et Thomas Pughe, « [font] rentrer la littérature dans l'ère du soupçon écologique[14] ».

Bibliographie

Œuvres et sources

Conrad, Joseph, *Au cœur des ténèbres* [1899], traduit de l'anglais par Jean-Jacques Mayoux, Paris, Flammarion, 1989.

Poe, Edgar Allan, « Le Corbeau », traduit de l'anglais par Stéphane Mallarmé, Paris, Richard Lesclide, 1875, traduction consultée le 10 août 2015 sur le site « Project Gutenberg » : http://www.gutenberg.org/files/14082/14082-h/14082-h.htm.

Sinisalo, Johanna, *Jamais avant le coucher du soleil* [2000], traduit du finnois par Anne Colin du Terrail, Arles, Actes Sud, série « Lettres Scandinaves », 2003.

Sinisalo, Johanna, *Le Sang des fleurs* [2012], traduit du finnois par Anne Colin du Terrail, Arles, Actes Sud, série « Lettres Scandinaves », 2013.

Sinisalo, Johanna, *Oiseau de malheur* [2008], traduit du finnois par Paula et Christian Nabais, Paris, Actes Sud, série « Lettres Scandinaves », 2011.

Études

Aho, Olli, Hawkins, Hildi, Mirja, Bolgár et Vallisaari, Päivi, (dir.), *La Finlande, une approche culturelle*, traduit de l'anglais par Marjatta et Michel Crouzet, Jean-Pierre Frigo, Taïna Tuhkunen, Helsinki, Société de Littérature Finnoise, 1999.

---

14   N. Blanc, D. Chartier, Th. Pughe, « Littérature & écologie : vers une écopoétique », *Écologie & politique* 2/2008, n°36, p. 15–28, consulté le 23 août 2015 sur le site « Cairn.info » : www.cairn.info/revue-ecologie-et-politique1-2008-2-page-15.htm.

Index des auteurs

Printed in the United States
By Bookmasters